蒙秋男 ◎ 著

装备制造企业
定制产品报价方法研究

Research on the Quotation Method for Customized Products of
Equipment Manufacturing Enterprises

中国财经出版传媒集团

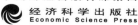

经济科学出版社
Economic Science Press

·北 京·

图书在版编目（CIP）数据

装备制造企业定制产品报价方法研究／蒙秋男著．
北京 ： 经济科学出版社，2024.12. -- （大连理工大学
管理论丛）. -- ISBN 978 - 7 - 5218 - 6586 - 8

Ⅰ. F407. 405

中国国家版本馆 CIP 数据核字第 2024L1D822 号

责任编辑：刘　莎
责任校对：易　超
责任印制：邱　天

装备制造企业定制产品报价方法研究

ZHUANGBEI ZHIZAO QIYE DINGZHI CHANPIN BAOJIA FANGFA YANJIU

蒙秋男　著

经济科学出版社出版、发行　新华书店经销
社址：北京市海淀区阜成路甲 28 号　邮编：100142
总编部电话：010 - 88191217　发行部电话：010 - 88191522
网址：www. esp. com. cn
电子邮箱：esp@ esp. com. cn
天猫网店：经济科学出版社旗舰店
网址：http：//jjkxcbs. tmall. com
固安华明印业有限公司印装
710 × 1000　16 开　29 印张　450000 字
2024 年 12 月第 1 版　2024 年 12 月第 1 次印刷
ISBN 978 - 7 - 5218 - 6586 - 8　定价：139.00 元
（图书出现印装问题，本社负责调换。电话：010 - 88191545）
（版权所有　侵权必究　打击盗版　举报热线：010 - 88191661
QQ：2242791300　营销中心电话：010 - 88191537
电子邮箱：dbts@ esp. com. cn）

前　言

随着全球网络化经济的发展，市场竞争愈加激烈，以企业为中心的大规模制造正向以用户为中心的大规模定制转变。在这种环境下，装备制造企业逐步向数字化制造、智能化制造的趋势发展，其生产经营环境与设计、制造模式都发生了变化。对于面向客户个性化定制、小批量和多品种生产的装备制造企业，快速、合理的产品报价是获得客户订单的关键，也是保证企业能够高质量发展的重要环节。如何利用互联网采集的用户个性化需求信息，针对市场和企业经营状况，采取快速的报价策略和方法作动态报价决策，实现报价与需求精准匹配，是新形势下企业对报价管理的需求。

客户个性化需求下内外部的报价影响因素众多，产品种类、资源投入繁多，以及客户需求信息的不完备，使得报价活动呈现出不确定性、复杂性、多样性及耦合性等新特点，报价机理由此也变得愈加复杂。报价管理不再仅限于销售部门、设计部门、财务部门的工作，而是一个企业多部门协同工作的过程，必须借助于现代信息技术和人工智能等模型、方法，在设计、采购、生产制造、服务等所有部门的密切配合下，实现产品报价制定，才能改变目前产品报价业务条块分割，串行管理，缺乏统一过程管理的现状。因此，基于产品全生命周期建立面向不确定数据环境下的产品报价模型，为企业进行产品定价策略选择和价格制定提供理论依据，成为当前装备制造企业提高市场竞争力急需解决的关键问题。

客户需求、生产的不确定性导致影响产品报价的因素（工艺、设备状况、交货期、物料特征等）众多且不断发生变化。这就要求对于产品报价的研究要具有全面性和系统性，报价影响因素覆盖产品全生命周期各个阶段；报价制定需具有差异性和动态性，能够在客户多样化和个性化需求下及时预测满意的报价结果；报价制定还需具有关联性和一致性，能够根据模块化设计、生产要求，对系列化产品价格进行合理制定；报价制定还需快速性，能够及时提供针对性的报价方案。同时，根据有限的生产能力、生产资源和客户交货期等订单要求，企业能够对产品报价进行优化，提供产品报价的优选策略和决策方案，而传统产品报价方法在缺少详细的产品参数的个性化产品报价方面显得乏力。因此，现代企业必须创建一种面向客户多样化需求，以技术、制造、管理为依托，以全面、全过程、全方位报价制定为内容，以现代化管理方法为手段，借助信息技术、系统科学、数据挖掘、运筹学等学科的产品报价方法，从而使企业在未来的市场竞争中立于不败之地。这对于我国制造业成本和报价管理理论研究和实践应用具有重要的意义。

本书以装备制造企业生产过程管理实践为研究背景，借助集成、系统管理思想，以先进的信息技术为载体，以传统的产品报价方法和策略为基础，以准确、快速地制定产品报价为主要目标，以基于产品全生命周期的报价影响因素提取、智能制造环境下产品报价预测、面向不确定环境的联合报价策略研究为手段，以提高企业利润和客户满意度为宗旨，构建了不完备和不确定环境下复杂产品报价管理体系，为新模式下企业的运营管理和及时决策提供所需的产品报价方法。它强调对客户个性化需求的及时响应和处理，使产品报价能够在不确定和不完备环境下得到有效的控制，提高设备、工艺等约束下产品报价的动态性、准确性和快速性。全书共分为4篇，第1篇研究装备制造企业产品报价体系，建立不完备和不确定环境下产品报价体系结构。第2篇研究基于产品全生命周期的关键报价影响因素提取，揭示影响因素与报价之间的关系。第3篇研究智能制造环境下产品报价预测，制定个性化产品报价。第4篇面向不确定环境的联合报价策略研究，对报价决策进行优化。全书共分为 15 章：第 1 章总结目前我国装备制造企业产品报价存在的主要问题和新特点等，阐明不完备和不确定环境下产品报价需求；第 2 章概述产品报价的基础理论和方法，为新模式下产品报价模型构建提供基础；第 3 章基于数据层、模型层、策略层，建立不完备和不确定环境下产品报价体系；第 4 章建立基于产品全生命周期的产品报价影响因素体系，为产品报价预测和决策优化提供基础；第 5 章建立不完备信息环境下关键报价影响因素提取模型，对数据表进行有效精简；第 6 章研究不确定和不完备环境下产品报价影响因素选择模型，避免不确定数据影响报价预测精度；第 7 章研究完备数据下基于支持向量机的产品报价方法，提出制造服务化新模式下的产品报价方法；第 8 章和第 9 章研究基于缺失数据插补的产品报价预测和考虑缺失数据特征的动态产品报价预测模型，在缺失数据环境下提高报价的准确性和报价效率；第 10 章研究云制造环境下产品报价预测模型，为服务提供商提供了一种可行的报价方法；第 11 章研究基于产品系列信息的产品报价优化方法，建立基于产品系列的报价新模型，优化产品价格；第 12 章提出不确定条件下报价与资源分配模型，制定报价与资源分配计划；第 13 章研究考虑总装分装系统生产计划协同报价策略，确定生产产品的种类和数量；第 14 章研究考虑总装分装系统生产调度协同报价策略，提高订单准时交付率；第 15 章研究考虑订单接受与生产调度的报价模型，制定优化的订单排序和生产计划。

新的报价方法有别于以往的方法，将利用人工智能等技术，全面地、有效地制定报价控制因素，准确地预测个性化产品价格，联合优化报价决策，提高快速、精确、全面的报价决策能力。这对我国复杂制造业会计管理理论研究和实务应用具有重要意义。

本书的思想精髓来源于作者长期的基金课题研发和企业项目实践。感谢大连理工大学刘晓冰教授对本书提出的宝贵建议。感谢我所指导的学生娄剑、徐静、杨博、杨璐玮、赵聪、刘亚丽、于宗妍、栗飞龙等对专著成稿所做的贡献。此外，硕士研究生邱笛负责了全书的整理和撰稿工作，在此也表示衷心的感谢。不确定环境下装备制造企业定制产品报价方法研究是热点研究问题，其理论、方法处于快速发展的阶段，书中难免存在疏漏和不完善之处，敬请广大读者批评指正。

蒙秋男

2024 年 5 月于大连

目录

第 1 篇　装备制造企业产品报价体系

第 2 篇　基于产品全生命周期的报价关键影响因素提取

第 4 篇　面向不确定环境的联合报价策略

第1篇　装备制造企业产品报价体系

第 1 章

绪　论

1.1　装备制造企业背景

1.1.1　装备制造企业发展现状

制造业是实体经济的主体，是供给侧结构性改革的重要领域和技术创新的主战场。特别是装备制造业，是我国先进生产力的主要部分，是国民经济持续高速增长的发动机，是对外贸易的支柱和国家安全的保障，是实现工业化的源泉和实现现代化的原动力。近一个世纪以来，国际竞争中各国竞争力消长的经验教训以及计算机技术、信息技术、自动化技术在制造业中日益广泛深入的应用，使人们认识到制造业和制造技术的重要性，工业化国家均将制造技术列为跨世纪的关键技术之一。

装备制造业属于装配式复杂生产类型，包括：重型机械、船舶、飞机、机车、发电设备、大型锅炉、冶金机械、矿山机械、专用设备等装备生产企业。装备制造业是制造业的高端领域，是工业化国家的主导产业之一，集中了制造业中高新技术与先进管理模式的密集点，是制造业中利润空间最大的行业。装备制造企业产品的生产经营流程通常从产品研发开始，经过原材料采购，再投入生产加工环节，在各个生产工序进行平行加工，生产出产成品所需的各种零件和部件，最后，再将各生产步骤的零部件组装成为产成品，交付给客户。

装备制造企业的产品生产经营特点包括：（1）产品结构复杂，零部件种类繁多。（2）制造工艺复杂，加工流程长，所用设备、工装等资源种类多。（3）产品生产周期一般较长。（4）产品品种多，批量小。（5）生产多由分散在不同地点的数个车间或企业协作完成。（6）采购原材料种类多，供应商多，原料配套要求高。

装备制造企业高质量发展是国家经济高质量发展的重要内容，关系到全面建设社会主义现代化国家等关键战略，从根本上决定着我国未来的综合实力和国际地位。然而，外部市场环境的激烈变化以及内部的科技创新等变革要求，导致我国装备制造企业高质量发展面临巨大挑战，具体如下：

（1）外部挑战

一方面，外部环境不稳定不确定因素明显增多，技术壁垒和供应链阻滞对高端制造业发展形成双重压力。就高技术产业发展的特点而言，不完全竞争、动态规模经济和技术外部性等都较易引起贸易摩擦。当前，一些发达国家出台政策法规使我国企业关键领域知识技术的外循环受阻。

另一方面，受原材料价格上涨，企业生产经营成本持续攀升。产业链利润改善主要集中在上游企业，占比较大的中下游企业的利润空间因此受到明显挤压。企业在上游涨价快、下游提价难的"两面挤压"下，装备制造企业面临增产不增收、利润不断下滑等问题。同时，我国向"双碳"目标持续进发，这就要求企业调整生产标准、工艺流程以及能源消费状况，短期内也将推高企业生产经营成本。

（2）内部挑战

市场已经由卖方市场转化为由顾客主导的买方市场，顾客在对产品质量、交货期、价格、服务等方面的要求越来越高的同时对产品个性化的需求也越来越突出。产品设计需要满足个性化需求，缩短研发周期。在不断改善产品质量的同时，需要降低产品设计成本，提高设计效率。虽然信息技术的普及，使企业在产品研发设计过程中采用新技术的进程明显加快，云计算与大数据、人工智能、物联网、5G 网络、区块链等技术得到广泛应用，使得产品研发周期大幅度变短，然而对各个部门之间工作的协同性提出了更高的要求，实现与其他各业务间的信息共享，有效支撑价值链业务的日常运行和管理层决策是困难的。

生产制造难以实现产品低成本、高质量、短交货期。由于订单所需的产品种类、技术标准和工艺路线等方面存在差异，以及订单的不确定性等问题使得生产计划需要作动态调整，导致企业总体生产准备周期长，且难以保证生产计划连续性和合理性。产品设计个性化和复杂性又使产品的生产制造环节复杂，而资源分配、生产调度等不确定性问题影响了产品质量和生产效率的提升，还会造成设备、能源浪费等问题。这不仅会严重增加制造成本，还有可能导致订单难以顺利交付。

采购阶段难以有效控制成本。企业内能够集中采购的物资种类、数量偏少，很难形成规模效应，不仅降低了议价能力，增加了采购成本，而且不便监管采购过程，导致采购结果评价困难。采购计划无法与生产计划协同，导致库存不足或库存成本较大等问题的发生，并且，在与供应商的零和博弈过程中，不仅难以压缩采购成本，而且供应商调查和选择等过程进一步增加了管理成本，降低了采购效率。

为应对上述挑战，装备制造企业的生产模式将随之改变。

1.1.2 装备制造企业生产模式新特点

装备制造企业在激烈的市场环境下，响应国家高质量发展需求，改变了传统的生产模式，具体如下：

（1）智能制造生产

大力发展智能制造，是我国制造业转型升级的主攻方向，也是全球各国新一轮竞争角逐的战略要点。智能制造是通过集成知识工程、制造软件系统和控制技术对工人的技能和专业知识进行建模，使智能机器可在没有人工干预的情况下实现定制化批量生产。其核心是产品本身的智能化、产品系统结构定义的数字化、产品研制生产过程的数字化，以及庞大的零部件供应链的网络化。推进智能制造，是应对"双重挤压"挑战的必需之选，是加快我国智能制造技术产业化的客观需要，是破解能源、资源和环境约束，实现节能减排目标的有力手段。

（2）客户个性化定制

经济的飞速发展促使客户对产品提出了更高的要求。客户为提升自身产品优势，不再满足于企业提供的千篇一律的产品，他们希望得到满足其个性化需求的多样化产品。在产品中融入客户的个性化和多样化需求，已经逐渐成为世界的潮流，而这一潮流又对企业造成了新的压力。企业需要在管理生产中的各个环节为客户提供更专业的定制化服务。这就需要企业具备快速响应能力和技术创新能力。定制化服务产生的成本成为影响企业利润的关键因素。不同的定制需求导致同类型产品之间存在差异，产品的报价也逐步呈现差异化。

（3）多品种小批量生产

在个性化定制驱动下，多品种、小批量的生产方式日渐普及。由于客户需求的多样化、个性化和市场竞争的国际化，越来越多的企业发现，单靠一两种产品立足于市场竞争风险很大。在这种形势下，多品种、小批量产品在生产中的比例越来越大。多品种、小批量生产是指在规定的生产期间内，作为生产对象的产品种类（规格、型号、尺寸、形状、颜色等）较多，而每个种类产品生产数量较少的一种生产方式。一般来说，这种生产方式与大量生产方式相比，效率低、成本高、不易实现自动化，生产计划与组织较复杂。但在市场经济条件下，消费者的偏好趋于多样化，追求有别于他人的、独特的和流行的商品。为了扩大市场占有率，产品的多样化生产也就成为一种企业发展的必然选择。

（4）服务型制造

云计算、区块链等先进信息技术为制造企业向智能化、高度灵活、个性化的生产模式转变提供了技术支撑，也促进了制造企业的生产方式向创新驱动、服务型制造的转变。按照服务化制造的理念，服务型制造可以分为两类：一种是在产品生产中间阶段投入服务，如企业与专业制造企业合作，将部分或全部产品的零部件外包；还有一种是顾客完全参与生产过程的服务，这种服务能够更快地发现顾客的需求点，容易在顾客与企业之间建立稳定的用户联系。服务型制造缩短了单个企业的产业链和价值链，拓展了传统制造业的产业链和价值链，实现了产品和服务差异化，为企业带来了更高的经济效应和环境效应等。

在智能制造、个性化定制、服务型制造等生产模式发展趋势下，装备制造企业的生产经营情况发生变化，主要包括：

（1）成本结构的变化

新的生产模式下，制造企业的生产经营呈现出产品生命周期缩短、产品个性化和多样化、生产方式和流程更为灵活和复杂等特征。在传统制造模式下，产品研发与设计、产品生产和客户服务等价值链各业务环节都是独立进行的。为了适应顾客的个性化需求，企业各业务部门将紧密融合，这就导致企业更多的成本发生在制造的前期和后期，即研发设计阶段和客户服务阶段。产品的直接成本占总成本的比例进一步大幅下降，间接费用成为总成本的重要部分。同时，在智能制造模式下，智能工厂的生产过程可以达到零人工状态，这导致生产过程中的直接人工成本降低。

（2）业务过程的数字化

全生产流程的数字化、网络化和智能化重构了传统制造业的生产管理模式。数字化手段有助于提升各个生产环节衔接的效率、降低环节衔接的成本，甚至能将若干环节整合在一起，例如消费者需求与个性化设计间的衔接，设计环节、物流环节与小批量生产加工环节间的衔接，生产制造环节与销售服务环节间的衔接等。使用数字化、网络化、智能化信息技术，能够实现产品全生命周期下，全流程各个环节信息的实时反馈和分析，有利于企业实时作成本控制和报价策略分析等。

（3）柔性化生产

柔性化生产是装备制造企业向客户需求导向生产模式转变的重要特征。传统制造业的生产模式是企业专注于开发标准产品和标准服务，进行规模化生产。随着客户消费需求的变化，同质化的产品已不能使企业具备竞争优势，个性化定制、创新型生产成为趋势。同时，市场的变化速度加剧，产品生命周期变短，对生产的适应性和敏捷性提出了更高的要求，企业必须准确识别并快速满足多元化、个性化的顾客需求，实现对顾客端从开始到结束的全程监测。柔性化生产模式的基础是通过智能标准体系建设和工业互联网的发展，使智能设备之间、人机之间的交互更加容易实现，从而加强客户与产品交互，搜集客户反馈信息，利用客户信息指导企业的研发和生产，使产品与服务迭代。柔性化生产于智能制造企业是一种更为适应、更为敏捷的生产模式，能够提高企业竞争力。

综上所述，随着现代信息技术的飞速发展和制造企业之间的竞争加剧，装备制造业逐渐向智能化、服务化、个性化、多品种、小批量的生产模式转型。这使得装备企业的成本结构、数字化呈现、生产方式等发生了重要变化。这不仅增加了企业进行生产管理活动的难度，也对产品成本控制和报价管理提出了更高的要求。

1.2 装备制造企业产品报价

1.2.1 产品报价流程

产品报价指的是当客户针对询价订单对欲购产品进行报价咨询并提出相关的要求时，供货企业通过综合考虑产品的生产成本、利润率、市场竞争力等各种因素后，报出最可行的产品价格以及针对客户问题提供的反馈和答复。产品报价是产品整个销售过程的起始环节，快速准确的报价反馈是赢得潜在客户和稳固住已有客户的关键，也是企业获取利润的重要条件。从接受到客户的询价订单到为客户反馈一个准确合理的报价，产品报价工作涉及制造企业的多个部门，需要对制造企业内部的生产管理成本作灵活、及时、准确的汇总，是一项极其复杂的工作。

完整的报价过程以市场部门接受到客户询价订单为开始，以反馈给客户一个最终报价为结束。询价订单产品的报价流程见图 1.1。客户与制造企业询价协商，提交产品性能指标、技术参数、质量要求、批量、交货期等订单需求，市场部门接受客户询价请求及产品图纸等订单需求，对客户订单是否真实、有效，是否合理进行确认。确认后交由规划与设计部门，根据设计 BOM 和工艺 BOM 进行图纸审核，整理设计方案，再由生产部门对生产周期和成本动因确认，确定是否能够按期满足交货，如若不能，可提供切实可行的交货计划，由市场部门与客户协商最终交货期。采购部门按照 BOM 清单进行物料、外协询价，确认材料成本，最后由财务部门作成本核算，综合考虑各方面因素形成最终报价，再由市场部门将报价结果反馈给客户。由于其涉及财务、市场、设计及生产等多个部门间的协作沟通，考虑的报价影响因素涵盖产品的全生命周期，因此报价是一项跨多个部门、业务流程的复杂且耗时的活动。

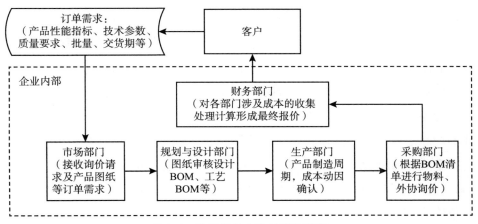

图 1.1 询价订单产品的报价流程

1.2.2 产品报价程序

要保证报价活动有序、有效地进行，则必须遵循科学的报价程序。报价程序要求企业全面考虑影响产品报价的因素，进行合理的安排，结合企业的实际情况来确定或调整产品报价的一系列步骤。依据装备制造企业的生产特点和技术要求，产品报价包括以下几个基本步骤，参见图1.2。

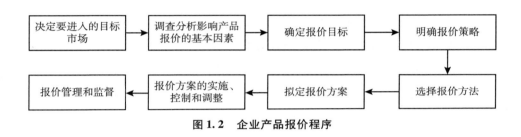

图1.2 企业产品报价程序

（1）决定要进入的目标市场

目标市场是在对市场进行细分之后，通过组织科学的营销活动来满足市场需求并占领的细分市场。一旦确定了目标市场，企业需要针对该目标市场安排其所有的营销活动。以更低的成本将复杂、更高性能的产品推向市场，从而生产出几乎没有缺陷或零缺陷的产品。目标市场中客户对产品报价的认可程度、市场对于复杂产品的需求情况、复杂产品在整个产品生命周期中的价格和质量，以及产品需求的报价弹性都会影响产品报价的制定。

（2）调查分析影响产品报价的基本因素

为保证企业正常的生产经营，要进行科学合理的报价。由于装备制造企业的产品结构和工艺流程复杂，因此影响复杂产品报价的因素来自多方面，包括企业外部因素（客户对于复杂产品的需求、供应商提供的原材料的质量等）、企业内部因素（复杂产品的成本和不确定的生产环境等）等。因此企业在报价前，要充分考虑这些因素，并作科学合理的分析，为制定合理的复杂产品报价奠定基础。

（3）确定报价目标

报价目标是企业制定报价的基础。由于装备制造企业逐步迈向智能制造和制造服务化的发展趋势，因此，需要考虑多方面的因素制定报价目标，除了企业环境、规模、营销目标、人员素质等常规因素外，还需要考量以客户为中心的生产模式下的服务因素和智能制造环境下复杂产品的生产工艺等，以保证报价目标的科学性。

（4）明确报价策略

报价策略是企业为达到预先制定的报价目标而采取的思路和措施。由于装备制造产品的特殊性，因此为达到顺利生产和准时交付的目的，需要顺应企业的发展战略，根据企业的生产能力限制、生产资源限制和客户的订单要求制定详细且可行的报价策略，以保证实施报价策略获得企业预期利润。

（5）选择报价方法

传统的产品报价方法应用于复杂产品报价是具有局限性的，如传统的成本加成报价方法没有考虑复杂产品在实际生产环节中不确定性问题，导致实际成本远远超出目标成本，造成企业损失。因此，产品不同，适用的报价方法不同，得到的产品报价也就不同。即使是相同的产品，采用不同的报价方法得到的报价也是不同的。企业需要根据复杂产品的特点和生产模式，结合企业报价目标和客户要求等，选择合理的报价方法。

（6）拟定报价方案

做好上述基础工作之后，就要拟定报价方案。报价方案应综合满足企业的报价需求，具体包括报价目标、报价方法、具体的计价公式、报价策略和报价方案的评价等。针对报价目标，可以从多角度来考虑制定多种方案，因此如何对其进行评价、选择出最适合的报价方案尤为重要。除了要考虑报价方案对于复杂产品的适用性之外，还可以通过比较实现目标的程度、效益及敏感度来评价备选方案，选择最优的作为最后应用的方案。

（7）报价方案的实施、控制与调整

因为理论的假设与实际的情况存在差异，选择出最优方案之后，还需要进行一段时间的试用才能最终确定报价方案。如果试用效果好则可以用于目标市场；如果试用效果不好，则还需要对报价方案进行修改，直到满意为止。由于装备制造企业的市场环境难以预测，客户需求不断增长，功能不断增加，技术含量不断提高，成本不断上升，因此，企业还需针对具体情况对报价方案作有效控制和动态调整，以确保企业获得预期收益。

（8）报价管理与监督

在执行过程中，具体的实施手段以及执行者的努力程度都会影响最终决策目标的实现。因此，在执行过程中，企业要强化监督与管理，采用规定的报价管理手段，落实报价执行部门以及执行者的职责与权利，以确保科学有效地展开报价工作。

1.2.3　产品报价基本原则和主要目标

企业制定产品报价必须遵守产品报价原则。影响产品报价的因素包括宏观和微观等多方面因素，尤其复杂产品生产模式和生产结构的特殊性导致个性化产品报价影响因素没有具体的规律且难以控制。因此，企业报价时应在依照企业目标的基础上，遵循一定的原则，才能确保报价的合理性、科学性。报价原则应满足《中华人民共和国报价法》中的规定。生产经营者在制定报价时，除了要考虑公平、合法和诚信的原则外，还应考虑国家对装备制造企业的相关政策和复杂产品的行业特点，遵循以下几种原则：

（1）经济性原则。经济性原则指能够给企业带来最大的经济效益。在企业实际报价中，要以企业生产经营目标为基础，进而追求企业最大的经济效益，抑或是亏损最小。要注意的是，企业必须长期遵循经济性原则。而对于单次交易，由于要满足不同的报价策略（包括统一/差异化报价、有库存/无库存报价等），因此产品带来的利润不相等，只要满足企业总体盈利即符合经济性原则。

（2）竞争性原则。提高企业竞争力是企业报价时需遵循的原则之一。企业若想在目前严峻的市场环境下形成自己的竞争优势并加以保持，就必须充分了解消费者心理、市场需求及竞争对手的情况，尤其是针对创新性要求高的个性化产品。进而结合产品的设计和加工特征制定合理的报价，提高企业竞争力。

（3）可行性原则。可行性原则是指在现实条件下，经过努力，企业的目标是可以执行和实现的。在报价时，企业要以营利为目的，但是仅考虑经济性原则难免过于片面，因此还要结合企业内外部的生产经营环境（如供应商情况、研发/加工能力等）来制定报价，并且要经过不断的调整来实现企业的报价目标。

（4）社会性原则。社会性原则指符合社会的利益，满足国家经济发展和经济管理的要求，是企业制定产品报价目标时必须考虑的原则。企业进行报价时首先要考虑的原则就是社会性原则，依据国家对于装备制造企业制定的报价法规和政策，以企业与社会双获利为目标，正确处理企业同社会、企业、消费者之间的关系。

（5）整体性原则。整体性原则指企业报价时要与整体的营销活动保持一致，否则会影响企业正常的经营活动。报价是企业四大营销策略之一。四大策略在整个影响过程中相互联系、相互作用、相互配合，缺少或者没有做好任何一个都会导致整个营销活动的失败。因此，企业制定报价策略时要全面考虑制造服务化模式下客户的多样化需求，制定合理的报价，确保实现企业的营销目标。

（6）科学性原则。科学性原则指企业在报价时要按照科学的程序，采用科学、合理的方法报价。结合自身的条件制定合适的报价目标，选择报价方法和报价策略，按照科学的程序报价，并选择最优的报价方案。然而，报价信息完备对于客户需求多样化和生产工艺复杂化的装备制造企业是非常困难的，因此需要利用机器学习等方法对信息作处理，从而提高报价的准确性。

企业报价目标是指企业通过产品报价所要达到的目的。企业报价目标从根本上来说是由企业的经营目标决定的，是企业经营目标在报价上的具体反映。企业报价目标的选择是进行企业价格决策的首要过程，也是确定报价策略和报价方法的主要根据。企业的报价目标大体可以分为 5 个大类。

（1）利润导向目标。包括短期利润最大化目标、预期收益目标、适当利润目标。

（2）销售导向目标。包括以促进销售额增长为报价目标、以提高市场占有率为报价目标、以达到预定销售额为报价目标、以保持与分销渠道的良好关系为报价目标。

（3）竞争导向目标。包括维持企业生存的目标、稳报价格目标、避免和应对竞争的目标、战胜竞争者的目标。

（4）顾客导向目标。以顾客的需求心理作为先决条件，并以此进行报价。它是决定利润和销售目标时的推动性目标。

（5）形象导向目标。以价格表现自己产品的定位，同时以价格来维护自己的信誉、维护自己的利益、维护社会公德和商业道德，树立企业的信誉和品牌形象。

以上几种报价目标不是孤立的，它们互相联系、互相渗透。企业报价的目标往往是复合的，而不是单独选取一个，但一定时间内有主有次，并且随着情况变化其主次位置也发生变化。目标选择是否合理，取决于是否能给企业带来最大的利润总量。报价目标的综合运用，更加有利于企业实现其经营目标，达到其直接生产经营的目的。目前在市场需求整体下滑、竞争加剧情况下，对于复杂产品，寻求利润最大化以及满足顾客需求是重要的制造企业进行报价的首要目标。

1.2.4　影响报价基本因素

在企业营销以及市场竞争的战略中，对报价的管理是重要部分，报价的制定合理与否，直接影响着一个企业的经济效益的获取。企业报价是一个复杂的过程，一般来说，影响报价的基本因素主要包括以下几点。

（1）成本

成本是影响企业报价的最为基本的因素。其长期战略目标为获得利润最大化，企业报价应在成本的基础上加上目标利润，否则企业将无法在市场立足。

从短期经营来看，企业产品报价应不小于平均可变成本；否则，企业将会亏损，入不敷出。企业报价时不应将成本孤立地对待，而应将其与产品产量、销量、资金周转等因素综合起来考虑，因为成本的发生受生产经营环境的影响。

（2）需求

随着市场环境的变化以及客户个性化需求的不断增加，个性化需求因素被越来越多地考虑到产品报价中来。需求潜力以及需求报价弹性常被用来反映需求和报价的关系。需求潜力指的是在既定的报价下市场上对某种产品的最大需求量。需求报价弹性指的是在市场上其他因素保持不变的情况下，产品的需求水平随报价的变化而变化的程度，是一个比率值，计算方式为需求变动率与报价变动率之比。

（3）产品的生命周期

在生命周期的不同阶段，产品的特性、市场反应会有所不同，因此应针对不同阶段设计不同的报价策略和方案。例如，在产品投入期，企业有回收成本的要求，又要考虑市场对该产品报价的可接受能力，二者的平衡即为这一阶段的产品报价。成长期和成熟期的产品报价应能为企业扩大市场提供先决条件。衰退期时产品性能不足以满足客户需求或被新产品所代替，此时应采取降价策略以达到最高的经济效益。

（4）市场竞争

企业报价决策还会受到市场上竞争因素的影响。竞争对手产品的特性、功能、质量、市场占有率、报价等都会对自身产品产生重要影响。根据竞争的程度不同，企业报价策略会有所不同。按照市场竞争程度可以分为完全竞争、不完全竞争与完全垄断 3 种情况。完全竞争与完全垄断是竞争的两个极端，中间状况是不完全竞争。个性化定制产品通常处于不完全市场竞争，在该竞争条件下，竞争的强度对企业的报价制定有重要影响。竞争的强度主要取决于产品技术的先进性等，其次是竞争对手的价格策略以及竞争对手的实力，再次是本企业在竞争中的地位。

（5）科学技术

科学技术的先进与否会影响企业成本结构、成本耗费的大小，而产品报价的制定在一定程度上依赖于成本。因此，科学技术会间接影响报价的制定。技术的进步对改善产品工艺，推出新材料、新产品，提高生产效率，具有直接的推动作用，从而影响报价的精度和效率。

1.2.5　产品报价分类

产品报价按照流程划分，主要分为两类：

（1）详细报价法。对产品设计、采购、生产过程中所经历的所有活动产生的成本进行核算，得到产品成本后再进行报价的方法。这种报价方法将产品从设计阶段到生产得到成品的整个过程中可能产生成本费用的所有因素都考虑在内，包括产品采购成本、生产成本和销售成本等。该报价法得到的价格十分准确，适用于大批量生产的通用产品和标准产品。然而，装备制造企业产品结构组成复杂、工艺流程长、制造过程复杂。因此，详细报价法在多品种和小批量的个性化产品报价方面耗费时间长，工作量巨大，在面向快速响应客户需求的市场环境下，该方法的可行性较差。

（2）快速报价法。为满足客户快速响应报价的需求，在对产品作详尽的设计之前进行产品报价的方法。快速报价法虽然大大缩短了复杂产品报价的时间，但由于复杂产品的不确定因素多，因此产品报价的准确性也受到了影响，报价无法综合考量影响产品报价的全部因素，不能准确地反映产品成本和价值。

综上所述，快速报价方便快捷，但是缺乏对于客户订单个性化的全面考量和对于制造企业当前实际生产状况的考虑，针对性和实时性较差。相比于快速报价，详细报价结合了客户订单的具体要求和复杂产品实际生产路线，因此能够提供更加准确的具有参考价值的报价信息，但是报价过程也相对复杂。

产品报价按照系统划分，可分为如下几类：

（1）技术型报价系统。根据客户多样化和个性化需求完成的技术报价单，包括复杂产品从设计到制造等多环节中的所有生产信息和产品参数等，涉及数量众多的零部件、精密复杂的产品结构，使客户能够从整体上了解产品性能、功能和质量与报价的关系。

（2）商务型报价系统。在技术型报价系统的报价基础上，将复杂产品的市场行情、行业发展、商务谈判空间等因素考虑在内，对产品报价结果重新进行分析和计算，这对于以客户为中心的装备制造型企业来说是重要的。

（3）工程设计型报价系统。在产品设计初期对产品成本进行预测的一种报价方法，包括产品设计、产品类型选择、计算设计成本、制造成本和总价核算等部分。由于装备制造企业产品和生产具有复杂性，企业在设计阶段的成本核算经常会出现与实际生产成本不相符的现象，因此这种报价系统适用性较好，但报价准确性不高。

（4）投标型报价系统。基于投标产品的成本计算，分析投标成本、己方技术条件、中标条件等影响投标结果的各类因素来制定相应的投标报价策略的报价系统。由于投标产品绝大多数是为特定客户量身定制，在生产前都需要重新作产品设计，因此缺乏投标产品制造数据。装备制造企业产品的装配复杂性加重了投标型报价系统中产品成本估计的难度。

（5）综合报价系统。根据客户对于复杂产品的多样化和个性化要求，包括产品质量、产品性能等，进行复杂产品设计，并针对不同的因素制定和提供报价方案，包括技术、财务、商务、投标等多种报价方案，为报价决策者提供报价参考，从中选择最优的报价方案。

1.2.6 产品报价现存问题

随着经济的快速发展以及市场的激烈变化，企业的竞争压力越来越大，对企业的研发能力、制造能力、加工工艺都带来了很大的考验。当然，除了产品质量和技术性能外，企业也要快速响应客户的需求，及时为顾客提供满意的服务。在这个过程中，价格是不可忽视的一环，很多时候，最终影响订单的最大因素就是价格，最优的报价策略不仅可以在短期内为企业和客户带来双赢的效果，更能为企业进行长期经营、占据市场份额提供有利条件。因此企业的每一个产品、每一笔订单都需要被赋予最合理的价格。然而，目前产品报价具有如下问题：

（1）产品报价周期长

随着个性化定制产品的不断增多，客户对产品报价提出了越来越高的需求。经过前期对复杂制造企业（包括仪器仪表制造、航空航天器及设备制造、铁路运输及城市轨道交通设备制造企业等）的调研，获得的报价周期的统计结果如表 1.1 所示。其中，大多数企业的报价周期为 1 周，占比 42.8%；有 31.9% 的企业报价周期为 1 个月，仅有 5.8% 的企业报价周期为 1 天。

表 1.1　　　　　　　　　　报价周期的描述性统计分析

报价周期	频率	百分比	有效百分比	累计百分比
空	6	4.3	4.3	4.3
1 天	8	5.8	5.8	10.1
1 周	59	42.8	42.8	52.9
1 个月	44	31.9	31.9	84.8
其他	21	15.2	15.2	
总计	138	100	100	100

报价周期的长短直接影响产品报价的成功率。报价周期缩短可以增加客户的信任度，企业就有更多机会针对客户作出相应的个性化需求调整。如果报价周期过长，客户就会有更多的选择，客户对于企业的调查以及行业的认知也会更加清晰明确，会降低订单达成率，同时会加剧产品报价的不确定性。

造成产品报价周期长的原因包括各部门之间的沟通不流畅、市场信息与产品定位不准确、审批流程重复烦琐、产品全生命周期报价体系不完善、报价系统不健全等。产品报价涉及生产部门、市场部门、采购部门、设计部门、物流部门等多个重要部门，包括成本核算、生产制造、客户谈判、物流交付等多个环节，报价流程长，需要经过各个部门相互协调，统一报价相关信息，才能缩短报价周期。

（2）报价流程复杂

离散制造企业产品种类繁多，产品原材料来源广泛，供应商并不唯一，各产品组成结构极为复杂，且客户个性化需求多种多样，一般较难设置标准的产品报价，产品的价格根据订单的实际情况按需制定。订单报价流程通常为：客户询价→初步选择产品→设计个性化产品→成本评估→客户接受报价→正式订单。目前大部分公司的报价流程有两种：详细报价流程和快速报价流程。

详细报价流程与最终正式订单价格基本一致，但是其存在反应时间长，报价周期长，对市场部争取订单造成不良影响的缺陷。详细报价流程需要经过多个业务部门，效率较低，从市场部收集客户需求信息开始，将客户需求录入产品数据库，之后传递信息给技术部进行产品选择，在技术部完成产品选型或设计后，在 ERP 系统内建立新产品的 BOM 物料清单，采购部根据物料清单进行采购，财务部根据采购计划进行成本核算，市场部再依据订单数量、采购成本、物流成本、生产成本等信息确定利润空间，并制作报价单上交给总经理审核，审核完毕与客户谈判，并完成订单。

快速报价流程主要针对紧急竞标报价或小批量报价，快速报价流程效率比较高，在时间效能上可以满足客户需要，但经常会出现报价差、错误率高的问题，影响后续成本控制和利润实现。而没有经过设计、制造等协同管理，也会造成制造不及时、产能过剩、生产能力受限等问题，虽然能得到更多订单，但同时也增加了不能及时交货的风险，不能按交货期满足客户需求，因此会形成拖期成本，增加企业的成本负担。

（3）缺乏科学的报价模型和方法

近年来，随着互联网技术与信息系统的快速发展，制造企业的订单信息共享平台也得到了快速的发展，制造企业收到的询价订单数量较过去有了显著增长。与此同时，客户的需求也更加个性化和差异化，并且个性化定制已成为未来的发展趋势，询价订单需求所涵盖的不确定性与动态性也越来越大。以往，企业面临这种不确定性，通常会选择与客户沟通和谈判，但在当前询价订单中有大量的动态信息，会严重增加沟通成本和时间成本。信息的模糊和不确定同时严重影响报价的精准性。

在不确定环境下，企业缺少科学的且可处理信息不确定性的报价模型和方法。目前，企业主要是将新订单与历史订单进行参数匹配，并依据利润对匹配得到的价格进行修改，最终得到报价。然而，这种报价方法对于模糊和缺失数据较多的装备制造产品准确性是较低的，此方法不适用于新产品报价。并且，企业需要在概念设计、详细设计、采购等多阶段对客户进行报价，报价需要根据客户的多样化需求作动态调整。因此，企业还需要一套高准确性、快速性的报价方法。尽管许多数学模型具有相当的学术价值并且获得了一定程度的实践成功，但是这些模型存在一些缺点，包括数学模型与企业最新的实际生产情况不符合、模型仅仅考虑单一报价因素而不能为企业报价提供多样化决策以及基于不同场景制定不同的决策方案等。

上述报价问题导致装备制造企业的报价速度慢、准确性差。报价依据的成本估算方法粒度过大，企业不能根据订单产品属性、作业路线、库存及企业目标技术经济指标的变化，制定细化到作业层次的成本估算方案，并对报价作出相应调整。目前企业主要基于设计成本计算产品价格。然而，设备故障、生产进度提前或滞后等不确定性生产问题会导致生产制造过程中的实际成本与报价时依据的成本产生较大偏差，导致依据报价制定的利润目标无法实现。产品报价、成本控制与生产计划和调度等缺乏协同，导致报价的成本无法有效地控制生产经营活动。

提高产品报价的准确性对于企业高质量发展是必要的，报价过高容易错失订单机会，然而报价过低会使企业利润下降甚至亏损。企业在提出报价前，应先全面地评估订单信息。例如，通过比较客户的个性化定制与企业实际设计能力、订单产品的生产复杂性与实际车间生产能力、客户要求的交货期与企业供应能力之间的匹配程度来全面、准确地制定报价。

1.2.7　产品报价新特点

随着我国经济的不断发展，市场需求的不断变化，制造企业的个性化定制产品的比例增大，传统的大规模、单一化的批量生产和管理理念已经改变，对于当前以顾客需求为导向的产品生产，大批量的订单较少，生命周期短的产品越来越多，由于这种小批量个性化生产必然导致产品可重复性降低，交货周期缩短和成本增加等问题，使得企业原有的生产管理模式难以适应，很多制造企业处在两难之中，传统的报价方法也不再适用。新的生产模式下，产品报价具有一定的新特点，具体如下。

（1）全面性和综合性

一个产品的形成是价值链各个环节共同作用的结果，因此，产品报价的生成需要综合考虑客户需求和市场部门、设计部门、生产部门等各个部门的决策。影响报价的因素众多，产品成本是构成报价的最基本因素。除成本外，产品的交货期、产品质量、产品生产计划等因素也是影响报价的关键。例如，传统的报价方法如成本导向报价法和竞争导向报价法是通过把成本、质量和交货时间等客观因素作为报价指标，但忽略了客户感知对产品报价的影响。而仅以顾客满意价值为导向进行产品报价，将会忽略企业在实际生产中所消耗的成本，导致产品最终报价不合理，使得企业无法达到预期利润。因此，制定产品报价要具有全面性和综合性。

（2）准确性和及时性

报价准确性是企业能否根据询价信息来确定合理的价格，使订单利润最大化。报价及时性是企业回复询价的敏捷程度。企业要做到报价准确，就要综合考虑产品的设计、技术等各个方面，并对企业自身的实际状况进行估算。企业要满足报价及时性就要做到快速报价，快速报价需要企业根据客户发出的订单，在满足客户具体需求的基础上，直接或者快速地给出产品价格信息。然而，报价准确性与报价及时性在一定程度上会存在冲突，如何平衡二者关系，是报价需要解决的关键问题之一。报价相关数据是跨部门、跨流程的，涉及范围广、结构复杂。然而，跨部门进行数据整合势必将增加时间成本和沟通成本，利用大数据，采用人工智能等方法作数据收集、分析和挖掘，将大大提高报价的生成效率和准确率。

（3）动态性

不同于以往的静态报价，为了适应市场的快速变化，产品的报价也要实时作动态调整。产品报价应考虑产品的全生命周期，产品投入期、成长期、成熟期、衰退期。不同阶段的产品报价策略不相同，因此，报价需要动态调整。企业需要按月或者按周给客户一个报价结果，在报价生成阶段，客户的需求可能会发生改变，企业也会相应调整产品设计结构或者设计参数，新订单的加入或者难以排产等因素也会使得产品的生产资源发生改变，外部供应商的拖期和市场原材料价格变化等原因，都导致以往静态的报价结果是无法得到预期利润的。因此，产品报价需要具有动态性，可在任意因素发生变化时及时地给出新的报价策略和报价结果。

（4）个性化和差异性

客户定制环境下的产品具有个性化，虽然这类产品与标准产品具有相似性，但直接使用同类产品的价格作对比，即使是相同产品的不同型号，其价格差别也可能十分明显。产品报价具有差异性，一方面促使企业获得预期利润，便于企业进行市场细分；另一方面满足客户多样化服务需求，提升自身竞争优势，实现新产品报价战略、价格管理战略和价格竞争战略。

（5）关联性和一致性

企业实际生产等活动会制定多种决策，包括但不限于供应商选择决策、资源选择决策、交货期制定决策、生产方式选择决策、订单接受决策、生产计划和生产调度决策等。这些决策影响着产品的实际成本，影响着订单的交付，影响着产品的报价。因此，报价决策需要与其他企业生产经营活动决策相互关联且相互一致。例如，若企业采用生产线 A 进行生产，则进行产品报价时，需考虑生产线 A 的生产成本和生产能力。若企业已确定了最终报价，则企业在对资源进行选择时，要基于报价中产品的参数和成本对其进行衡量，才能保证企业可以获得预期利润，并完成产品准时交付。

综上所述，复杂产品报价呈现出了全面性、综合性、准确性和及时性、个性化和差异化、关联性和一致性的新特点。满足这些新特点，才能发挥报价的最大价值，从而为企业获取订单提供有力支撑。

1.3 产品报价国内外研究现状

1.3.1 产品报价影响因素研究现状

进行合理的报价对企业来说是基础且关键的工作。产品报价受到多方面因素的影响，如产品因素、竞争者产品价格、市场环境以及国家政策等。因此，要彻底梳理影响产品报价的各方面因素，才能制定出科学合理的产品报价方法，并且在产品价格制定不准确的情况下，快速确定问题所在，及时进行修正。国内外众多学者对产品报价的影响因素进行了研究。

孙海燕在《如何进行产品报价》书中指出，影响产品报价的因素主要包括外部因素和内部因素两方面。外部因素包括国家经济政策、政治、法律和文化、消费者的需求、市场环境的竞争、技术进步等；内部因素包括产品成本、产品性质和特点、企业的营销目标及策略和企业的经营机制等。

南京航空航天大学李帮义教授认为，消费者的支付意愿会影响企业的再制造产品的报价、产量决策以及企业利润等。因此研究在需求不确定的情况下，新产品与再制造产品的联合报价决策问题时，构建了以利润最大化为目标的报价模型。

宁夏大学赵军教授认为，消费者在认知产品性能指标时，往往是从销售商提供的售后保障进行判断的。即保障越好，产品的可靠性水平越高，反之亦然，从而会影响产品的销售，而这两个重要的影响因素也会随着产品报价的变化而变化。因此，销售商在制定营销和价格策略时，需同时考虑这 3 个因素及相互作用，并且需对消费者的价值期望作出正确的判断。

东南大学严洪森教授分析了引起产品价格波动的主要因素，提出影响产品价格变化的因素有需求量变化、供应量变化、原材料价格变动、竞争产品的价格变化等。

西安电子科技大学贾俊秀教授在研究物流服务供应链的报价决策问题时发现，网购顾客的购买意向对企业的报价决策有一定的影响，并分析了在不同的合作模式下，其对企业的最优产品报价策略以及服务报价策略的影响。另外，在非合作决策和完全合作决策下，顾客的重购率、服务水平敏感度以及价格敏感度对产品和服务的报价也有影响。

西班牙拉曼鲁尔大学学者卡里卡诺（Carricano）展开了报价因素的调查，并且研究了环境决定因素对于报价的影响，同时从 5 个维度描述了报价决定因素体系，包括市场导向、竞争导向、生产导向、位置导向、价值导向。并认为这些指标起着报价杠杆的作用，即在这些变量上占据有利位置会给企业带来更大的报价权。但在绝大多数情况下，企业普遍依赖于竞争条件，而不是利用有利地位，这被称为报价短视。

法国国家科学研究中心（CNRS）学者切纳瓦兹（Chenavaz）指出，在加性可分函数下，动态报价会随着质量和成本的增加而增加，因此产品及工艺创新均影响报价策略。分别以价格、产品创新和工艺创新水平为决策变量，需求、质量和成本为状态变量，分析了这些变量在不同函数下的最优关系，并得到结论，即动态报价策略会随着成本变动而变动，但独立于产品质量。因此，工艺更新是影响企业报价策略的主要因素。

美国 IBM 学者塞昌（Sechan）研究了服务成本不确定性，以及服务成本对于报价决策的影响。分析服务的特征，包括无形性、同时性、异质性、易逝性。指出顾客参与造成了服务成本的不确定性，研究在价值不确定、附加需求不确定的情况下，服务成本对价格的影响，并分析发现服务成本不确定性会导致价格上升。

1.3.2 成本估算研究现状

产品报价一直是学术界比较热门的方向和研究热点。为了实现快速、准确、适应性强的报价，学术界和工程企业已经提出了多种理论或实践的方法。已发表的关于产品成本估算的文献涵盖了各种各样的问题，包括：（1）从标准机械部件的制造成本估算到高度定制组装产品的成本分析。（2）从详细的工艺成本优化技术到开销分析的具体方法。（3）从概念设计阶段的独特估算方法到设计周期后期使用的一般成本规则。（4）从内部总开销到外部市场研究。产品成本估算方法一般可分为 4 种：基于类比推理、基于分析成本、基于参数回归和基于市场供求分析，由于最后一个更多地依赖于经济而不是技术，因此主要介绍前几种。

（1）基于类比推理的成本估算

在基于类比推理的成本估算方法中，类似的部分会导致类似的成本或报价，这是这一假设的基本原则。因此，这类算法的关键问题是衡量输入报价与现有历史订单之间的相似性，并评估订单之间差异的影响，然后粗略地给出产品价格。沙特阿拉伯法赫德国王石油与矿业大学学者雷曼（Rehman）提出了一种基于已有的设计和生产知识作成本估算的方法，从不完备的设计描述中预测设计特征。欧洲马里博尔大学菲科（Ficko）建立了一个用于预测制造总成本的 CBR 系统，该系统基于从存储在数据库中的 CAD 模型中提取几何特征，并计算历史产品与新产品之间的相似性。

尽管此方法具有快速性和易操作性等优势，但在实际应用中也有一些局限性。该方法是使用过去的成本数据预估新订单价格，仅适用于成本结构和参数未发生较大变化的产品进行报价，不适用于新产品和个性化产品报价。因为结构或材料的改变会极大地影响制造成本，对于不同种类和不同精度的产品，很难准确地估计各产品之间的相似程度。

（2）基于分析方法的成本估算

分析成本是基于对产品设计、特点及相应的制造过程的详细分析。产品的价格通常由 5 个方面组成，包括制造成本、销售成本、劳动力成本、税收和环境影响等，这些构成广义成本。然而，对于小批量甚至单个订单，几乎不可能准确地计算出这 5 种成本中的任意一种，因为它从总成本中共享，并且在不同的企业中差异很大。因此，大多数研究只关注于制造成本，因为它拥有基于规则和循证的标准。斯法克斯大学学者博阿茨兹（Bouaziz）基于半分析方法建立了一个加工成本估算程序。这一估算方法主要针对在数控机床上生产出来的塑料吹制模具，并仅限于单位零件。泰国宋卡王子大学学者瓦隆彭（Waroonporn）提出了一种基于工艺的成本计算模型来估算气致半固体工艺的生产成本。研究表明，影响单位生产成本的是周期时间、浪费率和模具寿命3个主要因素。基于活动的成本计算模型也属于这一类，指通过确定与生产产出所需的活动相关的所有成本来估算产品成本的一种方法。南洋理工大学学者王（Ong）提出了一种基于活动的成本估计系统，在设计的早期概念阶段估计印刷电路板组件的制造成本。

基于成本分析的报价方法可以得到更精确的结果，但是报价效率很低。并且这一方法很大程度上依赖于制造分析的细节。因此，基于此方法构建的模型只适用于特定的产品类型（特定形状、特定结构等），很难应用于其他产品类型，不具有普适性。

（3）基于参数回归的成本估算

对于紧急的报价要求，基于详细的成本核算的报价是不太现实的。另一种方法是仅通过几个已定义的参数，如权重、工时和相对复杂度等来简化成本估计。由于最终成本与这些因素有一定的比例关系，因此可以粗略地作成本估计。意大利贝加莫大学学者卡瓦列里（Cavalieri）建立了一个参数模型，用于估计一种新型制动盘的单位制造成本，使用原制动盘的重量、原材料的单位成本和堆芯数作为其模型中的参数。美国堪萨斯州立大学学者本阿里（Ben - Arieh）提出了一种混合的旋转零件成本估计系统，该系统结合使用了变异体方法和显式成本计算，计算了一个零件需要在机器上停留的时间。它适用于新零件设计的早期阶段，特别是那些只保留生产规格而缺乏详细的开发和制造分析的零件。

基于参数回归的成本估算根据历史价格数据，定义包含产品设计或性能参数的数学表达式，用来表示零部件的成本，此公式还包含不确定系数。然而，其报价的准确性在很大程度上取决于预设模型的可用性和合理性。此方法忽略了除公式包含因素之外的其他重要因素，报价的准确性很低，主要用于中大型模具的粗略价格估算。该方法在那些参数很容易被识别的情况下可能是有效的。

1.3.3　产品报价预测方法研究现状

随着研究的深入，逐渐形成了几种比较系统的产品报价方法并广泛应用到各行各业，如成本导向报价方法、需求导向报价方法、竞争导向报价方法和价值导向报价方法。为了在市场竞争中凸显出自己的市场地位，很多制造企业开始着重对顾客提供特定的服务，鼓励顾客参与产品价值创造的过程。价值报价法是这类企业常用的报价方法。在实施该报价方法的过程中存在一些阻碍，因此，芬兰阿尔托大学学者特于泰里（Toytari）等对于 B2B 销售方式中可能存在的不利于企业进行价值导向报价的问题作了研究，并提出了相应的解决办法。美国凯斯西储大学学者利欧组（Liozu）发现价值导向报价和企业绩效之间存在正相关关系，并讨论了价值导向报价法、竞争导向报价法、成本导向报价法 3 种报价方法对于企业绩效的影响。荷兰瓦赫宁根大学的学者讨论了价值导向报价法对市场导向和产品性能之间关系的影响，并利用结构方程模型进一步验证了价值报价法在市场导向环境下产生的必要性和重要性，并且分别讨论了价值导向报价法、竞争报价法等几种报价方法之间的关系。这几种报价方法仅从一个角度来考虑产品报价——成本、需求或顾客感知价值，在新的市场环境下具有局限性。因此，学者们陆续开发了基于支持向量机、神经网络、博弈分析进行产品报价的方法。

东南大学张玉林教授分析了消费者的行为以及厂商行为与偏好参数之间的关系，并通过对其行为的动态博弈分析，建立信息产品报价策略的变分模型，为信息产品的报价提供一定的方法支持。重庆大学沈铁松教授首次将延伸服务考虑到产品报价过程并从微观角度作分析。考虑在二阶段的寡头竞争市场中利用博弈分析方法作分析，结果表明转换费用会影响产品的报价。北京理工大学魏一鸣教授针对国际碳市场的价格作了预测研究，构建了基于数据分组处理方法和粒子群算法的最小二乘支持向量机预测模型。先用数据分组处理方法求解模型输入节点，然后利用粒子群算法确定模型参数，进而用于最小二乘支持向量机预测模型，这种方法解决了模型输入节点以及参数难确定的问题。意大利第二大学学者安德烈奥（Andreou）利用支持向量机进行期权报价，并将其与最小二乘支持向量机和 Black – Scholes 期权报价模型作比较。通过具体实例，验证了支持向量机预测报价的能力。伊斯兰科技大学学者乔杜里（Chowdhury）提出了一种基于多支持向量机（SVM）的中期电力 MCP 预测模型。设计数据分类和价格预测模块，首先将输入数据预处理成相应的价格区间，然后对电价作出预测。并且，提出了一种新的基于 SOM 的混合聚类方法，结合支持向量回归进行组合选择和准确的价格波动预测，从而为组合的具体交易策略提供了依据。基于人工智能的产品报价可以提高报价的及时性和准确性，但是基于人工智能对装备制造企业产品作报价预测是一项挑战。

1.3.4　联合报价研究现状

学者在需求不确定、生产能力受约束情况下，对产品报价作了研究。美国得克萨斯大学奥斯汀分校学者吉尔伯特（Gilbert）研究了多产品多周期环境下需求是价格的函数且季节性变化时，产品的报价和生产决策。美国阿肯色大学学者巴杰瓦（Bajwa）在需求动态、生产能力变化的约束下，考虑生产准备成本，建立了非线性混合整数规划的报价模型，采用 OA 算法逼近不同需求场景、生产能力下的最优报价。伊朗塔比特默德尔斯大学学者查哈苏吉（Chaharsooghi）假设需求是价格与订货提前期的随机函数，建立了基于缺货成本、拖期惩罚、持有成本的两阶段随机优化报价模型，并以交付时间、价格、提前期对利润的影响作敏感性分析，验证了灵活的提前期最能提高企业的获利能力。澳大利亚科廷大学学者马尔达内（Mardaneh）在生产能力受限、允许缺货的环境下，建立多产品多周期的非线性两阶段优化报价模型，并设计树状算法求解多产品多周期中的最优产量和报价策略。加拿大不列颠哥伦比亚大学学者格拉诺特（Granot）分别在采用乘法式、加和式的价格依赖需求假设下，对比分析了报童模型的报价以及订购延迟问题，指出了在不同环境下灵活性在交货、价格和交货期方面的好处。

在联合报价方面，荷兰鹿特丹伊拉斯姆斯大学学者赫维尔（Heuvel）等设计了需求是价格的确定性函数且产能不限的经济批量模型，对最优价格和订货决策同步优化，但由于模型假设各阶段价格是确定的且需求仅取决于价格，使得模型过于简单。安第斯大学学者史密斯（Smith）以利润最大为目标建立了多产品多阶段离散时间内的生产批量与产品报价模型，仿真实验表明该方法在不同规模的问题上均可有效提高利润率。阿米尔卡比尔理工大学学者阿斯卡尔波（Askarpoor）以最大化利润为目标，通过所售产品价格预测需求，研究了在时间周期有限下的联合报价问题。西安交通大学柯大钢教授考虑产品之间的替代性，假设需求是价格、时间敏感的，建立价格与交付期决策模型并探讨了不同交付期、生产能力、企业成本对决策的影响，为企业的价格和交付期决策提供方法支持。华中科技大学林勇教授指出，价格和交付期与客户要求保持一致，且这两个变量的达成情况也是企业接受订单能力强弱的关键所在，以一个制造商和他的多个客户组成的简单供应链系统作为研究对象，建立了生产能力约束下的价格和交货期协同决策模型，仿真实验表明预先确定客户类型（如价格敏感型或交货期敏感型）、服务水平的设置、交货期的选择等都会对企业利润产生重要的作用。赛巴尔·雷（Saibal Ray）同样指出，公司在选择价格或交货期策略时，要根据他所服务的客户是何种类型（价格敏感或时间敏感），针对性地提供产品或服务。同时，他认为价格与交货期之间存在线性关系，并且较短的交付期对应较高的价格。美国迈阿密大学学者亚历山德罗（Alejandro）研究了在竞争因素存在的情况下企业的协同动态报价和批量问题，建立了相关的决策模型，并就纯报价策略、随机纯报价策略、纳什平衡和混合纳什平衡策略进行分析和讨论，得出的结论对于存在竞争的两个公司的报价和产量或库存决策提供有益指导。德黑兰大学学者奥米德（Omid）研究了需求是价格敏感且随机变化的单周期协同报价和库存策略问题，提出两种模型，一种是有价格折扣且不受约束，另一种是有价格折扣且有两个约束条件，并对两种模型最优解作分析，探讨不同参数值变化对最优解的影响。

在考虑订单是否接受的报价方法研究方面，东北大学樊治平教授针对在订单接受决策过程中存在不确定性的情况，建立了基于 Semi – Markov 决策过程的订单接受模型，其中运用了强化学习的思想。采用在 SMART 算法的基础上研究订单接受模型的最优求解策略，仿真结果表明该策略由于先到先服务原则再获得最优解。科奇大学学者塞伊达（Ceyda）等在 MTO 系统中以单台机器为环境，建立了同时考虑订单接受策略以及任务排序问题的协同优化模型，并提出 ISFAN、d – RFSB 和 m – ATCS 算法求解以上模型，仿真实验表明，上述算法在求解大规模问题上仍然有效并且效率较高。奥瓦姆（Aouam）考虑了在订货量存在不确定性时的订单接受/拒绝策略问题。他们研究了两种不同的生产计划问题，首先将订单接受策略与生产能力受限的批量问题相结合，指出当订单的准备成本较高且不能被规模经济带来的优势所抵消时订单应不被接受。然后，将订单接受策略与订单释放计划策略结合，指出当订单加入计划之后引起工作负荷加重并导致其他订单产生拖期时，订单应该被拒绝。

1.3.5　产品报价方法不足

通过对以上文献分析，总结目前的产品报价研究具有如下不足。

（1）产品报价影响因素未考虑产品全生命周期。一个产品的形成涉及很多环节，包括市场部的需求分析、设计部的产品设计、采购部的零件购买、生产部的产品生产以及售后反馈和服务等多种环节。因此，影响报价的因素涉及产品全生命周期各个阶段。从目前研究来看，产品报价受到多方面因素的影响，除成本、竞争、需求几个方面的因素外，还包括产量、消费者感知、产品本身的特征等各种因素。但由于服务融于制造是近年来提出的新模式，对于这种模式下的产品报价的研究还处于初步阶段，相关文献较少，因此提出一种适用于新模式下的产品报价方法是非常紧急且关键的。同时，由于全程的报价数据来源广，跨部门跨流程，结构复杂，报价影响因素众多且报价影响因素之间还存在着耦合关系，如何去除冗余因素，解析影响因素与报价之间的关系，基于关键影响因素作产品报价是一个重要研究方向。

（2）缺少在不确定、不完备环境下基于产品全生命周期影响因素作报价预测的相关研究。传统的成本导向报价方法、需求导向报价方法、竞争导向报价方法和价值导向报价方法等仅从一个角度来考虑产品报价，如成本、需求或顾客感知价值，忽略了其他方面影响产品报价的因素，因此制定的价格可能存在不合理性。同时在服务逐渐深入制造活动的背景下，传统产品报价法无法适用于新的市场环境，该方法对于信息较完整的产品具有较高的准确性，在不确定环境下存在响应速度慢、报价周期长等缺陷。大部分产品报价研究侧重于报价系统的开发，而产品报价的方法性研究较少。在报价预测方面，由于支持向量机和神经网络方法可以求解非线性问题，且在计算速度和预测精度上具有明显的优势，因此得到了广泛的应用。然而，上述方法通常用于期权和股票报价，较少应用于基于影响产品报价因素作制造企业产品报价预测的研究。

（3）基于过程协同的产品报价相关方法中更多地关注消费者的购买行为层面，或者侧重于研究联合决策的制定方法，较少关注生产系统中的不确定性以及资源配置、流水线调度等因素对企业产品报价的影响。较少文献在报价中关注订单接受问题，而在对订单接受策略的研究思路大多是基于某种调度环境，考虑各种机器约束或交货期约束制定订单接受策略，然后进行调度计划安排。其基本策略为若某订单完工时间大于交货期，则该订单将不被接受。忽略了设备成本对订单接受策略的影响，可能导致订单虽可按时交付、但企业成本居高不下的问题。并且，联合报价相关研究中较多侧重于研究联合决策的制定方法，但未考虑生产系统中的不确定性以及资源配置、流水线调度等因素对企业报价的影响。

综上所述，报价影响因素的建立不具有全面性，未考虑产品全生命周期的影响因素，未关注服务因素对报价的影响；目前的报价预测方法在不确定环境下准确性较低，难以适用于新产品的报价，缺少基于全生命周期报价影响因素进行报价预测的相关研究。基于过程协同的产品报价相关方法中较少关注生产系统中的不确定性以及资源配置、流水线调度等因素对企业报价的影响。因此，建立基于产品全生命周期的影响因素，在此基础上，解决数据的不确定性问题作报价预测，并考虑生产过程中资源的随机性，流水线调度等问题进行报价策略优化，是提高产品报价适用性、准确性的重要方向。

1.4　不完备和不确定环境下产品报价需求

随着全球网络化经济的发展，市场竞争愈加激烈，以企业为中心的大规模制造正向以用户为中心的大规模定制转变。快速、合理的产品报价是获得客户订单的关键，也是保证企业能够持续健康发展的重要环节。如何利用互联网采集的用户个性化需求信息，针对市场和企业经营状况，采取快速的报价策略和方法作动态报价决策，实现报价与需求精准匹配，是新形势下企业对报价管理的需求。

客户个性化需求下内外部的影响控制因素众多，产品种类、资源投入繁多，以及客户需求信息的不完备，使得报价活动呈现出不确定性、复杂性、多样性及耦合性等新特点，报价机理由此也变得愈加复杂。

目前报价模式采取销售、设计、生产的串行报价方式，依次进行产品报价预测和报价决策，造成以成本估算为主的产品报价预测方法得出的结果偏差较大。首先，由于缺乏可靠的价格预测区间而使得报价决策方法不准确且计算周期长；其次，报价预测模型缺乏相应的评价方法加以控制，导致模型和报价知识的重用度低；最后，报价策略的选择缺乏理论分析，导致策略选择不当，也影响了报价决策的准确性。

制造企业需要建立以满足客户个性化需求为中心的生产经营模式才能在订单抢夺中发挥一定的优势，增大获取询价订单的概率。而这首先要保证的就是制造企业需要在保持自身合理期望利润的前提下为客户询价订单中的目标产品提供快速准确的报价。这可以增大企业赢得订单的概率、发掘出新的潜在客户，同时保持企业的竞争力。

不完备和不确定环境下产品报价需求如下。

（1）基于产品全生命周期数据构建关键报价控制指标

在网络经济环境下，顾客感知不断提高，如何根据多源、不完备、非结构化、不确定数据制定准确的报价控制指标是需要解决的关键问题。报价控制指标的构建应考虑复杂产品的全生命周期过程，涉及设计、采购、生产、服务等各个阶段，具有全面性、综合性。将订单中对于产品质量、性能、交货期等方面的粗放要求，拆分细化出实现该质量、性能对应的设计、工艺参数中。由于各控制指标对报价的作用程度存在差异，各阶段的控制指标具有不同的权重，因此，根据权重信息可判断订单的重要程度。将产品全生命周期过程中的影响因素纳入报价控制指标，避免以往报价仅考虑尺寸、规格等个别技术参数，忽略物资、质量等因素的问题。

不完备和不确定环境下，提取关键报价影响因素，即关键控制指标，揭示影响因素与报价之间的关系。产品全生命周期涉及众多与报价相关的影响因素，数据具有信息量大，来源广泛，存在不确定性和因素间耦合性，需要跨部门、跨流程进行数据整合的特点。这些因素共同作用影响着产品价格。然而，有一些因素是冗余的。提取关键的报价影响因素，即找到能够满足企业现有实际生产条件的需要，综合体现企业实际市场环境、实际生产能力、技术水平等发展状况，以及决定产品报价的关键因素，剔除冗余因素，提升报价速度，揭示影响因素间耦合关系对报价的影响，为报价方法提供新的思路。

基于数据挖掘算法和聚类等方法，制定关键的报价控制指标和体系，提高报价控制的全面性和有效性，解决目前由于缺乏定量的、全面的报价控制指标而造成的产品报价预测不准和响应速度慢的问题，提高企业对报价的全面控制能力。

（2）智能制造环境下产品报价预测

在客户定制化产品需求增多的情况下，建立基于机器学习等方法的产品报价预测模型，实现不确定环境下准确的、快速的报价预测。在智能制造环境下，报价预测不仅应该考虑产品成本、需求、质量等因素，还应该考虑服务成本等。由于顾客需求和生产过程的不确定会导致产品设计、生产等过程中的某些数据如产品设计周期、产品合格率等存在数据缺失、不准确的情况，严重影响报价精度，基于支持向量机等智能算法建立产品报价预测模型，满足报价及时性、准确性、动态性等要求。考虑客户多样化需求制定产品报价，满足报价个性化、服务化、差异化等要求。

本书提出的报价预测模型是一种适用于制造与服务相融合的新环境下的产品报价方法，能够根据订单产品的需求特征及生产制造过程、服务要求，解决在当前个性化订单的市场环境下，当需求动态发生变化和企业广泛存在的客户需求信息、生产经营记录不完整等缺失数据的情况时，无法合理准确地对产品作动态报价预测等问题，提高企业根据实际生产状况进行准确报价的能力，为产品报价提供一种新的报价方法。

（3）面向不确定生产活动，基于过程协同制定报价决策

从网络视角来看，产品报价过程将由串行模式转变成并行模式。如何根据客户的不同特点和定制要求，以及库存和设备资源能力等情况制定相应的报价策略和决策方案是需要解决的重要问题。结合制造型企业生产管理实践，抽象出生产活动中不确定性发生的场景，考虑资源的分配、订单的排序、生产流程的复杂性、混流无等待流水线总装线与多条分装线生产计划与调度协同优化问题制定报价决策，满足报价的关联性和一致性。

企业资源的多样性、产品生产和调度环境的复杂性导致报价数据存在不确定性，这种不确定性问题的出现对企业的实际生产活动产生较大的影响，会引起报价制定不准确和订单延迟交付的状况发生。面向不确定生产活动，关注企业内部、外部资源的动态性，基于过程协同制定报价决策，有效保障企业目标利润，实现多样化客户需求，指出企业报价决策的研究方向，保证车间作业的流畅性，提高资源的利用率。减少在制品的积压，有效地降低库存成本。缩短产品制造周期，提高产品按期交付能力，实现多条存在供应关系的独立流水线集成优化管理，为企业实行供应商管理提供理论支撑。

基于不同的报价方法和报价策略，制定优化的报价、成本估算和资源配置方案，解决报价策略单一无法满足不同层次客户定制需求，以及报价决策

方案可执行性差的问题。将成本估算、策略选择、报价决策进行联合优化，提供整体的报价方案，解决无法有效地在有限资源下对不同客户类型的个性化产品需求进行精准报价问题，从而提高企业的市场竞争力。

综上所述，随着顾客个性化需求的增多，报价控制因素（如设计时间、加工周期等）与产品报价之间关系不清晰，使得企业面对不断变化的报价需求时，无法根据实际物资供应、生产状况，确定产品成本、质量、性能等变化对报价的影响。因此，研究不确定环境下的装备制造企业产品报价方法，新的报价方法有别于以往的方法，将利用人工智能等技术，全面、有效地制定报价影响因素，准确地预测个性化产品价格，并对报价决策进行联合优化，提高企业快速地、精确地、全面地报价决策能力。这对我国复杂制造业会计管理理论研究和实务应用具有重要意义。

1.5　本章小结

本章介绍了装备制造企业的生产特点，总结了我国制造业高质量发展面临的外部挑战和内部挑战。分析了装备制造企业生产模式的变化导致企业的成本结构、生产数据和生产方式都发生了改变。分析了产品报价流程、产品报价程序、产品报价原则、产品报价分类、影响报价的基本因素。总结了目前产品报价具有产品报价周期长、报价流程复杂、询价订单信息不确定、缺少科学的报价模型和方法等报价现存问题。提出了产品报价具有全面性、综合性、准确性和及时性、个性化和差异化、关联性和一致性的新特点。通过梳理产品报价在报价影响因素、成本估算、报价预测以及联合报价等方面的国内外研究现状，分析了产品报价理论方法存在的不足，并提出不完备和不确定环境下产品报价需求，包括基于产品全生命周期数据构建关键报价控制指标、智能制造环境下产品报价预测、面向不确定生产活动，基于过程协同制定报价决策等。

第 2 章

产品报价理论综述

通过介绍经典的产品报价方法、产品报价策略和报价策略优化等内容为后续研究不完备和不确定环境下的产品报价方法提供支撑。本章还将介绍先进的理论和方法,包括粗糙集、支持向量机、多目标优化、随机优化、智能算法等理论,为后续建立不完备和不确定环境下产品报价模型奠定基础。

2.1 产品报价方法

企业进行产品报价的方法主要包括以下几种。

(1) 成本导向报价法

成本导向报价法是以利润最大为目标,在核算企业成本的基础上确定产品报价的一种方法,是最基本的报价方法之一。这种方法制定出的报价反映出了企业希望获取的利润。主要有保本报价法、目标利润报价法以及价值报价法。

保本报价法,首先确定保本点,即在某一销售量下总收入等于总成本时的报价。此报价的计算方法为:

$$p_0 = \frac{a}{x_0} + b \tag{2.1}$$

其中，p_0 为保本报价，a 为固定成本，x_0 为预期销售量，b 为可变成本。保本报价法较适用于产品投放市场初期，以及产品即将退出市场之时。

所谓目标利润报价法，就是企业先确定自己的目标利润，然后在完全成本的基础上加上预期利润即为报价。其计算公式如下。

$$p_0 = \frac{a + r}{x_0} + b \tag{2.2}$$

其中，p_0 为考虑目标利润下的报价，a 为固定成本，r 为目标利润，x_0 为预期销售量，b 为变动成本。

价值报价法，即是以顾客的感知价值为基础确定报价，而不以成本为主。

（2）需求导向报价法

需求导向报价法，顾名思义就是以客户需求为基础，力争为客户提供其所需产品且以客户需求作为报价依据的一种报价方法。需求导向报价法又分为下列两种方法。

利用需求差异进行报价时，首先要对影响报价的不同维度（外因或内因），如时间、地点、产品类型、客户类型、客户需求强度等的差异进行划分，根据差异的类型确定其在基础报价上上调还是下调，以确定最后的报价。使用需求差异报价法的基础是客户及产品的差异可区分，细分市场之间相对独立、互不干扰。

理解价值报价法指的是客户对产品的价值有其自身的判断和评估，把这种理解价值与企业成本相比较，且主要以客户的理解价值作为报价基础的方法。

（3）竞争导向报价法

竞争导向报价法，是指在分析市场上竞争对手的产品特性、功能、造型、生产条件、产品质量、产品报价等进行报价决策。通常包括以下 3 种方法：

同行报价法在零售业中广为流传。它主要是通过参考市场内其他卖家产品的报价来确定自身产品的报价，以规避风险，吸引顾客群体。

主动竞争报价法是根据自身产品的功能、特性，与竞争对手的产品之间的差异进行报价的方法。首先，把市场上现有产品报价与自身的估算报价进行比较，得到低、中、高 3 个层次的报价。然后，将自身产品的性能、造型、质量等与竞争对手的产品相比较，分析二者之间差距以及产生差距原因。最后，根据自身产品优势确定客户可以接受的报价。

密封投标报价法大多在投标交易中使用。

（4）利益导向报价法

利益导向报价法较适用于大型跨国企业，主要表现为跨国公司在选择交易伙伴时，通常先考虑免税区或税率较低的国家或地区，这样在利润最大化原则的驱使下，跨国公司把自己的产品以高价卖给交易伙伴，并以低价从这些交易合作伙伴中购买原材料或其他商品，以获得最大利润。

2.2　产品报价策略

2.2.1　基于产品全生命周期的报价策略

报价策略是指经营者在不同的内部和外部条件制约下，为实现预定的报价目标而采取的报价谋略。在市场机制作用下，需求量与价格遵循需求法则，即在其他条件不变的情况下，商品的需求量与其价格呈反方向变化。如果价格上升，需求量就会减少；如果价格下降，则需求量就会增加。因此，现在许多企业在竞争中，为了扩大自己的市场份额采取降价刺激需求的办法。问题是降价能在多大程度上增大市场需求量，更重要的是降价是否能够给企业增加利润，低价绝对不是在任何时候都通用的策略，企业应该在不同时期采取不同的报价策略。

在垄断竞争的情况下，企业可以根据自己的产品特色来决定价格，在寡头垄断的情况下，企业之间通过博弈达到一种均衡，价格由博弈实现的均衡状况决定。由于科学技术的高速发展和资源的共享以及反垄断法等原因，大部分企业都处于非垄断竞争的市场中，人们不可能完全操纵价格，但价格在很大程度上是可以由企业自己来作出决定或者影响其变动方向的。

当确定了产品的报价方法，其预测结果还应结合考虑生命周期的问题。这是由于产品所处的阶段不同，其功能特性、客户需求、竞争对手等都会发生变化，因此将产品生命周期因素考虑到报价过程中来，采用不同的报价策略对预测结果作分析和调整，对于制定准确合理的产品报价具有重要的作用。

（1）投入期的报价策略

刚刚进入市场的新产品，虽然具有一定的技术优势，但产品工艺、质量可能还不太稳定、成熟。客户对新产品还持有观望态度，因此市场占有率较低，急需扩大市场，回收成本。此时应采取的报价策略包括以下几种：

撇脂策略。这种策略下企业以高价进入市场，并以高促销方式迅速打响知名度，吸引客户群体，快速回收成本。但这种策略无法及时扩大销路，且容易引来竞争对手，只适用于产品不具有替代性、在短时间内没有竞争对手的新产品。

渗透策略。与撇脂策略相反，这种策略下产品以较低报价进入市场，并伴随高促销手段的使用，目的在于迅速占领市场、拦截竞争对手，当最大限度地占有市场以后，再缓慢提升报价水平。这种策略下企业资金回笼速度较慢，经济效益较差。

满意报价法。满意报价法又称价值报价法，就是把报价定在适中位置，确定能使企业和客户双方都感到满意的报价。

（2）成长期的报价策略

产品进入成长期以后，企业的品牌形象已深入人心，这时候企业要保持产品优势，一方面应该致力于提升产品和服务的质量；另一方面应改进生产工艺，保证量产要求，满足客户的需求。这个阶段通常采取目标报价策略，即使这一阶段的目标利润率大于产品生命周期平均利润率，这样不仅有助于企业获利，更为后续进行低价促销提供先决条件。

（3）成熟期的报价策略

随着产品功能和特性的深入人心，竞争对手也越来越多，加剧了产品竞争的激烈程度。这个时期企业一方面要持续进行广告宣传，保证售后服务的工作质量；另一方面，应加强企业内部管理。本阶段适宜采用竞争报价策略，即根据竞争对手的情况作出相应的报价调整。

（4）衰退期的报价策略

维持报价策略：在保证产量的前提下，维持产品的原有报价，但可通过数量折扣、礼品券等手段激发顾客的购买欲望。

变动成本策略：指的是仅以单位变动成本的值作为产品的最低报价，在保证销售量维持不变的情况下，若该产品的贡献毛收益大于固定成本，即能够将固定成本抵消。

产品进入市场，究竟采用什么样的报价策略，是一个重要的问题。报价定高了，市场不接受；报价定低了，又会减少企业利润。企业要在全面考虑报价目标、客户心理、产品特性、竞争产品报价和自身实力等因素的基础上，决定产品的报价策略。其他报价策略还包括：心理报价策略、折扣报价策略以及综合报价策略等。

2.2.2　基于成功型战略的报价策略

波特认为，在与 5 种竞争力量的抗争中，蕴含着 3 类成功型战略思想，这 3 种思路是：总成本领先战略（低成本战略）、差异化战略、专一化战略（无边疆战略）和集中化战略。企业如果没有为自身"量体裁衣"的战略，就很容易在发展的过程中迷失方向，也会因策略分散而引起公司资源的巨大浪费。因此，战略的制定将决定策略的使用。

（1）总成本领先战略

总成本领先战略要求企业结合自身生产、开发设计、经验等方面的优势，最大限度地控制生产成本，成本低于竞争对手贯穿在整个战略中。成本优势意味着在其他公司无利可图的情况下，该公司仍能维持正常运营并获得利润。实行成本优势通常要求具备原材料取得的代价比同行低、生产的产品通过优化设计或改进生产技术而降低生产成本、能取得稳定、大额订单，以维持生产的规模效应等优势。假若公司能够赢得总成本领先，所获得的边际利润使公司能够加强新技术、新设备的引进以维持成本领先优势，从而实现良性循环。但在控制成本的同时，不能以牺牲质量、服务为代价，否则，会对公司的长远发展不利。

（2）差异化战略

差异化战略指通过设计品牌形象、商业网络、顾客服务、独特的技术、特殊的性能等方式实现产品或服务的差别化，获得同行业中高水平利润。波特认为，差异化战略影响占有更大的市场份额，与提高市场份额不可兼得。同时，差异化战略将导致成本提高，将使产品失去成本优势，不是所有顾客都愿意承受额外的代价，因此影响整体销售额。

（3）集中化战略

集中化战略主攻特殊群体或某一细分市场，此战略也能达到节省成本的目的，但因为受众专一，限制了可获取的市场份额。企业需要分析自身在行业中的地位从而制定相应的公司战略，以此指导报价目标和策略。报价目标必须紧紧围绕公司战略进行，报价目标又为报价策略指引了方向。

2.3　报价优化调度场景

根据成本估算制定的价格的可靠性较低，报价结果可能与企业的实际生产活动不一致，进而无法达到预期利润。因此，需要根据产品生产调度特定场景，分析产品实际生产阶段的成本发生状态，基于数学、运筹学和工程技术，制定针对性的报价优化模型，具体包括考虑企业生产活动和制造资源对报价进行优化。按照加工模式，可将报价优化问题的调度场景分为 5 种类型：单机、并行机、作业车间、流水车间以及开放车间。其中，作业车间调度问题和流水车间调度问题由于其加工工艺的特殊性和加工环境的特殊性成为最典型和最重要的调度问题。

2.3.1　作业车间调度问题

作业车间调度问题是一种被广泛应用的调度类型。在进行作业的加工设备方面它没有任何的特殊限制约束，针对同一项作业也允许加工过程中采用不同的加工路径。在加工过程中，每个工件都有其自己的特点。例如，不同工件可以具有不同的工序数、工件在不同的机器上可以采用不同的加工顺序、加工不同工序所需的机器可以不同。作业车间调度问题是一类灵活的、符合发展需要的、具有代表性和普遍性的调度问题，具有重要的研究意义。

作业车间调度问题可以描述为：n 个工件在 m 台机器上的加工，已知各工件在各机器上的加工顺序和各项操作的加工时间，也称为技术约束条件，要求确定符合工艺约束条件情况下安排各台机器所生产的工件的加工顺序，并使加工性能指标达到最优。

已知条件：

（1）工件集 $P = \{p_1, p_2, \cdots, p_n\}$，$p_i$ 为第 i 个工件，$i = 1, 2, \cdots, n$；

（2）机器集 $M = \{m_1, m_2, \cdots, m_m\}$，$m_j$ 为第 j 台机器，$j = 1, 2, \cdots, m$；

（3）工序序列集 $OP = \{op_1, op_2, \cdots, op_n\}$，$op_i = \{op_{i1}, op_{i2}, \cdots, op_{in}\}$ 为工件 p_i 的工序序列。op_{ik} 为第 i 个工件在第 k 道工序使用的机器号，$op_{ik} = 0$ 表示工件 p_i 的第 k 道工序不加工，$k = 1, 2, \cdots, m$，此为技术约束条件；

（4）T 为每个工件使用每台机器的时间矩阵，$t_{ij} \in T$ 为在第 j 台机器上加工第 i 个工件 p_i 的时间。若工件 p_i 不需要在 j 机器上加工，则 $t_{ij} = 0$。

典型的作业车间调度问题，除了技术约束外，通常还具有以下假设条件：

（1）在整个加工过程中，一个工件在同一台机器上最多只能加工一次；

（2）任何一个工件只有前一道工序加工完工后才能进行后一道工序的加工，在同一台机器上一个加工任务完工后才能开始新的加工任务；

（3）各工件在机器上进行加工必须按照指定工艺路线进行；

（4）工件的优先权不作考虑；

（5）每个工件在一个工序上一旦开始生产不允许中断，一直到该工序加工完成；

（6）同一工件同一时间只能在一台机器上加工，一台机器同一时间也只能加工一个工件，开始加工时间为 0。

2.3.2　流水车间调度问题

流水车间调度问题是在各工件的加工工艺相同情况下作业车间调度问题的一种特例。该问题由 m 台机器构成，每个工件需要在每台机器上进行加工，工件的加工次数与机器台数相同，工件在第 i 台机器上进行第 i 次加工，即工件需一次经过 1，2，$\cdots$，m 台机器进行加工。因此，工件只有在第 $i-1$ 台机器上加工完成后才能在第 i 台机器上进行加工，并且第 i 台机器处于空闲状态。

上述流水车间问题为传统的流水车间问题，随着实际需求演化为混合流水车间调度问题（Hybrid Flow Shop，HFS）。该问题由 K 个阶段组成，每个阶段（$j=1$，2，$\cdots$，K）由多台等同并行机组成，并且各阶段之间的缓存区库存不限。工件 i（$i=1$，2，$\cdots$，N）需要经过每一个阶段，只能选择各阶段中的一台机器进行加工，每个工件在各阶段的加工时间已知（p_{i1}，p_{i2}，$\cdots$，p_{ik}），如何进行调度使得总加工时间等最小。

在上述流水调度问题中存在一系列假设：在零时刻所有的工件都可以被加工；机器必须连续生产，不存在故障等情况；每台机器同一时间只能加工一个工件；每个工件同一时间只能在一台机器上进行加工；工件一旦在一台机器上进行加工不允许中断；存在序列独立的准备时间，其准备时间包含在加工时间中或者忽略不计；在制品库存无限。在该流水调度问题中，每台机器都有 $n!$ 种排序可能，因此，总的解的规模将达到 $(n!)^m$。为了简化这一问题，假设所有机器的工件加工排序是相同的，即在第一台机器上某工件排在第 j 个位置，那么其他所有机器该工件都排在第 j 个位置。这一简化问题称为置换流水车间调度问题（Permutation Flow Shop Scheduling Problem，PFSP），其解的规模仅为 $n!$ 种。由于 PFSP 问题和实际生产联系较为紧密，此类调度问题便成为学者们的研究热点。

在传统的流水车间调度问题中，工件在每个工位上加工顺序没有任何的约束，并且每个工位之间具有无限的库存缓冲能力，临时库存缓冲区可以对本工位加工完毕而没有送往下个工位的工件进行存放。在不存在临时库存缓冲区的情况下，并且在加工过程中各个工位所加工的工件序列一致的调度问题是 PFSP 中的一种特殊情况，学者们进行了大量的研究。无等待流水线就是一种无临时库存置换流水线。

2.3.3　两阶段装配流水车间调度问题

两阶段装配流水调度问题是流水调度问题的一种特殊形式，可被描述为：产品生产需要先进行部件加工再进行产品总装，第一阶段由 m 台并行机组成，负责 m 种部件的加工，第二阶段有 1 台机器负责产品总装，每个产品需要经过 $m+1$ 道工序才能完成，并且每件产品只有经过第一阶段 m 台机器的加工才能进行第二阶段的装配，每台机器同一时间只能加工一个工件，每个工件同一时间也只能在一台机器上加工。

这类问题在现实生产活动中具有很高的应用价值。李（Lee）等首先将这一问题应用到消防车的组装生产中，消防车的车身和底盘是在两个不同的部门进行生产的，当车身和底盘加工完成后需运送到装配线对消防车进行总体组装；波特斯（Potts）等应用到个人电脑的生产中，其中中心处理器、硬盘、显示器、键盘等部件需要在第一阶段生产，所有的部件按照客户个性化需求在第二阶段组装。

2.4　粗糙集理论

数据挖掘也称数据库知识发现（knowledge discovery in database，KDD）或知识获取（knowledge acquisition），是从大型数据库或数据仓库中储存的海量数据中发现潜在有价值的、为用户所使用或能够被用户所理解的知识的过程。而现实数据中往往存在着噪声数据和由于一些原因暂时无法获取或者由于一些人为因素丢失了或无法获取的缺失值，所以如何从不完备的决策系统中提取出能为决策提供参考和支持的知识显得尤为重要。粗糙集理论是波拉克（Pawlak）教授于 1982 年提出的一种处理不确定性知识和数据的表达、学习与归纳理论方法。该理论方法能在保持原始数据集分类能力不变的前提下，通过知识约简，以消除冗余信息，从而获得知识的简洁表达。与模糊集理论、概率统计方法及证据理论等其他处理不确定性问题理论方法相比，它的突出优点是无须提供问题所需处理的数据集之外的任何先验信息，通过定义已有概念和知识的上、下近似来刻画不能被精确描述的未知概念和知识，对问题的描述和处理更具客观性。目前，该理论已在模式识别、机器学习、决策分析、专家系统和知识发现等多个领域得到了广泛应用。下面主要介绍一些粗糙集基本概念。

2.4.1　完备粗糙集

（1）Pawlak 粗糙集

定义 2.1　四元组 $DT = \langle U, AT, V, f \rangle$ 是一个决策表，其中 $U = \{x_1, x_2, \cdots, x_n\}$ 为对象的非空有限集合，称为论域。$AT = \{a_1, a_2, \cdots, a_m\}$ 为描述样本的属性集合，$AT = C \cup D$，其中 C 为条件属性，D 为决策属性。$V = \cup V_a (\forall a \in AT)$ 是信息函数 f 的值域。$f = \{f_a \mid f_a: U \rightarrow V_a, \forall a \in AT\}$ 表示决策表的信息函数。若在决策表 DT 中不存在 $a \in C$, $x \in U$，使得 $f_a(x) = *$（ $*$ 表示缺失值），则称该决策表为完备决策表，反之则为不完备决策表。

定义 2.2　给定决策表 $DT = \langle U, AT, V, f \rangle$，令 $B \subseteq AT$，由 B 可定义一个不可分辨关系 $IND(B)$，即

$$IND(B) = \{ <x, y> \in U^2 \mid \forall b \in B, f_b(x) = f_b(y) \} \tag{2.3}$$

定义 2.3　根据不可分辨关系 $IND(B)$ 将论域 U 分成一组等价类，U 中所有对象的不同等价类构成 U 的划分，表示为 U/I_B，也简写为 U/B。用 $I_B(x)$ 表示在 B 下与对象 x 满足不可分辨关系的全体对象集：

$$I_B(x) = \{ y \in U \mid (x, y) \in IND(B) \} \tag{2.4}$$

粗糙集理论在选取不同的属性集 $B \subseteq AT$，构建出容差关系，对论域 U 进

行划分，每种划分就构成了一个知识基，表示为 U/B。知识基中的每个容差类就是一个不确定的知识粒。粗糙集理论中提出了上近似、下近似等概念，从现有的不确定的知识粒以逼近的方式刻画一般知识。

定义 2.4 对于完备决策表 $DT = \langle U, AT, V, f \rangle$，对象集 $X \subseteq U$，令 $B \subseteq AT$，关于 X 在不可分辨关系 I_B 下的下近似和上近似定义为：

$$\underline{B}(X) = \{x \in U: I_B(x) \subseteq X\} \tag{2.5}$$

$$\overline{B}(X) = \{x \in U: I_B(x) \cap X \neq \varnothing\} \tag{2.6}$$

（2）α 量化粗糙集

定义 2.5 $IS = \langle U, C \cup D, V, f \rangle$，$A \subseteq C$，$\forall (x, y) \in U^2$，对象之间的不可分辨程度 $ind_A(x, y)$ 定义为：

$$ind_A(x, y) = |\{a \in A: f_a(x) = f_a(y)\}| / |A| \tag{2.7}$$

定义 2.6 $IS = \langle U, C \cup D, V, f \rangle$，$A \subseteq C$，$\alpha$ 量化不可分辨关系定义如下：

$$ind_\alpha(A) = \{(x, y) \in U^2: ind_A(x, y) \geq \alpha\} \tag{2.8}$$

其中 $\alpha \in (0, 1]$。

用 $[x]_A^\alpha$ 表示在 A 下与对象 x 满足 α 量化不可分辨关系的全体对象集：

$$[x]_A^\alpha = \{y \in U \mid (x, y) \in ind_\alpha(A)\} \tag{2.9}$$

定义 2.7 $IS = \langle U, C \cup D, V, f \rangle$，$A \subseteq C$，$X \subseteq U$，$X$ 基于 α 量化不可分辨关系的下近似集合 $\underline{A_\alpha}(X)$、上近似集合 $\overline{A_\alpha}(X)$ 与近似精度 $\beta_\alpha(X)$ 为：

$$\underline{A_\alpha}(X) = \{x \in U: [x]_A^\alpha \subseteq X\} \tag{2.10}$$

$$\overline{A_\alpha}(X) = \{x \in U: [x]_A^\alpha \cap X \neq \varnothing\} \tag{2.11}$$

$$\beta_\alpha(X) = \frac{|\underline{A_\alpha}(X)|}{|\overline{A_\alpha}(X)|} \tag{2.12}$$

（3）测试代价敏感的 α 量化粗糙集

定义 2.8 $CS = \langle U, C \cup D, V, f, c^* \rangle$，$c^*: C \to R^+ \cup \{0\}$ 为测试代价函数（R^+ 表示正实数集），即 $c^*(C) = \sum_{a \in C} c^*(a)$，其中 $c^*(a)$ 表示单个属性 a 的测试代价，假设所有属性的测试代价都大于 0。

定义 2.9 $CS = \langle U, C \cup D, V, f, c^* \rangle$，$A \subseteq C$，$\forall a \in A$，$\forall (x, y) \in U^2$，

定义特征函数如下所示：

$$F_\alpha(x,\ y) = \begin{cases} 1: f_a(x) = f_a(y) \\ 0: f_a(x) \neq f_a(y) \end{cases} \qquad (2.13)$$

定义 2.10　$CS = \langle U,\ C \cup D,\ V,\ f,\ c^* \rangle$，$A \subseteq C$，$\forall (x,\ y) \in U^2$，对象之间的不可分辨程度定义为：

$$ind_\alpha^{c^*}(x,y) = \frac{\sum_{a \in A} c^*(a) * F_\alpha(x,y)}{c^*(A)} \qquad (2.14)$$

定义 2.11　$CS = \langle U,\ C \cup D,\ V,\ f,\ c^* \rangle$，$A \subseteq C$，$\forall (x,\ y) \in U^2$，$\alpha$ 量化不可分辨关系定义如下：

$$ind_\alpha^{c^*}(A) = \{(x,\ y) \in U^2: ind_A^{c^*}(x,\ y) \geqslant \alpha\} \qquad (2.15)$$

其中 $\alpha \in (0,\ 1]$。

用 $[x]_A^{\alpha,c^*}$ 表示在 A 下与对象 x 满足测试代价敏感的 α 量化不可分辨关系的全体对象集：

$$[x]_A^{\alpha,c^*} = \{y \in U \mid (x,\ y) \in ind_\alpha^{c^*}(A)\} \qquad (2.16)$$

定义 2.12　$CS = \langle U,\ C \cup D,\ V,\ f,\ c^* \rangle$，$A \subseteq C$，$X \subseteq U$，$X$ 基于 α 量化不可分辨关系的下近似集合 $\underline{A_\alpha^{c^*}}(X)$、上近似集合 $\overline{A_\alpha^{c^*}}(X)$ 与近似精度 $\beta_\alpha^{c^*}(X)$ 为：

$$\underline{A_\alpha^{c^*}}(X) = \{x \in U: [x]_A^{\alpha,c^*} \subseteq X\} \qquad (2.17)$$

$$\overline{A_\alpha^{c^*}}(X) = \{x \in U: [x]_A^{\alpha,c^*} \cap X \neq \varnothing\} \qquad (2.18)$$

$$\beta_\alpha^{c^*}(X) = \frac{|\underline{A_\alpha^{c^*}}(X)|}{|\overline{A_\alpha^{c^*}}(X)|} \qquad (2.19)$$

2.4.2　不完备粗糙集

实际情况中，由于存在一些不可控的客观因素或人为因素导致信息系统含有数据缺损的情况时常发生。例如：部分信息暂时不能够获取，部分信息在记录数据时被遗漏或获取某些信息代价过大等，此时人们需要处理的数据信息不再是完备的，对于包含有缺失值的不完备决策表，常用的处理策略有

3 种：

（1）直接剔除策略。通过将含有缺失值的样本直接从决策表中剔除，把不完备决策表转化为完备决策表，再应用经典模型进行约简。这种策略简单快速，对于缺失值比例较低的海量数据操作起来具有一定可行性，但显然它改变了原始系统的数据结构且可能删掉了有价值的知识，影响到后续约简的客观性和准确性。

（2）补值策略。根据使用某些规则估算或预测出来的值来对不完备决策表中的属性缺失值作填补处理，例如：对应属性的所有样本数据中出现概率最大的属性值或均值来替换、由相关属性和类信息统计分析而生成的值等。

（3）拓展等价关系。经典粗糙集基于严苛的等价关系对对象作分类和划分，而不完备决策表中由于含有等价关系无法识别的属性缺失值，因此通过放宽等价关系对决策表对象进行分类时的要求，来弱化二元关系，建立新的粗糙集模型来处理缺失数据。

图 2.1 说明了通过 3 种策略从不完备决策表中获取知识的基本过程。其中不完备决策表用 IDT 表示，完备决策表用 CDT 表示，由图可看出策略 1、2 对原始 IDT 均有改动，在一定程度上破坏了原始 IDT 的结构，而策略 3 是直接对原始 IDT 进行处理，未对其进行人为改动。因此拓展等价关系策略比前两种策略更有优势，更具有客观性。

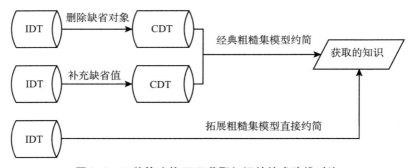

图 2.1 三种策略从 IDT 获取知识的技术路线对比

根据策略 3 的思想，克里兹凯维奇（Kryszkiewicz）基于缺失值的真实值是属性域中的一个的前提假设，赋予决策表中缺失值以一个 null 值而且认为 null 值可以与任意值匹配、相等，从而构建了一种广义不可辨识关系——容差关系。对于从缺失值暂时无法获得的不完备决策表进行知识获取，基于容差关系的拓展粗糙集模型保持了数据的客观性，故为国内外很多学者所采用。

（1）基于容差关系的不完备粗糙集

定义 2.13　四元组 $DT = \langle U, AT, V, f \rangle$ 是一个决策表，其中 $U = \{x_1, x_2, \cdots, x_n\}$ 为对象的非空有限集合，称为论域。$AT = \{a_1, a_2, \cdots, a_m\}$ 为描述样本的属性集合，$AT = C \cup D$，C 为条件属性，D 为决策属性。$V = \cup V_a (\forall a \in AT)$ 是信息函数 f 的值域。$f = \{f_a | f_a : U \rightarrow V_a, \forall a \in AT\}$ 表示决策表的信息函数。若决策表中至少存在一个 $a \in C$，$x \in U$，使得 $f_a(x) = *$，则称之为不完备决策表，用 IDT 表示。

定义 2.14　$IDT = \langle U, C \cup D, V, f \rangle$，令 $A \subseteq C$，由 A 确定的容差关系 T_A 为：

$$T_A = \{(x, y) \in U^2 \mid a \in A, f_a(x) = f_a(y) \, or f_a(x) = * \, or f_a(y) = * \} \tag{2.20}$$

$$T_A = \cap_{a \in A} T(\{a\}) \tag{2.21}$$

用 $T_A(x)$ 表示在 A 下与对象 x 满足容差关系的全体对象集：

$$T_A(x) = \{y \in U \mid (x, y) \in T_A\} \tag{2.22}$$

定义 2.15　$IDT = \langle U, C \cup D, V, f \rangle$，对象集 $X \subseteq U$，令 $A \subseteq C$，关于 X 在容差关系 T_A 下的上近似集合 $\overline{T_A}(X)$、下近似集合 $\underline{T_A}(X)$ 和近似精度 $\beta_A(X)$ 为：

$$\underline{T_A}(X) = \{x \in U : T_A(x) \subseteq X\} \tag{2.23}$$

$$\overline{T_A}(X) = \{x \in U : T_A(x) \cap X \neq \varnothing\} \tag{2.24}$$

从定义能够看出下近似集合 $\underline{T_A}(X)$ 是根据现有知识 A 判断确定属于 X 中的对象所组成的最大集合，上近似集合 $\overline{T_A}(X)$ 是论域 U 在容差关系 T_A 的划分下可能属于 X 的对象的集合。为了更加直观地表述知识的不确定性，给出 X 的 A 边界域：

$$BN_A(X) = \overline{T_A(X)} - \underline{T_A(X)} \tag{2.25}$$

根据式（2.25）可知 X 的 A 边界域中的对象在现有知识 A 下具有不确定性，X 的 A 边界域中的样本既无法肯定属于 X，也无法否定属于 X。即边界域是样本中不精确的部分，边界域越大表示不确定性越高，边界域越小表示不确定性越低。

定义 2.16　对于不完备决策表 $IDT = \langle U, AT, V, f \rangle$，对象集 $X \subseteq U$，令 $A \subseteq AT$，集合 X 基于 A 的近似精度为：

$$\beta_A(X) = \frac{|\underline{T_A(X)}|}{|\overline{T_A(X)}|} \tag{2.26}$$

集合 X 基于 A 的粗糙度为：

$$\rho_A = 1 - \beta_A(X) \tag{2.27}$$

其中 $|X|$ 成为集合的势，表示集合中样本的个数。近似精度用来衡量决策类在论域 U 上的近似质量，近似精度越高说明越准确。

（2）基于差别矩阵的不完备决策表属性约简

属性约简是从决策表中进行知识获取的重要研究方向之一。在实际信息系统中，经常会发现针对某对象属性，其他对象属性对于该属性并不是同等重要的，而且会存在重复属性或无关紧要的属性。这些冗余属性不但浪费了大量的存储资源，而且对于后期的决策分析还会造成影响。因此，属性约简就是处理如何在保持信息系统分类能力不变的情况下，去除掉这些冗余属性，最终得到关键属性集的过程。基于差别矩阵求不完备决策表属性约简定义如下。

定义 2.17　$IDT = \langle U, C \cup D, V, f \rangle$，定义泛化决策函数 $\partial_A: U \rightarrow V_d$，$A \subseteq C$，用 $\partial_A(x)$ 表示样本 X 在 A 上的泛化决策集：

$$\partial_A(x) = \{f(d, y) \mid y \in T_A(x)\} \tag{2.28}$$

定义 2.18　$IDT = \langle U, C \cup D, V, f \rangle$，$A \subseteq C$，基于容差关系 T_A，差别矩阵定义如下：

$$MC_{n \times n} = (c_{ij})_{n \times n} = \begin{bmatrix} c_{11} & c_{12} & \cdots & c_{1n} \\ c_{21} & c_{22} & \cdots & c_{2n} \\ \vdots & \vdots & \ddots & \vdots \\ c_{n1} & c_{n2} & \cdots & c_{nn} \end{bmatrix} \quad (2.29)$$

其中，差别矩阵中的元素 c_{ij} 计算方法如下：

$$c_{ij} = \begin{cases} \{a \mid (a \in C) \wedge ((x_i, x_j) \notin T(\{a\}))\}: & f_d(x_j) \notin \partial_C(x_i) \\ \varnothing: & else \end{cases} \quad (2.30)$$

定义 2.19   差别矩阵 $MC_{n \times n}$ 中，所有单个元素组成的集合，称为相对 D 核：

$$CORE_C(D) = \{a \mid (a \in C) \wedge \exists c_{ij}, ((c_{ij} \in MC_{n \times n}) \wedge (c_{ij} = \{a\}))\}$$

$$(2.31)$$

核属性集是约简集的重要组成部分，若决策表有多个约简集，则核属性集是所有约简集的交集，因此任何的约简集中一定包含有核属性集。

定义 2.20 $IDT = \langle U, C \cup D, V, f \rangle$，$A \subseteq C$，当且仅当 $\partial_A = \partial_C$ 且 $\partial_{A'} \neq \partial_C$ *for* $\forall A' \subseteq C$ 时，即当属性集 A 有不低于原不完备决策表的分类能力且其中不存在冗余属性时，A 为 IDT 的属性约简集。

2.5 支持向量机相关理论

2.5.1 支持向量机基本理论与模型

科尔特斯（Cortes）和瓦普尼克（Vapnik）在 1995 年为了更好地解决统计中的问题，以机器学习理论为基础提出了一种新的方法——支持向量机（SVM）。支持向量机建立在结构风险最小化理论与 VC 维理论的基础之上，通常用来处理小样本量的分类和回归等问题。特别在面对非线性和高维度的样本时，支持向量机能够优于其他的机器学习方法。

支持向量机解决问题的基本想法是先通过核函数将非线性的低维样本转到高维的线性样本，然后在高维的线性样本中寻找一个能够将样本分类的最大间隔面。这个间隔面越大，样本分类越准确，所以方法的目标函数就是在样本被分开的所有间隔面中找到最大的间隔面。图2.2为支持向量机（SVM）最优分类间隔面的示意图。

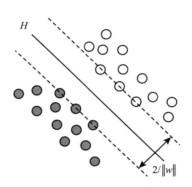

图2.2 最优分类面示意图

如图2.2所示，实心点与空心点分别代表了一类样本数据。其中，实线 H 表示的含义是将两类样本点无错地分开且是所有分割面中最优的分割超平面。H 上下两侧的直线分别为过两类样本中平行于 H 的超平面，且直线穿过的两类样本离超平面最近。这两侧之间的间隔叫作分类间隔，通过计算可以求得为 $2/\|w\|$。

假设有线性可分的两类数据集 $G = \{(x_i,\ y_i)\,|\,i=1,\ 2,\ \cdots,\ n\}$，其中线性判别函数可以通过 $f(x) = wx + b$ 进行表示，那么分类面的方程可表示为：

$$wx + b = 0 \qquad (2.32)$$

其中，为了满足所有样本点都能够被分类面所分开，要满足一定的约束条件即：

$$y_i(wx_i + b) - 1 \geq 0,\ i=1,\ 2,\ \cdots,\ n \qquad (2.33)$$

根据前面所提的目标让分类间隔最大，即求解的目标函数为 $\max 2/\|w\|$。

将求解的目标函数进行转换 $\max 2/\|w\|$ 等价于 $\min \frac{1}{2}\|w\|$。所以转变后分类问题的方程为：

$$\min \left\{ \frac{1}{2} w^T w \right\}$$

$$\text{s. t. } y_i(w x_i + b) - 1 \geq 0, \ i = 1, \ 2, \ \cdots, \ n \tag{2.34}$$

为了降低求解问题的复杂度，采用拉格朗日法和对偶方法对上述公式进行转换，根据式（2.34）中的问题模型转变成拉格朗日函数的方程为：

$$\min L(w, \ b; \ \alpha) = \frac{1}{2} \times w^T w - \sum_{i=1}^{n} \alpha_i [y_i(w x_i + b) - 1] \tag{2.35}$$

其中，$\alpha_i(i = 1, \ 2, \ \cdots, \ n)$ 为大于等于 0 的拉格朗日乘子。为了找到最优解，对上式求偏导数得到的结果为：

$$\begin{cases} \dfrac{\partial L}{\partial w} = 0 \rightarrow w = \sum_{i=1}^{n} \alpha_i y_i x_i \\ \dfrac{\partial L}{\partial b} = 0 \rightarrow \sum_{i=1}^{n} \alpha_i y_i = 0 \end{cases} \tag{2.36}$$

将式（2.36）中得到的结果带回式（2.35）中，将原问题转变为凸二次优化的对偶问题：

$$\min_{\alpha} \frac{1}{2} \sum_{i,j=1}^{n} \alpha_i \alpha_j y_i \alpha_j (x_i x_j) - \sum_{i=1}^{n} \alpha_i$$

$$\text{s. t. } \alpha_i \geq 0, \ i = 1, \ 2, \ \cdots, \ n$$

$$\sum_{i=1}^{n} \alpha_i y_i = 0 \tag{2.37}$$

假设 $\alpha_i'(i = 1, \ 2, \ \cdots, \ n)$ 是问题的唯一最优解，带回原问题模型求出参数 w 的解为：

$$w' = \sum_{i=1}^{n} \alpha_i' y_i x_i \tag{2.38}$$

继续将 w' 带回 $f(x)$ 中即可得到最优分类超平面 $f(x) = sign((w'x) + b')$，通过计算可以得出 $b' = -\frac{1}{2}(w' x_{+1} + w' x_{-1})$。其中 x_{+1} 表示正类支持向量，x_{-1} 表示负类支持向量。

2.5.2　支持向量机回归基本理论与模型

在瓦普尼克提出的支持向量机回归（SVR）模型中为了允许存在一定程度的误差引入松弛因子 $\xi_i > 0$ 和 $\xi_i^* > 0$，为了处理非线性问题通过相同的方法引入核函数将低维线性不可分的样本转化到高维可分的样本。利用 SVR 进行回归预测时，其原理及计算过程均不同于其他的回归方法，如最小二乘法、线性回归等。它的基本拟合机制是引入 ε 不敏感误差函数和最优回归超平面的概念，通过最大化两类样本间支持向量的间隔，来拟合最优超平面，得到回归函数。具体的回归分析方法的特性如下所示。

（1）支持向量机回归是将低维样本空间中的数据通过非线性映射的方式映射到高维特征空间，进而在特征空间中作线性求解。由于支持向量机回归算法的这种特性，降低了算法求解的难度和计算量，在解决非线性函数估计问题上比较具有优势，尤其是在解决由于算法复杂而无法解决和较难解决的问题上，这种优势尤为突出。

（2）为了不进行非线性运算，因此支持向量机回归算法引入了核函数这一概念，不仅降低了计算难度，同时也降低了计算量。支持向量机回归算法不仅适用于解决小样本量的问题，同时由于其算法简单、运算量小，在解决规模大的问题上较之其他的方法比较容易实现。

（3）传统的多元回归方法，其计算的难易程度直接取决于样本点的维数。而支持向量机回归算法是利用在最优超平面上的少数支持向量进行回归预测的，其数量少于整体样本量，因此算法计算量比较小，计算复杂程度也相对较低，避免了"维数灾"这一问题，尤其在大规模样本量的情况下。

（4）支持向量机回归具有较好的"鲁棒性"，具体表现为：在管道内的样本对于最优的拟合函数没有任何影响。

（5）引入 ε 不敏感误差函数的支持向量机回归算法求得的最优回归函数，是在满足 ε 管道限制约束下的最平坦的函数。

加入松弛因子后的 SVR 模型如下：

$$\min_{w,b}\Big\{\frac{1}{2}\|w\|^2 + c\sum_{i=1}^{n}(\xi_i + \xi_i^*)\Big\}$$

$$\text{s. t.} \quad y_i - (w \cdot \Phi(x_i) + b) \leq \varepsilon + \xi_i^*$$

$$(w \cdot \Phi(x_i) + b) - y_i \leq \varepsilon + \xi_i \tag{2.39}$$

其中 $C > 0$ 为惩罚因子，$\Phi(\cdot)$ 为核函数。

针对上述模型，和分类问题相同采取拉格朗日法和对偶法对问题进行求解：

$$L(w, b, \xi_i, \xi_i^*) = \frac{1}{2}\|w\|^2 + c\sum_{i=1}^{n}(\xi_i + \xi_i^*) + \sum_{i=1}^{n}\alpha_i(w^T \cdot \Phi(x_i) + b - y_i$$

$$- \varepsilon - \xi_i) + \sum_{i=1}^{n}\alpha_i^*(y_i - w^T \cdot \Phi(x_i) - b - \varepsilon - \xi_i^*)$$

$$- \sum_{i=1}^{n}\beta_i\xi_i - \sum_{i=1}^{n}\beta_i^*\xi_i^* \tag{2.40}$$

其中 α_i、α_i^* 为拉格朗日因子，然后对 w, b, ξ_i, ξ_i^* 求偏导。

$$\begin{cases} \dfrac{\partial L}{\partial w} = w + \sum_{i=1}^{n}\alpha_i\Phi(x_i) - \sum_{i=1}^{n}\alpha_i^*\Phi(x_i) \\[2mm] \dfrac{\partial L}{\partial b} = \sum_{i=1}^{n}\alpha_i - \sum_{i=1}^{n}\alpha_i^* = 0 \\[2mm] \dfrac{\partial L}{\partial \xi_i} = C - \alpha_i - \beta_i = 0 \\[2mm] \dfrac{\partial L}{\partial \xi_i^*} = C - \alpha_i^* - \beta_i^* = 0 \end{cases} \tag{2.41}$$

通过计算得到的结果带回式（2.39）中，得到其对偶问题：

$$\min_{\alpha^*,\alpha}\Big\{\frac{1}{2}\sum_{i,j=1}^{n}(\alpha_i^* - \alpha_i)(\alpha_j^* - \alpha_j)K(x_i, x_j) + \varepsilon\sum_{i=1}^{n}(\alpha_i^* + \alpha_i) - \sum_{i=1}^{n}y_i(\alpha_i^* - \alpha_i)\Big\}$$

$$\text{s. t.} \quad \sum_{i=1}^{n}(\alpha_i^* - \alpha_i) = 0$$

$$0 \leq \alpha_i\alpha_i^{(*)} \leq C, \ i = 1, 2, \cdots, n \tag{2.42}$$

其中 $K(x_i, x_j) = \varphi(x_i)\varphi(x_j)$ 是核函数。最终求解的最优超平面的计算公式为：

$$f(x_x) = \sum_{i=1}^{n} (\alpha_i^* - \alpha_i)K(x_i, x) + b \qquad (2.43)$$

其中 b 是回归机的位移项。为了得到最优解利用 KKT（Karush - Kuhn - Tucker）条件进行求解：

$$\begin{cases} \alpha_i(\varepsilon + \xi_i + y_i - wx_i - b) = 0 \\ \alpha_i^*(\varepsilon + \xi_i^* - y_i + wx_i + b) = 0 \\ \beta_i \xi_i = 0 \rightarrow (C - \alpha_i)\xi_i = 0 \\ \beta_i^* \xi_i^* = 0 \rightarrow (C - \alpha_i^*)\xi_i^* = 0 \end{cases} \qquad (2.44)$$

由于 α_i、α_i^* 不会同时为 0，所以根据上述约束条件计算得到：

$$\begin{cases} w^* = \sum_{i=1}^{n} (\alpha_i^* - \alpha_i)\Phi(x_i) \\ \\ b^* = \dfrac{\sum\limits_{0 < \alpha_i < c}(y_i - \sum\limits_{x_i \in sv}(\alpha_i - \alpha_i^*)k(x_i, x_j) - \varepsilon) + \cdots + \sum\limits_{0 < \alpha_i < c}(y_i - \sum\limits_{x_j \in sv}(\alpha_j - \alpha_j^*)k(x_i, x_j) + \varepsilon)}{Nnsv} \end{cases} \qquad (2.45)$$

其中 $Nnsv$ 代表支持向量的个数。

2.6　多目标优化理论

一般情况下，在科学研究与工程实践中，很难通过单一的指标对所设计的优化问题得到满意的效果，往往需要同时考虑多个目标并对其进行优化，并从优化的结果中选择折中的决策方案。因此，多目标优化所求得的结果更为贴切，可选择性更广泛。

2.6.1　多目标优化的基本概念

多目标问题一般由 n 个决策变量、k 个目标函数和 m 个约束条件组成，目标函数、约束条件与决策变量之间存在函数关系。多目标问题数学模型如下：

$$\max\ y = f(x) = (f_1(x),\ f_2(x),\ \cdots,\ f_k(x))$$
$$\text{s. t.}\ e(x) = (e_1(x),\ e_2(x),\ \cdots,\ e_m(x)) \leqslant 0$$
$$x = (x_1,\ x_2,\ \cdots,\ x_n) \in X$$
$$y = (y_1,\ y_2,\ \cdots,\ y_k) \in Y \tag{2.46}$$

其中，x 代表决策向量，y 代表目标向量，X 代表由决策向量 x 生成的决策空间，Y 代表由决策向量 y 生成的目标空间。

大多数情况下，多目标问题中各个子目标之间存在着相互制约的关系，如果单独地对某个子目标进行优化往往会引起其他子目标变得更差，很难使多个子目标同时取得最优，这也是其与单目标优化问题的本质区别。为了在求解多目标优化问题中取得较好的效果，Pareto 制约、Pareto 最优解和 Pareto 最优解集等这几个基本概念是必须被提到的。

（1）Pareto 制约：对于决策向量 a，b，$a > b$（a 制约 b），当且仅当 $f(a) > f(b)$。

如果向量 a 所求得的多目标问题中的各子目标值均优于向量 b 所对应的各子目标值，那么向量 a 能够制约向量 b。

（2）Pareto 最优解：当且仅当决策向量 $x \in X_f$ 称为 Pareto 最优解，表达形式为 $\forall a \in X_f$：$f(x) > f(a)$。

Pareto 最优解又称为非劣解、非支配解。如果决策向量集 X_f 中不存在决策向量 a，使得向量 a 所求得多目标问题中对应的各子目标值均不劣于向量 x 所对应的各子目标值，且具有一个子目标值优于向量 x 所对应的子目标值，那么决策向量 x 为 Pareto 最优解。

（3）Pareto 最优解集：对于给定的多目标问题，Pareto 最优解集 A 定义为 $A = \{x \in X_f \mid \forall a \in X_f,\ f(x) > f(a)\}$。

一般情况下，在多目标优化问题中很难找到像单目标优化中唯一的最优解，求得的往往是 Pareto 最优解。所最终求得的 Pareto 最优解不是多目标优化问题的最优解，而是所能接受的满意解，一个多目标问题往往具有多个

Pareto 最优解，且各个 Pareto 最优解所偏重的子目标不尽相同。若多目标优化问题存在最优解，那么该最优解一定是 Pareto 最优解，并且 Pareto 最优解集也有且仅有该最优解，不存在其他的解。通常情况下，多目标优化问题的 Pareto 最优解是一个集合。对实际问题而言，需要根据决策人员的个人偏好和对问题的了解程度来选择符合决策者实际情况的满意解。

2.6.2 传统多目标优化的方法

传统多目标优化方法往往将多个目标转换为单目标问题，然后用数学规划工具求解单目标问题。传统多目标优化方法有很多，主要有约束法、加权法和距离函数法 3 种。

（1）约束法

在多目标问题中，根据决策者的喜好从 k 个目标函数 $f_1(x)$，$f_2(x)$，$\cdots$，$f_k(x)$ 中确定一个主要的优化目标。例如 $f_1(x)$，那么只需将剩余的其他目标函数值 $f_2(x)$，$\cdots$，$f_k(x)$ 设为约束条件，如 $a \leqslant f_i(x) \leqslant b$，$i=2$，$3$，$\cdots$，$k$，多目标优化问题可以转换为相应单目标优化问题，具体表达如下：

$$\max f_1(x)$$
$$\text{s. t.} \ e(x) = (e_1(x),\ e_2(x),\ \cdots,\ e_m(x)) \leqslant 0$$
$$a \leqslant f_i(x) \leqslant b,\ i=2,\ 3,\ \cdots,\ k \qquad (2.47)$$

（2）加权法

加权法通过给每个目标根据决策者喜好偏重设计相应的分配权重，并将多个目标按照分配权重加权为一个目标函数，加权法的基本思想是由扎德（Zadeh）首先提出，加权方法的表达形式如下：

$$\max z(x) = \sum_{i=1}^{k} \omega_i f_i(x)$$
$$\text{s. t.} \ x \in X_f \qquad (2.48)$$

其中，ω_i 称为权重，不失一般性，通常权重可以正规化后使得 $\sum_{i=1}^{k} \omega_i = 1$，求解上述不同权重的优化问题就能输出一组解。这种方法的最大缺点就是不能在非凸性的均衡曲面上得到所求的 Pareto 最优解。

（3）距离函数法

距离函数法需要对多目标进行理想点的定义，所谓理想点定义如下：

理想点用 $y^* = (y_1^*,\ y_2^*,\ \cdots,\ y_k^*)$ 表示，其中 $y_i^* = \sup\{f_i(x)\,|\,x \in X_f\}$，$i = 1,\ 2,\ \cdots,\ k$，点 y^* 通常情况下是不可能在多目标优化过程中达到的，因此称之为理想点，但是针对每个目标来说，寻找理想点 y^* 是可能的。

根据上文对理想点的定义，在优化过程中很难取到理想点，更不用说超过理想点，因此，距离函数法意在寻找接近于理想点的解。给定 $y \in Y$，y 与 y^* 的距离要求近似：$r(y) = \|y - y^*\|$，其中 $\|y - y^*\|$ 是在某种特定范数意义上从 y 到 y^* 的距离。由于 L_p 范数比较清晰，因此比较常用，对于给定一个正数 $p \geqslant 1$ 有：

$$r(y;\ p) = \|y - y^*\| = \Big[\sum_{j=1}^{k} |y_j - y_j^*|^p\Big]^{1/p} \tag{2.49}$$

L_p 范数意义下的最优解就是最小化 $r(y;\ p)$ 的点。

上述距离函数 $r(y;\ p)$ 没有对每个 $|y_j - y_j^*|$ 的值进行重要性的差别对待，如果具有不同的重要性，可以指派一个权重向量 $\omega = (\omega_1,\ \omega_2,\ \cdots,\ \omega_k)$ 来表明不同的重要程度，在这种情况下，有下面的加权 L_p 范数：

$$r(y;\ p;\ \omega) = \|y - y^*\|_{p,\omega} = \Big[\sum_{i=1}^{k} \omega_j^p |y_j - y_j^*|^p\Big]^{1/p} \tag{2.50}$$

2.6.3　传统优化方法的局限性

传统的求解多目标方法大多数是在求解单目标优化问题的成熟算法机理上作改进，但是在求解多目标问题的过程中，传统的方法还具有如下几点局限性：

（1）在求解多目标优化问题时，如加权法这些传统方法对 Pareto 最优前沿的形状很敏感，不能处理前端凹部。

（2）最终只能形成一组最优解，然而，在实际决策应用过程中，决策者往往需要从多种可行决策方案中选择其满意的可行解。

（3）多个目标函数值之间存在不同的量纲，难以统一。为了避免其中的一个目标函数支配其他目标函数，精确地给出所有目标函数的标量信息，就必须有每一个目标的全局先验知识，计算量巨大，很难实现。

（4）加权值在制定重要性权重时具有很强的主观性。由于各个目标函数的权值是人为规定的，因此带有很强的主观性。

2.6.4　多目标优化的评价指标

在多目标问题中，最终得到的结果是一个 Pareto 非劣解集，若为两个目标尚可以通过二维图形直接观察各非劣解集与前沿面的接近程度对非劣解集质量进行评价，当目标函数多于两个时，很难直观地观察非劣解集的优劣。因此，需要借助评价指标进行判定，常见的评价指标有：C 指标，D_{av} 和 $D_{\max}$，TS 分布均匀性指标以及 MS 覆盖范围指标。

（1）C 指标

考虑两个不同算法得到的非劣解集 E 和 E'，C 指标反映两个集合中解的支配关系，将有序对（E，E'）映射为 0 到 1 之间的如下数值：

$$C(E, E') = |\{x' \in E' \mid \exists x \in E, x > x'\}| / |E'| \tag{2.51}$$

显然，若集合 E' 中的所有解均被集合 E 中的解所支配，则 $C(E, E') = 1$；反之，若集合 E 中的所有解均被集合 E' 中的解所支配，则 $C(E, E') = 0$。由于集合 E 和 E' 中可能存在某些互不支配的解，$C(E, E')$ 与 $C(E', E)$ 之和并不一定等于 1。

（2）D_{av} 和 $D_{\max}$

D_{av} 和 $D_{\max}$ 用来度量集合中的解与理论上最优 Pareto 边界 R 之间的距离：

$$D_{av} = \sum_{x_R \in R} \min_{x \in E} d(x, x_R) / |R| \tag{2.52}$$

$$D_{\max} = \max_{x_R \in R}\{\min_{x \in E} d(x, x_R)\} \tag{2.53}$$

其中，$d(x, x_R) = \max_{j}\{[f_j(x) - f_j(x_R)]/\Delta_j\}$，$x \in E$，$x_R \in R$，$\Delta_j$ 为对集合 E 和 R 中对应的目标函数的目标值 f_j 的取值范围。对于 E 集合中的解，R

中总存在一个解，该解与 E 集合中的解的距离最近。D_{av} 是对上述最短距离求其平均值，而 D_{max} 是取上述所有最短距离中距离的最大值。

　　显然，D_{av} 和 D_{max} 值越小，则集合 R 对理论上的最优 Pareto 边界的近似性越好。针对某一具体问题，若不存在理论上的最优 Pareto 边界，则将 E 和 E' 复合后，通过支配原理从复合解集中去除能够被制约的解，保留所有的非制约解，并将这些解的集合作为最优 Pareto 边界 R 的近似替代。

　　（3）TS 分布均匀性

　　度量集合 E 中解分布的均匀性：

$$TS = \sqrt{\frac{1}{|E|} \sum_{i=1}^{|E|} (D_i - \overline{D})^2 / \overline{D}} \qquad (2.54)$$

其中，$\overline{D} = \sum_{i=1}^{|E|} D_i / |E|$，$D_i$ 为 E 中的解 x_i 在目标空间中与其最近临点的欧式距离。TS 值越小，集合 E 中解在整体上分布越均匀。

　　（4）MS 覆盖范围

　　用来评估所求得的解对前沿面 r 的覆盖情况，计算公式如下：

$$MS = \sqrt{\frac{1}{n} \sum_{l=1}^{n} \left\{ \left[\max_{i=1}^{|e|} f_l(x_i) - \min_{i=1}^{|e|} f_l(x_i) \right] / \left[F_l^{\max} - F_l^{\min} \right] \right\}^2} \qquad (2.55)$$

　　其中，$f_l(x_i)$ 针对解序列 x_i 其求得的所有的目标值中第 l 个目标值，$F_l^{\max}$ 和 $F_l^{\min}$ 是 Pareto 前沿面上所有的解集合中第 l 个目标函数的最大值和最小值。MS 值越大，表明 Pareto 前沿面的解被集合 e 中的解所覆盖的程度越高。

2.7　随机规划理论

2.7.1　随机规划模型

随机规划是解决含有随机变量的优化问题的一种有效工具。根据随机变量的不同处理方式，可将随机规划模型的建立方法分为两种：一种是 wait and see（等着瞧）方法，即等待随机变量的实现，待观察到随机变量的实现值以后，再作出相应的决策的方法；另一种是 here and now（观察）方法，指的是在尚未发现随机变量的任何实现值以前就作出决策，求出决策变量的方法。根据对随机变量的不同处理方法，随机规划问题可以划分为以下 3 种问题类型：分布问题、二阶段带补偿的随机规划问题、机会约束规划问题（由查内斯和库珀提出）。随机规划问题的分类如图 2.3 所示。

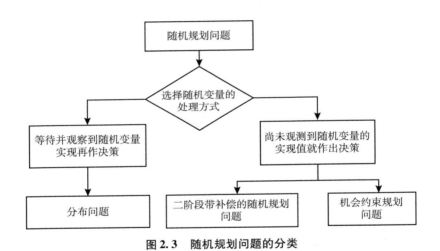

图 2.3　随机规划问题的分类

（1）分布问题

首先给出一个典型的线性规划模型，设有一个线性规划问题为：

$$(P_1)\begin{cases} \min f(x) \\ f(x) = Cx \\ \text{s. t. } Ax = b \\ Bx = f \end{cases} \tag{2.56}$$

其中，A、B 表示矩阵，C、x、b、f 是向量。问题（P_1）是很多实际问题的数学模型，假设这是一个制定最优生产计划的模型，目标函数是求生产成本最小。将问题（P_1）中的约束条件 $Ax = b$ 和 $Bx = f$ 分为两组，在这个模型中引入随机变量，假定目标函数或约束条件中的一些数据为随机变量，但 $Bx = f$ 这一组约束条件不含有随机性，则分布问题可以描述为：

设（P_1）问题中的 A、b、C 为随机变量，在观测到这些随机变量的实现值 $A(w)$、$b(w)$、$C(w)$ 之后，得到下列线性规划模型：

$$(P_1(w)) \begin{cases} \min f(x) \\ f(x) = C(w)x \\ \text{s. t.} \quad A(w)x = b(w) \\ \qquad Bx = f \end{cases} \tag{2.57}$$

针对随机变量的每一个样本点 w，都有一个与之对应的线性规划问题 $P_1(w)$，对所有线性规划问题求解并从中选出目标值的极小值 $\gamma(w)$，即为分布问题的求解方法。

综上所述，求解分布问题就是对每一随机变量值 w 求解一个确定性的线性规划模型，并从中找出极小值函数 $\gamma(w)$，以及 $\gamma(w)$ 总的分布情况。

（2）二阶段补偿的随机规划问题

此类型问题的特点是在未观测到随机变量出现之前就作出决策。假设 A、b 是随机的，对于随机变量的所有样本点来说，可能会存在某个或多个 w 使 $A(w)x = b(w)$ 不被满足，这时候考虑因未满足而招致惩罚的情形，以 $W(w)y$ 表示偏离约束的大小，其中 $W(w)$ 表示一个矩阵，则有：

$$W(w)y + A(w)x = b(w)，y \geqslant 0 \tag{2.58}$$

设惩罚报价 $q(w)$ 为一向量函数，则惩罚量可记为 $q(w)y$，由于此问题是成本最小化问题，则因未满足约束而产生的惩罚越小越好。也就是说，要找到一个满足上述条件的变量 y，使得惩罚量 $q(w)y$ 极小，于是，即有下列问题：

$$(P_2) \begin{cases} Q(x, w) = \min q(w)y \\ \text{s. t.} \quad W(w)y + A(w)x = b(w)，y \geqslant 0 \end{cases} \tag{2.59}$$

其中，x 为已选定的值，w 为给定的随机变量的样本点。根据所有给定的样本点 w，其期望惩罚成本为 $EQ(x, w) = Q(x)$。由此可得，在原问题 P_1 中，目标函数（成本）应再加上由于选择的 x 不满足约束条件而发生的惩罚成本，则上述问题可描述为：

$$(P_3)\begin{cases} \min f(x) \\ f(x) = Cx + Q(x) \\ \text{s. t.}\quad Bx = f \end{cases} \qquad (2.60)$$

其中，$Q(x) = E\{\min q(w)y \mid W(w)y + A(w)x = b(w), \ y \geq 0\}$。

以上的分析过程可以记作：先选择 x→随机向量 A、b 发生，观测到实现值→确定 y。以上分析中包含两个决策过程：选择 x 和决定 y，故而这种问题被称为两阶段问题。其中问题 (P_3) 被称为与二阶段问题等价的确定性规划问题。模型 (P_2) 是用来确定 y 的，称为第二阶段问题。

（3）机会约束规划问题

在随机变量未观测到实现值之前就作出决策可能存在所作决策不能满足约束的情况，此时采用一种方法，即允许所做的决策在某种程度上不满足约束条件，但满足约束条件的概率应不小于某一置信水平 a。这种方法下允许所作决策在某种水平上达不到约束条件的要求，但这并不会给此系统招致惩罚，也不需要为此补偿。

设某一极值问题为：

$$\max f(x, \ \xi)$$
$$\text{s. t.}\quad g_i(x, \ \xi(w)) \geq 0 \quad i = 1, \ \cdots, \ p \qquad (2.61)$$

其中，约束条件中包含随机变量 $\xi(w)$。此时在随机变量 $\xi(w)$ 未实现之前就确定 x，则对于某些随机变量的实现值 w，不满足约束条件。

一种有意义的随机规划就是如下的机会约束规划问题（CCP）：

$$\begin{cases} \max \bar{f} \\ \text{s. t.}\quad P_r\{f(x, \ \xi) \geq \bar{f}\} \geq \beta \\ \quad P_r\{g_i(x, \ \xi) \leq 0, \ j = 1, \ 2, \ \cdots, \ p\} \geq \alpha \end{cases} \qquad (2.62)$$

其中，$P_r\{\cdot\}$ 表示事件的概率，α，β 表示设定的约束条件及目标函数的置信水平。

2.7.2　情景分析法

情景分析法是美国壳牌石油公司的皮埃尔·瓦克（Pierr Wark）在 1972 年

提出的，最初用于对影响企业经营环境的内外因素所可能发生的变化作定性分析，并通过历史数据或专家调查法来判断可能发生的多种可能性。情景分析法是一种有效预测未来某事物的可能性的有效方法，经过壳牌石油公司提出以后，很快受到各行各业的青睐和使用。到了 20 世纪 80 年代后期，情景分析法已被广泛用于各商业机构、跨国公司，甚至引起了政府及事业单位的注意。

随着市场环境的变化以及客户需求的多变性，企业的生产环境中存在较多的、难以预测的不确定因素。在建模过程中，为了贴近企业实际，必须把不确定因素考虑进去，才能使模型更完善、得到的解决方案更能为企业所用。由于企业的生产活动是连续的，其历史数据为情景分析法的使用提供了必备条件，即企业管理人员可以根据经验数据预测未来某种事物发生的可能性。因此，情景分析法的思想可以很好地与企业生产管理实践相融合。

基于情景分析思想的优化模型可表示为：

$$\min f(x)$$
$$f(x) = cx + dy$$
$$\text{s. t.} \ \ AX = b$$
$$Ex + Fy = g$$
$$x, \ y \geqslant 0 \tag{2.63}$$

其中，x 取值与随机变量无关；y 为控制变量，可根据随机变量的不同取值调整，其最优值的实现同时依赖于 x 和随机变量的实现值。c，d，A，b，E，F，g 是该模型的参数；$\Omega = \{1, 2, \cdots, S\}$ 表示随机变量可能发生的所有情景的集合，设每种情景发生的概率为 p_s，则有 $\sum_{s \in \Omega} p_s = 1$。对于随机变量的所有情景值，由模型所得的最优值仍然是"最优"或可行的，则认为其具有鲁棒性。

2.8　遗传算法相关理论

遗传算法（genetic algorithm，GA）是基于遗传学说和进化论建立起来的一种优化算法。主要包括 3 种遗传操作：选择、交叉和变异。每一代都按照一定方法选出较优秀的个体进行交叉和变异，将较为优秀的个体遗传下去。遗传算法主要包括以下几个部分。

（1）编码与解码

编码就是将连续的数值处理成遗传算法可以进行交叉操作和变异操作的形式，最常用的是二进制编码。假设在区间 $[s,t]$ 上，染色体的长度即二进制串的长度为 l，则该二进制串能表示 2^l 个数。由于 $[s,t]$ 是连续的，其间有无数个数值，2^l 个数无法覆盖该区间内的所有点，因此将所有二进制串均匀地撒在该区间上，将连续两个二进制串之间相隔的距离定义为精度，假设精度为 i。则精度 $i=(t-s)/(2^l-1)$。此时的二进制串代表的并非其能转化为的十进制数，而是区间 $[s,t]$ 上的一种映射。

假如在选择交叉变异操作进行完之后，产生了我们满意的新解，此时要对二进制串进行解码操作。二进制串的长度 l 可以根据要寻优的变量维度得到，或者根据精度计算。则二进制串对应的真实值为：

$$x' = s + T\frac{t-s}{2^l-1} \tag{2.64}$$

其中，T 是二进制数理论上对应的十进制数。

（2）适应度

适应度原本指的是生物界中的个体，将基因成功地传递给下一代的能力，也就是生物能否在其所在的环境中生存下来并繁衍后代的能力。

适应度函数的选取要根据实际情况确定，有时目标函数可以直接作为适应度函数，有时则需要选取一些相应的指标作为适应度函数。本章选取的适应度即为拟合优度 R^2。

（3）选择操作

选择操作最常用的是轮盘赌法，也就是将适应度大小转化为概率，适应度高的个体更有机会进行复制，并且复制的分数也较多。对于个体 x_i，适应度与概率的转化公式为：

$$p_i = \frac{f(x_i)}{\sum f(x_i)} \tag{2.65}$$

（4）交叉操作

交叉操作是在两个染色体上选取一些位点，将两个染色体相同位点的部分互换。位点的选择是随机的。染色体的选择可以两两交叉，也可以在优秀的一群个体中交叉。

（5）变异操作

变异操作是选择一个染色体，随机选取一个或多个位点进行变异。在二进制编码中，也就是选取位点进行 0 变 1，1 变 0 的操作。

其具体流程如图 2.4 所示。

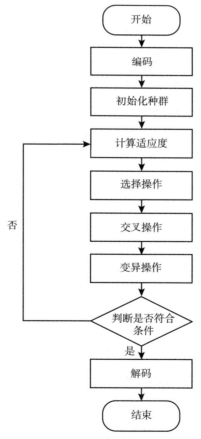

图 2.4　遗传算法的基本流程

2.9　蚁群算法基本原理

蚁群算法的思想来源于自然界中蚂蚁的觅食行为，对求解优化问题具有较好的性能。蚂蚁从洞穴出发寻找食物，并最终返回至洞穴，在这个过程中，蚂蚁会在其走过的路径上保留一种被称为信息素的物质，以维持信息交互。当第一只蚂蚁周游结束后，后续蚂蚁在进行相同活动时将沿着信息素浓度较高的路径进行周游，但路径上的信息素不是依次累加的，它会随着时间的延长挥发。蚂蚁经过的路径越长，则其释放的信息素量越少，不难理解，当单位距离上的信息素留存量相同，则路径越短，残留的信息素越多，则下次蚂蚁选择路径时优先选择较短路径。因此，蚂蚁所释放的信息素对选择路径起到了正反馈的作用，引导蚂蚁通过最短路径完成一次周游。下面以经典 TSP 问题（traveling salesman problem，旅行商问题）为例来说明其基本模型。

设有 n 个城市，m 只蚂蚁，d_{ij} 表示城市 i，j 之间的距离，蚂蚁走过的城市以禁忌表 $tabu_k(k=1,\cdots,n)$ 表示，p_{ij} 表示蚂蚁由城市 i 转移到 j 的概率，则有：

$$p_{ij} = \begin{cases} \dfrac{[\tau_{ij}]^{\alpha}\cdot[\eta_{ij}]^{\beta}}{\sum\limits_{s\in allowed_k}[\tau_{is}]^{\alpha}\cdot[\eta_{ij}]^{\beta}}, & if\ j\in allowed_k \\ 0, & otherwise \end{cases} \quad (2.66)$$

其中，$allowed_k$ 表示蚂蚁 k 允许选择的下一城市节点，α 为信息素权重，β 为启发式权重；其中 η_{ij} 为启发式函数，计算公式如下：

$$\eta_{ij} = \frac{1}{d_{ij}} \quad (2.67)$$

为了使信息素和启发式信息都能够引导蚂蚁进行寻优，应对每次迭代后的路径上的信息素进行处理，即设置挥发系数，只保留部分信息素，以避免启发式信息被覆盖。信息素更新公式为：

$$\tau_{ij}(Nc+1) = (1-\rho)\tau_{ij}(Nc) + \rho\Delta\tau_{ij} \quad (2.68)$$

其中，$\Delta\tau_{ij} = \sum_{k=1}^{m} \Delta\tau_{ij}^{k}$。$\Delta\tau_{ij}^{k}$的表达式为：

$$\Delta\tau_{ij}^{k} = \begin{cases} \dfrac{Q}{L_k}, & \text{蚂蚁 } k \text{ 在本次循环经过城市 } i, j \\ 0, & otherwise \end{cases} \tag{2.69}$$

其中，Q 为参数，其大小会影响算法的收敛速度，L_k 为蚂蚁 k 走过路径的长度。蚁群算法的寻优过程本质上是作随机搜索，通过向部分或全部非劣解添加某些引导信息，促使蚂蚁向目标最优的方向找解。运用蚁群算法求解优化问题时，可以根据问题设计不同的蚂蚁寻优策略，以保证算法求解精度或提高算法收敛速度。基本蚁群算法的框架如图 2.5 所示：

```
初始化：信息素矩阵、蚁群参数
While（不满足终止条件）do：
        For i=1：蚂蚁数
                For j=1：城市数
                        蚂蚁按照路径上的信息素和启发式信息值
计算转移概率；
                        选择转移概率较大的节点；
                        信息素局部更新；
                End
                记录蚂蚁的路径；
                信息素全局更新；
        End
End
```

图 2.5　蚁群算法的基本框架

2.10　Benders 分解算法

Benders 分解是一个经典的数学规划算法，由班德斯（J. F. Benders）在 1962 年提出。该算法是一种分解协调技术，常用于解决随机规划问题和混合整数线性规划问题，如带有随机变量或者具有某种结构的问题。针对由于规模过大或者结构过于复杂而无法直接整体求解的数学模型，可以将原问题分解成多个简单能直接求解的小规模问题，再结合小规模问题求解得到的信息得到模型的精确解或近似精确解。

在进一步讲解 Benders 分解算法的步骤前，应该了解两个基本的对偶理论。

（1）弱对偶理论（weak duality theorem）

若 x 是原问题（最小化问题）的可行解，y 是相应的对偶问题的可行解，则有

$$y^T b \leqslant c^T x \tag{2.70}$$

这表明，对于一个最小化问题，在有解的情况下，其对偶问题可行解的目标函数值可为该问题的目标函数值提供下界；而对于一个最大化问题，其对偶问题可行解的目标函数值可为该问题的目标函数值提供上界。

线性规划问题可能是无解的或者无界的，弱对偶理论为分析无界和无解的情况提供工具。假设一个最小化问题无界，弱对偶定理表明对偶可行解的目标函数值可为原问题提供下界，而此时原问题的解无界，说明没有这样的下界存在，也就是说没有对偶可行解存在，那么对偶问题无解。假设一个最小化问题无解，把原问题看成是其对偶问题（最大化问题）的对偶，从弱对偶定理可以知道原问题无法为对偶问题提供上界，即无法限定对偶问题的可行解范围，那么对偶问题是无界或是无解的。弱对偶定理说明了原始和对偶可行解的目标函数值互相为对方的界。

（2）强对偶理论（strong duality theorem）

如果一个线性规划问题或者其对偶问题有有限最优解，那么该线性规划及其对偶问题均有有限最优解，且两者最优目标函数值相等。

Benders 分解的基本思想是通过将求解难度较大的原问题分解为两个更容易求解的主问题和子问题，Benders 分解通过求解子问题产生 cut 添加至主问题。

首先明确的是，Benders 分解主要应用于混合整数规划问题（MIP）。

$$\min \ c^T x + f^T y$$

$$\text{s. t.} \quad Ax + By = b$$

$$x \geqslant 0，y \geqslant 0 \text{ 且为整数} \tag{2.71}$$

可以看到 x 是连续变量，y 是整数变量；由于原问题模型中决策变量同时

包含连续变量和整数变量，并且约束条件将两种变量联系在了一起，问题的求解难度也变得很大。可以考虑将整数变量 y 固定，并且将 y 和 x 分离，将 MIP 问题拆分成两个问题，即主问题（MP）和子问题（SP）。

原来的问题就会变成：

$$\min f^T y + g(\hat{y})$$

$$\text{s. t.}\quad y \geqslant 0 \text{ 且为整数} \tag{2.72}$$

上述问题是总的目标，同时也是主问题，子问题就变成了下面的式子。

$$g(\hat{y}) = \min c^T x$$

$$\text{s. t.}\quad Ax = b - B\hat{y}$$

$$x \geqslant 0 \tag{2.73}$$

通过这两个式子，已经将原来的问题分解为主问题 MP 和子问题 SP。当每次 y 的值变化的时候，子问题的限制条件 $Ax = b - B\hat{y}$ 的右端会不断变化，那么子问题的可行域会变化，但是通过前面的储备知识知晓子问题的对偶问题的可行域是不会变化的。给出子问题的对偶问题的形式。假设子问题的约束 $Ax = b - B\hat{y}$ 的对偶变量为 π，对偶问题的形式为（DS）：

$$\max \boldsymbol{\pi}^T (b - B\hat{y})$$

$$\text{s. t.}\quad \boldsymbol{\pi}^T A \leqslant c \tag{2.74}$$

上述子问题是要寻找给定的 $\hat{y}$ 下的最优的 x，但是子问题的可行域是随着 $\hat{y}$ 的变化不断变化的，那么就会产生 3 种情况：（1）如果对偶子问题无解，多面体非空，由弱对偶订立可以知晓子问题无解或者无界，同样地，MIP（原来的问题）也是无解或无界。（2）当对偶子问题的解为有界解时，多面体非空，由弱对偶定理可知子问题有有界解。（3）当对偶子问题存在无界解时，多面体非空，由弱对偶定理可知子问题无解。

Benders 分解就是对偶子问题的求解所得到的解的情况来产生一个新的约束条件，并且把该约束条件加入到子问题。这个约束条件就是要把原来的约束条件变得更小，更快地找到最优解，针对于这个约束条件应该怎样添加，分析如下：

（1）如果存在极射线 $w \in \Omega_r$，有 $\boldsymbol{\pi}_w^T (b - B\hat{y}) > 0$（DS 最大化问题），那么

DS 是有无界解的，原问题无解，此时添加的约束形式为 $\pi^T(b - B\hat{y}) \leq 0$，将该约束添加到主问题后，主问题将排除掉此时的 $\hat{y}$ 解，将解空间缩小，这种约束称为 Feasibility cuts。

（2）若有 $\pi^T(b - B\hat{y}) \leq 0(\forall w \in \Omega_p)$，这里的 Ω_p 为极点的集合，满足这种情况说明极点 $\pi_w^T(b - B\hat{y})$ 有可能改进主问题的目标值，添加约束 $\pi^T(b - B\hat{y}) \leq g(\hat{y})$ 到主问题，这种约束称为 Optimality cuts。

需要注意的是，当原问题是求最大值时，相应的不等式的符号要作改变。该算法的图解过程如图 2.6 所示。

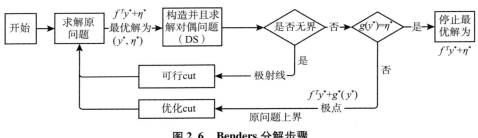

图 2.6 Benders 分解步骤

Benders 分解算法的优势如下：（1）Benders 分解算法对于带有大量线性不等式约束条件的问题可以很好地处理，因为它不需要显式地解出所有的决策变量；（2）Benders 分解算法能够利用问题的结构进行计算，减少计算量，使得算法更加高效；（3）Benders 分解算法能够解决大规模问题，因为它将原问题分解成多个小规模问题，这些小规模问题可以使用不同的求解器并行求解。

Benders 分解算法的不足如下：（1）Benders 分解算法对于带有大量等式约束条件的问题可能不太适用，因为它需要在等式约束条件中引入松弛变量，这会使问题变得更加复杂；（2）Benders 分解算法可能会导致求解问题的复杂度变得更高，因为它需要在每个割平面上作优化；（3）Benders 分解算法对于非凸问题可能不太适用，因为割平面可能不足以描述非凸问题的全局性质。

2.11　本 章 小 结

本章主要介绍了传统的产品报价方法和报价策略。并对本书中主要用到的原理，如粗糙集、支持向量机、多目标优化理论、随机规划理论、遗传算法、蚁群算法等原理和基本模型、Benders 分解算法作了简要介绍，为产品报价理论模型提供了理论支持。

第 3 章

不完备和不确定环境下产品报价体系

3.1 产品报价体系结构

传统的客户对 B2B 型供应商的报价请求流程是买方制定订单规格的先决条件。这些规范包括但不限于产品或服务的类型、要求的质量和数量、交货条件和付款条件等。在收到买方的报价请求后，供应商将进行一系列的决策活动，如确定是否可以满足所要求的产品或服务的质量和数量的规定要求，以及提供给买方的价格。一旦供应商作出回应，买方就会比较多个供应商提出的报价，并决定哪个供应商应该赢得合同。这种传统和标准的报价请求流程耗时长且成本高昂，因此延长了供应商在收到报价请求时处理后续业务活动所需的时间。在 B2B 业务环境下，买方和供应商的报价请求过程效率低下的问题归因于双方决策者需要大量的时间基于过去的经验和专业知识作出复杂决策。虽然人类的知识和过去的经验在传统的报价管理流程下的决策活动中发挥着不可磨灭的作用，但若没有准确的知识和信息为决策者提供理论支撑，产品报价准确性很低。然而，如何在具有模糊性和缺失性的复杂产品报价相关数据中进行知识提取和决策优化是困难的。因此，需要建立不完备和不确定环境下产品报价体系，为企业提供一种新的产品报价方法，满足产品报价快速性和准确性等要求。

不完备和不确定环境下产品报价体系架构图由 3 个层次构成，包括数据层、模型层、策略层，自下至上逐步实现数字信息系统对产品报价管理的以虚映实、以虚优实、以虚控实，见图 3.1。

数据层：为实现报价制定的合理性，首先要打通企业间产品全生命周期过程获取报价相关数据，进而基于实际数据建立包括历史订单和新订单的全部数据信息，实现以虚映实。以虚映实指由真实且具有时效性的相关数据反映产品报价实际状况和趋势等信息。产品从设计到产出经过的企业部门数量繁多、业务流程复杂交错、信息系统类型各异，因此要解决产品报价数据覆盖广泛、需要跨部门整合的问题。根据客户订单需求和供应商采购需求整合市场部、设计部、采购部、生产部、售后部门和相应的信息系统获取多源业务数据，通过数据处理将多源异构数据转化为适用于产品报价刻画的数据，结合统计分析理论和层次分析理论构建面向产品全生命周期的报价数据，实现产品设计阶段、采购阶段、生产制造阶段、服务阶段等多维应用场景可视化，设计报价影响因素权重，实现影响因素的差异化，通过因素权重对后续关键因素提取和产品报价预测进行评价，防止报价与实际生产不相符的问题，保证模型的再利用。

模型层：通过对基于准确刻画真实业务场景的面向产品全生命周期的报价数据作分析，构建报价模型，包括基于产品全生命周期的因素提取、基于不确定数据的报价预测模型和基于过程协同的报价策略优化，实现以虚优实。以虚优实是指基于产品报价相关数据，利用策略、算法和提取的知识，实现具有时效性的智能决策和优化，并基于实时交互机制实现对产品报价的智能管控。根据企业实际环境中报价对象、报价场景、报价流程，融合支持向量机、神经网络、蚁群算法、遗传算法等智能模型算法，基于数据挖掘理论构建不完备粗糙集模型深刻理解报价影响因素之间的关系以及各影响因素与报价之间的关联关系，挖掘影响因素之间的耦合性，输出模型知识和精简后的数据。基于机器学习理论设计改进支持向量机模型，对不确定环境下的产品进行报价预测，将报价结果输出到报价优化决策模型中。根据产品在不同生命

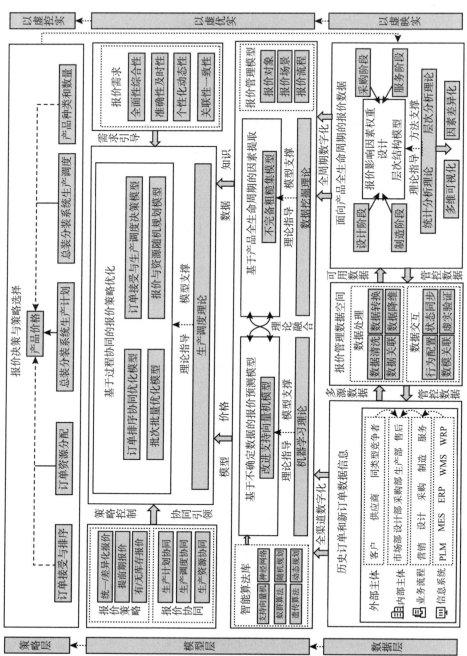

图3.1 不完备、不确定环境下产品报价体系架构

周期的报价策略要求，包括统一/差异化报价策略，提前期/拖期惩罚报价策略和有库存/无库存报价策略，将报价与生产计划、生产资源、生产调度进行协同，建立基于过程协同的报价策略优化，包括订单排序协同优化模型、批次批量优化模型、报价与资源随机规划模型，满足产品报价全面性和综合性、准确性和及时性、个性化和差异化、关联性和一致性。

策略层：作报价决策与策略选择，输出智能运营决策，实现以虚控实。以虚控实能够根据基于全生命周期的数据特点和变化输出具有个性化和差异性的报价与策略选择决策，使其满足客户多样化需求以及企业市场营销、生产运营等策略。通过报价预测和报价优化制定订单接受与排序，报价与资源分配，总装分装计划生产计划协同和生产调度，产品种类和方法与产品报价的联合决策，确定针对不同顾客需求的优化的报价策略、方法选择和报价决策结果。综合应用粗糙集模型、机器学习模型与运筹优化模型研究报价制定和优化问题。将产品报价因素提取、产品报价预测和报价决策进行理论融合，实现不确定环境下的动态报价。将资源、策略选择、报价决策进行联合优化，提供整体的报价方案，解决无法有效地在有限资源下对不同客户类型的个性化产品需求进行精准报价问题，这也是企业急需解决的关键问题之一，从而提高企业的市场竞争力。

3.2　基于产品全生命周期的产品报价

3.2.1　基于产品全生命周期的报价必要性

为了提供准确合理的报价决策，确定影响报价决策的因素是研究基于产品全生命周期报价的基础。企业决定客户要求的产品或服务的价格是在产品报价管理过程中需要作出的最关键的决定之一。此决定不仅影响企业赢得订单的机会，也影响企业的损益。将产品报价调整到一个适当的价格，在保持竞争力的同时，确保 B2B 订单是盈利的，这需要一系列的考虑和权衡。然而，如果没有任何决策支持和任何识别影响客户行为的因素之间的关系，价格报价的决策过程将是不准确的。在个性化定制环境下的装备制造企业，产品结构复杂，生产环节多样，产品数据信息具有来源广、结构复杂、跨部门跨流程的特点。因此，报价决策过程变得更加复杂，影响产品报价的因素众多，覆盖产品全生命周期各个阶段，因素之间还存在着耦合关系。而且由于数据是跨部门进行处理的，部门之间的度量标准、协调对接的准确性直接影响着最终报价的准确性。影响产品报价的因素中存在一些冗余的因素，即为对最终的报价结果影响不大甚至没有影响。这样的因素与真正对报价结果有重要影响的关键因素混杂在一起，为制造企业在作报价时浪费了时间和精力还可能埋没了重点因素，同时降低了报价的速度和准确率。

新模式下产品报价预测是企业进行个性化产品报价的依据。在智能制造环境下，企业将个性化服务引入制造价值链，将分工和协作进一步精细化。为了提高竞争力，企业将重心从产品上慢慢转移到了服务上来更好地满足顾客个性化需求。企业在整个生产过程中逐渐加大了服务的比重，根据用户和市场的需求为导向组织生产，促使企业经营由以往大批量单批次的"以产定销"模式向小批量多批次的"以销定产"模式转变。在这种市场环境下，服务作为形成产品差异化的主要因素，在企业竞争中的优势逐渐凸显出来，成为制造企业获取利润的重要途径。企业通过提高服务在整体投入以及产出中的比重，将简单的加工组装向"制造＋服务"模式转变，从仅销售产品转向销售"产品＋服务"，这种转变可以延伸整个企业的价值链，使其得以提升，进而提高企业生产率、产品增值、扩大市场占有率。在这样的背景下，很多制造企业开始考虑提供技术咨询、开发技术、金融服务等服务活动，甚至为顾客提供整套的服务方案。企业通过采用服务融入制造的手段，不断优化自身的经营管理，深化各种服务活动的应用，拓展企业的服务能力，进而获取更高的利润、形成企业的核心竞争力。制造与服务相融合逐渐成为全球制造企业为适应市场环境变化、维持企业生存发展所必须经历的过程。对企业来说，一切经营活动的最终目的是在一定的市场环境下满足顾客需求，并将产品销售给顾客，扩大市场占有率，以获取最大利润，保证企业的发展。企业需要采用适当的营销方法来销售产品，相对于其他因素，产品价格会直接影响顾客是否购买产品的决定。对顾客来说，在购买产品前会结合具体产品对产品价格进行预估。如果产品价格制定得过高，顾客有可能会放弃购买该产品。因此，企业必须权衡企业与顾客之间的关系，在保证获利的情况下，合理地进行产品报价。

在基于产品全生命周期的报价过程中，由于客户个性化需求或者人为失误等原因会导致实际生产过程中的数据，如产品质量、产品复杂程度等存在数据缺失、不确定的情况，影响报价准确性和预测效率。因此，新模式下的产品报价方法需要具有处理不完备和不确定数据的能力。

3.2.2　基于产品全生命周期的报价方式

基于产品全生命周期的产品报价包括基于产品全生命周期的关键报价影响因素提取和制造服务模式下产品报价预测。

（1）基于产品全生命周期的关键报价影响因素提取

基于产品全生命周期的关键报价影响因素提取为产品报价预测提供基础。制造企业对产品价格的制定主要是基于成本，除成本外，产品结构、生产方式等要素都影响产品的价格。新的发展模式下，服务化也成为影响产品报价的重要因素。因此，在构建产品报价影响因素体系时，要符合全面性、系统性、相容性、层次性、可操作性、简洁性原则，对材料成本、产品功能、人工成本、制造费用、营销成本等基本影响因素作深挖和扩充，覆盖产品全生命周期各个阶段。结合制造企业中类似产品的历史数据信息与新到达的询价订单中的信息，建立基于产品全生命周期的报价影响因素体系。然而，为了满足产品报价准确性和快速性，考虑全生命周期的报价因素严重增加时间成本，需要对影响因素进行约简。并且，数据中的不确定和不完备问题影响产品报价的准确性。主成分分析、因子分析等统计分析方法可以进行因素提取，相比于这些方法，粗糙集具有处理不确定信息的优势，可以用已知信息表达未知信息。因此，建立基于不完备粗糙集的报价影响因素提取模型解决上述问题，挖掘影响因素与报价之间的关系，为企业提供更为精确的报价参考方向。

（2）智能制造环境下产品报价预测

目前制造企业经常采用的产品报价方法包括成本导向报价法、需求导向报价法、竞争导向报价法以及价值导向报价法等。这些方法将产品的成本作为基础，同时考虑市场竞争、消费者等的影响，结合具体报价方法来进行产品报价。在进行成本核算时，企业要全面考虑产品生产过程中发生的所有成本。在智能制造环境下，服务逐渐深入到产品生产制造过程，服务在制造活动中的地位越来越高，因此不能忽略其对产品报价的影响。考虑服务融入制造过程时，由于其本身特征不同于有形产品，因此无法按照传统方法计算其成本。所以，传统的产品报价方法无法适应新的制造模式，无法为企业面对激烈的市场竞争提供准确的信息，甚至会影响企业作出正常的经营决策。因此，研究制造服务模式下产品报价预测，为制造商在新模式下进行产品报价提供一种快速、合理、全面的方法是必要的。针对复杂定制化产品报价控制指标的非结构化、异构、数据缺失等特点，提出基于支持向量机的制造服务模式下产品报价预测方法，在不确定和不完备数据环境下提升个性化产品报价的准确性和报价速度。

3.2.3　基于产品全生命周期的报价模式分析

3.2.3.1　基于产品全生命周期的关键报价影响因素提取

产品报价影响因素体系的构建建立在企业与外部市场、供应商、客户等合作者密切联结的基础上，外部信息和内部条件的相互作用为产品报价提供强大的信息支撑。基于产品全生命周期的关键报价影响因素提取具体包括基于全生命周期构建报价影响因素体系、基于不完备粗糙集的关键产品报价影响因素提取。

（1）基于全生命周期构建报价影响因素体系

分析客户对报价、质量、交货期等方面的需求和供应商供货能力、零部件报价、供货准时率、供货质量等因素以及企业内部销售、设计、质量、生产、采购等成本信息、技术参数、生产参数等。将所有因素作整合分析，建立由设计阶段、生产制造阶段、采购阶段、服务阶段组成的产品报价影响因素体系。设计阶段包括设计周期、设计成本、产品设计复杂度、设计质量等，生产制造阶段包括生产周期、交货时间、设计修订时间、设备利用率、除原材料外其他成本、加工工艺条件等。采购阶段包括采购成本、采购周期等。服务阶段包括客户满意度、服务阶段准时交货期、客户退货率等。对产品报价的影响因素作全方位的分析。基于影响因素层次结构模型图，制定影响因素的权重并判断订单的重要程度，为产品报价评价提供方法支撑，保障模型的再利用，为后续报价预测、报价联合优化提供数据支撑。

（2）基于不完备粗糙集的关键产品报价影响因素提取。

基于全生命周期的报价数据具有来源广、结构复杂，数据缺失和不确定的特点。针对由于生产环节复杂、客户需求不确定导致的数据缺失问题，考虑影响因素之间的耦合关系，建立基于不完备粗糙集的不完备信息环境下关键报价影响因素提取模型。针对由于各企业各部门对数据的评价标准不一致、信息感知与认知存在差异导致的数据不确定问题，考虑知识的覆盖，建立基于不完备覆盖粗糙集的不确定信息环境下产品报价影响因素选择模型。基于差别矩阵和属性重要度方法对产品全生命周期影响因素进行约简，提取出影响产品报价关键因素，为产品报价预测提供支撑。

3.2.3.2　智能制造环境下产品报价预测

由于数据异构、数据不确定和不完备问题，基于产品报价影响因素体系作产品报价预测是困难的。支持向量机可以解决上述问题。考虑目前的产品报价无法适用于制造服务新模式下的产品报价，建立完备数据下基于支持向量机的产品报价方法。考虑数据缺失问题，通过对缺失数据进行插补，建立基于遗传算法改进的支持向量机回归模型，并且，提出考虑缺失数据特征动态产品报价预测模型，提升不确定和缺失环境下报价的准确性。考虑云制造环境中，服务价格和成本相分离导致服务提供商面临按需价格预测的难题，建立云制造环境下产品报价预测模型。为了解决产品报价类难以合理制定影响报价预测准确度的问题，研究基于产品系列信息的产品报价优化方法，对产品价格进行优化，为企业个性化产品报价提供理论依据。

3.3　基于过程协同的产品报价

3.3.1　基于过程协同的产品报价必要性

成功的报价策略是以企业实际情况为基础，选择合适的报价标准，为企业带来经济效益。在国内市场，顾客对价格的敏感度非常高。若企业产品报价不合理，即使产品品质、包装、渠道、宣传等都做得很好，也难以在竞争激烈的市场上打开局面，获得较高的市场份额。再者，市场需求结构也发生了较大变化，客户已经从接受单一、同质的产品或服务转向为其自身量身打造的个性化产品或服务，这种差异影响整个企业设计、制造及管理过程中未来的资源分配以及协作企业资源的利用，亦增加了企业报价的难度。

在供应链系统中，制造商不仅要准确及时地获取下游客户的需求信息，快速响应客户的个性化需求，更要协调好企业内部的生产实践活动，保证订单的及时交付。一方面，客户需求的异质性加重了企业进行生产管理活动的难度。生产模式由单品种、大批量到多品种、小批量的转换，对制造业的生产线提出了更高的要求，工序柔性、机器柔性、混流装配线等概念不断应用到生产活动中去。另一方面，由于制造商内部生产环境的多变性，导致许多生产活动无法按照规章制度严格执行。例如，制造商在进行生产活动前会根据历史经验数据为每种产品制定标准加工工时，但由于物料、人员、设备等资源的影响，致使实际生产管理实践中无法按照标准工时加工生产，亦即产品的实际生产时间是随机的。以上所述的企业内外部环境中的不确定性影响着企业的交货。

并且，在生产过程中，复杂装备产品结构复杂、产品零部件多，生产工艺复杂，通常会需要经过部件的分装，然后将分装部件运到总装线进行产品组装。由于产品结构复杂，所需的零部件众多，在实际生产过程中，由于不同部件生产节拍不同，分装线为了追求高生产效率，对部件进行盲目组批，使得所生产的部件不能及时被总装线消耗，导致在制品库存积压过高，与此同时，由于分装线生产能力有限，对某种型号的产品盲目组批生产，将会影响其他型号的部件的生产，导致总装线由于缺料而停工，或者由于对所有分装线欠缺系统考虑，使得总装线所需部件不匹配不齐套导致总装线停工等现象时有发生，因此需要对总装线和多条分装线进行协同计划与调度，才能有效地解决上述问题，保证总装分装系统的生产流畅。

3.3.2　基于过程协同的产品报价方式

产品的生产方式、资源的选择与实际报价结果不一致，会导致企业无法得到预期利润，也可能会影响产品的交付。因此，报价与资源、策略的选择不应该是单独的个体，应该进行联合优化。产品报价过程将由串行转变成并行模式，如何根据客户的不同特点和定制要求，以及库存和设备资源能力、混合流水车间调度问题、订单的接受等情况制定相应的报价策略和决策方案是需要考虑的。

目前企业中常用的报价方法如成本导向报价法和竞争导向报价法，将各种客观因素如成本、质量和交货时间作为报价指标，忽略了外部需求变化对生产管理的影响，无法及时体现客户需求变化和价格的内在关联关系，导致企业报价的不准确，也难以实现价格动态调整的目标。在实际生产制造过程中，由于任何企业不具备完全充足的物料和各种能力资源，各生产线的生产能力是有限制的，且企业所拥有的资源不是一成不变的，导致企业可能无法完全满足所有顾客的需求，而以往报价时往往忽略了企业内部资源的动态性，忽略了企业生产环境中的不确定性，无法有效保障企业利润、客户需求等问题。因此研究面向不确定生产活动的联合报价方法，确认订单并进行订单排序，制定生产顺序，合理配置企业内外部资源，并且在保证流水线生产顺畅的情况下，有效降低库存积压，保证产品按时交付，提高企业对市场的快速响应能力。

3.3.3 基于过程协同的产品报价模式分析

面向不确定生产活动的联合报价方法包括不确定条件下报价与资源分配模型、考虑总装分装系统生产计划协同报价策略、考虑总装分装系统生产调度协同报价策略、考虑订单接受与生产调度的报价决策。

（1）不确定条件下报价与资源分配模型

个性化需求使得影响资源配置的因素增多，同时价格、需求量、交货时间等的不确定性加大，致使资源配置环境的随机性随之增加，因此如何使资源满足制造业生产活动的需求，在不确定需求下平衡价格和资源分配之间的关系成为难题。在瞬息万变的市场环境中，上述新要求使得新型报价模式将有别于现有的以成本为主要依据的报价方法，需要从客户需求的动态性以及制造型企业内外部资源的随机性出发，研究如何制定合理的报价方法以及资源配置方案具有重要意义。建立基于随机规划方法的两阶段报价与资源分配模型，实现报价过程的多变量协同优化，提高不确定环境下的优化报价和合理配置资源能力，为制造行业进行产品报价提供了理论支撑和方法支持。

（2）考虑总装分装系统生产调度协同报价策略

由于产品在各阶段的需求不稳定，而生产线的生产能力是一定的，如果完全按照各阶段需求组织生产，必然会出现有的阶段生产能力过剩提前完工，而有的阶段生产能力不足导致产品完工期拖后。为了保证各阶段的任务均能按时完工，需要根据各阶段的需求情况对各阶段的生产计划作调整。以最小化在制品库存成本和最小化产品提前拖期惩罚为目标，建立了批次批量优化模型，在保证在制品库存成本最小和产品能够按时交付的前提下，实现对各阶段生产产品种类和数量的合理制定。

（3）考虑总装分装系统生产调度协同报价策略

当某一阶段生产计划确定以后，需要针对所要生产的产品的具体交货期，对这一阶段所生产的产品进行排序，即制定车间的作业计划。以最小化总完工时间、最小化转换惩罚和最小化订单提前拖期惩罚为目标建立订单排序协同优化模型，该模型旨在满足各生产线生产约束和物料约束情况下，实现订单按期交货和提高生产线利用率。

（4）考虑订单接受与生产调度的报价决策

研究分布式制造企业在订单接受和调度决策两个阶段的平衡问题，以收入最大作为目标函数，研究第一阶段订单是否接受以及订单该如何进行分配，第二阶段按照拖期惩罚最小进行生产顺序的确定，建立订单接受与生产调度决策模型，既兼顾自身的生产力限制，又实现在该限制之下利润的最大化。

3.4　本章小结

本章分析了不完备、不确定环境下产品报价体系结构，分数据层、模型层、策略层，包括以虚映实，以虚优实，以虚控实，设计基于产品全生命周期的因素提取、基于不确定数据的报价预测模型和基于过程协同的报价策略优化。将不完备和不确定环境下产品报价体系结构分成基于产品全生命周期的产品报价以及基于过程协同的产品报价两方面，对于基于产品全生命周期的产品报价和基于过程协同的产品报价中报价必要性、报价方式和具体模式进行了分析。

为提升报价准确度和响应速度，满足报价差异化、个性化要求，提取关键报价影响因素构建报价控制指标体系，提出基于不完备信息的报价预测模型，解决报价在不确定环境下准确率低和报价速度慢的问题；提出基于不确定环境的动态报价方法实现优化的报价和资源配置，解决现有报价理论的单一信息、固化模型和串行决策问题，为企业报价管理提供理论依据。

第 2 篇　基于产品全生命周期的
报价关键影响因素提取

经济的高速发展使得制造业市场竞争日趋激烈，制造业从大规模生产向个性化定制转变，客户个性化需求导致产品生产周期缩短，这就要求复杂多变的产品报价具有准确性、快速性。传统报价需耗费大量时间去查找跟客户需求相符合的价格数据，并消耗较多的时间进行数据汇总、计算多项报价数据。当客户需求出现变化时，报价无法及时进行调整，无法根据订单需求对产品设计、制造加工和资源配置提供可行的报价方案。

　　针对不完备和不确定环境下的产品报价需求，需要基于产品全生命周期数据构建关键报价控制指标。随着客户个性化需求的增多和智能制造等新模式的推广应用，企业产品设计、生产等过程也变得愈加复杂，影响报价的因素增多，覆盖了产品全生命周期的各个阶段。产品报价信息呈现多源性、异构性、多尺度和多维性，数据缺失现象普遍存在，使得报价决策精准度降低。因此，如何针对产品全生命周期各个阶段，提出影响产品报价的因素体系，解决因素的耦合性对报价的影响，揭示影响因素与产品报价之间的关系，成为提升产品报价准确性所急需解决的关键问题。为解决上述问题，提出如下研究内容：

　　考虑报价的系统性和全面性原则，构建基于产品全生命周期报价影响因素体系，包括影响产品报价的设计阶段、采购阶段、生产制造阶段和服务阶段等。利用层次分析法设计影响因素权重，对产品报价结果作出评价，保证模型的再利用，为识别报价偏差产生的原因提供理论依据。

　　为了减少当前波动环境中的报价因素，降低冗余因素对报价效率和准确性的影响，需要基于粗糙集进行报价指标约简。一方面，针对由客户订单信息缺失和生产数据缺失导致报价不准确问题，建立不完备信息环境下基于不完备粗糙集关键报价影响因素提取模型，解决全生命周期报价因素的耦合性对报价的影响；另一方面，针对各部门对报价影响因素的评价标准不一致或是人为失误导致数据模糊和数据不准等问题，建立基于覆盖粗糙集产品报价影响因素选择模型，解决全生命周期报价因素的多源性对报价的影响。两种模型全方面解决了产品报价信息存在的不确定和不完备问题，提升产品报价的准确性。

通过对基于产品全生命周期的关键报价影响因素提取进行研究，解决因素的复杂性、信息的不确定和不完备对报价的影响，有利于降低决策者对于非关键决策因素的判断分析，为智能制造模式下个性化定制产品报价预测提供依据。

第4章

产品报价影响因素体系构建

构建产品报价影响因素体系是产品报价的基础。首先通过研究大量文献，找出国内外学者普遍认为影响产品报价的因素，并从中选取出关键因素。再基于此作出调查问卷，对制造企业从业人员进行调研，获取他们的第一手数据。通过问卷形式对制造企业在疫情常态化与制造业产业及供应链加速升级背景下对产品报价关心的因素进行打分，通过数据分析得到企业目前更加关心的因素，并且分4个阶段对企业关心的因素进行分析，得到企业在设计阶段、采购阶段、制造阶段以及服务阶段各因素的重要程度。通过对实际企业员工填写问卷的真实数据，得到初始的制造企业产品报价关键因素，使报价满足现有实际生产条件的需要，综合体现企业实际市场环境、生产能力、技术水平、生产经营管理现状。搜集企业内外部的信息，对于各部门、各个环节的重要因素统一成整体，基于这些重要因素进行下一步的报价，减少因为信息不透明而造成的报价不及时、不准确问题。减少因部门之间交流不畅、单纯基于经验进行报价的现象的发生。满足客户需求多样化与市场产品更新换代所造成的报价质量与效率低的问题。

利用层次分析法对数据进行处理，获得每个阶段、每个因素的权重，构建分析订单报价重要性的动态数学模型，以解决制造型企业报价难、报价周期长、影响报价因素复杂等难题，企业可以以此为借鉴，来构建更符合自身情况的报价模型。最后，根据研究的结果和数据，得出了有助于企业管理的启示与结论，切实帮助企业更好地完成报价工作，为企业的生产经营打好坚实基础，提高报价的准确性和及时性。

4.1　问 题 描 述

产品报价首先要结合的指标就是产品成本，包括原料费用、生产人员工资以及产品配送费用等，这些均属于企业在生产产品过程中所消耗的成本，这些成本都需要通过将商品销售给客户来得到补偿。产品的报价应当高于产品成本，超出的这部分就是企业的经济收益，也是企业运行的主要目标。然而，影响产品报价的不仅仅是成本。企业还需要通过分析客户订单中对产品的功能要求，产品质量要求以及交货期要求等指标并与企业当前研发能力、生产经营状况，企业营收利润和其他相关因素（如客户信用、产品利润率、获取客户的机会、公司的市场营销策略等）向顾客提供产品报价。个性化定制产品通常按照模块化、标准化设计和生产，基于产品在成本、质量和性能等因素上的相似性，能够制定产品价格，对不同客户类型和个性化需求进行差异化报价。然而，产品报价是一个跨部门、跨流程的工作，需要各部门之间进行协调，因此导致影响产品报价的因素众多，覆盖产品全生命周期各个阶段。报价影响因素具有强耦合性，影响因素指标值和价格间关系不确定，即一种影响因素值可能对应多种价格，导致价格制定模糊。

因此，面向产品全生命周期构建关键报价影响因素体系，挖掘报价影响因素与产品报价之间的关系，能够为决策者作产品报价决策提供依据，同时基于相似订单参数能够为新订单的生产设备、车间等资源选择提供支撑。利用层次分析法对数据进行处理，获得每个阶段、每个因素的权重，构建订单报价重要性的数学模型，从而根据订单重要程度进行报价的制定。

4.2　产品报价基本影响因素和选取原则

影响产品报价的因素众多。通过分析现有对产品报价影响因素的研究可以看出，产品报价受多方面因素的影响，从宏观角度分析，包括国家政策、政治、法律、市场环境等，以及企业的营销目标和策略等中观因素，还包括可以直观看到的产品成本、产品特征等微观因素。由于影响产品报价的因素有很多，产品报价成为一项极其繁重的工作，因此必须谨慎，以保证制定的产品价格的合理性和有效性。从传统意义上来讲，成本是产品报价的基础，那么影响产品成本的因素也是影响产品报价的基本因素，本章主要针对影响产品成本方面的因素进行阐述，主要包括材料成本、产品功能、人工成本、制造费用、营销成本等。

（1）材料成本是以材料的价格、用量以及实际使用程度为基础得到的，对制造商来说，产品成本大多来自原材料的成本，通常占到产品成本的80%以上。所以，选择合适的供应商对企业来说也是十分重要的。

（2）产品功能主要是指产品特征，产品功能体现的是顾客的个性化需求。顾客对产品的个性化需求是不同的，因此企业需要付出的各方面的成本也是不一样的；过于强调产品功能的实现也会造成成本的不必要消耗。因此，均衡成本与产品功能是企业需要面临的挑战。

（3）人工成本是指在生产加工过程中消耗的直接作业人员工资等，受产品加工工时和人工工资率等影响。

（4）制造费用是生产过程中除原材料和直接人工之外的与产品生产有关的所有费用之和，如固定资产折旧费、修理费、租赁费等。这类费用的合理分摊也是保证产品成本核算准确性的关键。

（5）营销成本是企业为销售产品所发生的各项费用的总和。该项费用依据不同企业的营销计划和实际需要的不同而有所差异。

产品报价受多方面因素的影响，为制定全面、合理的产品报价影响因素体系，必须遵循以下的几种原则：

（1）全面性原则：在产品生产过程中，影响产品报价的因素有很多，为保证全面反映产品的情况以准确进行产品报价，要考虑设计、生产制造和服务几个阶段的影响因素；

（2）系统性原则：充分考虑各方面影响产品报价的因素，做到全面但不冗杂多余；

（3）相容性原则：应避免有相同或相近含义的因素重复出现，避免影响产品报价的准确性，保证体系的简洁明了，具有代表性；

（4）层次性原则：从产品生产过程角度分析，将其分成设计、生产制造和服务几个阶段，同时细化各阶段的因素，以保证快速捕捉影响产品报价的具体因素；

（5）可操作性原则：产品报价影响因素要有具体的含义，方便收集、整理；

（6）简洁性原则：内容要简洁明了，在保证有效的前提下，便于分析理解。

4.3　基于产品全生命周期影响因素分析

4.3.1　产品报价影响因素

目前国内外研究产品报价的相关文献很丰富，这些文献从不同领域、不同角度出发，对产品报价的影响因素进行了全方位的分析。本章选取了 50 篇相关文献，根据其中的研究和调研结果，初步确定影响产品报价的因素有哪些，再作统计分析，找出其中最关键的因素是什么，为后续调研打下基础。除此之外，在文献选取过程中，本章充分考虑了不同类型企业在不同情境与时代下的产品报价影响因素可能会有所不同，因此对研究中所处的行业及情景都有所考量，可以较为全面地反映出产品报价的主要影响因素。表 4.1 为对 50 篇文献研究统计后得到的全部影响因素。

表 4.1　　　　　　　　　研究文献中的影响因素

序号	因素	次数	序号	因素	次数
1	设计成本	7	23	批量生产能力	4
2	产品设计复杂程度	8	24	人工成本	8
3	市场分析成本	11	25	产品质量成本	10
4	模块化程度	4	26	废品率	2
5	通用性程度	4	27	加工、装配精度	4
6	设计质量	7	28	生产能力柔性	3
7	顾客参与设计程度	2	29	资源共享程度	8
8	设计能力	4	30	环境成本	10
9	设计周期	5	31	协同制造程度	4
10	采购成本	14	32	智能化精益生产程度	8
11	供应商分析成本	6	33	疫情常态化下的停产风险	4
12	交期达成率	5	34	订单响应速度	3
13	来料合格率	2	35	服务便利性	3
14	采购周期	3	36	返修率	1
15	疫情常态化下的原材料断供风险	3	37	服务专业性	5
16	疫情常态化下物流成本激增	4	38	交货准时率	3
17	疫情常态化下存储成本增加	2	39	交货准确率	2
18	技术变更次数	1	40	价格	17
19	制造费用	10	41	服务成本	6
20	生产准备时间	2	42	服务质量	7
21	加工时间	4	43	疫情常态化下订单交付及时性	5
22	在制品库存	4			

根据 50 篇文献中提取的影响产品报价主要因素的统计结果来看，价格和采购成本被提出的次数高于其他因素，是产品报价的两个最关键的影响

因素。其次，市场分析成本、制造费用、产品质量成本、环境成本也是被提出较多的影响因素。同时，随着时代发展与科技进步，越来越多的企业开始重视高精尖技术研发和智能化生产。总体来看，现有文献中普遍认为影响产品报价的关键因素有：采购成本、设计成本、制造费用、产品质量成本、环境成本、人工成本、产品设计复杂程度、资源共享程度、智能化精益生产程度等。

产品报价影响因素应该考虑产品全生命周期。在生命周期的不同阶段，产品的特性、市场反应会有所不同，因此应针对不同阶段设计不同的报价策略。例如，在产品投入期，企业有回收成本的要求，又要考虑市场对该产品价格的可接受能力，二者的平衡即为该阶段的产品价格；成长期和成熟期的产品价格应能为企业扩大市场提供先决条件；衰退期时产品性能不足以满足客户需求或被新产品所代替，此时应采取降价策略以达到最高的经济效益。报价的最终目的是帮助企业盈利，因此必须将产品处于哪个生命周期考虑到产品报价之中，这样才能最大化地保证企业的利益。

产品报价应覆盖产品全生命周期，即从产品的设计到最终流入市场后再回收的全过程。根据某企业顾客满意度调研结果（附录 A），发现影响客户对企业满意度的最重要因素是服务，包括交货及时率、业务员反应速度等。企业为提升客户满意度，制定改善策略。因此，在制造服务化发展模式下，需要关注企业服务阶段的影响因素对报价的影响。

根据附录 C 某企业交货发现，企业的交货率难以达标，主要由于设备冲突、生产排不开等原因。因此，生产阶段的决策对于服务的质量具有重大影响。生产阶段和服务阶段相互作用影响报价。附录 B 某模具公司报价单中也揭示了影响模具报价的因素，如机床吨位、浇口（g）、浇口式样、流道形式等，这与产品的设计形式、生产条件、供应商来源都相关。因此，影响产品报价的因素是涉及多阶段的。

产品报价的全生命周期分为 4 个阶段，即设计阶段、采购阶段、制造阶段、服务阶段，将不同阶段企业应该考虑的因素都包含在内，实现全面的报价。

4.3.2 研究设计

研究设计包括以下内容:

(1) 问卷设计

为了探究制造企业产品报价的关键成功因素,采用问卷调查法。将各影响因素对产品报价的重要程度分为 1 ~ 10 个等级,1 分代表不重要,10 分代表非常重要。问卷共分为四大部分:第一部分是基本信息,包括调查对象所在的企业类型、部门、职位、企业报价周期等;第二部分是调查对象根据企业实际状况和自身经验对 4 个阶段的权重进行评分,按照报价流程,将影响产品报价的因素拆解为 4 个阶段进行研究,分别是设计阶段、采购阶段、制造阶段和服务阶段;第三部分是调查对象分别对 4 个阶段具体的影响因素进行评分,根据以往文献及报价流程,用不同的因素去衡量各个阶段的重要性,涵盖了产品报价的全周期,并且结合实际,考虑了疫情之后增加的可能影响产品报价的因素;最后一部分,受访者可以根据企业实际情况,提出问卷忽略的或可以改进的指标,也可以提出企业实际报价中遇到的问题。

本问卷的调查对象是离散制造企业的员工,因此基本信息的设计涵盖了仪器仪表制造、汽车制造和计算机、通信及其他电子设备制造等企业,并且按照产品报价流程,涵盖了市场部、技术研发部、采购部、生产部、财务部等部门。

为了提高问卷的质量和调研结果的准确性,在正式发放问卷之前小范围地进行了两次预测试,根据问卷的反馈进行了指标的增删改,增加了报价关心的要素及职务两项,并对问题描述作了更为详细的补充,尽量减少专业术语的使用,进一步优化了问卷。最终的问卷共分为 4 个阶段,共 43 个指标,并附有各个指标较为通俗易懂的详细说明,便于调查对象理解。

(2) 数据的发放与收集

本次问卷主要是通过"问卷星"平台向制造企业的员工进行发放。为了保证问卷的质量,预先作了小范围的测试。在问卷发放的过程中,全程跟踪问卷的填写过程，及时向被调查者解答疑惑，保证问卷填写的质量。为了使问卷更具有代表性，分别向制造企业的高层、中层和基层管理者以及普通员工发放了问卷，其中部门及以上负责人的有效问卷数量为 62 份，为从企业总体层面了解产品报价的影响因素提供了依据。

此外，关键成功因素的研究要求具有一定的普适性，因此在发放问卷时，涉及了多种类型的离散制造企业，包括仪器仪表制造企业、航空航天器及设备制造企业、铁路运输及城市轨道交通设备制造企业等多种类型的制造企业，以及企业内部的多个部门。本次调查共收集问卷 159 份，剔除掉 21 份无效问卷（包括内容填写不完全、评分规律性明显等），获得有效问卷 138 份，问卷回收的有效率为 86.79%。

4.3.3　数据处理与结果分析

（1）描述性统计分析

由于问卷发放的对象涵盖了各种类型的离散制造企业，对被调查者所在的企业类型进行统计如表 4.2 所示。问卷中所列的 11 种类型的企业均有涉及，其中占比最高的为汽车制造企业，占比 12.3%；其次是计算机、通信及其他电子设备制造企业，占比为 10.9%；金属制品、机械和设备修理企业以及电气机械和器材制造企业占比均为 10.1%。由此可以看出，收集的样本基本覆盖了我国典型的复杂制造企业，问卷结果能较好地反映我国装备制造企业整体报价的情况。

表 4.2　　　　　　　　企业类型的描述性统计分析

企业类型	频率	百分比	有效百分比	累计百分比
仪器仪表制造企业	8	5.8	5.8	5.8
金属制品、机械和设备修理企业	14	10.1	10.1	15.9
电气机械和器材制造企业	14	10.1	10.1	26.1
计算机、通信及其他电子设备制造企业	15	10.9	10.9	37

企业类型	频率	百分比	有效百分比	累计百分比
汽车制造企业	17	12.3	12.3	49.3
船舶及相关装置制造企业	3	2.2	2.2	51.4
航空航天器及设备制造企业	5	3.6	3.6	55.1
铁路运输及城市轨道交通设备制造企业	6	4.3	4.3	59.4
其他交通运输设备制造企业	3	2.2	2.2	61.6
专用设备制造企业	11	8	8	69.6
通用设备制造企业	3	2.2	2.2	71.7
其他	39	28.3	28.3	100
总计	138	100	100	

　　根据制造企业产品报价的流程，将与产品报价过程相关的各部门均列出，如表 4.3 所示。由表中数据统计结果可知，在被调查者中，技术研发部占比最多，占样本总量的 29%；其次为生产部，占比为 23.2%；市场部占比 13%，采购部、质量管理部、财务部占比分别为 8.7%、6.5% 和 4.3%；其他部门多为人力资源部。研发型产品和常规型产品在报价时的侧重点有所不同。

表 4.3　　　　　　　　　被调查者所在部门的描述性统计分析

部门	频率	百分比	有效百分比	累计百分比
技术研发部	40	29	29	29
采购部	12	8.7	8.7	37.7
生产部	32	23.2	23.2	60.9
市场部	18	13	13	73.9
财务部	6	4.3	4.3	78.3
质量管理部	9	6.5	6.5	84.8
其他	21	15.2	15.2	100
总计	138	100	100	

研发型产品处于产品生命周期的进入期，此时产品在市场中较为新颖。同时研发成本较高，订购批量较小，销售不稳定。因此研发型产品的报价需要更多地考虑市场因素和客户因素。而常规型产品的市场需求和生产技术更为稳定，企业可以更多地考虑产品性能、模块化程度、通用性程度、批量生产能力等因素，更全面地预计目标利润率，以此来制定产品报价。

根据表4.4的统计结果可以看出，更多的企业在报价时既关心研发型产品，又关心常规型产品，占总样本数量的比重是47.1%；另外，有31.9%的企业在报价时更关心研发型产品，21%的企业在报价时更关心常规型产品。

表4.4　　　　　　　报价时关心的产品类型的描述性统计分析

产品类型	频率	百分比	有效百分比	累计百分比
研发型产品	44	31.9	31.9	31.9
常规型产品	29	21	21	52.9
研发型和常规型	65	47.1	47.1	100
总计	138	100	100	

随着工业物联网的快速发展，客户对产品报价提出了越来越高的需求。客户进行询价后，希望以最快的速度得到报价信息，企业的报价周期过长会造成客户流失，导致企业在市场竞争中处于不利地位。因此企业需要快速、准确地对客户的询价作出反应。报价周期的统计结果如表4.5所示，其中，大多数企业的报价周期为1周，占比42.8%；有31.9%的企业报价周期为1月，仅有5.8%的企业报价周期为1天。不同企业报价的关注点不尽相同。企业报价时关心的因素如表4.6所示，质量和报价是企业最关心的两个因素，占比分别为样本数量的28.9%和28.6%；其次是性能和交货期，分别是21.0%和20.7%。

表 4.5   报价周期的描述性统计分析

报价周期	频率	百分比	有效百分比	累计百分比
空	6	4.3	4.3	4.3
1 天	8	5.8	5.8	10.1
1 周	59	42.8	42.8	52.9
1 月	44	31.9	31.9	84.8
其他	21	15.2	15.2	100
总计	138	100	100	

表 4.6   企业报价关心因素的描述性统计分析

关心因素	个案数	响应百分比（%）	个案百分比（%）
报价	101	28.60	73.20
交货期	73	20.70	52.90
质量	102	28.90	73.90
性能	74	21.00	53.60
其他	3	0.80	2.20
总计	353	100.00	255.80

（2）信度分析

信度分析是用问卷对调研对象进行重复测量时，所得结果的一致性程度，用来研究数据是否真实可靠。Cronbach α 系数是最常用的信度系数。α 的取值范围在 $0 \sim 1$，且 α 越趋近于 1，表明数据内部一致性越好。当 $\alpha > 0.9$ 时，说明量表的信度非常高；当 α 取值在 $0.8 \sim 0.9$ 时认为量表的可信度高；当 α 取值在 $0.7 \sim 0.8$ 时，说明量表很可信；当 α 取值在 $0.6 \sim 0.7$ 时，认为量表可信；当 α 小于 0.6 时，说明量表不能被采用，应考虑对量表进行修改。本章运用 SPSS23.0 软件完成信度分析。

设计阶段的信度检验结果如表 4.7 所示，总体的标准化后的 Cronbach α 系数为 0.893，说明量表可信度高。且删除各项后的 Cronbach α 系数均小于 0.893，说明各项均不需要作修改。

表 4.7 设计阶段信度分析

选项	删除项后的标度平均值	删除项后的标度方差	修正后的项与总计相关性	删除项后的Cronbach α	标准化后的 α
设计成本	15.430	8.589	0.56	0.887	
产品设计复杂程度	15.503	8.368	0.608	0.884	
市场分析成本	15.516	8.353	0.672	0.879	
模块化程度	15.519	8.008	0.723	0.874	
通用性程度	15.437	8.286	0.699	0.877	0.893
设计质量	15.379	8.573	0.606	0.884	
顾客参与设计程度	15.607	8.528	0.551	0.888	
设计能力	15.480	8.164	0.755	0.872	
设计周期	15.506	8.135	0.687	0.877	

根据表 4.8 采购阶段的信度检验结果可以看出,总体的标准化后的 Cronbach α 系数为 0.874,且删除各项后的 Cronbach α 系数均小于 0.874,说明采购阶段的可信度高,且各选项无须更改。

表 4.8 采购阶段信度分析

选项	删除项后的标度平均值	删除项后的标度方差	修正后的项与总计相关性	删除项后的Cronbach α	标准化后的 α
采购成本	12.271	6.118	0.549	0.867	
供应商分析成本	12.396	5.947	0.595	0.862	
交期达成率	12.257	5.831	0.694	0.853	
来料合格率	12.175	5.976	0.603	0.861	
采购周期	12.463	5.755	0.631	0.859	0.874
疫情常态化下的原材料断供风险	12.405	5.603	0.672	0.854	
疫情常态化下物流成本激增	12.381	5.669	0.644	0.857	
疫情常态化下存储成本增加	12.485	5.538	0.672	0.854	

制造阶段的信度分析如表 4.9 所示，标准化后的 Cronbach α 系数为 0.916，且删除各项后的 Cronbach α 系数均小于 0.916，说明问卷信度非常高，且各项无须修改。

表 4.9   制造阶段信度分析

选项	删除项后的标度平均值	删除项后的标度方差	修正后的项与总计相关性	删除项后的 Cronbach α	标准化后的 α
技术变更次数	27.352	26.296	0.579	0.91	0.916
制造费用	27.472	26.205	0.573	0.91	
生产准备时间	27.439	25.865	0.662	0.907	
加工时间	27.424	26.127	0.613	0.909	
在制品库存	27.534	25.718	0.619	0.909	
批量生产能力	27.378	25.76	0.654	0.908	
人工成本	27.433	26.055	0.616	0.909	
产品质量成本	27.321	26.327	0.622	0.909	
废品率	27.531	25.352	0.543	0.912	
加工、装配精度	27.297	26.338	0.579	0.91	
生产能力柔性	27.383	26.034	0.629	0.908	
资源共享程度	27.459	25.924	0.605	0.909	
环境成本	27.462	26.242	0.597	0.909	
协同制造程度	27.479	26.475	0.546	0.911	
智能化精益生产程度	27.514	26.102	0.582	0.91	
疫情下停产风险	27.555	25.196	0.686	0.906	

服务阶段的信度分析如表 4.10 所示，标准化后的 Cronbach α 系数为 0.924，且删除各项后的 Cronbach α 系数均小于 0.924，说明问卷信度非常高，且各项无须修改。

表 4.10 服务阶段信度分析

选项	删除项后的标度平均值	删除项后的标度方差	修正后的项与总计相关性	删除项后的Cronbach α	标准化后的 α
订单响应速度	16.556	11.598	0.754	0.912	
服务便利性	16.590	11.539	0.749	0.912	
返修率	16.639	11.531	0.623	0.920	
服务专业性	16.598	11.435	0.731	0.913	
交货准时率	16.474	11.486	0.767	0.911	0.924
交货准确率	16.453	11.902	0.675	0.916	
报价	16.540	11.734	0.685	0.916	
服务成本	16.680	11.567	0.679	0.916	
服务质量	16.540	11.769	0.690	0.916	
疫情常态化下的订单交付及时性	16.633	11.302	0.730	0.913	

（3）效度分析

效度分析的目的在于研究题项是否有效的表达研究变量或者维度的概念信息，即测试调查者是否科学设计问题，或者题项表示某个变量是否合适。一般用 KMO 度量和 Bartlett 球形度来检验原始变量是否适合于因子分析。KMO 检验的系数取值范围在 0~1，越接近 1 说明问卷的效度越好。运用 SPSS23.0 软件完成效度分析。

由表 4.11 可以看出，KMO 检验的结果为 0.901。根据球形检验的显著性也可以看出，本次检验的显著性无限接近于 0，说明问卷具有良好的效度。

（4）关键成功因素分析

图 4.1 显示了被调查者对各个关键成功因素评分的均值与分布情况，这些评分涉及了他们各自在工作中感知到的各因素对产品报价的重要程度。由图可知，"设计质量""设计成本""通用性程度""加工装配精度""交货准确率""产品质量成本"等因素均值最高且离散程度最小，表明这些因素具有一致的重要性。由此得出结论，这些因素被样本中的制造企业共同重视。提取了 15 个影响制造企业产品报价的关键成功因素，结果如表 4.12 所示。

表 4.11　　　　　　　　　　　　　　KMO 和巴特利特检验

检验项		数值
KMO 取样适切性量数		0.901
巴特利特球形度检验	近似卡方	4 625.867
	自由度	903
	显著性	0

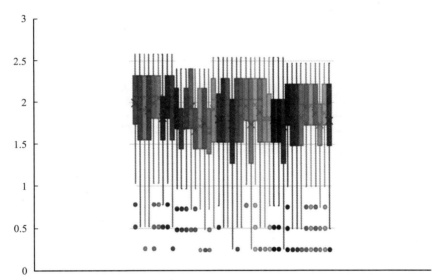

■设计成本	■产品设计复杂程度	■市场分析成本	■模块化程度
■通用性程度	■设计质量	■顾客参与设计程度	■设计能力
■设计周期	■采购成本	■供应商分析成本	■交期达成率
■来料合格率	■采购周期	■疫情常态化下的原材料断供风险	■疫情常态化下物流成本激增
■疫情常态化下存储成本增加	■技术变更次数	■制造费用	■生产准备时间
■加工时间	■在制品库存	■批量生产能力	■人工成本
■产品质量成本	■废品率	■加工、装配精度	■生产能力柔性
■资源共享程度	■环境成本	■协同制造程度	■智能化精益生产程度
■疫情常态化下的停产风险	■订单响应速度	■服务便利性	■返修率
■服务专业性	■交货准时率	■交货准确率	■价格
■服务成本	■服务质量	■疫情常态化下的订单交付及时性	

图 4.1　制造企业影响产品报价的因素分布

表 4.12 制造企业产品报价的关键成功因素提取结果

阶段	指标	解释
设计阶段	设计质量	设计出来的产品的功能，外观等的好坏程度，是否达到设计要求
	设计成本	设计产品整个过程所需要投入的成本
	设计周期	产品的整个设计过程所需要的时间
	设计能力	企业将市场需求转化为具体产品设计的速度和能力
	产品设计复杂程度	产品包括的零部件数量以及结构复杂程度
	市场分析成本	用市场调研等方法收集、分析客户需求信息，以此来设计产品外观，功能的成本
	模块化程度	将产品按照功能分成几个模块，通过不同模块之间的组合来快速实现不同的产品需求
	通用性程度	产品设计方案中零部件，生产工艺等是否常见易找，是否可以通用
采购阶段	来料合格率	样品和物料的质量上的合格率
制造阶段	技术变更次数	在产品生命周期内，对产品本身或与产品有关的加工工艺、检验标准、材料选用等方面进行变更的次数
	生产能力柔性	企业具有迅速提高或降低生产水平，或者迅速地将生产能力从一个产品转移到另一种产品的能力
	加工、装配精度	产品装配后几何参数实际达到的精度，如尺寸精度（如相关零件间的间隙）、位置精度（如各卷轴之间的平行度）等
	产品质量成本	为保证或提高产品质量所发生的费用支出
服务阶段	交货准时率	一定时间内准时交货的比率
	交货准确率	一定时间内完全订单内容交货的百分率

被调查者提供的评分的均值表明，除疫情影响因素之外，"采购周期""供应商分析成本""服务成本""在制品库存""废品率"的均值最低。此外，"废品率""产品设计复杂程度""市场分析成本"等因素离散程度较大，说明各企业对这些因素的重视程度各有不同。

根据问卷中的"职务"一项，将职务为部门负责人及以上的结果筛选出来，从企业总体层面分析产品报价的影响因素，最终得到有效问卷 62 份，其结果如图 4.2 所示。可以看出，企业的管理层认为"设计质量""通用性程度""加工、装配精度""设计能力""交货准确率""交货准时率""来料合格率"对产品报价来说最为重要。提取的 15 个企业总体层面的关键成功因素如表 4.13 所示。将问卷整体分析结果与管理层的问卷分析结果对比可以看出，从企业整体层面来看，"批量生产能力"也很重要，但在问卷整体结果中没有显示。

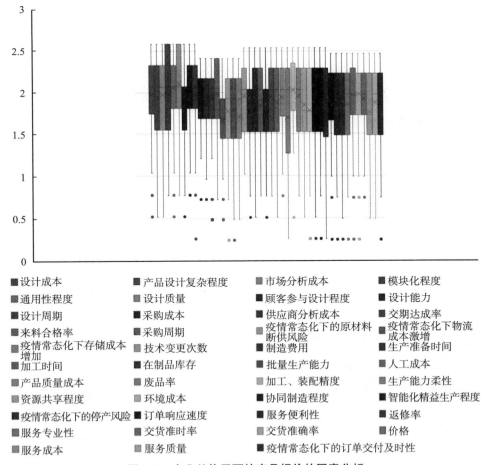

图例：

■设计成本　　　　　　　■产品设计复杂程度　　　■市场分析成本　　　　■模块化程度
■通用性程度　　　　　　■设计质量　　　　　　　■顾客参与设计程度　　■设计能力
■设计周期　　　　　　　■采购成本　　　　　　　■供应商分析成本　　　■交期达成率
■来料合格率　　　　　　■采购周期　　　　　　　■疫情常态化下的原材料断供风险　■疫情常态化下物流成本激增
■疫情常态化下存储成本增加　■技术变更次数　　　■制造费用　　　　　　■生产准备时间
■加工时间　　　　　　　■在制品库存　　　　　　■批量生产能力　　　　■人工成本
■产品质量成本　　　　　■废品率　　　　　　　　■加工、装配精度　　　■生产能力柔性
■资源共享程度　　　　　■环境成本　　　　　　　■协同制造程度　　　　■智能化精益生产程度
■疫情常态化下的停产风险■订单响应速度　　　　　■服务便利性　　　　　■返修率
■服务专业性　　　　　　■交货准时率　　　　　　■交货准确率　　　　　■价格
■服务成本　　　　　　　■服务质量　　　　　　　■疫情常态化下的订单交付及时性

图 4.2　企业总体层面的产品报价的因素分析

表 4.13   企业总体层面的产品报价的关键成功因素提取结果

阶段	指标
设计阶段	设计成本
	市场分析成本
	模块化程度
	通用性程度
	设计质量
	设计能力
	设计周期
采购阶段	来料合格率
生产阶段	技术变更次数
	批量生产能力
	产品质量成本
	加工、装配精度
	生产能力柔性
服务阶段	交货准时率
	交货准确率

新冠疫情的流行对制造企业造成了猛烈的冲击。货物核酸检测、非接触式配送等多变的配送方式等造成交付成本上升。同时，为了缓解疫情造成的工厂停产与原材料无法及时到货的问题，部分制造企业选择存储一定的货物来保证及时满足客户的需求，造成存储成本增加。疫情之后导致了供应链的稳定性降低，对制造企业造成的影响不可忽视。

因此，考虑到后疫情时代对企业造成的影响，设置了疫情常态化下的 5 个影响因素，如图 4.3 所示，分别是"疫情常态化下的原材料断供风险""疫情常态化下的物流成本激增""疫情常态化下的存储成本增加""疫情常态化下的停产风险""疫情常态化下的订单交付及时性"。其评分结果分布情况如图 4.3 所示。结果显示，疫情对企业影响最大的因素是"疫情常态化下的订单交付及时性"，其次是"疫情常态化下物流成本激增"和"疫情常态化下的原材料断供风险"。

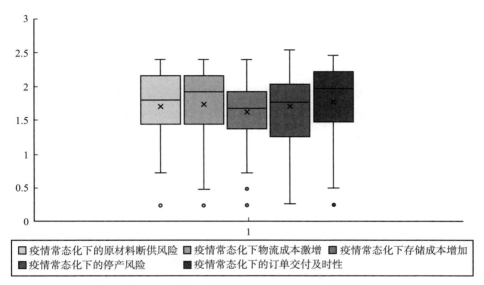

图 4.3 疫情之后的新增产品报价的影响因素

4.4 基于层次分析法订单报价重要度评价

基于目前的研究现状，使用问卷调查的方法对制造业的多家公司展开调查，将根据现有研究选出的 4 个阶段和 43 个指标列为问卷内容，让制造业从业人员对其进行打分，评价每一个因素对报价的影响程度。汇总问卷得到的数据并对其进行分析，可以看到不同因素的得分以及它们之间的关联。

同时，为了进一步解决实际问题，需要通过问卷的数据建立模型，使用这个模型可以帮助企业判断不同订单的重要程度，那么就需要将目前的影响因素与订单联系起来。

层次分析法可以考虑多方面的因素或者判断准则，最终通过这些准则作出选择。使用层次分析法进行数据处理。层次分析法要求的递阶层次结构一般由以下 3 个层次组成：目标层（最高层），指问题的预定目标；准则层（中间层），指影响目标实现的准则；因子层（最低层），指促使目标实现的方案。

（1）建立层次结构模型

应用层次分析法解决实际问题，首先明确要分析决策的问题，并把它条理化、层次化，一步步拆解，整理出层次结构模型。

而本章利用层次分析法想要解决的问题是企业订单的重要性判断，所以这就是目标层，而解决这个问题依据的准则采用问卷中所分的设计、采购、制造、服务 4 个阶段，这就是 4 个准则层。最终是要把订单重要性与影响因素联系起来，所以因子层就是影响产品报价的关键因素，4 个阶段的关键因素根据前面的文献研究和问卷调查结果得出。最后的层次结构模型如图 4.4 所示。

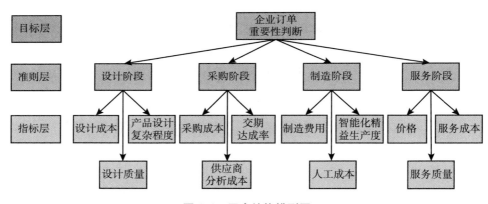

图 4.4　层次结构模型图

（2）构造判断矩阵

根据构造好的层次结构模型构造出判断矩阵。构造判断矩阵的方法是：每一个具有向下隶属关系的元素（被称作准则）作为判断矩阵的第一个元素（位于左上角），隶属于它的各个元素依次排列在其后的第一行和第一列。更重要的是填写判断矩阵。本章利用对制造业从业人员的调查问卷结果，收集专家们对 43 个影响因素的打分，根据其中对 4 个阶段的打分，得到各阶段平均值，据此构造成对比较矩阵，矩阵如表 4.14 所示。

表 4.14　　　　　　　　　　　　　判断矩阵

指标	设计阶段	采购阶段	制造阶段	服务阶段
设计阶段	1	7	2	4
采购阶段	0.1429	1	0.2	0.25
制造阶段	0.5	5	1	3
服务阶段	0.25	4	0.3333	1

（3）层次单排序及其一致性检验

对于判断矩阵，利用方根法计算每个准则的权向量，方根法具体为计算判断矩阵每一行元素乘积的 n 次方根并进行归一化处理，得到的结果即为所求判断矩阵的指标权重，并且根据得到的特征向量，求出最大特征根和 CI 值，结果如表 4.15 所示。

表 4.15　　　　　　　　　　　　AHP 层次分析结果

指标	特征向量	权重值	最大特征根	CI 值
设计阶段	2.7356	0.5028		
采购阶段	0.2907	0.0534	4.1102	0.0367
制造阶段	1.6549	0.3041		
服务阶段	0.7598	0.1397		

层次分析法（方根法）的权重计算结果显示，设计阶段的权重得分为 0.5028，采购阶段的权重得分为 0.0534，制造阶段的权重得分为 0.3041，服务阶段的权重得分为 0.1397。定义一致性比率：$CR = CI/RI$，一般认为一致性比率 <0.1 时，不一致程度在允许范围内，有满意的一致性，通过一致性检验（见表 4.16）。可用其归一化特征向量作为权向量，否则就要重新构造成对比较矩阵，对数据进行调整。

表 4.16 一致性检验结果

最大特征根	CI 值	RI 值	CR 值	一致性检验结果
4.1102	0.0367	0.882	0.0417	通过

层次分析法的计算结果显示，最大特征根为 4.1102，根据 RI 表查到对应的 RI 值为 0.882，因此 CR = CI/RI = 0.0417 < 0.1，通过一次性检验。

（4）层次总排序及其一致性检验

根据现有文献和问卷调查结果分析，找出了影响每个阶段的关键因素，先对每个因素作权重计算，再进行它们相对于 4 个阶段的层次总排序，结果如表 4.17 ～ 表 4.28 所示：

表 4.17 设计阶段判断矩阵

项	设计成本	产品设计复杂程度	设计质量
设计成本	1	4	0.3333
产品设计复杂程度	0.25	1	0.1667
设计质量	3	6	1

表 4.18 设计阶段 AHP 层次分析结果

项	特征向量	权重值	最大特征根	CI 值
设计成本	1.1006	0.2706		
产品设计复杂程度	0.3467	0.0852	3.0536	0.0268
设计质量	2.6207	0.6442		

表 4.19 设计阶段一致性检验结果

最大特征根	CI 值	RI 值	CR 值	一致性检验结果
3.0536	0.0268	0.525	0.0511	通过

表 4. 20　　　　　　　　　　采购阶段判断矩阵

指标	采购成本	交期达成率	供应商分析成本
采购成本	1	0.5	7
交期达成率	2	1	8
供应商分析成本	0.1429	0.125	1

表 4. 21　　　　　　　　采购阶段 AHP 层次分析结果

项	特征向量	权重值	最大特征根	CI 值
采购成本	1.1006	0.2706		
交期达成率	0.3467	0.0852	3.0536	0.0268
供应商分析成本	2.6207	0.6442		

表 4. 22　　　　　　　　采购阶段一致性检验结果

最大特征根	CI 值	RI 值	CR 值	一致性检验结果
3.0349	0.0268	0.525	0.0511	通过

表 4. 23　　　　　　　　　制造阶段判断矩阵

指标	制造费用	人工成本	智能化精益生产程度
制造费用	1	0.3333	3
人工成本	3	1	5
智能化精益生产程度	0.3333	0.2	1

表 4. 24　　　　　　　　制造阶段 AHP 层次分析结果

项	特征向量	权重值	最大特征根	CI 值
制造费用	1.1006	0.2706		
人工成本	0.3467	0.0852	3.0536	0.0268
智能化精益生产程度	2.6207	0.6442		

表 4.25   制造阶段一致性检验结果

最大特征根	CI 值	RI 值	CR 值	一致性检验结果
3.0385	0.0268	0.525	0.0511	通过

表 4.26   服务阶段判断矩阵

指标	价格	服务成本	服务质量
价格	1	8	1
服务成本	0.125	1	0.125
服务质量	1	8	1

表 4.27   服务阶段 AHP 层次分析结果

项	特征向量	权重值	最大特征根	CI 值
价格	1.1006	0.2706		
服务成本	0.3467	0.0852	3.0536	0.0268
服务质量	2.6207	0.6442		

表 4.28   服务阶段一致性检验结果

最大特征根	CI 值	RI 值	CR 值	一致性检验结果
3	0.0268	0.525	0.0511	通过

至此，全部 4 个阶段的层次单排序和层次总排序都已完成，且全部通过一次性检验，可以获得每个阶段以及每个因素的权重，构建起最终的模型。

（5）构建最终模型

将计算出的结果应用到实际的订单中，将根据层次分析法求出来的各关键因素权重，乘以对应的阶段权重，即为最终的综合权重，再将综合权重乘以各因素的分值，得到的结果相加，即可获得该阶段的得分，将 4 个阶段得分相加，就是最终的结果。设各阶段权重为 a_i，各阶段对应的关键因素权重为 b_{ij}，给订单各因素的打分为 c_{ij}，则最终结果为：

$$订单报价重要性 = \sum_{i=1}^{4} \sum_{j=1}^{3} a_i \times b_{ij} \times c_{ij} \tag{4.1}$$

本章采用了文献研究、问卷调查、数据分析等方法研究了制造业报价的关键影响因素，并建立起判断订单重要性的数学模型，可以为制造企业的实际生产应用提供一定帮助。主要采用的数据处理方法是层次分析法，层次分析法可以帮助很好地解决多因素影响下的决策问题，较为符合本章研究的情景。利用层次分析法和问卷数据，确定出 43 个因素的权重，企业可以依据 43 个因素的权重来对订单作出判断，从而帮助企业更好地进行报价工作。

基于产品全生命周期构建了产品报价影响因素体系，并对影响因素作出了评价，通过上述研究为制造企业的高质量发展提出如下建议。

（1）成本仍然是报价的重要因素

在目前国内外关于产品报价的各种研究中，成本是影响产品报价的最基本因素。从基于统计分析的实验结果中可以看出，在文献中被提及的次数达到双位数以上的 6 个影响因素中，5 个是企业的各类成本，分别是采购成本、市场分析成本、制造费用、产品质量成本和环境成本。因此，成本是产品报价的关键因素，也是最重要的因素。根据企业实际调查得到的问卷可知，设计成本和采购成本等被普遍认为是对产品报价有较大影响的因素。因此，在经济高速发展的今天，企业要面临的市场环境越来越复杂、竞争越来越激烈，成本依然是影响产品报价的关键。企业如何做好成本控制是影响企业高质量发展的重要问题。需要注意的是，企业不能为了提升竞争力和提高客户满意度而无限压低成本。因为若是企业只注意控制成本而忽略了产品质量和创新能力等影响企业长久发展的因素，即使获得了一时的利益，也终究会被市场抛弃。这也是很多企业为何一直在产品质量以及技术研发等方面投入大量财力和人力的原因之一。

（2）设计和制造是关键阶段

从国内外产品报价文献中可以看出，在产品报价环节，学者对于设计和制造阶段的影响因素更为关注。而在基于企业实际调研的问卷调查中，也充分论证了这一点。

根据离散制造企业各部门对设计、采购、制造和服务阶段的打分可以看出，设计阶段和制造阶段的得分均值较为显著地高于其他两个阶段，其中设计阶段的得分最高，其次是制造阶段，最后是采购阶段，分数最低的则是服务阶段。具体情况如图4.5所示。

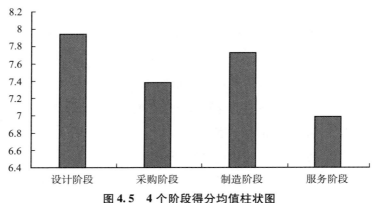

图4.5　4个阶段得分均值柱状图

根据图4.6中各部门对4个阶段打分情况可以看出，设计和制造阶段的分数稳定处于较高水平，采购阶段和服务阶段的分数有高有低，波动较为明显，这说明采购和服务阶段对于不同的部门来说重要程度是不同的。例如，采购部对采购阶段和设计阶段有比较高的关注度，对采购阶段的打分是高于其他部门的，而对于服务阶段打分是低于其他所有部门的。市场部对服务阶段的关注度明显高于其他部门。对于其他部门来说，服务阶段几乎都是4个阶段的最低分，而市场部却给服务阶段打出了最高分，甚至高过了设计阶段。这是因为市场部的业务主要是面向消费者的，很少参与到产品的实际生产当中。因此，市场部对服务阶段有着远超其他部门的关注度。

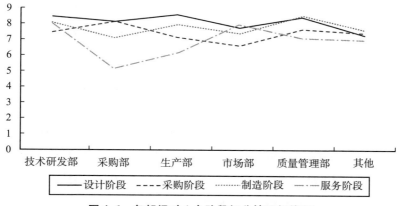

图 4.6 各部门对 4 个阶段打分情况折线图

综上所述，企业不同部门对于 4 个阶段的报价影响因素评价结果不同，这是因为企业各部门工作性质不同，对各阶段的参与度不同，所以对于各阶段的认知和了解也是存在差异的。但是总体来看，设计阶段和制造阶段是所有部门普遍认为在产品报价中比较重要的两个阶段。企业可以以此为参考，在企业产品报价时增加对产品设计和制造的关注度。当然，企业也应该根据自身情况和企业类型来做出有针对性的报价系统。

（3）构建快速、全面的报价指标体系是企业发展的要求

企业产品报价标准模糊，或者考虑因素单一，不能很好地制定产品报价，构建快速、全面的报价指标体系是需要解决的重要问题。科学的报价体系需要对客户的需求快速响应，全面地考虑影响产品报价的各种因素，能够根据客户的多样化要求，动态性地提供报价结果。为达到报价的准确性，企业需要制定明确、清晰的报价标准，尽量减少人为因素对报价的干扰。

4.5　本 章 小 结

通过大量的文献研究，筛选出影响产品报价的 43 个因素，从中确定了采购成本、价格、制造费用、产品质量成本、环境成本、人工成本、产品设计

复杂程度、资源共享程度、智能化精益生产程度等关键因素。通过将 43 个因素分成 4 个阶段设计调查问卷，发放给制造业从业人员，收集产品报价数据，为后续研究提供了数据支持。采用层次分析法，解决多因素影响下的决策问题。建立层次结构模型，将 4 个阶段作为准则层，每个阶段下的关键影响因素作为指标层，再根据问卷数据对准则层和指标层进行层次单排序和层次总排序，确定出每个关键因素对订单重要程度的权重，企业可以根据此对订单进行判断，从而帮助企业更好地进行报价工作。最后，为企业高质量发展，提出管理建议，根据文献研究结果和问卷数据，得出成本是产品报价的重要因素，设计和制造阶段是影响产品报价的关键阶段。

第 5 章

不完备信息环境下关键报价
影响因素提取模型

由于市场竞争的不断加剧，快速和准确的产品报价成为众多企业关注的问题，随着客户个性化需求的增多和智能制造等新模式的推广应用，客户订单需求个性化、订单信息缺失、生产数据缺失等问题逐渐增加，传统报价方法的沟通成本、管理成本增加并且报价周期也变得更长。同时由于全程的报价数据复杂，覆盖产品全生命周期各个阶段，影响因素之间具有耦合性，这些问题直接影响着最终报价的准确性。因此快速和准确地进行产品报价是制造企业当下需要解决的重要问题。

针对如何从大量包含有不确定性的订单中提取出关键报价影响因素组合的实际问题，引入不完备粗糙集理论，构建了基于不完备粗糙集的关键报价影响因素组合提取模型，首先将报价订单中的产品要求拆解细化到产品全生命周期的各个阶段上，然后将产品全生命周期中涉及的大量具有耦合性和不确定性的数据整合为一张不完备决策表，最后进行属性约简，得到的约简集即为与报价密切相关的关键报价影响因素组合。

通过分析最常用的处理不完备决策表的拓展粗糙集模型，基于容差关系的不完备粗糙集模型的优缺点，其由于无须对决策表进行填补缺值的预处理，可以对不完备决策表进行直接处理而不会破坏不完备决策表原始数据结构而被广泛使用，但是由于其仅从被比较的两个对象的值的角度出发，忽略了对于对象间整体确定值近似程度的考虑，有可能将并没有在某属性上都存在确定属性值且属性值相等的对象错误地划分到同一容差类中，因此造成近似精度的低下，影响属性约简的精度。通过分析基于容差关系的不完备粗糙集模型的局限性，本章提出了基于对象近似度改进的容差关系，增加对象近似度的衡量约束，对于被划入某对象容差类中的对象进行二次筛选，能够减少容差类中被错误归类的对象个数，提高近似精度。而由于选取不同的对象近似度改进阈值带来的效果是不同的，对阈值的作用机制进行分析。最后应用 UCI 标准数据集和实际报价数据集对方法进行测试，验证了该模型的有效性和可靠性，可以用来进行关键报价影响因素组合的提取，为制造企业报价提供指导意义。

基于粗糙集属性约简提取出的关键报价影响因素组合不仅剔除掉了数据表中的冗余因素，筛选出对报价影响重大的关键报价影响因素组合，同时还揭示出了影响因素间耦合关系对报价的影响，对传统方法进行了一定程度的补充，具有重大意义，同时为报价方法提供了新的思路。

5.1　问 题 描 述

客户需求个性化需要企业对产品作差别化报价。智能制造环境下，虽然可以采集到产品报价所需的成本、质量、加工效率等信息，然而由于个性化定制产品的复杂性使得设计、生产等活动的不确定性增强，在面对需求各异的客户时，产品生产全过程中的一些数据，如设计质量、产品质量成本等经常会发生数据缺失的情况，主要原因有人为失误、客户新需求等。随着客户需求越来越个性化差异化，询价订单需求中涵盖的缺失信息也在增加。以前面对这样的缺失信息，企业会与客户进行沟通协商，但是会严重增加时间成本和沟通成本。因此，如何在不完备数据下制定准确的报价是需要解决的重要问题。同时由于其中还存在一些冗余的因素，即对最终的报价结果影响甚微甚至没有影响的因素存在。这样的因素与真正对报价结果有重要影响的关键因素混杂在一起，制造企业在进行报价时浪费了精力的同时还可能错过了对关键因素的重点管控，降低了报价的速度和准确率。

　　制造企业传统报价方法通常面向产品全生命周期，对所发生成本进行估算，根据经验对于不同的成本赋予相应的权重，然后对全部成本加和后再予以一定期望利润加成形成最终的报价。传统成本加成报价方法忽视了产品需求弹性的变化，处于产品生命周期不同阶段的产品的需求特点并不相同，用同样的成本加成法缺乏灵活性，不能适应快速变化的市场要求。另外传统方法对于包含缺失信息的询价订单的报价处理主要依靠经验，由于不同的客户特点及关注重点不同，因此当面对订单包含的不确定性增加的新挑战时，企业往往直接根据经验进行粗放的关键因素选取。这种情况下传统报价方法工作量巨大，报价速度缓慢且效率低下。基于设计参数、实例推理等传统产品报价方法无法解决数据缺失问题，不适用于新的询价订单报价，同时根据经验预设的参数忽略了影响因素间的耦合性，从而导致报价准确性降低。为了实现准确、详细的产品成本估算和快速报价的目标，国内外的软件公司研究开发了多种基于设计参数、工艺参数等的产品报价信息系统。但是由于报价过程本身需要考虑众多的制造企业实际因素，而且对于不同的询价订单关键的报价影响因素也不尽相同，因而很难找到一种通用性较强的报价软件。

　　智能制造环境下，客户询价订单的增加与客户个性化需求的增加，如何实现快速、准确地报价成为企业生存和盈利的重要依据。在面对新的机遇与挑战情况下，传统的报价方法及报价系统由于其某些成本驱动参数是根据经验设置的，在新的询价订单中这些影响因素有可能就不是影响报价的关键因素甚至是冗余的，无法为潜在客户提供快速、准确的报价反馈，可能会导致制造企业失去获得订单的能力。在竞争日益激烈的市场中，上述新的挑战和要求使得制造企业需要转变其原有的报价模式，从客户个性化多样化的不确定性需求出发，从复杂、耦合、缺失的询价订单数据中研究基于不完备决策表属性约简的产品关键报价影响因素组合提取模型，从产品全生命周期中预先提取出关键报价因素，为制造企业后续选择匹配的报价系统提供精准高效的决策支持和参考，有利于降低决策者对于非关键决策因素的判断分析，对降低制造企业的管理成本，提高企业的利润具有重要作用。

基于不完备粗糙集的产品报价模型利用从设计部门、生产部门、采购部门等部门对到达的包含不确定性的客户询价订单拆解出的报价影响因素，包含从产品设计到制造到后续服务的全部数据，建立含有 unknown 值的报价影响因素信息系统，利用不完备粗糙集模型对此信息系统进行属性约简，提取出与报价密切相关的报价影响因素组合约简集，为后续的报价系统选择提供更精确的决策支持参考，基于不完备粗糙集的关键报价影响因素组合提取模型见图 5.1。

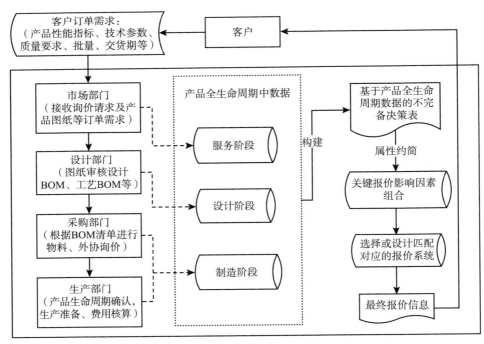

图 5.1　基于不完备粗糙集的关键报价影响因素组合提取模型

5.2　基于产品全生命周期报价模型构建

　　产品全生命周期成本是指产品从需求开始，经过方案论证、技术研究、产品设计、生产制造、销售物流、售后服务等过程，到最后的产品报废回收整个过程所使用的设计研发费用、生产制造费用、销售物流费用、售后服务费用及报废回收费用的总成本。可见产品成本估算具有信息量大、范围广和过程复杂等特点，需要实现跨流程、跨部门的相关数据整合。现代制造企业的信息化建设和 PDM、ERP 等信息系统的实施，为实现产品快速准确的报价提供了支持。产品成本估算以系统集成为基础，需要与企业现有信息系统构建交互接口，以实现数据的共享和信息的交互，信息系统集成环境下的产品全生命周期成本构成见图 5.2。

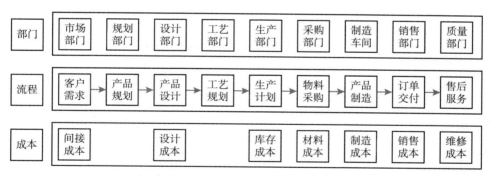

图 5.2　信息系统集成环境下的产品全生命周期成本构成

　　传统报价方法中产品全生命周期中成本为主要的报价参考依据，报价人员根据以往经验对各报价影响因素的参数进行设置，但由于产品全生命周期包括从设计阶段到制造阶段再到服务阶段，其中涉及多个部门和业务流程，因此数据量庞大，结构复杂且存在耦合性。

　　不完备粗糙集已被证明是处理含有不确定和不精确数据并从中获取知识

表达的有效手段，基于粗糙集进行属性约简，能够实现在不影响对样本分类能力的基础上提取出关键属性，剔除掉冗余属性，进行属性约简后得到的数据表更加精简且保持了和原始数据表同样的分类能力。那么在处理信息量大且包含冗余性及耦合性的数据时，使用粗糙集预先进行属性约简，能够对数据表做有效精简，减轻了不必要的任务量，使数据表更加清晰准确，提高了后续报价环节的效率和速度。

首先把从 PDM 中提取出来的产品全生命周期数据整合到同一张数据表中，横向为订单样本，包括新到达的含有不确定性的询价订单也包括企业类似产品的历史报价订单；纵向为产品全生命周期中涵盖的所有可能的报价影响因素。为了便于分类别处理将整个产品的生命周期大致分为 3 个阶段，分别为规划设计阶段、生产制造阶段和后续阶段。由于客户的个性化需求下询价订单中存在很大不确定性，某些指标值为 $unknown$，将 $unknown$ 值视为空值，在完备决策表中用 $*$ 表示。表 5.1 为基于产品全生命周期构建的不完备决策表：

表 5.1　　　　　　　基于产品全生命周期构建的不完备决策表

	规划设计阶段（C_1）	生产制造阶段（C_2）	后续阶段（C_3）	产品报价（D）
x_1				
...				
x_n				

构建基于产品全生命周期数据的不完备决策表，将跨部门跨流程的报价影响因素整合在了同一张表里统一进行处理，避免了传统方法中由于部门之间沟通衔接的不顺畅或不同部门对于数据处理的标准度量不一样所导致的最终报价不准确的情况。另外通过构建基于产品全生命周期数据的不完备决策表，将客户询价订单中的不确定性转化为决策表中的缺失值（用 $*$ 来表示）再结合属性约简算法作约简处理，解决了传统报价方法包

含面对不确定性程度高的订单无法进行合理的预测及预估成本驱动参数,同时降低了传统报价方法下处理不确定性订单需要付出的沟通成本和管理成本。

5.3　基于不完备粗糙集的关键报价影响因素组合提取模型

5.3.1　基于容差关系的不完备粗糙集模型局限性分析

广泛使用的基于容差关系的不完备粗糙集模型是由克里兹凯维奇提出的,其核心思想是赋予信息表中空值元素一个"*Null*"值,空值被解释为被遗漏但又确实存在的。这种未知属性值被称为遗漏型未知属性值,记为"∗",并将信息决策表中对象的值为"∗"定义为可以表示任何值。即为在容差关系下,当两个样本进行比较时,只要一个样本中在某个属性上存在"∗"值,无论与其比较的另外一个样本在该属性上是否有确定的属性值或者也是"∗"值,都认为这两个样本在该属性下是属于同一类别的,是不可区分的。

克里兹凯维奇对于不完备决策表提出的基于容差关系的粗糙集模型,具有无须对决策表作填补缺值的预处理,可以对于不完备决策表进行直接处理而不会破坏不完备决策表原始数据结构的优势。同时由于其在对象比较时对存在缺失属性值的"∗"值过于宽泛,存在一定问题。

有可能将完全没有相等确定属性值的两个对象划分到同一个容差类中,因此会造成对于容差类划分的不准确。以表 5.2 的不完备决策表为例,$IDT = \langle U, C \cup D, V, f \rangle$。根据传统容差关系对对象进行容差类的划分,每个对象在 C 下的容差类为 $T_C(x_1) = \{x_1, x_2\}$,$T_C(x_2) = \{x_1, x_2, x_4\}$,$T_C(x_3) = \{x_3\}$,$T_C(x_4) = \{x_2, x_4\}$。

表5.2   一个不完备决策表 IDT

U	a_1	a_2	a_3	a_4	a_5	d
x_1	2	1	*	1	*	Y
x_2	*	*	1	*	1	N
x_3	1	1	*	1	2	N
x_4	2	1	1	2	*	N

根据表5.2可以看出每个对象在不同的属性上均包含有一定比例的缺失值，如对象2和对象4，在属性 a_3 上同时具有已知的确定属性值，且属性值相等，而在其他4个属性上也均满足传统容差关系，因此对象2的容差类中有对象4，对象4的容差类中有对象2。而对于对象1与对象2都包含有缺失值而且两者在全部条件属性集 C 上没有任何同时具有确定属性值且属性值相等的属性，依据现实可知这样的两个对象等价的可能性极小，但在容差关系下却被认为是不可区分的，被不合理地归入了同一容差类中。

容差关系在对两个对象做比较时，单纯地考虑了对两两对象进行逐个属性值的对比，缺乏对对象缺值属性比率的考虑，即没有考虑到对象之间的近似程度。由于在容差关系下认为对象的缺失属性值"＊"不仅与所有确定属性值相等同时"＊"间也是相同的，而根据实际情况易知，两个相等的确定属性值一定相同，但"＊"值与确定值或与另一个"＊"值相同的可能性无法确定。因此对象间的近似程度与对象间确定属性值相同的属性比例有关，对象间确定属性值相同的属性比例越大说明两个对象归属于同一容差类的可能性越大，以表5.3的不完备决策表为例，根据传统容差关系的定义，对象1与对象2均在由条件属性集 C 确定的对象3的容差类中，但是只有对象2与对象3在同一个决策类中，说明根据容差关系对象1被错误地归到了对象3的容差类中。

容差类的划分是进行后续属性约简的关键步骤，容差类划分的不准确将会影响到决策表分类能力和后续属性约简的近似精度。因此为了更好地处理不完备决策表，提高知识获取的准确性，需要对容差关系作改进。

表 5.3　　　　　　　　　　　　一个不完备决策表 IDT

U	a_1	a_2	a_3	a_4	a_5	d
x_1	2	1	*	*	*	Y
x_2	2	1	3	1	*	N
x_3	2	1	3	1	2	N

5.3.2　基于对象近似度改进的不完备粗糙集模型

传统容差关系对于两个对象作容差类划分时，对两个比较的对象缺乏从对象整体的角度考虑，仅是对同一属性上的两个属性值进行比较，将缺失属性值视为与任意已知属性值及其他缺失属性值均相等，忽略了整体的两个对象间存在着多大的确定近似度，使两个即使没有在任何一个属性上拥有相同的已知属性值的对象也可能被划分到同一个容差类中，导致了对容差类划分的不准确。因此在传统容差关系的基础上，结合考虑对象间的确定近似度，提出基于对象近似度改进的容差关系，弥补了传统容差关系下粒度划分过于宽松导致的容差类划分不准确的缺陷，对于容差类的划分加入了考虑对象近似程度的约束，提高了分类的准确度，进而可以获得近似精度更高的属性约简集。

定义 5.1　给定不完备信息决策表 $IDT = \langle U, C \cup D, V, f \rangle$，$A \subseteq C$，定义两个对象间的近似度 ρ_A 为：

$$\rho_A(x, y) = \frac{|P_A(x) \cap P_A(y)|}{|A|} \tag{5.1}$$

其中 $P_A(x) = \{a \in A \mid f_a(x) \neq *\}$ 表示对象 x 的属性值为已知属性值的对应条件属性集。对象近似度的取值范围为：$0 \leqslant \rho_A(x, y) \leqslant 1$。

使用对象近似度来衡量两个对象间的近似程度，量化了对象间的近似性，对于宽泛的容差关系进行了一定程度上的约束，有助于对对象作准确归类。

定义 5.2   给定不完备信息决策表 $IDT = \langle U,\ C \cup D,\ V,\ f \rangle$，对象近似度阈值 θ，$A \subseteq C$，定义由 A 确定的基于对象近似度阈值 θ 的改进容差关系为：

$$T_A^\theta = \{(x,\ y) \in U^2 \mid (x,\ y) \in T_A \wedge (\rho_A(x,\ y) \geqslant \theta)\} \tag{5.2}$$

其中，对象近似度阈值 $\theta \in [0,\ 1]$。由定义可知基于对象近似度阈值 θ 的改进容差关系在基础容差关系上增添了一个关于对象近似程度 $\rho_A(x,\ y)$ 的约束。调节阈值 θ 越趋近于 1，说明改进容差关系对于对象近似度要求越严苛；调节阈值 θ 越趋近于 0，说明改进容差关系对于对象近似度要求越宽松。当 $\theta = 0$ 时，改进容差关系退化为容差关系。

定义 5.3   给定不完备信息决策表 $IDT = \langle U,\ C \cup D,\ V,\ f \rangle$，$A \subseteq C$，根据基于对象近似度阈值 θ 的改进容差关系 T_A^θ 将论域 U 分成一组有重叠的容差类，表示为 U/T_A^θ，也可简写为 U/A。用 $T_A^\theta(x)$ 表示在属性集 A 下与对象 x 满足改进容差关系的全体对象集：

$$T_A^\theta(x) = \{y \in U \mid (x,\ y) \in T_A^\theta\} \tag{5.3}$$

定义 5.4   给定不完备信息决策表 $IDT = \langle U,\ C \cup D,\ V,\ f \rangle$，$A \subseteq C$，对象近似度阈值 θ，对象集 $X \subseteq U$，定义 X 在改进容差关系 T_A^θ 下的下近似和上近似为：

$$\underline{T_A^\theta}(X) = \{x \in U : T_A^\theta(x) \subseteq X\} \tag{5.4}$$

$$\overline{T_A^\theta}(X) = \{x \in U : T_A^\theta(x) \cap X \neq \varnothing\} \tag{5.5}$$

下近似 $\underline{T_A^\theta}(X)$ 表示论域 U 中根据知识 A 能被确定地分类到 X 中的对象集，上近似 $\overline{T_A^\theta}(X)$ 表示论域 U 中根据知识 A 有可能被分类到 X 中的对象集。

定义 5.5   给定不完备信息决策表 $IDT = \langle U,\ C \cup D,\ V,\ f \rangle$，$A \subseteq C$，对象近似度阈值 θ，对象集 $X \subseteq U$，X 在改进容差关系 T_A^θ 下的边界域为：

$$BN_{A^\theta}(X) = \overline{T_A^\theta}(X) - \underline{T_A^\theta}(X) \tag{5.6}$$

由定义易知边界域中的对象是无法根据知识 A 进行准确归类的对象集合，

因此边界域中的对象越多，说明知识 A 对于决策表的描述越不准确。如果边界域 $BN_{A^\theta}(X)$ 为空集，说明对象集 X 在 A 上是准确的；如果边界域 $BN_{A^\theta}(X)$ 不是空集，说明对象集 X 在 A 上是粗糙的。

定义 5.6　对于不完备决策表 $IDT = \langle U, \ C \cup D, \ V, \ f \rangle$，$A \subseteq C$，对象近似度阈值 θ，样本集 $X \subseteq U$，样本集 X 基于知识 A 的近似精度为：

$$\beta_A^\theta(X) = \frac{|\underline{T_A^\theta(X)}|}{|\overline{T_A^\theta(X)}|} \tag{5.7}$$

近似精度是衡量属性集 A 中包含的知识对样本集 X 准确描述的程度，近似精度越大，说明属性集 A 中包含的知识对于样本集的描述越准确；近似精度越小，说明属性集 A 中包含的知识对样本集的描述越不准确。因此近似精度也常作为衡量属性约简集好坏的指标。

定义 5.7　不完备决策表 $IDT = \langle U, \ C \cup D, \ V, \ f \rangle$，$A \subseteq C$，对象近似度阈值 θ，定义基于对象近似度阈值 θ 的泛化决策函数 $\partial_A^\theta : U \rightarrow V_d$，用 $\partial_A^\theta(x)$ 表示对象 x 在 A 上的 θ 泛化决策集：

$$\partial_A^\theta(x) = \{f(d, \ y) \ | \ y \in T_A^\theta(x)\} \tag{5.8}$$

定义 5.8　对于不完备决策表 $IDT = \langle U, \ C \cup D, \ V, \ f \rangle$，$A \subseteq C$，对象近似度阈值 θ，基于对象近似度阈值 θ 的容差关系 T_A^θ，定义 IDT 对应的改进差别矩阵如下：

$$MC_{n \times n}^\theta = (c_{ij}^\theta)_{n \times n} = \begin{bmatrix} c_{11}^\theta & c_{12}^\theta & \cdots & c_{1n}^\theta \\ c_{21}^\theta & c_{22}^\theta & \cdots & c_{2n}^\theta \\ \vdots & \vdots & \ddots & \vdots \\ c_{n1}^\theta & c_{n2}^\theta & \cdots & c_{nn}^\theta \end{bmatrix} \tag{5.9}$$

其中，差别矩阵中的元素 c_{ij}^θ 定义如下：

$$c_{ij}^\theta = \begin{cases} \{a \ | \ (a \in C) \wedge (x_i, \ x_j) \notin T_a^\theta\} : & f_d(x_j) \notin \partial_C^\theta(x_i) \\ \varnothing : & else \end{cases} \tag{5.10}$$

定义 5.9　$IDT = \langle U, \ C \cup D, \ V, \ f \rangle$，$A \subseteq C$，对象近似度阈值 θ，当且仅当 $\partial_A^\theta = \partial_C^\theta$ 且 $\partial_{A'}^\theta \neq \partial_C^\theta \ for \ any \ A' \subseteq C$ 时，A 为 IDT 的属性约简集。

定理 5.1 $IDT = \langle U, C \cup D, V, f \rangle$，$A \subseteq C$，$\forall x_i, x_j \in U$，下面的条件是等价的：

（1）$\partial_A^\theta = \partial_C^\theta$ 且 $\partial_{A'}^\theta \neq \partial_C^\theta$ for any $A' \in C$，即 A 为 IDT 的属性约简集。

（2）在 $(x_i, x_j) \notin T_C^\theta$ 且 $f_d(x_j) \notin \partial_C^\theta(x_i)$ 条件下，$c_{ij}^\theta \cap A \neq \varnothing$（$\forall c_{ij}^\theta \neq \varnothing$）。

证明：

"$\Rightarrow$"：假设 $\partial_A^\theta = \partial_C^\theta$ 且 $\partial_{A'}^\theta \neq \partial_C^\theta$ for any $A' \in C \Rightarrow T_A^\theta = T_C^\theta \Rightarrow T_A^\theta(x) = T_C^\theta(x)$，$\exists x_i, x_j \in U$，使得 $(x_i, x_j) \notin T_A^\theta$，$\exists a \in A \subseteq C$，可得 $(x_i, x_j) \notin T_a^\theta$ 且 $(x_i, x_j) \notin T_C^\theta$，则 $f_d(x_j) \notin \partial_C^\theta(x_i)$，根据 c_{ij}^θ 的定义 5.8，$a \in c_{ij}^\theta$，因此，$c_{ij}^\theta \neq \varnothing$ 且 $c_{ij}^\theta \cap A \neq \varnothing$。

"$\Leftarrow$"：假设 $c_{ij}^\theta \cap A \neq \varnothing$（$\forall c_{ij}^\theta \neq \varnothing$），$\partial_A^\theta \neq \partial_C^\theta$，则 $T_A^\theta(x) \neq T_C^\theta(x)$，$\forall x_i, x_j \in U$，此时的 (x_i, x_j) 存在两种情况：

① $(x_i, x_j) \in T_C^\theta$ 且 $(x_i, x_j) \notin T_A^\theta$；

由于 $(x_i, x_j) \in T_C^\theta$，根据泛化决策集的定义 5.7，$f_d(x_j) \in \partial_C^\theta(x_i)$，根据 c_{ij}^θ 的定义 5.8，$c_{ij}^\theta = \varnothing$，则 $c_{ij}^\theta \cap A = \varnothing$。

② $(x_i, x_j) \in T_A^\theta$ 且 $(x_i, x_j) \notin T_C^\theta$；

由于 $(x_i, x_j) \notin T_C^\theta$，根据泛化决策集的定义 5.7，$f_d(x_j) \notin \partial_C^\theta(x_i)$，则 $\exists a \in C$，使得 $(x_i, x_j) \notin T_a^\theta$，根据 c_{ij}^θ 的定义 5.8，$c_{ij}^\theta \neq \varnothing$，且 $c_{ij}^\theta \cap A = \varnothing$，又因为 $(x_i, x_j) \in T_A^\theta$，所以 $a \notin A$，则 $c_{ij}^\theta \cap A = \varnothing$。

上述两种情况与 $c_{ij}^\theta \cap A \neq \varnothing$ 结果相矛盾，因此 $\partial_A^\theta = \partial_C^\theta$。

传统的完备粗糙集未考虑数据之间的相关性，容差类过于扩大，α 量化粗糙集模型未考虑差异属性对分类的影响，测试代价敏感的 α 量化粗糙集难以合理确定权重。基于改进容差关系的粗糙集具有保证样本之间的已知属性值相同、考虑样本在属性上相关关系、设置阈值调节数据之间相关性的优势，为了说明基于改进容差关系的粗糙集与传统不完备粗糙集、α 量化粗糙集和测试代价敏感的 α 量化粗糙集的近似精度之间的关系，下面将对其进行证明。

定理 5.2 $IDT = \langle U, C \cup D, V, f \rangle$，$A \subseteq C$，$\forall (x, y) \in U^2$，对象近似度

阈值 θ，有 $\beta_A^\theta(X) \geqslant \beta_A(X)$。

证明：$y \in T_A^\theta(x)$，根据改进容差关系的定义 5.2，可得到 $y \in T_A(x)$，则 $T_A^\theta(x) \subseteq T_A(x)$，因此 $\underline{T_A^\theta}(X) \supseteq \underline{T_A}(X)$，$\overline{T_A^\theta}(X) \subseteq \overline{T_A}(X)$，$\beta_A^\theta(X) \geqslant \beta_A(X)$。

定理 5.2 可知，基于改进容差关系的粗糙集模型是传统粗糙集模型的扩展，基于改进容差关系的粗糙集下近似集包含传统粗糙集模型的下近似集，上近似集包含于传统粗糙集模型的上近似集，从而可知改进容差关系可得到较高的近似精度。

下面以表 5.4 中的不完备决策表为例，说明增加基于对象近似度的改进后，不完备粗糙集模型对对象归类能力的变化。

表 5.4　　　　　　　　　　　　一个不完备决策表 IDT

U	a_1	a_2	a_3	a_4	a_5	d
x_1	2	1	*	*	*	Y
x_2	2	1	3	1	*	N
x_3	2	1	3	1	2	N
x_4	2	*	1	1	2	Y

表 5.4 中的 $IDT = \langle U, C \cup D, V, f \rangle$，论域 $U = \{x_1, x_2, x_3, x_4\}$，决策类 $U/d = \{X_1, X_2\}$，其中 $X_1 = \{x_1, x_4\}$，$X_2 = \{x_2, x_3\}$。

基于容差关系 T_C，计算集合 X 基于 C 的近似精度为：

$$T_C(x_1) = \{x_1, x_2, x_3, x_4\}; \quad T_C(x_2) = \{x_1, x_2, x_3\}; \quad T_C(x_3) = \{x_1, x_2, x_3\};$$

$$T_C(x_4) = \{x_1, x_4\}; \quad \underline{T_C}(X_1) = \{x_4\}; \quad \overline{T_C}(X_1) = \{x_1, x_2, x_3, x_4\};$$

$$\underline{T_C}(X_2) = \varnothing; \quad \overline{T_C}(X_2) = \{x_1, x_2, x_3\}; \quad \beta_A(X) = 0.25.$$

选取 $\theta = 0.5$，基于改进容差关系 T_C^θ，计算集合 X 基于 C 的近似精度：

$$T_C^\theta(x_1) = \{x_1\}; \quad T_C^\theta(x_2) = \{x_2, x_3\}; \quad T_C^\theta(x_3) = \{x_2, x_3\}; \quad T_C^\theta(x_4) = \{x_4\};$$

$$\underline{T_C^\theta}(X_1) = \{x_1, x_4\}; \quad \overline{T_C^\theta}(X_2) = \{x_1, x_4\}; \quad \underline{T_C^\theta}(X_2) = \{x_2, x_3\};$$

$$\overline{T_C^\theta}(X_2) = \{x_2, x_3\}; \quad \beta_A^\theta(X) = 1; \quad \beta_A(X) < \beta_A^\theta(X).$$

对象 3 在全部条件属性集上的属性值均为确定的，对象 1 的缺值比例为 60%，对象 2 的缺值比例为 20%，在 Kryszkiewicz 容差关系下对象 1 和对象 2 都包含在对象 3 的 C 容差类中，被认为是无法区分的。而实际只有对象 2 与对象 3 同属于同一个决策类中，对象 1 并不属于对象 3 的决策类中，因此基于 Kryszkiewicz 容差关系由于约束过于宽泛存在一定的分类错误问题，而在基于 $\theta = 0.5$ 的改进容差关系确定的改进容差类中，对于对象 1 和对象 2 进行了区分，只将对象 2 归在了对象 3 的容差类中，修正了上述问题，为后续进行准确的属性约简提供了保障。

从上述的数据和理论分析中可知，基于 Kryszkiewicz 容差关系确定的容差类有可能将没有确定相同的已知属性值的两个对象归在同一个容差类中，而实际上这样两个对象的可能性是非常小的；另外由于基于 Kryszkiewicz 容差关系没有考虑到对象的缺值情况，缺乏对于对象间近似性的度量，亦有极大可能造成对对象进行错误归类。提出基于对象近似度改进的不完备粗糙集模型，从对象间的近似程度角度出发，在容差关系中增加了对对象近似度的约束，通过阈值 θ 的来调节划分对象的粒度，使不完备粗糙集模型可以正确进行容差类的划分。

上述定理和例子表明，应用于不完备决策表，改进容差关系相比于传统容差关系，样本集在 C 上被划分的粒度更加细化且容差类间的重叠对象减少，同时样本集 X 关于 C 的下近似增加而上近似减少，分类精度提高。

定理 5.3 $IDT = \langle U, C \cup D, V, f \rangle$，$\forall A \subseteq C$，$\forall (x, y) \in U^2$，当 $\theta = \alpha$ 时，有 $\beta_A^\theta(X) \geqslant \beta_\alpha(X)$。

证明：假设 $y \in T_A^\theta(x)$，根据改进容差关系的定义 5.2，得到 $\rho_A(x, y) = \dfrac{|P_A(x) \cap P_A(y)|}{|A|} \geqslant \theta$，根据 α 量化不可分辨程度的定义：$ind_A(x, y) = |\{a \in A: f_a(x) = f_a(y)\}| / |A|$ 可知，$ind_A(x, y) \geqslant \alpha$，因此可得到 $y \in [x]_A^\alpha$，则 $T_A^\theta(x) \subseteq [x]_A^\alpha \Rightarrow \underline{T_A^\theta}(X) \supseteq \underline{A_\alpha}(X)$，$\overline{T_A^\theta}(X) \subseteq \overline{A_\alpha}(X) \Rightarrow \beta_A^\theta(X) \geqslant \beta_\alpha(X)$。

由定理 5.3 可知，基于改进容差关系的粗糙集模型是基于 α 量化粗糙集模型的扩展，当 $\theta = \alpha$ 时，基于改进容差关系的粗糙集下近似集包含 α 量化粗糙集下近似集，上近似集包含于 a 量化粗糙集模型上近似集，从而可知改进容差关系可得到较高的近似精度。

定理 5.4　对于决策表 $IDT = \langle U,\ C \cup D,\ V,\ f \rangle$，$c^*$ 为测试代价函数，$\forall A \subseteq C$，$\forall (x,\ y) \in U^2$，当具有相同值的属性的测试代价均值大于全部属性的测试代价均值时，$\beta_A^\theta(X) \geqslant \beta_\alpha^{c^*}(X)$，否则，$\beta_A^\theta(X) \leqslant \beta_\alpha^{c^*}(X)$。

证明：由于 $\rho_A(x,\ y) = \dfrac{|\ P_A(x) \cap P_A(y)\ |}{|A|}$，假设 $|\ P_A(x) \cap P_A(y)\ | = B$，$|A| = Z$，则根据测试代价不可分辨程度的定义：$ind_A^{c^*}(x,\ y) = \dfrac{\sum\limits_{a \in A} c^*(a) F_a(x,\ y)}{c^*(A)}$，可得 $ind_A^{c^*}(x,\ y) = \dfrac{B'}{Z'} = \dfrac{B + \Delta B}{Z + \Delta Z}$，其中 $\Delta B = \sum\limits_{a \in A} c^*(a) F_a(x,\ y) - B$，$\Delta Z = c^*(A) - Z$，因此，得到 $\rho_A(x,\ y) - ind_A^{c^*}(x,\ y) = \dfrac{B}{Z} - \dfrac{B + \Delta B}{Z + \Delta Z} = \dfrac{BZ + B\Delta Z - ZB - Z\Delta B}{Z(Z + \Delta Z)} = \dfrac{B\Delta Z - Z\Delta B}{Z(Z + \Delta Z)}$。

假设 $c^*(a) > 0$，得 $Z(Z + \Delta Z) > 0$；由 $B\Delta Z - Z\Delta B = BZ\left(\dfrac{\Delta Z}{Z} - \dfrac{\Delta B}{B}\right)$，可知当 $\dfrac{\Delta Z}{Z} \geqslant \dfrac{\Delta B}{B}$ 时，$B\Delta Z - Z\Delta B \geqslant 0$，因此，$\rho_A(x,\ y) - ind_A^{c^*}(x,\ y) \geqslant 0 \Rightarrow \rho_A(x,\ y) \geqslant ind_A^{c^*}(x,\ y)$，由此可得，当 $\theta = \alpha$ 时，$T_A^\theta(x) \geqslant [x]_A^{\alpha, c^*}$，所以 $\underline{T_A^\theta}(X) \leqslant \underline{A_\alpha^{c^*}}(X)$，$\overline{T_A^\theta}(X) \geqslant \overline{A_\alpha^{c^*}}(X)$，$\beta_A^\theta(X) \leqslant \beta_\alpha^{c^*}(X)$；同理可证，当 $\dfrac{\Delta Z}{Z} \leqslant \dfrac{\Delta B}{B}$，$\beta_A^\theta(X) \geqslant \beta_\alpha^{c^*}(X)$。

对于不完备粗糙集，在对缺失数据做处理时需考虑其他属性值的影响，尤其是具有相同属性值的属性的影响。因此定理 5.4 中相同属性值具有较大的测试代价更适用于不完备粗糙集，从而可知改进的容差关系可得到较高的近似精度。以表 5.5 中的不完备胃病检查实例表说明定理 5.3 和定理 5.4。

以鞠恒荣文献中胃病检查实例表和胃病检查所需项目的费用为例，比较 α 量化不可分辨关系、测试代价敏感的 α 量化粗糙集和基于改进容差关系的不完备粗糙集的分类能力。随机将胃病检查实例表中 5 个属性值做缺失处理，所有属性值用数字表示，正常取 1，偏高取 2，偏多取 3，反常取 4。最终得到

表5.5 不完备胃病检查实例表以及表5.6 胃病检查项目费用。

表 5.5   **不完备胃病检查实例表**

U	a_1	a_2	a_3	a_4	a_5	a_6	d
x_1	1	1	1	1	1	4	Y
x_2	*	3	3	4	4	4	Y
x_3	1	3	*	4	4	4	Y
x_4	2	3	1	1	1	*	N
x_5	1	1	*	1	1	1	N
x_6	1	*	3	1	1	1	N

表 5.6   **胃病检查项目费用**

C	a_1	a_2	a_3	a_4	a_5	a_6
c^*	2	10	10	15	50	100

表 5.5 中的 $IDT = \langle U, C \cup D, V, f \rangle$，$c^*$ 为测试代价函数，$U = \{x_1, x_2, x_3, x_4, x_5, x_6\}$，$C = \{a_1, a_2, a_3, a_4, a_5, a_6\}$，$D = \{d\}$，假定 $\theta = \alpha = 0.5$，论域决策类 $U/d = \{X_1, X_2\}$，其中 $X_1 = \{x_1, x_2, x_3\}$，$X_2 = \{x_4, x_5, x_6\}$。

利用 α 量化粗糙集对样本进行分类，计算集合 X 基于 C 的近似精度为：

$$[x_1]_C^\alpha = \{x_1, x_3, x_4, x_5, x_6\}; \quad [x_2]_C^\alpha = \{x_2, x_3, x_4, x_6\};$$

$$[x_3]_C^\alpha = \{x_1, x_2, x_3, x_4, x_6\}; \quad [x_4]_C^\alpha = \{x_1, x_2, x_3, x_4, x_5, x_6\};$$

$$[x_5]_C^\alpha = \{x_1, x_4, x_5, x_6\}; \quad [x_6]_C^\alpha = \{x_1, x_2, x_3, x_4, x_5, x_6\};$$

$$\underline{A_\alpha}(X_1) = \varnothing; \quad \overline{A_\alpha}(X_1) = \{x_1, x_2, x_3, x_4, x_5, x_6\};$$

$$\underline{A_\alpha}(X_2) = \varnothing; \quad \overline{A_\alpha}(X_2) = \{x_1, x_2, x_3, x_4, x_5, x_6\}; \quad \beta_\alpha(X) = 0.$$

基于测试代价敏感粗糙集模型对样本进行分类，计算集合 X 基于 C 的近似精度为：

$$[x_1]_C^{\alpha, c^*} = \{x_1, x_2, x_3, x_4\}; \quad [x_2]_C^{\alpha, c^*} = \{x_1, x_2, x_3, x_4\};$$

$$[x_3]_C^{\alpha,c^*} = \{x_1, x_2, x_3, x_4\}; \quad [x_4]_C^{\alpha,c^*} = \{x_4, x_5, x_6\};$$

$$[x_5]_C^{\alpha,c^*} = \{x_4, x_5, x_6\}; \quad [x_6]_C^{\alpha,c^*} = \{x_4, x_5, x_6\};$$

$$\underline{A_\alpha^{c^*}}(X_1) = \varnothing; \quad \overline{A_\alpha^{c^*}}(X_1) = \{x_1, x_2, x_3\};$$

$$\underline{A_\alpha^{c^*}}(X_2) = \{x_4, x_5, x_6\}; \quad \overline{A_\alpha^{c^*}}(X_2) = \{x_1, x_2, x_3, x_4, x_5, x_6\};$$

$$\beta_\alpha^{c^*}(X) = 0.5.$$

基于改进容差关系粗糙集对样本进行分类，计算集合 X 基于 C 的近似精度为：

$$T_C^\theta(x_1) = \{x_1\}; \quad T_C^\theta(x_2) = \{x_2, x_3\}; \quad T_C^\theta(x_3) = \{x_2, x_3\};$$

$$T_C^\theta(x_4) = \{x_4\}; \quad T_C^\theta(x_5) = \{x_5, x_6\}; \quad T_C^\theta(x_6) = \{x_5, x_6\};$$

$$\underline{T_C^\theta}(X_1) = \{x_1, x_2, x_3\}; \quad \overline{T_C^\theta}(X_1) = \{x_1, x_2, x_3\};$$

$$\underline{T_C^\theta}(X_2) = \{x_4, x_5, x_6\}; \quad \overline{T_C^\theta}(X_2) = \{x_4, x_5, x_6\};$$

$$\beta_C^\theta(X) = 1; \quad \beta_\alpha(X) \leqslant \beta_\alpha^{c^*}(X) \leqslant \beta_C^\theta(X).$$

上述例子表明，应用于不完备决策表，改进容差关系相比于 α 量化粗糙集和基于测试代价敏感粗糙集，样本集在 C 上被划分的粒度更加细化且容差类间的重叠对象减少，同时样本集 X 关于 C 的下近似增加而上近似减少，近似精度明显提高。

5.3.3　模型定理

为了探究不同阈值下改进容差类的覆盖程度，分析不同阈值下对象之间的分类关系，提出定理 5.5。

定理 5.5　$IDT = \langle U, C \cup D, V, f \rangle$，$A \subseteq C$，$\forall (x, y) \in U^2$，$\forall a \in A$，$X \subseteq U$，$\theta_1 \leqslant \theta_2$，

（1）若 $(x, y) \in T_A^{\theta_2}$，则 $(x, y) \in T_A^{\theta_1}$；

（2）若 $(x, y) \notin T_A^{\theta_1}$，则 $(x, y) \notin T_A^{\theta_2}$；

证明（1）：若 $(x, y) \in T_A^{\theta_2}$，则根据改进容差关系的定义 5.2，得到

$$\rho_A(x,y) = \frac{|P_A(x) \cap P_A(y)|}{|A|} \geqslant \theta_2，由于 \theta_1 \leqslant \theta_2，则可得到 \rho_A(x, y) = $$

$$\frac{|P_A(x) \cap P_A(y)|}{|A|} \geqslant \theta_1，则 (x, y) \in T_A^{\theta_1}。$$

证明（2）：若 $(x, y) \notin T_A^{\theta_1}$，则根据改进容差关系的定义 5.2，得到

$$\rho_A(x,y) = \frac{|P_A(x) \cap P_A(y)|}{|A|} < \theta_1，由于 \theta_1 \leqslant \theta_2，则可得到 \rho_A(x, y) = $$

$$\frac{|P_A(x) \cap P_A(y)|}{|A|} < \theta_2，则 (x, y) \notin T_A^{\theta_2}。$$

通过定理 5.5 和图 5.3 样本改进容差关系示意图可得到若任意两个对象在 θ_2 上是属于一个改进容差类的，则在 $\theta_1 \leqslant \theta_2$ 上也是属于一个改进容差类的。若任意两个对象在 θ_1 上是不属于一个改进容差类的，则 $\theta_2 \geqslant \theta_1$ 上也是不属于一个改进容差类的。理论关系如图 5.3 所示。在定理 5.5（1）的基础上，可进一步探究不同阈值下近似精度之间的关系，得到定理 5.6。

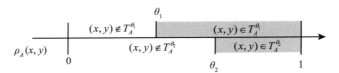

图 5.3 样本改进容差关系示意图

定理 5.6　$IDT = \langle U, C \cup D, V, f \rangle$，$A \subseteq C$，$\forall (x, y) \in U^2$，$\forall a \in A$，$X \subseteq U$。若 $\theta_1 \leqslant \theta_2$，$\beta_A^{\theta_1}(X) \leqslant \beta_A^{\theta_2}(X)$。

证明：根据定理 5.5（1）可以得到，若 $(x, y) \in T_A^{\theta_2}$，则 $(x, y) \in T_A^{\theta_1}$，则 $T_A^{\theta_1}$ 与 $T_A^{\theta_2}$ 具有如下关系：即 $T_A^{\theta_2}(x) \subseteq T_A^{\theta_1}(x)$，根据上下近似和近似精度的定义得 $\underline{T_A^{\theta_1}}(X) \subseteq \underline{T_A^{\theta_2}}(X)$，$\overline{T_A^{\theta_2}}(X) \subseteq \overline{T_A^{\theta_1}}(X)$，则 $\beta_A^{\theta_1}(X) \leqslant \beta_A^{\theta_2}(X)$。

通过定理 5.6 可以得出在改进容差关系下，阈值与近似精度呈正相关。定理 5.5 和定理 5.6 都揭示了不同阈值下，改进容差类之间的包含关系。定理 5.2 揭示了改进容差类与传统容差类之间的关系，接下来将上述两种分辨关系与 Pawlak 粗糙集提出的强不可分辨关系进行对比，提出定

理 5.7。

定理 5.7　$IDT = \langle U, C \cup D, V, f \rangle$，$A \subseteq C$，$\forall (x, y) \in U^2$，$\forall a \in A$，若 $\theta_1 \leqslant \theta_2$，$c_{ij}^{\theta_1} \subseteq c_{ij}^{\theta_2}$。

证明：根据定理 5.6 可以得到，若 $\theta_1 \leqslant \theta_2$，则 $T_A^{\theta_1}(x) \supseteq T_A^{\theta_2}(x)$，根据泛化决策集的定义 5.7，$\partial_A^{\theta_1}(x) \supseteq \partial_A^{\theta_2}(x)$，根据改进差别矩阵的定义 5.8，$MC_{n \times n}^{\theta_1} \subseteq MC_{n \times n}^{\theta_2}$ 且 $c_{ij}^{\theta_1} \subseteq c_{ij}^{\theta_2}$。

由定理 5.7 可知，对于一个确定的不完备决策表，当阈值逐渐降低时，改进差别矩阵中空集的数量逐渐增多。

5.3.4　基于 IDT 本身的对象近似度阈值选取

由例子和阈值的作用机制可以了解到对于不同的 IDT，由于它们的不完备程度和缺失数据具体情况各不相同，基于容差关系的不完备粗糙集扩展模型由于其缺少能够调节的可控部分，因此在使用过程中缺乏灵活性，无法适用于所有的不完备决策表。而在基于对象近似度改进的容差关系中，通过对对象近似度阈值的调节，改变对容差类的划分粒度来使之适用于不同的不完备决策表。因此从 IDT 自身出发，从样本数据自身的特点出发，根据 IDT 本身的属性值的缺失情况，确定出相应的合理的阈值，使模型具有更强的实用性和泛化能力。

对于一个不完备决策表，在对对象作改进容差类划分时，需要计算 $\forall x \in U$ 与其容差类 $T_A^{\theta}(x)$ 中所有其他对象间的近似度，与不同对象间的近似度有可能相等也可能不等，而对于对象 x 与其容差类中其他对象的近似度集合为一个有限集，其中一定存在着最大值和最小值，代表着对象 x 与其容差类中其他对象近似度的范围边界。用 $\theta_{x-\max}$ 表示对象 x 与其容差类中其他对象近似度的最大值，$\theta_{x-\min}$ 表示对象 x 与其容差类中其他对象近似度的最小值，表示为：

$$\theta_{x-\max} = \max\{\rho_A(x, y) \mid y \in T_A(x)\} \tag{5.11}$$

$$\theta_{x-\min} = \min\{\rho_A(x, y) \mid y \in T_A(x)\} \tag{5.12}$$

对于论域中的所有对象 x 都存在着相应的 $\theta_{x-\max}$ 和 $\theta_{x-\min}$，因此形成两个由近似度构成的集合，分别为论域中所有对象与其容差类中其他对象近似度最大值构成的集合 $\theta_{U-\max}$ 和论域中所有对象与其容差类中其他对象近似度最小值构成的集合 $\theta_{U-\min}$，表示为：

$$\theta_{U-\max} = \{\theta_{x-\max} \mid x \in U\} \tag{5.13}$$

$$\theta_{U-\min} = \{\theta_{x-\min} \mid x \in U\} \tag{5.14}$$

因此在进行 IDT 模型的阈值选取时，根据 IDT 的自身情况存在 4 个极端值作为阈值的待选项，见表 5.7。

表 5.7　　　　　　　　　　IDT 中对象近似度的 4 个待选阈值

	$\theta_{U-\max}$	$\theta_{U-\min}$
最大值	$\max\{\theta_{U-\max}\}$	$\max\{\theta_{U-\min}\}$
最小值	$\min\{\theta_{U-\max}\}$	$\min\{\theta_{U-\min}\}$

首先对两个极端值 $\max\{\theta_{U-\max}\}$ 和 $\min\{\theta_{U-\min}\}$ 进行分析，如果选择 $\theta_{U-\max}$ 中的最大值作为模型的阈值，会导致对象近似度约束过强而使得计算出的改进容差类过小而不利于知识提取；如果选择 $\theta_{U-\min}$ 中的最小值作为模型的阈值，由于所有对象与其容差类中其他对象的近似度都比这个阈值大，会导致改进的对象近似度缺乏约束力而失效。因此在 $\min\{\theta_{U-\max}\}$ 和 $\max\{\theta_{U-\min}\}$ 中选择阈值更有利于模型的有效性。

然而，显然 $\min\{\theta_{U-\max}\}$ 和 $\max\{\theta_{U-\min}\}$ 的大小关系是不确定的，如果取其中的较大的作为阈值的话，存在两种情况：若 $\max\{\theta_{U-\min}\}$ 较大，当 $\max\{\theta_{U-\min}\} > \min\{\theta_{U-\max}\}$ 时，会出现由于阈值选取过大约束过于严格而导致改进容差类中的对象过少而不利于知识获取；若 $\min\{\theta_{U-\max}\}$ 较大，当 $\min\{\theta_{U-\max}\} > \max\{\theta_{U-\min}\}$，会出现由于阈值选取过大而导致某些对象的改进容差类为空，不利于知识提取。由上述分析可知无论 $\min\{\theta_{U-\max}\}$ 和 $\max\{\theta_{U-\min}\}$ 哪个值较大，都有可能导致约束过于严格而不利于进行知识获取，因此考虑取其中较小的值作为阈值以规避上述情况。下面以表 5.8 为例对上述分析举例说明。

对于不完备决策表 $IDT = \langle U,\ C \cup D,\ V,\ f \rangle$，假设论域 $U = \{x_1,\ x_2,\ x_3,\ x_4,\ x_5,\ x_6\}$，同时每个对象对应的 $\theta_{x-\max}$ 和 $\theta_{x-\min}$ 如表5.8所示。

表 5.8　　　　论域 U 中每个对象 x 与其容差类最大和最小近似度值

U	$\theta_{x-\max}$	$\theta_{x-\min}$
x_1	0.7	0.6
x_2	1	0.9
x_3	0.8	0.4
x_4	0.8	0.5
x_5	0.7	0.5
x_6	0.6	0.3

从表5.8中可知，$\min\{\theta_{U-\max}\} = 0.6$，$\max\{\theta_{U-\min}\} = 0.9$，若取阈值为 0.9 会导致对象 x_1，对象 x_3，对象 x_4，对象 x_5 和对象 x_6 对应的改进容差过小，不利于知识获取。而取阈值为 0.6 则不会发生上述情况。

对于不完备决策表 $IDT = \langle U,\ C \cup D,\ V,\ f \rangle$，假设论域 $U = \{x_1,\ x_2,\ x_3,\ x_4,\ x_5,\ x_6\}$，同时每个对象对应的 $\theta_{x-\max}$ 和 $\theta_{x-\min}$ 如表5.9所示。

表 5.9　　　　论域 U 中每个对象 x 对应的最大和最小的近似度值

U	$\theta_{x-\max}$	$\theta_{x-\min}$
x_1	0.7	0.3
x_2	0.9	0.1
x_3	0.8	0.4
x_4	0.6	0.5
x_5	0.6	0.2
x_6	0.6	0.5

从表 5.9 中可知，$\min\{\theta_{U-\max}\} = 0.6$，$\max\{\theta_{U-\min}\} = 0.5$，若取阈值为 0.6 会导致对象 x_4，对象 x_5 和对象 x_6 的改进容差类中只包括他们本身而不利于知识获取。而取阈值相对较小的 0.5 则不会发生上述情况。

综上所述，对于不完备决策表 $IDT = \langle U, C \cup D, V, f \rangle$，提出基于 IDT 本身的对象近似度阈值 θ 的计算公式为：

$$\theta = \min\left\{\max_{x \in U}\left\{\min_{y \in T_A(x)}\{\rho_A(x, y)\}\right\}, \min_{x \in U}\left\{\max_{y \in T_A(x)}\{\rho_A(x, y)\}\right\}\right\} \quad (5.15)$$

其中 $\rho_A(x, y)$ 表示对象 x 与对象 y 关于属性集 A 的对象近似度。

基于对象近似度改进的不完备粗糙集模型由于增加了对对象间近似程度的考量，将有一定比例的相同已知属性值的两个对象才划分到同一容差类中，因此一定程度上减小了容差类间重叠的对象数目。由于对象近似度阈值 θ 控制着对对象进行类别划分时的粒度，由于不同不完备决策表的缺失值比例及分布情况不同，很难找到一个对所有的不完备决策表都适用的阈值 θ，因此考虑从样本数据自身的角度出发，根据每个 IDT 自身的样本特点确定一个相对合理的适用于本 IDT 数据实际特点的阈值 θ，对划分对象的粒度合理控制，有效地弥补了基于容差关系的粗糙集模型中对于对象归类不合理的缺陷，使模型更加准确且更具有灵活性更贴近实际情况。基于 IDT 本身的对象近似度阈值选取算法如表 5.10 所示：

表 5.10 计算基于 IDT 本身的对象近似度阈值

算法 1   计算基于 IDT 本身的对象近似度阈值

输入：不完备数据表 $IDT = \langle U, C \cup D, V, f \rangle$，$A \subseteq C$，$T_A$ 是由 A 确定的容差关系。
输出：对象近似度阈值 θ。
Begin
步骤 1：根据容差关系对 $\forall x \in U$ 计算其容差类 $T_A(x)$；
步骤 2：计算 $\forall x \in U$ 与其容差类 $T_A(x)$ 中所有对象的对象近似度 $\rho_A(x, y)$，并记最大值为 $\theta_{x-\max}$，最小值为 $\theta_{x-\min}$；
步骤 3：计算 $\theta_{U-\max} = \min\{\theta_{x-\max} \mid x \in U\}$，$\theta_{U-\min} = \max\{\theta_{x-\min} \mid x \in U\}$；
步骤 4：计算 $\theta = \min\{\theta_{U-\max}, \theta_{U-\min}\}$；
步骤 5：输出阈值 θ。
End

5.4　基于改进差别矩阵约简算法

根据粗糙集的基本理论我们了解到，在绝大部分的信息系统中存在属性冗余（知识冗余），即删除部分的属性并不削弱信息系统的分类能力。在信息处理过程中，这些冗余的属性必然会增加分类学习的复杂度，降低计算效率。属性约简是粗糙理论中极其重要的部分，通过删除信息系统的冗余属性，能够较大程度地提升信息系统的分类能力，减少计算量提升效率。属性约简集合是信息系统中起到分类作用的条件属性集合，与全部条件属性集对于样本有相同的分类能力，是藏匿于信息系统中有价值的隐性知识。提取出信息系统中的属性约简集合有助于提升精简信息系统，去除冗余知识提高精度。

不完备粗糙集理论中，对于一个给定的不完备决策表而言的属性约简集是指与分类能力不低于原决策系统且不包含冗余属性的属性集合。决策表的属性约简集往往不是唯一的，由于条件属性不同程度地影响着决策属性，同时条件属性间存在的互相关联也影响着决策属性，因此一个给定的决策表往往存在着多组属性约简集合。尽管不同的属性约简集相对于决策属性而言分类能力是相同的，但是不同的属性约简集中由于包含着不同条件的属性，不同条件属性间的相互联系也不相同，因此不同属性约简集中蕴含着不同的知识，具有不同的价值，因此求出全部约简集具有很大意义。

基于差别矩阵的不完备决策表属性约简算法通过对对象进行两两比较，提取两个泛化决策集不同的样本不同的条件属性，存放在一个 $U \times U$ 的矩阵中，利用二维矩阵直接地表示出了不完备决策表内属性间的不可分辨关系，具有清晰直观的优点；又由于基于差别矩阵的属性约简算法是通过遍历全部对象来寻得全部可能约简集而后再进行分类能力和冗余性判断以确定最终约简集的，因此对于存在多个约简集的不完备决策表能够求解出全部的属性约简集，因此在中小型样本下，能够为决策者提供更多的参考方向。

本章选取基于差别矩阵的不完备决策表属性约简算法，利用上文提出的对象近似度改进容差关系对其进行改进，对于不完备决策表 $IDT = \langle U，C \cup D，V，f\rangle$，对基于改进差别矩阵求属性约简的算法思想进行逻辑分析如下：

步骤 1：对样本进行两两比较，提取出两个泛化决策集不同的样本中不同的条件属性，存放在一个 $U \times U$ 的矩阵中，不完备决策表的所有可能属性约简集合就存在于改进差别矩阵的这些元素之中；

步骤 2：根据改进差别矩阵的核属性集的定义，提取改进差别矩阵中所有的单个元素，组成一个集合用 $CORE_C(D)$ 来表示，即为改进差别矩阵的核属性集；

步骤 3：由核属性集的定义可知核属性集是所有约简集的交集，因此核属性集中的元素一定存在于每一个约简集之中，即核属性集一定是每一个约简集的子集。根据上述核属性集与约简集的关系，对改进差别矩阵中的所有元素进行判别，若其满足包含核属性集的条件，则认为是潜在的可能属性约简集；

步骤 4：提取出全部可能约简集后，开始第一轮约简要求判别，判断是潜在可能约简集的泛化决策集是否与条件属性全集 C 的泛化决策集相等，将满足条件的矩阵元素存储起来，到下一步判别；

步骤 5：对上述满足泛化决策集相等的可能约简集进行第二轮判断，判断属于可能约简集的所有差别矩阵的这些元素中，是否存在子集关系的元素。因为若某个改进差别矩阵元素的子集也满足步骤 5 中的判断条件，就说明该元素中存在着冗余属性，所以该差别矩阵元素不符合属性约简集的要求，因此排除。

步骤 6：将满足步骤 5 中第二次约简判别条件的改进差别矩阵元素统一输出，即为该不完备决策表的全部属性约简集 $Reduct$。

改进的差别矩阵不完备决策表属性约简算法流程如图 5.4 所示。

由图 5.4 可知，基于改进容差关系的不完备属性约简算法共分为三大关键模块，分别为计算 IDT 的所有可能约简，对所有可能约简进行分类能力判断和所有满足分类能力的可能约简进行冗余性判断。其中每个关键模块算法伪代码说明如表 5.11 所示。

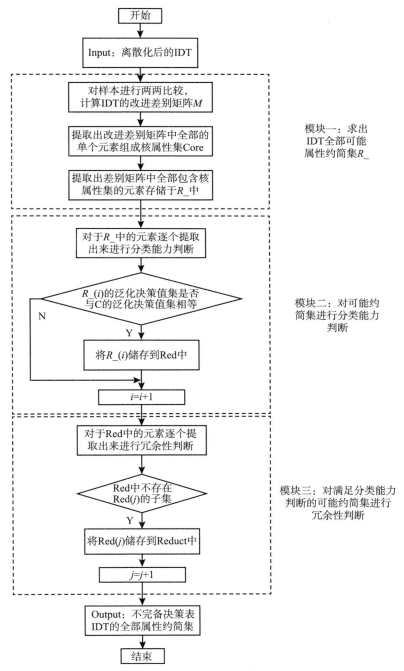

图 5.4 基于改进容差关系的不完备决策表属性约简算法流程

表 5. 11 计算 IDT 的属性约简集

算法 2 基于改进容差关系的属性约简算法

输入：不完备数据表 $IDT = \langle U, C \cup D, V, f \rangle$，对象近似度阈值 θ。
输出：不完备决策表的所有约简集 Reduct。
Begin
步骤 1：计算不完备决策表的改进差别矩阵 $MC_{n \times n}^{\theta}$；
步骤 2：计算基于改进差别矩阵的核属性集；
步骤 3：提取出改进差别矩阵 $MC_{n \times n}^{\theta}$ 中包含核属性集的全部元素，构成 IDT 的所有可能约简集 $R-$；
步骤 4：计算 $R-$ 中每一个可能约简集的 $\theta -$ 泛化决策集 $\partial_{R|i|}^{\theta}(x)$；

　　　　计算全部条件属性集 C 的 $\theta -$ 泛化决策集 $\partial_C^{\theta}(x)$；
　　　　for every i 判断
　　　　　　If $\partial_{R|i|}^{\theta}(x) = \partial_C^{\theta}(x)$
　　　　　　　　将 $R - \{i\}$ 储存到 Red 中；
步骤 5：*for every j 判断*
　　　　　　If Red 中还存在 Red{j} 的子集
　　　　　　　　Break
　　　　　　Else
　　　　　　　　将 Red{j} 储存到 Reduct 中
步骤 6：输出 Reduct 即为 IDT 的全部属性约简集。
End

5.5 实 验 分 析

为了对比基于容差关系的差别矩阵属性约简算法（TDM）和基于改进容差关系的属性约简算法（$\theta - TDM$）的有效性，选取 UCI 数据库中 Breast tissue 数据集（BT）、Glass Identification 数据集（GI），以及实际企业的报价数据（Q）进行实验（见表 5. 12）。在 MATLAB（R2018a）上编制代码，利用近似精度、运行时间、约简长度等对算法性能进行评价。数据预处理过程如下。

（1）离散化处理。由于基于改进容差关系的差别矩阵属性约简算法是针对符号型样本的，因此采用聚类离散和等频离散两种常用离散方法对数值型样本数据集进行离散化处理。

表 5.12　实验数据集

	数据集名称	样本个数	条件属性个数	决策属性个数	决策属性类别数
UCI 数据集	Breast tissue	106	9	1	6
实际报价数据	QuoData	50	10	1	4
UCI 数据集	Glass Identification	214	9	1	6

（2）缺失值处理。选取 5% ~ 50% 缺失值比例对数据集作缺失值处理。此实验后一个缺失值比例数据集是在前一个缺失值比例数据集的基础上生成的。例如，10% 缺失值比例的 BT50 数据集是在 5% 缺失值比例的 BT50 数据集基础上生成的。

5.5.1　算法对不同缺失数据集的性能对比

在 BT50、BT100、GI214、Q50 等 4 个不完备样本集上进行实验，当阈值选取为 0.5 时，从近似精度、运行时间两方面对算法性能进行评价。实验结果如表 5.13 ~ 表 5.14 所示。其中，β_C^{θ}、t^{θ} 为 $\theta - TDM$ 算法运行后得到的近似精度和运行时间，β_C、t 为 TDM 算法运行后得到的近似精度和运行时间，LR（%）为样本缺失值比例，$\beta_C^{\theta} - \beta_C$ 为 $\theta - TDM$ 算法运行后得到的近似精度与 TDM 算法运行后得到的近似精度之间的差值。

表 5.13　　$\theta - TDM$ 和 TDM 在 4 种不完备数据集上的近似精度

	LR（%）	5	10	15	20	25	30	35	40	45	50
	β_C^{θ}	0.84	0.90	0.96	0.98	0.98	1.00	1.00	1.00	1.00	1.00
BT50	β_C	0.70	0.70	0.60	0.42	0.32	0.10	0.08	0.06	0.06	0.06
	$\beta_C^{\theta} - \beta_C$	0.14	0.20	0.36	0.56	0.66	0.90	0.92	0.94	0.94	0.94
	β_C^{θ}	0.94	0.98	0.98	1.00	1.00	1.00	1.00	1.00	1.00	1.00
Q50	β_C	0.76	0.76	0.68	0.68	0.40	0.38	0.22	0.22	0.16	0.16
	$\beta_C^{\theta} - \beta_C$	0.18	0.22	0.30	0.32	0.60	0.62	0.78	0.78	0.84	0.84

续表

	LR（%）	5	10	15	20	25	30	35	40	45	50
BT100	β_C^{θ}	0.54	0.59	0.66	0.88	0.90	0.94	0.94	0.96	0.98	0.98
	β_C	0.22	0.20	0.16	0.15	0.14	0.13	0.11	0.10	0.08	0.06
	$\beta_C^{\theta} - \beta_C$	0.32	0.39	0.50	0.73	0.76	0.81	0.83	0.86	0.90	0.92
GI	β_C^{θ}	0.56	0.68	0.71	0.77	0.86	0.92	0.97	0.98	0.98	0.98
	β_C	0.26	0.22	0.21	0.17	0.16	0.15	0.14	0.10	0.08	0.05
	$\beta_C^{\theta} - \beta_C$	0.30	0.46	0.50	0.60	0.70	0.77	0.83	0.88	0.90	0.93

表 5.14 $\theta - TDM$ 和 TDM 在 4 种不完备数据集上的运行时间

	LR（%）	5	10	15	20	25	30	35	40	45	50
BT50	t^{θ}	6.97	5.54	3.57	2.71	2.12	1.97	1.96	1.94	1.88	1.84
	t	3.29	3.31	3.42	3.46	3.62	3.87	3.89	3.97	3.98	4.06
Q50	t^{θ}	5.91	4.67	4.21	3.61	2.80	2.73	2.40	2.17	2.10	2.05
	t	3.02	3.13	3.44	3.48	3.52	3.68	3.75	3.81	3.85	4.07
BT100	t^{θ}	243.77	224.52	178.68	84.83	79.39	50.44	50.14	44.16	36.14	27.23
	t	34.93	37.74	48.72	43.49	44.49	45.39	46.41	46.93	47.28	47.69
GI	t^{θ}	2 045.33	1 938.27	1 648.35	1 395.01	820.90	563.90	352.97	352.55	223.68	170.62
	t	592.76	596.21	601.34	616.60	624.42	649.83	732.30	741.43	750.26	765.33

表 5.13 中 4 种不完备数据集的近似精度结果表示，随着数据缺失值以 5% ~ 50% 的比例逐渐增加，TDM 算法的近似精度呈现出较为陡峭的下降趋势，而 $\theta - TDM$ 算法的近似精度呈现出较为稳定的上升趋势，$\theta - TDM$ 算法的近似精度始终高于 TDM 算法，与定理 5.2 一致。并且，两种算法之间的近似精度差值逐渐增大。

表 5.14 中 4 种不完备数据集的运行时间结果表示，随着数据缺失值以 5% ~ 50% 的比例逐渐增加，$\theta - TDM$ 算法的运行时间在快速下降，而 TDM 算法的运行时间稍有小幅增加。当数据缺失值比例较低时，$\theta - TDM$ 算法的运行时间长于 TDM 算法，当数据缺失值比例较大时，TDM 算法的运行时间长于 $\theta -$

TDM 算法。这是因为在 $\theta - TDM$ 算法运行过程中，最占用运算时间的为改进容差类的计算，而当数据缺失值比例逐渐增大时，有部分对象由于自身含有已知确定属性值的属性比例已经低于对象近似度阈值 θ，根据定义 5.2，其改进容差类只有它本身，因此在算法 $\theta - TDM$ 的执行过程中对对象进行已知确定属性值的属性比例判断后若小于阈值 θ 则直接跳出循环，不再进行后续的改进容差类运算，进而运行时间缩短。

5.5.2 敏感度分析

为了制定合理阈值选择区间，对 $\theta - TDM$ 算法进行敏感度分析。在（0，1）范围内，以 0.1 为步长对阈值进行调节，分析约简结果。实验结果如表 5.15 ~ 表 5.18 所示，其中，横向表示近似度阈值 θ，纵向表示样本的缺失值比例。

表 5.15 ~ 表 5.16 表明，在 5% ~ 50% 缺失值比例下，相比于 BT50 和 Q50 小样本数据在 $\theta \leqslant 0.5$ 时的约简结果，当 $\theta > 0.5$ 时得到的约简集个数更多、约简集包含的元素更少，约简结果更好。随着数据缺失值从 5% ~ 50% 的比例逐渐增加，BT50 和 Q50 小样本数据在 $\theta > 0.5$ 时得到的约简集中含有的元素个数呈现下降趋势，在 $\theta \leqslant 0.5$ 时，约简集得到简化后又增加至全部条件属性集。因此，对于 BT50 和 Q50 小样本数据集，当 $\theta > 0.5$ 时可得到更好的约简结果。

表 5.17 表明，在 5% ~ 50% 缺失值比例下，BT100 大样本数据集在 $\theta \leqslant 0.6$ 时得到的约简结果，相较于 $\theta \in [0.7 - 0.8]$，得到的约简集包含的元素更少，约简效果更好。随着数据缺失值从 5% ~ 50% 的比例逐渐增加，BT100 大样本数据集在 $\theta \leqslant 0.6$ 时得到的约简集中含有的元素个数呈现下降趋势，在 $\theta \in [0.7 - 0.8]$ 时得到的约简集始终为全集。表 5.18 表明，在 5% ~ 50% 缺失值比例下，GI214 大样本数据集在 $\theta \leqslant 0.4$ 时得到的约简结果，相较于 $\theta \in [0.5 - 0.8]$，得到的约简集个数更多、包含的元素更少，约简结果更好。随着数据缺失值从 5% ~ 50% 的比例逐渐增加，GI214 大样本数据集在 $\theta \leqslant 0.4$ 时得到的

表 5.15　$\theta \in (0, 1)$ 下，BT50 在 5%~50% 缺失值比例下的约简结果

θ \ LR		0.1	0.2	0.3	0.4	0.5	0.6	0.7	0.8	0.9
BT50	5	[1, 2, 3, 4, 6, 7, 8, 9]	[1, 2, 3, 4, 6, 7, 8, 9]	[1, 2, 3, 4, 6, 7, 8, 9]	[1, 2, 3, 4, 6, 7, 8, 9]	[1, 2, 3, 4, 6, 7, 8, 9]	[1, 2, 3, 4, 6, 7, 8, 9]	[1, 2, 3, 4, 6, 7, 8, 9]	[1, 2, 3, 4, 6, 7, 8, 9]	[1, 2, 3, 4, 6, 7, 8, 9]
	10	[1, 2, 3, 4, 5, 7, 8, 9] [1, 2, 3, 4, 6, 7, 8, 9]	[1, 2, 3, 4, 5, 7, 8, 9] [1, 2, 3, 4, 6, 7, 8, 9]	[1, 2, 3, 4, 5, 7, 8, 9] [1, 2, 3, 4, 6, 7, 8, 9]	[1, 2, 3, 4, 5, 7, 8, 9] [1, 2, 3, 4, 6, 7, 8, 9]	[1, 2, 3, 4, 5, 7, 8, 9] [1, 2, 3, 4, 6, 7, 8, 9]	[1, 2, 3, 4, 5, 7, 8, 9] [1, 2, 3, 4, 6, 7, 8, 9]	[1, 2, 3, 4, 5, 7, 8, 9] [1, 2, 3, 4, 6, 7, 8, 9]	[1, 2, 3, 4, 5, 7, 8, 9] [1, 2, 3, 4, 6, 7, 8, 9]	[1, 2, 3, 4, 5, 7, 8, 9] [1, 2, 3, 4, 6, 7, 8, 9]
	15	[1, 2, 3, 5, 7, 8, 9] [1, 2, 3, 4, 6, 7, 8, 9]	[1, 2, 3, 5, 7, 8, 9] [1, 2, 3, 4, 6, 7, 8, 9]	[1, 2, 3, 5, 7, 8, 9] [1, 2, 3, 4, 6, 7, 8, 9]	[1, 2, 3, 5, 7, 8, 9] [1, 2, 3, 4, 6, 7, 8, 9]	[1, 2, 3, 5, 7, 8, 9] [1, 2, 3, 4, 6, 7, 8, 9]	[1, 2, 3, 5, 7, 8, 9] [1, 2, 3, 4, 6, 7, 8, 9]	[1, 2, 3, 5, 7, 8, 9] [1, 2, 3, 4, 6, 7, 8, 9]	[1, 2, 3, 5, 7, 8, 9] [1, 2, 3, 6, 7, 8, 9]	[1, 2, 3, 7, 8, 9]
	20	[1, 2, 3, 5, 7, 8, 9]	[1, 2, 3, 5, 7, 8, 9]	[1, 2, 3, 5, 7, 8, 9]	[1, 2, 3, 5, 7, 8, 9]	[1, 2, 3, 5, 7, 8, 9]	[1, 2, 3, 5, 7, 8, 9]	[1, 2, 3, 4, 6, 7, 8, 9] [1, 2, 3, 5, 7, 8, 9]	[1, 2, 3, 5, 7, 8, 9]	[1, 2, 3, 7, 8, 9]
	25	[1, 2, 3, 4, 5, 6, 8, 9]	[1, 2, 3, 4, 5, 6, 8, 9]	[1, 2, 3, 4, 5, 6, 8, 9]	[1, 2, 3, 4, 5, 6, 8, 9]	[1, 2, 3, 4, 5, 6, 8, 9]	[1, 2, 3, 4, 5, 8, 9]	[1, 2, 3, 4, 5, 8, 9] [1, 2, 3, 7, 8, 9]	[1, 2, 3, 4, 6, 8, 9] [1, 2, 3, 4, 5, 8, 9] [1, 2, 3, 7, 8, 9]	[1, 2, 3, 7, 8, 9]
	30	[1, 2, 3, 4, 5, 6, 7, 8, 9]	[1, 2, 3, 4, 5, 6, 7, 8, 9]	[1, 2, 3, 4, 5, 6, 7, 8, 9]	[1, 2, 3, 4, 5, 6, 7, 8, 9]	[1, 2, 3, 4, 5, 6, 7, 8, 9]	[2, 3, 4, 6, 7, 8, 9]	[2, 3, 4, 6, 7, 8, 9] [1, 2, 3, 7, 8, 9] [2, 3, 7, 8, 9]	[2, 3, 4, 6, 7, 8, 9] [1, 2, 3, 7, 8, 9] [2, 3, 7, 8, 9]	[1, 2, 3, 8, 9] [1, 2, 3, 4, 9] [2, 3, 7, 8, 9]

续表

θ \ LR	0.1	0.2	0.3	0.4	0.5	0.6	0.7	0.8	0.9
35	[1, 2, 3, 4, 5, 6, 7, 8, 9]	[1, 2, 3, 4, 5, 6, 7, 8, 9]	[1, 2, 3, 4, 5, 6, 7, 8, 9]	[1, 2, 3, 4, 5, 6, 7, 8, 9]	[1, 2, 3, 4, 5, 6, 7, 8, 9]	[2, 3, 4, 6, 7, 8, 9]	[2, 3, 4, 6, 7, 8, 9] [1, 2, 3, 7, 8, 9] [2, 3, 5, 7, 8, 9]	[2, 3, 4, 6, 7, 8, 9] [2, 3, 5, 7, 8, 9] [1, 2, 3, 7, 8, 9]	[2, 3, 7, 8, 9]
40	[1, 2, 3, 4, 5, 6, 7, 8, 9]	[1, 2, 3, 4, 5, 6, 7, 8, 9]	[1, 2, 3, 4, 5, 6, 7, 8, 9]	[1, 2, 3, 4, 5, 6, 7, 8, 9]	[1, 2, 3, 4, 5, 6, 7, 8, 9]	[2, 3, 4, 6, 7, 8, 9]	[2, 3, 4, 6, 7, 8, 9] [1, 2, 3, 7, 8, 9] [2, 3, 5, 7, 8, 9]	[1, 2, 3, 4, 6, 8, 9] [2, 3, 4, 5, 6, 8, 9] [2, 3, 4, 6, 8, 9] [1, 2, 3, 7, 8, 9] [2, 3, 5, 7, 8, 9]	[2, 3, 5, 6, 8, 9] [1, 2, 3, 8, 9] [3, 4, 8, 9] [2, 3, 7, 8, 9]
45	[1, 2, 3, 4, 5, 6, 7, 8, 9]	[1, 2, 3, 4, 5, 6, 7, 8, 9]	[1, 2, 3, 4, 5, 6, 7, 8, 9]	[1, 2, 3, 4, 5, 6, 7, 8, 9]	[1, 2, 3, 4, 5, 6, 7, 8, 9]	[2, 3, 4, 6, 7, 8, 9] [2, 3, 5, 7, 8, 9] [1, 2, 3, 7, 8, 9]	[1, 2, 3, 4, 6, 8, 9] [2, 3, 7, 8, 9] [7, 8, 9]	[2, 3, 4, 5, 6, 8, 9] [1, 2, 3, 6, 8, 9] [2, 3, 7, 8, 9]	[1, 2, 3, 9] [2, 3, 4, 8, 9] [2, 3, 6, 8, 9] [3, 7, 8, 9]
50	[1, 2, 3, 4, 5, 6, 7, 8, 9]	[1, 2, 3, 4, 5, 6, 7, 8, 9]	[1, 2, 3, 4, 5, 6, 7, 8, 9]	[1, 2, 3, 4, 5, 6, 7, 8, 9]	[1, 2, 3, 4, 5, 6, 7, 8, 9]	[2, 3, 4, 6, 8, 9] [2, 3, 5, 7, 8, 9] [1, 2, 3, 7, 8, 9]	[2, 3, 4, 6, 8, 9] [1, 2, 3, 7, 8, 9] [3, 7, 8, 9]	[2, 3, 4, 6, 8, 9] [1, 2, 3, 8, 9] [2, 3, 7, 8, 9]	[1, 2, 3, 9] [2, 3, 4, 8, 9] [2, 3, 6, 8, 9] [3, 7, 8, 9]

BT50

表 5.16 　θ∈(0, 1) 下, Q50 在 5%～50% 缺失比例下的约简结果

θ / LR	0.1	0.2	0.3	0.4	0.5	0.6	0.7	0.8	0.9
5	[1, 2, 3, 4, 5, 6, 7, 8, 9, 10] [2, 4, 5, 6, 7, 8, 9, 10]	[1, 2, 3, 4, 5, 6, 7, 8, 9, 10] [2, 4, 5, 6, 7, 8, 9, 10]	[1, 2, 3, 4, 5, 6, 7, 8, 9, 10] [2, 4, 5, 6, 7, 8, 9, 10]	[1, 2, 3, 4, 5, 6, 7, 8, 9, 10] [2, 4, 5, 6, 7, 8, 9, 10]	[1, 2, 3, 4, 5, 6, 7, 8, 9, 10] [2, 4, 5, 6, 7, 8, 9, 10]	[1, 2, 3, 4, 5, 6, 7, 8, 9, 10] [2, 4, 5, 6, 7, 8, 9, 10]	[1, 2, 3, 4, 5, 6, 7, 8, 9, 10] [1, 2, 3, 4, 5, 6, 7, 8, 9, 10] [2, 4, 5, 6, 7, 8, 9, 10]	[1, 2, 3, 4, 5, 6, 7, 8, 10] [1, 2, 3, 4, 5, 6, 8, 9, 10] [2, 4, 5, 6, 7, 8, 9, 10]	[1, 2, 3, 4, 5, 6, 7, 8, 9, 10]
10	[2, 3, 4, 5, 6, 8, 9, 10]	[2, 3, 4, 5, 6, 8, 9, 10]	[2, 3, 4, 5, 6, 8, 9, 10]	[2, 3, 4, 5, 6, 8, 9, 10]	[2, 3, 4, 5, 6, 8, 9, 10]	[1, 2, 4, 5, 6, 8, 9, 10] [2, 3, 4, 5, 6, 8, 9, 10]	[1, 2, 4, 5, 6, 8, 9, 10] [2, 3, 4, 5, 6, 8, 9, 10] [2, 4, 5, 6, 7, 8, 9, 10]	[1, 2, 4, 5, 6, 8, 9, 10] [1, 3, 4, 5, 6, 8, 9, 10] [2, 3, 4, 5, 6, 8, 9, 10] [2, 4, 5, 6, 7, 8, 9, 10]	[1, 3, 4, 5, 6, 8, 9, 10] [2, 4, 5, 6, 8, 9, 10] [4, 5, 6, 7, 8, 9, 10]
15	[2, 3, 4, 5, 6, 8, 9, 10]	[2, 3, 4, 5, 6, 8, 9, 10]	[2, 3, 4, 5, 6, 8, 9, 10]	[2, 3, 4, 5, 6, 8, 9, 10]	[2, 3, 4, 5, 6, 8, 9, 10]	[1, 2, 4, 5, 6, 8, 9, 10] [2, 3, 4, 5, 6, 8, 9, 10]	[1, 2, 4, 5, 6, 8, 9, 10] [2, 3, 4, 5, 6, 8, 9, 10] [2, 4, 5, 6, 7, 8, 9, 10]	[1, 2, 4, 5, 6, 8, 9, 10] [1, 3, 4, 5, 6, 8, 9, 10] [2, 3, 4, 5, 6, 7, 8, 9, 10] [4, 5, 6, 7, 8, 9, 10]	[4, 5, 6, 8, 9, 10]
20	[3, 4, 5, 6, 8, 9, 10]	[3, 4, 5, 6, 8, 9, 10]	[3, 4, 5, 6, 8, 9, 10]	[3, 4, 5, 6, 8, 9, 10]	[3, 4, 5, 6, 8, 9, 10]	[1, 2, 4, 5, 6, 8, 9, 10] [3, 4, 5, 6, 8, 9, 10]	[1, 2, 4, 5, 6, 8, 9, 10] [3, 4, 5, 6, 8, 9, 10]	[1, 2, 4, 5, 6, 8, 9, 10] [3, 4, 5, 6, 8, 9, 10] [4, 5, 6, 7, 8, 9, 10]	[4, 5, 6, 8, 9, 10]

Q50

续表

θ \ LR	0.1	0.2	0.3	0.4	0.5	0.6	0.7	0.8	0.9
25	[1, 2, 4, 5, 6, 7, 8, 9, 10]	[1, 2, 4, 5, 6, 7, 8, 9, 10]	[1, 2, 4, 5, 6, 7, 8, 9, 10]	[1, 2, 4, 5, 6, 7, 8, 9, 10]	[1, 2, 4, 5, 6, 7, 8, 9, 10]	[3, 4, 5, 6, 8, 9, 10] [4, 5, 6, 7, 8, 9, 10]	[3, 4, 5, 6, 8, 10] [4, 5, 6, 7, 8, 10]	[3, 4, 5, 6, 8, 10] [4, 5, 6, 7, 8, 10]	[3, 4, 5, 6, 8, 10] [4, 5, 6, 7, 8, 10]
30	[1, 2, 3, 4, 5, 6, 8, 10]	[1, 2, 3, 4, 5, 6, 8, 10]	[1, 2, 3, 4, 5, 6, 8, 10]	[1, 2, 3, 4, 5, 6, 8, 10]	[1, 2, 3, 4, 5, 6, 8, 10]	[3, 4, 5, 6, 8, 9, 10] [4, 5, 6, 7, 8, 9, 10]	[4, 5, 6, 8, 9, 10] [2, 4, 5, 6, 8, 10]	[4, 5, 6, 8, 9, 10] [2, 4, 5, 6, 8, 10]	[2, 4, 5, 6, 8, 10] [3, 4, 5, 6, 8, 10]
35	[1, 2, 3, 4, 5, 6, 10]	[1, 2, 3, 4, 5, 6, 10]	[1, 2, 3, 4, 5, 6, 10]	[1, 2, 3, 4, 5, 6, 10]	[1, 2, 3, 4, 5, 6, 10]	[3, 4, 5, 6, 8, 9, 10]	[2, 4, 5, 6, 8, 10] [2, 5, 6, 7, 8, 10] [2, 5, 6, 8, 9, 10]	[2, 4, 5, 6, 8, 10] [3, 4, 5, 6, 8, 9, 10] [5, 6, 8, 9, 10]	[2, 3, 5, 6, 8, 10] [4, 5, 6, 7, 8, 10] [5, 6, 8, 9, 10] [3, 5, 9, 10] [6, 7, 8, 10]
40	[1, 2, 3, 4, 5, 6, 7, 8, 9, 10]	[1, 2, 3, 4, 5, 6, 7, 8, 9, 10]	[1, 2, 3, 4, 5, 6, 7, 8, 9, 10]	[1, 2, 3, 4, 5, 6, 7, 8, 9, 10]	[1, 2, 3, 4, 5, 6, 7, 8, 9, 10]	[4, 5, 6, 7, 8, 10]	[2, 5, 6, 7, 8, 10] [4, 5, 6, 8, 10]	[2, 5, 6, 7, 8, 10] [4, 5, 6, 8, 10]	[1, 5, 6, 8, 10] [2, 3, 5, 6, 8, 10] [5, 6, 7, 8, 10] [3, 5, 9, 10] [6, 7, 8, 10] [4, 5, 6, 8, 10]

续表

θ \ LR	0.1	0.2	0.3	0.4	0.5	0.6	0.7	0.8	0.9
45	[1, 2, 3, 4, 5, 6, 7, 8, 9, 10]	[1, 2, 3, 4, 5, 6, 7, 8, 9, 10]	[1, 2, 3, 4, 5, 6, 7, 8, 9, 10]	[1, 2, 3, 4, 5, 6, 7, 8, 9, 10]	[1, 2, 3, 4, 5, 6, 7, 8, 9, 10]	[4, 5, 6, 8, 9, 10]	[2, 3, 5, 6, 8, 10] [2, 5, 6, 7, 8, 10] [4, 5, 6, 8, 10] [5, 6, 7, 8, 9, 10]	[2, 3, 5, 6, 8, 10] [5, 6, 7, 8, 9, 10] [2, 5, 6, 7, 8, 10] [4, 5, 6, 8, 10]	[5, 6, 8, 9, 10] [4, 5, 6, 8, 10] [3, 5, 6, 7, 10] [1, 5, 6, 8, 10]
50	[1, 2, 3, 4, 5, 6, 7, 8, 9, 10]	[1, 2, 3, 4, 5, 6, 7, 8, 9, 10]	[1, 2, 3, 4, 5, 6, 7, 8, 9, 10]	[1, 2, 3, 4, 5, 6, 7, 8, 9, 10]	[1, 2, 3, 4, 5, 6, 7, 8, 9, 10]	[4, 5, 6, 8, 9, 10]	[2, 3, 5, 6, 8, 10] [2, 5, 6, 7, 8, 10] [3, 5, 6, 7, 8, 10] [6, 8, 9, 10] [5, 6, 7, 8, 9, 10]	[2, 3, 5, 6, 8, 10] [2, 5, 6, 7, 8, 10] [3, 5, 6, 7, 8, 10] [4, 5, 6, 8, 9, 10] [6, 8, 9, 10]	[1, 5, 6, 8, 10] [2, 5, 6, 7, 8, 10] [3, 5, 6, 8, 10] [4, 5, 6, 9, 10] [5, 6, 8, 9, 10] [8, 9, 10]

表 5.17　　$\theta \in (0, 1)$ 下，BT100 在 5%～50% 缺失值比例下的约简结果

θ／LR	0.1	0.2	0.3	0.4	0.5	0.6	0.7	0.8	0.9
5	[1, 2, 3, 4, 6, 7, 8, 9]	[1, 2, 3, 4, 6, 7, 8, 9]	[1, 2, 3, 4, 7, 8, 9]	[1, 2, 3, 4, 7, 8, 9]	[1, 2, 3, 4, 7, 8, 9]	[1, 2, 3, 4, 6, 7, 8, 9]	[1, 2, 3, 4, 5, 6, 7, 8, 9]	[1, 2, 3, 4, 5, 6, 7, 8, 9]	[1, 2, 3, 4, 6, 7, 8, 9]
10	[1, 2, 3, 4, 6, 7, 8, 9]	[1, 2, 3, 4, 6, 7, 8, 9]	[1, 2, 3, 4, 7, 8, 9]	[1, 2, 3, 4, 7, 8, 9]	[1, 2, 3, 4, 7, 8, 9]	[1, 2, 3, 4, 6, 7, 8, 9]	[1, 2, 3, 4, 5, 6, 7, 8, 9]	[1, 2, 3, 4, 5, 6, 7, 8, 9]	[1, 2, 3, 4, 6, 7, 8, 9]
15	[1, 2, 3, 4, 7, 8, 9]	[1, 2, 3, 4, 7, 8, 9]	[1, 2, 3, 4, 7, 8, 9]	[1, 2, 3, 4, 7, 8, 9]	[1, 2, 3, 4, 7, 8, 9]	[1, 2, 3, 4, 7, 8, 9]	[1, 2, 3, 4, 5, 6, 7, 8, 9]	[1, 2, 3, 4, 5, 6, 7, 8, 9]	[1, 2, 3, 4, 7, 8, 9]
20	[1, 2, 3, 4, 7, 8, 9]	[1, 2, 3, 4, 7, 8, 9]	[1, 2, 3, 4, 7, 8, 9]	[1, 2, 3, 4, 7, 8, 9]	[1, 2, 3, 4, 7, 8, 9]	[1, 2, 3, 4, 7, 8, 9]	[1, 2, 3, 4, 5, 6, 7, 8, 9]	[1, 2, 3, 4, 5, 6, 7, 8, 9]	[1, 2, 3, 4, 7, 8, 9]
25	[1, 2, 3, 4, 6, 8, 9] [1, 2, 3, 4, 7, 8, 9]	[1, 2, 3, 4, 6, 8, 9] [1, 2, 3, 4, 7, 8, 9]	[1, 2, 3, 4, 6, 8, 9] [1, 2, 3, 4, 7, 8, 9]	[1, 2, 3, 4, 6, 8, 9] [1, 2, 3, 4, 7, 8, 9]	[1, 2, 3, 4, 6, 8, 9] [1, 2, 3, 4, 7, 8, 9]	[1, 2, 3, 4, 6, 8, 9] [1, 2, 3, 4, 7, 8, 9]	[1, 2, 3, 4, 5, 6, 7, 8, 9]	[1, 2, 3, 4, 5, 6, 7, 8, 9]	[1, 2, 3, 4, 6, 8, 9] [1, 2, 3, 4, 7, 8, 9]
30	[1, 2, 3, 4, 6, 8, 9] [1, 2, 3, 4, 7, 8, 9]	[1, 2, 3, 4, 6, 8, 9] [1, 2, 3, 4, 7, 8, 9]	[1, 2, 3, 4, 6, 8, 9] [1, 2, 3, 4, 7, 8, 9]	[1, 2, 3, 4, 6, 8, 9] [1, 2, 3, 4, 7, 8, 9]	[1, 2, 3, 4, 6, 8, 9] [1, 2, 3, 4, 7, 8, 9]	[1, 2, 3, 4, 6, 8, 9] [1, 2, 3, 4, 7, 8, 9]	[1, 2, 3, 4, 5, 6, 7, 8, 9]	[1, 2, 3, 4, 5, 6, 7, 8, 9]	[1, 2, 3, 4, 6, 8, 9] [1, 2, 3, 4, 7, 8, 9]
35	[1, 2, 3, 4, 6, 8, 9] [1, 2, 3, 4, 7, 8, 9]	[1, 2, 3, 4, 8, 9]	[1, 2, 3, 4, 8, 9]	[1, 2, 3, 4, 8, 9]	[1, 2, 3, 4, 8, 9]	[1, 2, 3, 4, 8, 9]	[1, 2, 3, 4, 5, 6, 7, 8, 9]	[1, 2, 3, 4, 5, 6, 7, 8, 9]	[1, 2, 3, 4, 6, 8, 9] [1, 2, 3, 4, 7, 8, 9]
40	[1, 2, 3, 4, 8, 9]	[1, 2, 3, 4, 8, 9]	[1, 2, 3, 4, 8, 9]	[1, 2, 3, 4, 8, 9]	[1, 2, 3, 4, 8, 9]	[1, 2, 3, 4, 8, 9]	[1, 2, 3, 4, 5, 6, 7, 8, 9]	[1, 2, 3, 4, 5, 6, 7, 8, 9]	[1, 2, 3, 4, 8, 9]
45	[1, 2, 3, 4, 8, 9]	[1, 2, 3, 4, 8, 9]	[1, 2, 3, 4, 8, 9]	[1, 2, 3, 4, 8, 9]	[1, 2, 3, 4, 8, 9]	[1, 2, 3, 4, 8, 9]	[1, 2, 3, 4, 5, 6, 7, 8, 9]	[1, 2, 3, 4, 5, 6, 7, 8, 9]	[1, 2, 3, 4, 8, 9]
50	[1, 2, 3, 4, 8, 9]	[1, 2, 3, 4, 8, 9]	[1, 2, 3, 4, 8, 9]	[1, 2, 3, 4, 8, 9]	[1, 2, 3, 4, 8, 9]	[1, 2, 3, 4, 8, 9]	[1, 2, 3, 4, 5, 6, 7, 8, 9]	[1, 2, 3, 4, 5, 6, 7, 8, 9]	[1, 2, 3, 4, 8, 9]

BT100

表5.18　θ∈(0, 1) 下，GI214在5%~50%缺失值比例下的约简结果

θ\LR	0.1	0.2	0.3	0.4	0.5	0.6	0.7	0.8	0.9
5	[2, 3, 4, 5, 6, 7, 8, 9]	[2, 3, 4, 5, 6, 7, 8, 9]	[2, 3, 4, 5, 6, 7, 8, 9]	[2, 3, 4, 5, 6, 7, 8, 9]	[1, 2, 3, 4, 5, 6, 7, 8, 9]	[1, 2, 3, 4, 5, 6, 7, 8, 9]	[1, 2, 3, 4, 5, 6, 7, 8, 9]	[1, 2, 3, 4, 5, 6, 7, 8, 9]	[2, 3, 4, 5, 6, 7, 9]
10	[2, 3, 4, 5, 6, 7, 8, 9]	[2, 3, 4, 5, 6, 7, 8, 9]	[2, 3, 4, 5, 6, 7, 8, 9]	[2, 3, 4, 5, 6, 7, 8, 9]	[1, 2, 3, 4, 5, 6, 7, 8, 9]	[1, 2, 3, 4, 5, 6, 7, 8, 9]	[1, 2, 3, 4, 5, 6, 7, 8, 9]	[1, 2, 3, 4, 5, 6, 7, 8, 9]	[2, 3, 4, 5, 6, 7, 9]
15	[1, 2, 5, 6, 7, 9] [2, 3, 4, 5, 6, 7, 8, 9]	[2, 3, 4, 5, 6, 7, 8, 9]	[2, 3, 4, 5, 6, 7, 8, 9]	[2, 3, 4, 5, 6, 7, 8, 9]	[1, 2, 3, 4, 5, 6, 7, 8, 9]	[1, 2, 3, 4, 5, 6, 7, 8, 9]	[1, 2, 3, 4, 5, 6, 7, 8, 9]	[1, 2, 3, 4, 5, 6, 7, 8, 9]	[2, 3, 4, 5, 6, 7, 9]
20	[1, 2, 5, 6, 7, 9] [2, 3, 4, 5, 6, 7, 8, 9]	[1, 2, 3, 4, 5, 6, 7, 9] [2, 3, 4, 5, 6, 7, 8, 9]	[2, 3, 4, 5, 6, 7, 8, 9]	[2, 3, 4, 5, 6, 7, 8, 9]	[1, 2, 3, 4, 5, 6, 7, 8, 9]	[1, 2, 3, 4, 5, 6, 7, 8, 9]	[1, 2, 3, 4, 5, 6, 7, 8, 9]	[1, 2, 3, 4, 5, 6, 7, 8, 9]	[2, 3, 4, 5, 6, 7, 9]
25	[1, 2, 3, 4, 5, 6, 7, 9] [2, 3, 4, 5, 6, 7, 8, 9]	[1, 2, 3, 4, 5, 6, 7, 9] [2, 3, 4, 5, 6, 7, 8, 9]	[1, 2, 3, 4, 5, 6, 7, 9] [2, 3, 4, 5, 6, 7, 8, 9]	[2, 3, 4, 5, 6, 7, 8, 9]	[1, 2, 3, 4, 5, 6, 7, 8, 9]	[1, 2, 3, 4, 5, 6, 7, 8, 9]	[1, 2, 3, 4, 5, 6, 7, 8, 9]	[1, 2, 3, 4, 5, 6, 7, 8, 9]	[2, 3, 4, 5, 6, 7, 9]
30	[1, 2, 3, 4, 5, 6, 7, 9] [2, 3, 4, 5, 6, 7, 8, 9]	[1, 2, 3, 4, 5, 6, 7, 9] [2, 3, 4, 5, 6, 7, 8, 9]	[1, 2, 3, 4, 5, 6, 7, 9]	[1, 2, 3, 4, 5, 6, 7, 9] [2, 3, 4, 5, 6, 7, 8, 9]	[1, 2, 3, 4, 5, 6, 7, 8, 9]	[1, 2, 3, 4, 5, 6, 7, 8, 9]	[1, 2, 3, 4, 5, 6, 7, 8, 9]	[1, 2, 3, 4, 5, 6, 7, 8, 9]	[1, 2, 5, 7, 9] [2, 3, 4, 5, 6, 7, 9] [2, 3, 4, 5, 7, 8, 9]
35	[1, 2, 3, 4, 5, 6, 7, 9] [2, 3, 4, 5, 6, 7, 8, 9]	[1, 2, 3, 4, 5, 6, 7, 9] [2, 3, 4, 5, 6, 7, 8, 9]	[2, 3, 4, 5, 6, 7, 8, 9]	[1, 2, 3, 4, 5, 7, 9] [2, 3, 4, 5, 6, 7, 8, 9]	[1, 2, 3, 4, 5, 6, 7, 8, 9]	[1, 2, 3, 4, 5, 6, 7, 8, 9]	[1, 2, 3, 4, 5, 6, 7, 8, 9]	[1, 2, 3, 4, 5, 6, 7, 8, 9]	[2, 3, 4, 5, 6, 7, 9] [2, 3, 4, 5, 7, 9]

续表

θ LR	0.1	0.2	0.3	0.4	0.5	0.6	0.7	0.8	0.9
40	[2, 3, 4, 5, 6, 7, 9]	[2, 3, 4, 5, 6, 7, 9]	[2, 3, 4, 5, 6, 7, 9]	[1, 2, 3, 4, 5, 6, 7, 9] [2, 3, 4, 5, 6, 7, 8, 9]	[1, 2, 3, 4, 5, 6, 7, 8, 9]	[1, 2, 3, 4, 5, 6, 7, 8, 9]	[1, 2, 3, 4, 5, 6, 7, 8, 9]	[1, 2, 3, 4, 5, 6, 7, 8, 9]	[2, 3, 4, 5, 6, 7, 9]
45	[2, 3, 4, 5, 6, 7, 9]	[2, 3, 4, 5, 6, 7, 9]	[2, 3, 4, 5, 6, 7, 9]	[2, 3, 4, 5, 6, 7, 9]	[1, 2, 3, 4, 5, 6, 7, 8, 9]	[1, 2, 3, 4, 5, 6, 7, 8, 9]	[1, 2, 3, 4, 5, 6, 7, 8, 9]	[1, 2, 3, 4, 5, 6, 7, 8, 9]	[2, 3, 4, 5, 6, 7, 9]
50	[2, 3, 4, 5, 6, 7, 9]	[2, 3, 4, 5, 6, 7, 9]	[2, 3, 4, 5, 6, 7, 9]	[2, 3, 4, 5, 6, 7, 9]	[1, 2, 3, 4, 5, 6, 7, 8, 9]	[1, 2, 3, 4, 5, 6, 7, 8, 9]	[1, 2, 3, 4, 5, 6, 7, 8, 9]	[1, 2, 3, 4, 5, 6, 7, 8, 9]	[2, 3, 4, 5, 6, 7, 9]

G1214

约简集中含有的元素个数呈现下降趋势，在 $\theta \in [0.5 - 0.8]$ 时得到的约简集始终为全集。当 $\theta = 0.9$ 时，虽然约简结果较好，但是此时容差类的覆盖度低，不便于找到目标样本的相似类从而进行报价预测。因此，对于 BT100 大样本数据集，当 $\theta \leqslant 0.6$ 时可得到更好的约简结果。对于 GI214 大样本数据集，当 $\theta \leqslant 0.4$ 时可得到更好的约简结果。

根据 4 个不完备数据表的约简结果得到如下结论：

（1）大样本应选取较小阈值，小样本应选取较大阈值。因为大样本相较于小样本包含对象的数量较多，各样本之间的差异性更加丰富，则依据大样本建立改进差别矩阵包含的元素较多。若阈值较大，根据定理 5.7，改进差别矩阵中的元素未得到有效减少，导致从多样化元素中析取合取得到包含较少元素的约简集是相对困难的。依据小样本建立改进差别矩阵包含的元素较少。若阈值较小，根据定理 5.7，改进差别矩阵中的空集数量增多，导致从较少元素中析取合取得到多样化的约简结果是相对困难的。

（2）在合理阈值范围内，数据缺失比例越大，约简集中含有的元素个数呈现下降趋势，模型的约简效果越好。这是因为根据定理 5.1，约简集中含有的元素是由可分辨属性构成的。然而，缺失比例的增加导致可分辨属性减少，约简集中含有的元素个数也会受到影响逐渐增多。

5.5.3　基于属性重要度的影响因素约简模型

虽然基于差别矩阵的属性约简方法可以得到全部的约简集，从而企业可以根据自身特点和控制要求作关键因素的提取，然而该方法由于需要对每个样本和其他样本是否存在差异作分析，因此计算量大。当产品结构较复杂、涉及的影响因素庞大时，该方法的计算效率较低，因此该方法较适用于个性化定制产品。而对于可比产品来说，可以采用基于重要度的约简方法，从而实现快速报价。基于属性重要度的报价影响因素提取模型的构建思路如图 5.5 所示：

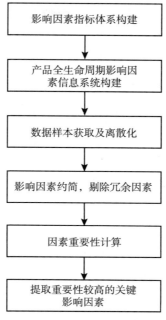

图 5.5　模型构建思路

5.5.3.1　基于属性重要度的约简模型

对影响因素体系进行合理的约简，是构建粗糙集产品报价影响因素提取模型的重要一步。在初步构建好的产品报价影响因素指标体系中可能会有部分因素对最终产品报价结果没有影响或影响较小，这些因素属于冗余因素，为提高报价准确性，需要将这部分因素剔除。从而构建出更加有效、科学的影响因素指标信息体系，使得信息系统更加简洁明了，并减少工作量提高报价效率。

在产品报价影响因素指标体系里，其中的任何一个因素指标都会对产品报价结果产生影响，对提取结果进行划分，将关键影响因素组合划分为多个不同的等价类。根据等价类我们就可以得到一个等价关系。同样的也可以根据多个因素集对关键因素组合提取结果进行划分得到等价关系。也就是说，在产品报价影响因素指标体系中任意影响因素指标子集 C 都可以定义一种关于影响因素指标 C 的等价关系，并且有：

$$IND(C) = \bigcap_{c \in C} IND(c) \tag{5.16}$$

也就是说，$\forall c \in C$，影响因素指标全部子集 C 的等价关系的交集为等价关系 $IND(C)$。对于信息系统 $S = (U，C，V，f)$，设 $c_0 \in C$，若有 $IND(C - \{c_0\}) = IND(C)$，则可以证明 c_0 因素是冗余的，应当从体系中剔除约简；否则称 c_0 在 C 中是绝对必要的，不可以剔除，剔除后会对最终的结果产生影响。将冗余的因素剔除后便可得到约简表。根据上文分析，本章中基于粗糙集等价关系的产品报价影响因素指标约简模型可以进行如下描述：

步骤 1：对产品报价影响因素数据信息系统 $C = \{c_i\}$（$i = 1，2，\cdots，I$），求 $IND(C)$；

步骤 2：对 $i = 1，2，\cdots，I$，依次求 $IND(C - \{c_i\})$ 的等价关系；

步骤 3：如果 $IND(C - \{c_i\}) = IND(C)$，则证明因素 c_i 是产品报价影响因素指标体系里的冗余因素，需要删除；$IND(C - \{c_i\}) \neq IND(C)$ 则证明因素 c_i 为必要因素需要保留；

步骤 4：用保留下来的因素数据构建新的信息系统，即为约简后的产品报价影响因素信息系统。

5.5.3.2 影响因素重要性排序

（1）影响因素重要度的计算

完成产品报价影响因素指标体系的筛选后，便可以对约简后的因素作重要度的计算。通常使用信息系统/信息表来表示影响因素的数值，在上文设计的产品报价影响因素信息系统 $S = (U，C，V，f)$ 当中，其中若影响因素 $c_i \in C$，则有 $U/IND(c_i) = \{X_1，X_2，\cdots，X_n\}$，故可以使用以下公式计算影响因素 c_i 在信息系统中的信息量：

$$I(c_i) = \sum_{i=1}^{n} \frac{|X_i|}{|U|}\left(1 - \frac{|X_i|}{|U|}\right) = 1 - \frac{1}{|U|^2}\sum_{i=1}^{n}|X_i|^2 \tag{5.17}$$

在公式中，$|\cdot|$ 代表 C 中所包含的所有元素总数量，$|X_i|/|U|$ 代表 X_i 中元素总个数在 U 中所占的比例。根据粗糙集的属性相对重要性理论可知，衡量信息系统中单个影响因素或因素集的重要性，可采用从影响因素集中去掉

该因素或因素集，用去掉后获得的新的影响因素集与原始影响因素集的信息量的差值来表示该因素在总体中的重要度，指标 $c_i \in C$ 的重要度可以用以下公式计算：

$$sig_{C-\{c_i\}} = I(C) - I(C - \{c_i\}) \tag{5.18}$$

当 $C = \{c\}$ 时，用 $sig(c)$ 表示 $sig_\varnothing(c)$：

$$sig_{C-\{c_i\}} = I(C) - I(\varnothing) = I(\{c\}) \tag{5.19}$$

式中，$U/IND(\varnothing) = U$，$I(\varnothing) = 0$。

（2）影响因素权重的计算

在信息系统中去掉不同的影响因素，对整个信息系统的分类结果带来的影响是不同的，而根据造成结果变化的程度就可以获得该影响因素或影响因素集在产品报价影响因素指标体系当中的相对重要程度。用在总信息系统中去掉某个影响因素后带来的信息量的变化，以此来计算出该因素或因素集在总体中的权重。$c_i \in C$，$C = \{X_1, X_2, \cdots, X_n\}$，$c_i$ 的权重可以用以下公式计算：

$$\omega_i = \frac{sig_{C-\{c_i\}}(c_i)}{\sum_{j=1}^{n} sig_{C-\{c_j\}}(c_j)} = \frac{I(C) - I(C - \{c_i\})}{nI(C) - \sum_{j=1}^{n} I(C - \{c_i\})} \tag{5.20}$$

通过比较各个影响因素的权重将影响因素的重要性进行排序后可以更直观地对各影响因素作出评判，从而选取出产品报价的关键影响因素。

5.5.3.3　模型应用

（1）建立原始信息表

首先对影响因素指标体系中的 43 个影响因素按照顺序分别标记为 c_1，c_2，$\cdots$，c_{43}。

本次样本数据集为 138 份问卷调查结果中抽取的 100 条问卷数据。对问卷结果数据进行整理，并根据样本数据建立产品报价影响因素原始信息表，其中 $S = (U, C, D, V, f)$，$U = \{u_1, u_2, \cdots, u_i\}$ 表示数据样本集合；$C = \{c_1, c_2, \cdots, c_l\}$ 表示条件属性（产品报价影响因素）集合；$D = \{d_1, d_2, \cdots,$

d_n} 表示决策属性（对产品报价结果的评价）。本章决策属性取对产品报价结果的评价中 3 个变量（高于，接近，低于同类型其他产品报价结果）的平均值。原始信息如表 5.19 所示。

表 5.19　　　　　　　产品报价影响因素原始信息

样本	c_1	c_2	c_3	c_4	c_5	c_6	c_7	c_8	c_9	...	c_{43}	D
U_1	9	6	8	10	7	10	4	9	4	...	6	7.3
U_2	8	9	9	9	6	8	3	6	6	...	8	8
U_3	6	8	6	6	9	6	2	8	7	...	4	6
U_4	9	5	5	10	8	8	6	9	3	...	6	4.7
U_5	6	8	7	8	4	9	4	6	4	...	7	9
U_6	8	9	9	9	10	7	4	9	4	...	8	6.3
U_7	8	8	8	10	8	10	5	8	5	...	6	8.3
U_8	7	8	9	6	6	9	3	7	6	...	6	9
U_9	10	8	6	7	8	8	2	10	5	...	6	8.7
...	...	...	...	...	...	...	...	...	...	...	...	...
U_{100}	9	10	6	8	8	9	4	8	7	...	5	5.3

（2）数据离散化处理

本章采用粗糙集建立影响因素提取模型，是一种基于集合论的方法，需要将对象以某种特性分类，而对数据分类的过程需要数据是离散型的。而当数据样本中存在连续型数据时，在使用基于粗糙集的产品报价影响因素提取模型前，需要先将数据离散化处理。值得一提的是，在进行离散化处理时要尽可能保证原始数据样本的结构不被破坏。

常用的数据离散方法有等宽法，聚类离散法和等频离散法等。具体的数据离散过程为：采用聚类方法将有聚类特征的连续型数据离散得到 K 个簇，并设置离散类别值；采用等频法将没有聚类特征的连续型数据离散为多个区间，并对每个区间设置一个离散类别值。

由于本章测评指标的评价值均落在 [1, 10] 之间，为方便起见，选用等频算法对原始信息表中的数据做离散化处理。将评价值分为［1，5］、［6，8］、［9，10］3 个区间，分别表示影响因素不重要、相对重要和特别重要，并分别用 1、2、3 代表所划分的离散区间。

（3）数据信息应用

根据离散化的数据，构建全生命周期产品报价影响因素信息系统 $S = (U, C, D, V, f)$，其中 $U = \{u_1, u_2, \cdots, u_i\}$ 表示数据样本集合；$C = \{c_1, c_2, \cdots, c_l\}$ 表示条件属性（产品报价影响因素）集合；$D = \{d_1, d_2, \cdots, d_n\}$ 表示决策属性。另外，在决策属性中，参考现有研究和获取数据的实际情况，将产品报价结果评价划分为 3 个区间，D 的划分与上文离散处理的区间保持一致。其中 1，2，3 三个得分，分别表示对报价结果不满意、对报价结果基本满意和对报价结果特别满意。最终，构建全生命周期产品报价影响因素信息系统如表 5.20 所示。

表 5.20　　　　　　　全生命周期产品报价影响因素信息系统

样本	c_1	c_2	c_3	c_4	c_5	c_6	c_7	c_8	c_9	$\cdots$	c_{43}	D
U_1	3	2	2	3	2	3	1	3	1	$\cdots$	2	2
U_2	3	3	3	3	2	2	1	2	2	$\cdots$	2	2
U_3	2	3	2	2	3	2	1	2	2	$\cdots$	1	2
U_5	2	3	2	2	1	3	1	2	1	$\cdots$	2	3
U_6	3	3	3	3	3	2	1	2	2	$\cdots$	2	2
U_7	3	2	2	3	2	3	1	2	1	$\cdots$	1	2
U_8	2	3	3	2	2	3	1	2	1	$\cdots$	2	3
U_9	3	2	2	2	3	2	1	3	1	$\cdots$	2	2
$\cdots$	$\cdots$	$\cdots$	$\cdots$	$\cdots$	$\cdots$	$\cdots$	$\cdots$	$\cdots$	$\cdots$	$\cdots$	$\cdots$	$\cdots$
U_{100}	3	3	2	2	2	3	1	2	1	$\cdots$	1	2

按照基于属性重要度的产品报价影响因素指标约简模型对上述产品报价影响因素数据信息系统表进行因素约简，由于信息系统涵盖大量数据，计算有一定难度，因此该过程通过 MATLAB 对模型进行编码处理。

经过代码运行，可以得出约简后的信息数据系统，在原始信息系统中冗余因素共有 19 个，分别是顾客参与设计程度（c_7）、供应商分析成本（c_{11}）、疫情常态化下的原材料断供风险（c_{14}）、疫情常态化下物流成本激增（c_{16}）、疫情常态化下存储成本增加（c_{17}）、生产准备时间（c_{19}）、生产准备时间（c_{20}）、加工时间（c_{21}）、在制品库存（c_{22}）、废品率（c_{26}）、资源共享程度（c_{29}）、协同制造程度（c_{32}）、环境成本（c_{31}）、服务便利性（c_{34}）、返修率（c_{35}）、服务专业性（c_{36}）、疫情常态化下的停产风险（c_{37}）、服务质量（c_{41}）、疫情常态化下的订单交付及时性（c_{43}）。约简后的信息系统如表 5.21 所示。

表 5.21 约简信息系统

样本	c_1	c_2	c_3	c_4	c_5	c_6	c_8	c_9	c_{10}	…	c_{42}	D
U_1	3	2	2	3	2	3	3	2	2	…	2	2
U_2	3	3	3	3	2	2	2	2	2	…	2	2
U_3	2	3	2	2	3	2	2	2	2	…	2	2
U_4	3	1	1	3	2	3	3	1	2	…	2	1
U_5	2	3	2	2	1	3	2	1	1	…	1	3
U_6	3	3	3	2	2	2	2	2	2	…	2	2
U_7	3	2	2	3	2	3	3	1	2	…	2	2
U_8	2	3	2	2	2	3	3	2	2	…	3	3
U_9	3	2	2	2	3	2	2	1	1	…	2	2
…	…	…	…	…	…	…	…	…	…	…	…	…
U_{100}	3	3	2	2	2	3	3	2	2	…	2	2

因素重要度计算：由式（5.17）、式（5.18）、式（5.19）可以分别计算出每个影响因素属性的重要度。首先计算因素 c_1 的信息量，其次计算其重要度，对其他因素重复上述步骤，计算出其信息量和重要度，具体结果如表 5.22 所示。最后对影响因素按照重要度的大小进行排序，排序结果如表 5.23 所示。

表 5.22　　　　　　　　　　　　　　因素重要度计算结果

影响因素	信息量	重要度	影响因素	信息量	重要度
设计成本（c_1）	0.872	0.128	制造费用（c_{18}）	0.896	0.104
产品设计复杂程度（c_2）	0.912	0.088	批量生产能力（c_{23}）	0.892	0.108
市场分析成本（c_3）	0.932	0.068	人工成本（c_{24}）	0.922	0.072
模块化程度（c_4）	0.944	0.056	产品质量成本（c_{25}）	0.894	0.106
通用性程度（c_5）	0.912	0.088	加工、装配精度（c_{27}）	0.898	0.102
设计质量（c_6）	0.882	0.118	生产能力柔性（c_{28}）	0.918	0.072
设计能力（c_8）	0.886	0.114	产品分布式加工程度（c_{30}）	0.926	0.074
设计周期（c_9）	0.904	0.096	智能化精益生产程度（c_{33}）	0.904	0.096
采购成本（c_{10}）	0.946	0.054	订单响应速度（c_{38}）	0.916	0.084
来料合格率（c_{12}）	0.884	0.116	交货准时率（c_{39}）	0.898	0.102
采购周期（c_{13}）	0.938	0.064	交货准确率（c_{40}）	0.884	0.116
技术变更次数（c_{15}）	0.924	0.076	服务成本（c_{42}）	0.902	0.098

表 5.23　　　　　　　　　　　　　　影响因素重要度排序

影响因素	重要度	排序	影响因素	重要度	排序
设计成本（c_1）	0.128	1	设计周期（c_9）	0.096	13
设计质量（c_6）	0.118	2	通用性程度（c_5）	0.088	14
来料合格率（c_{12}）	0.116	3	产品设计复杂程度（c_2）	0.088	15
交货准确率（c_{40}）	0.116	3	订单响应速度（c_{38}）	0.084	16
设计能力（c_8）	0.114	4	人工成本（c_{24}）	0.078	17
批量生产能力（c_{23}）	0.108	5	技术变更次数（c_{15}）	0.076	18
产品质量成本（c_{25}）	0.106	7	产品分布式加工程度（c_{30}）	0.074	19
制造费用（c_{18}）	0.104	8	生产能力柔性（c_{28}）	0.072	20
加工、装配精度（c_{27}）	0.102	9	市场分析成本（c_3）	0.068	21
交货准时率（c_{39}）	0.102	10	采购周期（c_{13}）	0.064	22
服务成本（c_{42}）	0.098	11	模块化程度（c_4 c_4）	0.056	23
智能化精益生产程度（c_{33}）	0.096	12	采购成本（c_{10}）	0.054	24

（4）结果分析

根据上述影响因素重要性排序，我们可以提取出排序靠前的 15 个因素作为产品报价的关键影响因素，按照产品全生命周期的 4 个阶段对这 15 个关键影响因素进行分类，分类结果如表 5.24 所示。

表 5.24 关键影响因素

阶段	关键影响因素	含义
设计阶段	设计质量	设计出来的产品的功能，外观等的好坏程度，是否达到设计要求
	设计成本	设计产品的整个过程所需要投入的成本
	设计周期	产品的整个设计过程所需要的时间
	产品设计复杂程度	产品包括的零部件数量以及结构复杂程度
	设计能力	企业将市场需求转化为具体产品设计的速度和能力
	通用性程度	产品设计方案中用到的零部件，生产工艺等是否常见易找，是否可以通用
采购阶段	来料合格率	样品和物料的质量上的合格率
制造阶段	批量生产能力	在产品生命周期内，对产品本身或与产品有关的加工工艺、检验标准、材料选用等方面进行变更的次数
	制造费用	各个生产单位为组织和管理生产而发生的费用，例如水电费、设备维修费等
	智能化精益生产程度	利用信息化智能化技术对制造技术进行集成创新、赋能升级。例如，在装备自动化的基础上完成工厂的智能转型升级，采用"数据＋模型"的模式为企业生产经营提供各类高智能的服务，优化产品结构和技术工艺等
	加工、装配精度	产品装配后几何参数实际达到的精度，如尺寸精度（如相关零件间的间隙）、位置精度（如各卷轴之间的平行度）等
	产品质量成本	为保证或提高产品质量所发生的费用支出
服务阶段	交货准确率	一定时间内完全订单内容交货的百分率
	交货准时率	一定时间内准时交货的比率
	服务成本	企业为客户提供服务的过程中所发生的各项成本，例如培训费、安装费、调试费等

从提取结果可以得出，设计阶段的影响因素数量最多，有 6 个关键影响因素都来自此阶段，其次是制造阶段有 5 个关键影响因素，服务阶段提取出 3 个关键影响因素，采购阶段仅有 1 个因素为关键影响因素。由此可见，设计阶段和制造阶段是产品全生命周期中相对重要的两个部分，其中设计阶段中企业的设计质量和设计能力也是客户在选择企业时的关键参考条件，在竞争激烈的市场环境中，企业也应当提高自己的设计研发能力与生产制造的技术来帮助企业从众多竞争对手中脱颖而出。

5.6　管理启示

考虑因素之间的耦合性问题，对传统不完备粗糙集进行改进，建立基于改进容差关系不完备粗糙集模型。通过基于差别矩阵的属性约简方法消除了对产品报价作用较小的冗余属性，提取出全部的关键报价影响因素，为报价决策提供多样化的参考信息，避免单一报价信息与产品多样化报价需求不匹配问题出现，避免决策者过多关注冗余因素而影响产品报价的决策效率。对提取出来的影响因素进行分析，识别面向全生命周期的因素与报价决策之间的关系。所得到的关键报价影响因素能为企业控制产品报价提供支持，提供报价管理新的视角。通过模拟不同缺失比例的订单数据，验证模型在不同缺失比例数据下的适用性，提高不完备数据环境下报价的准确度和报价效率。通过对影响产品报价的因素进行重要性分析和排序，为企业调整产品报价提供依据，为不确定和不完备环境下的产品报价模型提供评价方法，满足客户服务化、个性化需求，实现准确、快速的产品报价。

5.7　本章小结

本章的主要工作内容和研究成果如下：

（1）提出了基于不完备粗糙集的关键报价影响因素组合提取模型。将订单中对于产品质量性能交货期等需求方面的粗放要求，拆分细化到实现该质量、性能所需要的对应设计周期、设计成本、工艺路线、设备参数等具体指标值上，建立基于产品全生命周期的不完备决策表，将产品全生命周期中所有的报价影响因素整合到一起统一处理，提取出关键的报价影响因素组合，为报价人员提供决策上的支持和参考。

（2）通过分析基于容差关系的不完备粗糙集模型在划分容差类上的局限性，提出了基于对象近似度改进的属性约简算法（$\theta - TDM$），在容差关系的基础增加了对对象近似程度的考虑，引入阈值 θ 来衡量对象间的近似程度，避免了在容差关系下两个少有甚至没有相同确定属性值的对象却被分到了同一个容差类别中的现象，提高了计算容差类时的准确度，能够从一定程度上提升属性集对于决策属性描述的准确度。由于对于不同的不完备决策表，其数据的缺失值比例和具体的缺失值情况不同，因此对于改进模型中的阈值选取提出了阈值选择机制。提出基于改进差别矩阵的属性约简算法确定全部约简集，在标准的 UCI 数据集和实际报价数据集上进行实验，对比 $\theta - TDM$ 算法与 TDM 算法在同一样本集不同缺失值比例下的性能，结果证明了 $\theta - TDM$ 算法在近似精度方面具有显著优势且相对稳定，且在一定范围内随样本缺失值比增加，计算改进容差类的时间得到缩短，因此提升了运算速度，验证了改进模型在一定缺失值比例的中小型样本下具有有效性和稳定性，对模型进行了敏感度分析。最后，构建基于属性重要度的属性约简模型，计算出影响因素的重要度并排序，从而提取出重要的报价影响因素，为管理人员进行快速报价决策提供参考。

第 6 章

不完备和不确定环境下产品
报价因素选择模型

随着个性化产品需求不断增加，提升报价的速度和准确度对于企业增强竞争优势至关重要。定制产品在规格、质量、成本等方面有很多共性，如果能够识别这些相似的特征，就可以利用现有的相关知识来实现对新订单的有效和准确的报价。然而，在当前瞬息万变的环境中，产品报价信息来源广泛，信息不统一，指标多样性强（例如成本、质量、工艺参数和交货期等），使得产品报价比以往更加复杂，保证其可靠性和准确性是一个巨大的挑战。此外，不确定的客户需求也会恶化数据质量。因此，在数据不确定和缺失情况下进行关键报价影响因素选择成为一个重要问题，可以通过覆盖粗糙集的属性约简来解决。

属性约简可以通过去除数据集中的冗余属性来保留或提高决策表的分类能力。由波拉克提出的粗糙集理论最初用于处理与人工智能相关应用中的不确定、不准确或模糊的知识。随后，克里兹凯维奇提出了一种不完整信息系统的粗糙集方法。博尼科夫斯基（Bonikowski）等将关系划分扩展到关系覆盖，并引入覆盖粗糙集，其成为解决更复杂更实际问题的广义粗糙集模型之一。属性约简问题在学术界引起广泛关注。然而，很少有针对不完备信息系统的属性约简的覆盖粗糙集理论研究。

产品报价影响因素选择是企业快速准确进行报价决策的关键。传统粗糙集对于含有缺失值的报价对象的处理方式，要么将缺失样本与具有已知值的对象构建关系，要么只与那些也包含属性缺失值的对象来构造关系（例如容差关系和覆盖关系等）。这种分类可能无法很好地解决许多现实世界的问题。本章通过测量对象的相似度，提出了不完备覆盖粗糙集属性约简模型。首先，通过近似度定义对象之间的相似关系，根据对象的语义对近似度进行调整，生成覆盖；其次，由对象与覆盖关系推导出约简定义，并论证了属性约简的性质；最后，提出了一种基于差别矩阵的属性约简方法。采用 UCI 数据库和真实报价数据集进行实验验证，结果表明，不完备覆盖粗糙集在报价影响因素选择的准确性方面优于传统粗糙集，本章报价模型对不同比例缺失数据的报价预测均有效。

6.1 问题描述

在产品报价过程中，市场营销部门收到客户的询价，然后由设计部门进行概念设计或详细设计来估算产品成本。最后，财务和市场营销部门根据成本和预期利润来确定报价。一个复杂的产品由成百上千个组件组成，作详细设计十分耗时，而根据概念设计的报价不准确度高。由于定制产品源自基础模型，所以通常通过现实环境中现有的报价估算模型进行报价。然而，基于整个产品全生命周期的报价影响因素是跨部门、跨流程的，因此数据具有来源广、结构复杂的特点，需要跨部门进行数据拆解和整合，部门之间的度量标准、协调对接的准确性将造成数据的模糊。具体来说，在确定产品数据信息时，各部门（如设计、生产、采购）可能无法准确提供模型的技术参数，或是客户订单中存在需求不确定性因素，此时需要多个评价者对报价要素进行评价，因此信息具有多源性，由于各评价者的自我感知不同，评价标准不同，因此，评价结果存在多样性，例如对于产品设计复杂程度进行评价，包括简单、复杂、较为复杂 3 种程度，不同的评价者由于个人经历和感知不同、所在部门不同、对于一款产品的设计复杂程度评价结果是存在差异的。因此，信息的多源性可能导致报价不准确。不完备覆盖粗糙集是传统粗糙集的拓展，通过定义对象的最小描述概念，将样本对象的多种信息进行覆盖，提高基于不完备粗糙集属性约简的准确性，可以解决上述问题。

基于相关报价模型的数据构建不完备覆盖决策系统，将报价相关参数与订单的因素匹配，形成了一个不完备覆盖粗糙集。通过推导该决策系统的属性约简来确定报价关键影响因素，并将其应用于订单产品报价的预测。通过消除冗余因素，可以减轻不完整信息对报价的影响，提高报价预测的准确性和效率。

6.2　考虑多源评价信息的不完备覆盖粗糙集构建

由于在不同报价场景下，不同企业人员对报价因素影响程度的评价是不同的，使得对于定性度量的因素（如质量的高低）的取值会发生变化，因此，对于不同属性两个样本之间的关系会有所不同，尤其对于存在缺失数据的报价订单，需要考虑已有信息才能确定样本之间的相关关系，从而提高依据因素对样本划分得到的结果能够准确反映样本之间价格关系，从而获得样本和价格之间的映射关系，提取有效的报价知识规则。本章在对象语义的基础上提出了一个不完备覆盖粗糙集模型，并设计算法推导不完备覆盖决策系统的所有约简。

定义 6.1　有序对 (U, C) 称为覆盖近似空间，U 是论域，C 是 U 的子集，并且 U 中的所有子集 C 都是非空的，$\cup C = U$ 则称为 U 的覆盖。

定义 6.2　给定 (U, C)，对于 $x \in U$，样本对象 x 的最小描述表示为：

$$M_d(x) = \{K \in C: x \in K \wedge \forall S \in C(x \in S \wedge S \subseteq K) \Rightarrow K = S\}。$$

定义 6.3　令 $C = \{C_1, \cdots, C_n\}$ 为 U 的覆盖。$C_x = \cap \{C_i: C_i \in C, x \in C_i\}$，$Cov(C) = \{C_x: x \in U\}$ 也是 U 的覆盖。C_x 是 $Cov(C)$ 中包括 x 的最小集合。

定义 6.4　在覆盖粗糙集中，对于 $X \subseteq U$，$Cov(C)$ 的上下近似表示为：

$\underline{C}(X) = \cup \{ C_x \in Cov(C) \mid C_x \subseteq X \}$；$\overline{C}(X) = \cup \{ C_x \in Cov(C) \mid C_x \cap X \neq \varnothing \}$。

因为 $\forall x, y \in U$，对象之间存在许多关于 $Cov(C)$ 的关系。有学者提出了以下三个覆盖集之间的关系。

定理6.1 对于有限全集 U，$x, y \in U$，C 是 U 的一组覆盖。覆盖之间存在以下关系：

1）当且仅当对于 $\forall A \in C$，$A_x = A_y$ 时，$C_x = C_y$ 成立；

2）当且仅当对于任意 $\forall A \in C$，$A_x \supseteq A_y$，并且存在 $\exists B \in C$，$B_x \supset B_y$，$C_x \supset C_y$ 成立。

3）当且仅当存在 $\exists A, B \in C$，$A_x \subset A_y \wedge B_x \supset B_y$ 或者存在 $\exists A' \in C$，$A'_x \not\subset A'_y \wedge A'_y \not\subset A'_x$ 时，$C_x \not\subset C_y \wedge C_y \not\subset C_x$ 成立，即 C_y 和 C_x 不能相互包含。

4）$C_x \not\subset C_y$ 成立，当且仅当存在 $A \in C$，$A_x \not\subset A_y$。

证明：必要性：如果 $\exists A \in C$，$A_x \not\subset A_y$，那么 $\exists x \in C_x$，$x \notin A_y$。根据定义6.3，有 $x \notin C_y$。因此，$C_x \not\subset C_y$ 成立。

充分性：设 $\forall A \in C$，$A_x \subset A_y$，那么有 $C_x \subset C_y$，与假设矛盾。因此，$\exists A \in C$，$A_x \not\subset A_y$ 成立。

下面引入近似度来构建具有缺失值的对象之间的相似关系，然后构建对象的覆盖关系。此外，定义了一个不完备的覆盖决策系统，并且通过一个例子解释了近似精度的定理。

定义6.5 给定一个不完备的信息系统 $IIS = \langle U, AT, V, f \rangle$，$x, y \in U$，$U$ 是一个有限泛集，AT 是一个非空的有限属性集，V 是属性域的并集。在条件属性 AT 下，x, y 的近似度表示为 $\rho(x, y)$：

$$\rho(x, y) = card(P(x) \cap P(y))/card(AT) \tag{6.1}$$
$$P(x) \cap P(y) = \{ a \in AT \mid f_a(x) = f_a(y) \wedge f_a(x) \neq * \wedge f_a(y) \neq *, x, y \in U \}$$
$$\tag{6.2}$$

其中，$\rho(x, y) \in [0, 1]$，P 表示条件属性子集下，对象 x 的已知属性值；$P(y)$ 与 $P(x)$ 的交集指对象 x 和 y 在该属性子集下具有的相同属性值；$card$ 表示集合中所包含元素的个数。

根据缺失值的不同语义构建对象的相似关系，现有文献中，缺失值需要用它们在语义中可能变化的值来替换。因此，这些相似关系是强相似关系，即如果两个对象在每个属性 $A \in C$ 上都相似，那么其在 C 上也相似。在本章中，对象的近似度只与具有相同已知值的属性相关，不考虑缺失值的语义；因此，基于属性 C，建立比较弱的对象之间的相似关系。

定义 6.6 b_{ij}^a 是 x_i 与 x_j 之间的相似关系，其中，$a \in AT$，x_i，$x_j \in U$，

$$
b_{ij}^a = \begin{cases} 1, & \text{if } f_a(x_i) = f_a(x_j) \wedge f_a(x_i) \neq * \wedge f_a(x_j) \neq *, \\ 1, & \text{if}(f_a(x_i) = * \vee f_a(x_j) = *) \wedge \rho(x_i, x_j) \geq \theta, \\ 1, & \text{if } x_i = x_j, \\ 0, & \text{其他}, \end{cases} \tag{6.3}
$$

其中，第二项表示如果样本 x_i 与 x_j 中一个或全部都有属性缺失值的情况下，给定一个阈值 θ，它们的近似度满足 $\rho(x_i, x_j) \geq \theta$，那么，$x_i$ 与 x_j 在属性 a 下彼此无法区分。第三项确保二元关系是自反的，但不是对称的和传递的。

根据式（6.3），建立对象间的相似度矩阵 $\mathbf{M}_a$ 如下：

$$
\mathbf{M}_a = (b_{ij}^a)_{n \times n} = \begin{bmatrix} b_{11}^a & b_{12}^a & \cdots & b_{1n}^a \\ b_{21}^a & b_{22}^a & \cdots & b_{2n}^a \\ \vdots & \vdots & \ddots & \vdots \\ b_{n1}^a & b_{n2}^a & \cdots & b_{nn}^a \end{bmatrix}, \tag{6.4}
$$

其中，属性 $a \in AT$。

定义 6.7 设 $A = \{A_1', \cdots, A_n'\}$ 为 U 的一组覆盖，$A_i' = \{x_j \mid b_{ij}^a = 1, b_{ij}^a \in M_a, x_i, x_j \in U\}$。对于任何 $x \in U$，$A_x = \cap \{A_i': A_i' \in A, x \in A_i'\}$，然后 $Cov_A^\theta = \{A_x: x \in U\}$。$A_x$ 是覆盖 Cov_A^θ 中包含 x 的最小描述集。

定义 6.8 设 $C = \{A_k, k = 1, \cdots, m\}$ 为 U 的一组覆盖。对于任意 $x \in U$，$C_x = \cap \{A_k: A_k \in C, x \in A_k\}$，那么 $Cov_C^\theta = \{C_x \mid x \in U\}$ 是 C 产生的覆盖。

C_x 是阈值 θ 的覆盖 Cov_C^θ 中包含 x 的最小描述集，其由 A_k 中包括 x 的所有相关元素集合的交集。根据覆盖定义，下面建立了一个不完备覆盖决策系统。

定义 6.9 不完备覆盖决策系统是一个四元组 $ICDS = \langle U, AT = C \cup D, V, f \rangle$，其中 U 是一个有限集合；C 是 U 的一组覆盖；D 是决策属性集；V 是属性

域的并集，$V = V_C \cup V_D = \cup \{V_a \mid * \in V_a, a \in C\} \cup \{V_d \mid * \notin V_d, d \in D\}$；$f$：$U \times C \cup D \to V_C \cup V_D$ 是一个信息函数，将条件和决策属性的值分配给对象。在不完备覆盖决策系统中，近似精度定义为下近似与上近似的比值（见定义5.4）。对于不完备决策系统和本章提出的不完备覆盖决策系统，它们的近似精度之间具有以下性质。

定理6.2　给定 $ICDS$ 和决策类 $X = \{X_1, \cdots, X_p\}$，设 $\alpha_A^\theta(X)$，$\alpha_A(X)$ 是不完备覆盖决策系统 $ICDS$ 和不完备决策系统 IDS 的近似精度，$A \subseteq C$，可以得到近似精度关系 $\alpha_A^\theta(X) \geqslant \alpha_A(X)$。

证明：对于样本 $x \in U$，根据定义6.8和2.14，可得 x 的覆盖包含于其容差类中，即 $A_x \subseteq S_A(x)$，如果 $S_A(x) \subseteq X_j$，那么 $A_x \subseteq X_j$。根据上下近似的定义，$\underline{A^\theta}(X) \geqslant \underline{A}(X)$，$\overline{A^\theta}(X) \leqslant \overline{A}(X)$ 成立。再根据近似精度定义，可知，$\alpha_A^\theta(X) \geqslant \alpha_A(X)$，不完备覆盖粗糙集的近似精度不小于不完备粗糙集的近似精度。

下文用一个例子来说明上述定义和定理。

例6.1：给定不完备覆盖决策信息系统 $ICDS$，论域 $U = \{x_1, x_2, x_3, x_4\}$，条件属性为 $A = \{a_1, a_2, a_3, a_4, a_5\}$，如表6.1所示。

表6.1　　　　　　　　　　　　一个不完备决策

U	a_1	a_2	a_3	a_4	a_5	D
x_1	2	1	*	*	*	Good
x_2	2	2	3	1	*	Pool
x_3	2	1	3	2	1	Excel
x_4	2	*	3	1	2	Good

根据传统容差关系的定义2.14，在不完备决策系统 IDS 中，相对于条件属性 A，推导出来的每个对象的容差类结果为 $S_A = \{S_A(x_1), S_A(x_2), S_A(x_3), S_A(x_4)\}$，其中 $S_A(x_1) = \{x_1, x_3, x_4\}$，$S_A(x_2) = \{x_2, x_4\}$，$S_A(x_3) = \{x_1, x_3\}$，$S_A(x_4) = \{x_1, x_2, x_4\}$。泛化决策类为 $\partial_A(X) = \{X_{\{Good, Poor\}},$

$X_{\{Good,Excel\}}\}$，其中，$X_{\{Good,Poor\}}=\{x_2,\ x_4\}$，$X_{\{Good,Excel\}}=\{x_1,\ x_3\}$。

根据传统容差关系近似集的定义，泛化报价决策类 $\partial_A(X)$ 关于条件属性集 A 的基于容差关系的近似集计算如下：

$$\underline{A}(X_{Good,Poor})=\{x_2\},\ \overline{A}(X_{Good,Poor})=\{x_1,\ x_2,\ x_4\};$$

$$\underline{A}(X_{Good,Excel})=\{x_3\},\ \overline{A}(X_{Good,Excel})=\{x_1,\ x_3,\ x_4\}。$$

根据不完备覆盖粗糙集定义，对于条件属性 A 在阈值 $\theta(\theta=0.4)$ 下的覆盖 $Cov_A^\theta=\{A_{x_1},\ A_{x_2},\ A_{x_3},\ A_{x_4}\}$，其中 $A_{x_1}=\{x_1,\ x_3\}$，$A_{x_2}=\{x_2\}$，$A_{x_3}=\{x_3\}$，$A_{x_4}=\{x_4\}$。根据覆盖获得相应的泛化决策类为 $\partial_A^\theta(X)=\{X_{\{Good,Excel\}},\ X_{\{Poor\}},\ X_{\{Good\}},\ X_{\{Excel\}}\}$，其中，$X_{\{Good\}}=\{x_4\}$，$X_{\{Poor\}}=\{x_2\}$，$X_{\{Excel\}}=\{x_3\}$，$X_{\{Good,Excel\}}=\{x_1\}$。

因此，对于 Cov_A^θ 产生的 $\partial_A^\theta(X)$ 的下近似值和上近似值计算如下：

$$\underline{A^\theta}(X_{Good})=\{x_4\},\ \overline{A^\theta}(X_{Good})=\{x_4\};$$

$$\underline{A^\theta}(X_{Poor})=\{x_2\},\ \overline{A^\theta}(X_{Poor})=\{x_2\};$$

$$\underline{A^\theta}(X_{Excel})=\{x_3\},\ \overline{A^\theta}(X_{Excel})=\{x_1,\ x_3\};$$

$$\underline{A^\theta}(X_{Good,Excel})=\varnothing,\ \overline{A^\theta}(X_{Good,Excel})=\{x_1\}。$$

根据近似精度的定义，不完备决策系统和不完备覆盖决策系统 ICDS 的近似精度分别为 0.5 和 0.75，证明定理 6.2 是成立的。

6.3　基于不完备覆盖粗糙集的属性约简

在本节中，相对决策属性的约简由对象相对于覆盖的关系决定，约简的性质可以证明约简集的存在。通过构造的差别矩阵，计算出不完备覆盖决策系统的所有相对约简集。

6.3.1　ICDS 的差别矩阵

在粗糙集理论中有很多种属性约简。然而，在不完备决策系统中，泛化相对约简是有效的约简方法之一。因此，在一个不完备覆盖决策系统中，定义了以下的相对约简，通过对象相对于覆盖的关系来保留 $x \in U$ 的泛化决策值。

定义 6.10 给定 ICDS，$B \subseteq C$，如果 B 是 C 的一个相对约简，当且仅当 $\forall x, y \in U, f_d(y) \notin \partial_C^\theta(x)$，可推出 $R_C(x, y) = R_B(x, y)$，即 $C_x \not\subset C_y \wedge C_y \not\subset C_x \Leftrightarrow B_x \not\subset B_y \wedge B_y \not\subset B_x$。对于 $B' \subseteq B$，$\exists y \in U, f_d(y) \notin \partial_C^\theta(x) \Rightarrow R_C(x, y) \neq R_{B'}(x, y)$。

ICDS 的一个相对简化 B 是 C 的最小子集，以保持与泛化决策相关的对象之间的关系不变，即对于 $B \subseteq C$，$\partial_B^\theta(x) = \partial_C^\theta(x)$。因为 $f_d(y) \in \partial_C^\theta(x)$，$y$ 与 x 是不可辨识的；当 $f_d(y) \notin \partial_C^\theta(x)$，由于对象 y 在覆盖 C_x 之外，为了保持由属性 C 引起的泛化决策，必须存在一个 $A \in C$，这样 x 和 y 相对于属性 A 的覆盖集可以显著区分。因此，定义了一个不完备覆盖决策系统的可辨识矩阵。

定义 6.11 ICDS 的可辨识性矩阵定义如下：

$$\mathbf{MC}_{n \times n} = (c_{ij})_{n \times n} = \begin{bmatrix} c_{11} & c_{12} & \cdots & c_{1n} \\ c_{21} & c_{22} & \cdots & c_{2n} \\ \vdots & \vdots & \ddots & \vdots \\ c_{n1} & c_{n2} & \cdots & c_{nn} \end{bmatrix}, \tag{6.5}$$

$\forall x_i, y_j \in U$，元素 c_{ij} 定义如下：

$$c_{ij} = \begin{cases} A \in C \mid (A_{x_i} \not\subset A_{x_j}) \wedge (A_{x_j} \not\subset A_{x_i}) \cup \{A \wedge A' \mid (A_{x_i} \subset A_{x_j}) \wedge (A'_{x_i} \supset A'_{x_j})\}, \\ \quad if f_d(x_j) \notin \partial_C^\theta(x_i), \\ C, \quad 其他. \end{cases}$$

$$\tag{6.6}$$

根据定义 6.11，将提出不完备覆盖决策系统存在相对约简的充分必要条件。

定理 6.3 在 ICDS 中，$B \subseteq C$ 是一个相对约简，当且仅当 B 是最小集，且满足 $B \cap c_{ij} \neq \varnothing$。

证明：充分性。对于 $f_d(x_j) \notin \partial_C^\theta(x_i)$，因为 $B \cap c_{ij} \neq \varnothing$，$\exists A, A' \in B, A_{x_i} \not\subset$

$A_{x_j} \wedge A_{x_j} \not\subset A_{x_i}$ 或 $A_{x_i} \subset A_{x_j} \wedge A'_{x_i} \supset A'_{x_j}$。根据定理 6.1 中（3），有 $B_{x_i} \not\subset B_{x_j}$ 和 $B_{x_j} \not\subset B_{x_i}$。因此，$C_{x_i} \not\subset C_{x_j} \wedge C_{x_j} \not\subset C_{x_i} \Rightarrow B_{x_i} \not\subset B_{x_j} \wedge B_{x_j} \not\subset B_{x_i}$ 成立。此外，由定理 6.1 的 $B_{x_i} \not\subset B_{x_j} \Leftrightarrow C_{x_i} \not\subset C_{x_j}$ 和 $B_{x_j} \not\subset B_{x_i} \Leftrightarrow C_{x_j} \not\subset C_{x_i}$，然后有 $B_{x_i} \not\subset B_{x_j} \wedge B_{x_j} \not\subset B_{x_i} \Rightarrow C_{x_i} \not\subset C_{x_j} \wedge C_{x_j} \not\subset C_{x_i}$。因此，$C_{x_i} \not\subset C_{x_j} \wedge C_{x_j} \not\subset C_{x_i} \Leftrightarrow B_{x_i} \not\subset B_{x_j} \wedge B_{x_j} \not\subset B_{x_i}$ 为真，即对于 $\forall x_i$，$x_j \in U$，$R_B(x_i, x_j) = R_C(x_i, x_j)$。$B$ 是最小集，$B \subseteq C$ 是相对约简。

必要性。如果 $c_{ij} = \{C\}$，对于 $B \subseteq C$，$B \cap c_{ij} \neq \varnothing$。对于 $f_d(x_j) \notin \partial_C^\theta(x_i)$，因为 $B \subseteq C$ 是一个相对约简，根据定义 6.10，对于 $\forall x_i$，$x_j \in U$，$C_{x_i} \not\subset C_{x_j} \wedge C_{x_j} \not\subset C_{x_i} \Leftrightarrow B_{x_i} \not\subset B_{x_j} \wedge B_{x_j} \not\subset B_{x_i}$，由定理 6.1 中（3）可以推出 $\exists A$，$A' \in B$，$A_{x_i} \subset A_{x_j} \wedge A'_{x_i} \supset A'_{x_j}$ 或 $A_{x_i} \not\subset A_{x_j} \wedge A_{x_j} \not\subset A_{x_i}$。因此，可得 $B \cap c_{ij} \neq \varnothing$。

C 相对于 D 的核，可用 $CORE_D(C)$ 表示，也是 U 的覆盖，它构成了 ICDS 的所有相对约简。核元素对决策属性 D 是不可或缺的，即从 C 中去除一些核，对象之间相对于决策属性的关系会发生改变。因此，利用定义 6.2，可证明以下定理。

定理 6.4　在不完备覆盖决策系统 ICDS 中，满足 a，$\wedge c_o \in c_{ij}$ 的集合 $\{c_o\}$ 和 $\{a\}$ 称为 D 的核，即当且仅当 $\exists c_{ij} \in \mathbf{MC}$，$c_{ij} = \{a\}$ 或者 $c_{ij} = \{\wedge c_o\}$ 时，核为 $CORE_D(C) = \{a, c_o \mid a, \wedge c_o \in c_{ij}, c_{ij} \in \mathbf{MC}, o = 1, \cdots, t\}$。

证明：必要性：如果 $c' \in CORE_D(C)$，c' 是保持对象之间关系相对 D 不变的覆盖，那么它蕴含 $\exists x_i$，$x_j \in U$，$R_{C-\{c'\}}(x_i, x_j) \neq R_C(x_i, x_j)$。因此，可得 $c' \in B$，$R_B(x_i, x_j) = R_C(x_i, x_j)$；根据定义 6.10，可知 $C_{x_i} \not\subset C_{x_j} \wedge C_{x_j} \not\subset C_{x_i} \Leftrightarrow B_{x_i} \not\subset B_{x_j} \wedge B_{x_j} \not\subset B_{x_i}$。由定理 6.1 中（3），有 $c' \in \{A \in C \mid A_{x_i} \not\subset A_{x_j} \wedge A_{x_j} \not\subset A_{x_i}\}$ 或 $c' \in \{\wedge C_o \in C \mid C_{ox_i} \subset C_{ox_j} \wedge C_{px_i} \supset C_{px_j}\}$。根据定义 6.11，对于 $f_d(x_j) \notin \partial_C^\theta(x_i)$，可得 $c_{ij} = \{A \in C \mid (A_{x_i} \not\subset A_{x_j}) \wedge (A_{x_j} \not\subset A_{x_i})\}$ 或 $c_{ij} = \{A \wedge A' \mid (A_{x_i} \subset A_{x_j}) \wedge (A'_{x_i} \supset A'_{x_j})\}$。因此，$\exists c_{ij} \in \mathbf{MC}$，$c_{ij} = \{a\}$ 或者 $c_{ij} = \{\wedge c_o\}$。

充分性：如果 $\exists x_i$，$x_j \in U$，$c_{ij} = \{a\}$，那么对于 $B = C - \{a\}$，$|B| \geqslant 1$，根据定理 6.1 中（3），可知 $B_{x_i} \not\subset B_{x_j} \wedge B_{x_j} \not\subset B_{x_i}$ 不成立。同样，如果 $c_{ij} = \{\wedge c_o\}$，那么对于 $B = C - \{c_0\}$，也有 $R_B(x_i, x_j) \neq R_C(x_i, x_j)$。因此，$\{c_o, o = 1, \cdots, t\}$ 或者 a 是核的元素。

为了推导不完备覆盖决策系统的所有相对约简，在以下示例中利用差别函数进行计算。

例6.2：（接例6.1）通过差别矩阵和函数导出约简。

根据定义6.7，推导出 U 的覆盖集如下：

$A_1 = \{x_1, x_2, x_3, x_4\}$；$A_2 = \{\{x_1, x_3\}, \{x_2, x_4\}, \{x_1, x_3, x_4\}, \{x_2, x_3, x_4\}\}$；

$A_3 = \{\{x_1, x_3\}, \{x_2, x_3, x_4\}, \{x_1, x_2, x_3, x_4\}\}$；$A_4 = \{\{x_1, x_3\}, \{x_2, x_4\}\}$；

$\qquad A_5 = \{\{x_1, x_3\}, \{x_2, x_3, x_4\}, \{x_1, x_2, x_3\}, \{x_2, x_4\}\}$.

泛化决策类为 $\partial_A^\theta(X) = \{X_{|Good, Excel|}, X_{|Poor|}, X_{|Excel|}, X_{|Good|}\} = \{\{x_1\}, \{x_2\}, \{x_3\}, \{x_4\}\}$。

因此，根据定义6.11，构造差别矩阵（上三角矩阵）如下：

$$MC_{4\times4} = \begin{bmatrix} C & \{a_2, a_3, a_4, a_5\} & C & C \\ & C & \{a_2, a_4, a_5\} & \{a_2 \wedge a_5\} \\ & & C & \{a_2, a_4, a_5\} \\ & & & C \end{bmatrix}$$

差别函数 f_C^θ 可计算为：$f_C^\theta = (a_2 \vee a_4 \vee a_5) \wedge (a_2 \wedge a_5) = (a_2 \wedge a_5)$。

因此，$\{a_2, a_5\}$ 是 $ICDS$ 的约简属性集。

6.3.2 属性约简算法

设计了一种属性约简 $ICDS$ 的方法。对于对象的近似程度，通过实验，发现当式（6.2）中的 $P(x) \cap P(y)$ 改为 $P(x) \cap P(y) = \{a \in C \mid f_a(x) \neq * \wedge f_a(y) \neq *, x, y \in U\}$ 时，所提算法的性能得到了提高。因此，在某些情况下，在数值实验中使用了这两种近似度计算公式。属性约简算法的步骤描述如下：

输入：给定 ICDT，C 是 U 的覆盖。

输出：全部约简 R_d。

Begin

步骤1：利用式（6.1），对任意两个样本 $\forall x_i, x_j \in U$，计算其近似度 $\rho(x_i, x_j)$；

步骤 2：构造 $A \in C$，如果 $\rho(x_i, x_j) \geq \theta$ 且 x_i，x_j 满足式（6.3），$A'_i \leftarrow \{x_j\}$；$A \leftarrow A \cup \{A'_i\}$；

步骤 3：根据定义 6.7 推导 A_x 和覆盖 Cov_A^θ，如果 $x \in A'_k$，$A'_k \in A$，$A_x \leftarrow \cap A'_k$，$Cov_A^\theta \leftarrow Cov_A^\theta \cup A_x$；

步骤 4：根据定义 6.8 推导 $x \in U$ 的覆盖 C_x 和 Cov_C^θ，如果 $x \in A_h$，$A_h \in C$，$C_x \leftarrow \cap A_h$，$Cov_C^\theta \leftarrow Cov_C^\theta \cup C_x$；

步骤 5：计算泛化决策类；

步骤 6：构建差别矩阵 $\mathbf{MC}$，对于 $\forall A$，利用式（6.6），计算 x_j 和 x_i 的差别矩阵 $\mathbf{MC}$ 的元素 c_{ij}，$\mathbf{MC}(i, j) \leftarrow c_{ij}$；

步骤 7：由定理 6.4 得到核，对于 $c_{ij} \in \mathbf{MC}$，如果 $\{a\} = c_{ij}$ 或 $\{\wedge c_o\} = c_{ij}$，$CORE_D(C) \leftarrow \{a\} \vee \{c_o\}$，$\mathbf{MC} \leftarrow \mathbf{MC} \backslash \{\{a\} \vee \{c_o\}\}$；对于 $c_{ij} \in \mathbf{MC}$，如果 $c_{ij} \cap CORE_D(C) \neq \varnothing$，$\mathbf{MC} \leftarrow \mathbf{MC} \backslash \{c_{ij}\}$；

步骤 8：计算差别函数 f^θ，推导出约简集 R_d。首先，按 $|c_{ij}|(c_{ij} \in \mathbf{MC})$ 所含因素个数进行升序排列；然后针对每一个 $c_{ij} \in \mathbf{MC}$，根据合取和吸收规则，求出最小析取范式 f^θ，进而获得约简集 $R_d \leftarrow \{\Delta_t\}$；

步骤 9：输出全部约简集 R_d。

End

6.4　仿真实验

为了验证所提出的不完备覆盖粗糙集（以下简称 CRS）的约简性能，将其与扩展的粗糙集（以下简称 TRS）做了比较。此外，使用 BP 神经网络来评估这两个粗糙集对所选影响因素的预测性能。在 CRS 中，近似度的阈值在（0，1）中以步长 0.1 尝试。在 TRS 中，除了计算类似于 CRS 的约简，还补充验证约简分类和冗余。算法均在 Matlab（R2018a）编程，计算机配置为 Intel（R）Core（TM）i5 – 3210MCPU@ 2.50GHz2.50GB。实验数据集如表 6.2 所示，包括 UCI 数据库中的 Breasttissue 数据集和实际企业报价数据集（见附录 D）。

表 6.2 实验数据集

	数据集	缩写	对象	特征	分类数
UCI	Breasttissue	BT	106	9	6
实际数据	QuoData	QD	50	10	4

实验性能的评价标准包括近似精度、运行时间、特征数、约简数量、约简集、预测精度，分别简写为 ay、$time$、ne、nt、$reduct$ 和 py。预测精度采用均方误差（MSE）测量，即 $MSE = \dfrac{1}{n}\sum_{i=1}^{n}(y_i - \hat{y}_i)^2$，其中 y_i 为观测值；$\hat{y}_i$ 是预测值，在每个实例中该值等于 5 折交叉验证的平均值。

6.4.1 数据处理

选取其中一个特征来替换决策类的属性，从而将 BT 中的分类数从 6 个增加到 8 个，提高了模型的鲁棒性。数据处理步骤如下：

（1）数据清理。删除了 6 个在 BT 中特征值为负或为零的实例，实验共使用 100 个实例。

（2）数据离散化。采用了两种常见的离散化方法（聚类离散和等频离散），对于连续属性，使用聚类方法将特征值划分为 k 个聚类，然后将每个聚类设置为一个自然数；对于其他属性，使用等频率的方法来离散对象的值。

（3）缺失值处理。由于实际报价环境中会产生缺失数据，因此，从属性域中随机删除一部分值模拟缺失信息。考虑了 4 种缺失值的比例，即 $\beta = 5\%$、10%、15% 和 20%。

6.4.2 结果分析

由于近似度决定了覆盖的粒度和近似精度，因此，探究不同阈值下的分类效果以找到最佳值。此外，分析了两个粗糙集对缺失率的敏感性和预测精度。

6.4.2.1　缺失率分析

如表 6.3 所示,两个数据集下,覆盖粗糙集 CRS 减少了在所有缺失率下的特征数量。然而,TRS 在较大缺失率情况下,无法有效地减少特征数量。特别是在缺失率为 20% 时,无论是 BT 和 QD 数据集,TRS 约简集包含了所有的影响因素。而且,在所有的情况下,CRS 获得的近似精度大于 TRS 和原始数据的近似精度,这是因为 CRS 减少了对象的覆盖粒度。相比之下,TRS 的近似精度随着缺失率的增加而急剧下降,尤其是在大规模的数据集 BT 上更加明显。这证实了定理 6.2。CRS 在约简的数量上也比 TRS 有优势。

表 6.3　　TRS 和 CRS 的近似精度、时间、约简数和特征数比较 （时间单位：秒）

数据集	β	Raw data	TRS				CRS			
			nt	$time$	ne	ay	nt	$time$	ne	ay
BT	5%	0.92	1	366.64	7	0.92	2	112.29	7	0.95
	10%	0.80	2	364.35	8	0.80	1	92.78	4	0.91
	20%	0.39	1	388.13	9	0.39	11	257.75	4	1
QD	5%	0.94	3	45.61	8	0.94	18	54.70	5	1
	15%	0.88	1	81.66	9	0.88	37	449.16	3	0.94
	20%	0.78	1	92.86	10	0.78	10	58.56	7	0.98
平均值		0.79	1.5		8.5	0.79	13.17		5	0.96

结果表明,CRS 在 BT 中的计算时间优于 TRS,尽管它们在 QD 数据集中的效率相当。原因是对于 CRS,在 BT 中产生的覆盖率变得更大,得到的泛化决策类中包含比 QD 更多的样本对象,因此,差别矩阵和函数的计算时间减少了,从而计算效率得到提升。

6.4.2.2　阈值分析

在该实验中,首先通过调节阈值获得约简集,然后将其作为输入,利用神经网络预测相应的价格。结果如图 6.1～图 6.2 所示，随着阈值 θ 的改变，特征数量和预测精度呈现出不同的变化形式。

如图 6.1 所示，在 BT 数据集下，对于所有缺失比例，随着阈值的增加，特征的数量变小，但在缺失比为 10% 时存在一定的波动。CRS 的预测精度随阈值的变化而波动，其在大多数情况下高于 TRS 的预测精度，仅在某些阈值下，其会低于 TRS 的预测精度。此外，在缺失率为 5%，阈值较小时，预测精度达到最低点，而在其他两个比例缺失，阈值较大时，预测精度达到最低点。

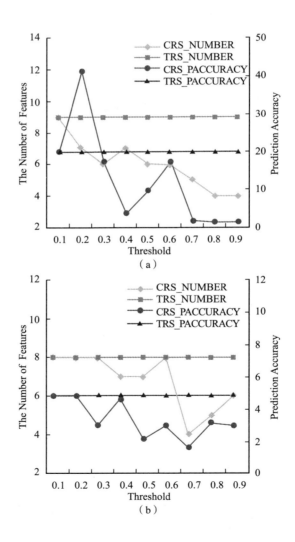

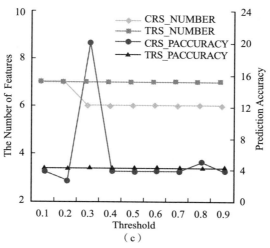

图 6.1　（a）$\beta = 20\%$ 时 BT 的比较结果　（b）$\beta = 10\%$ 时 BT 的
比较结果　（c）$\beta = 5\%$ 时 BT 的比较结果

对于较小的缺失率，在较大的阈值下，对象的覆盖集较小，而具有缺失值的样本对象很可能被归类为一个单独的类；相反，在较小的阈值下，它们可以避免由于覆盖集较大而被错误分类。因此，约简集提取得更加准确，预测精度也得到提高。而在较高的缺失率下，情况则相反。

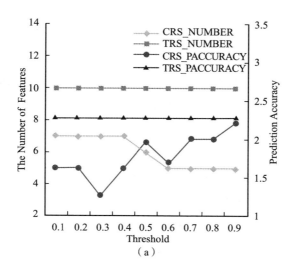

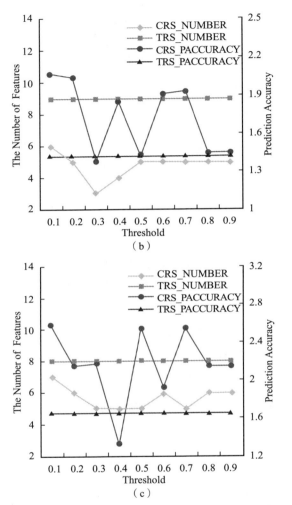

图 6.2　（a）β = 20% 时 QD 的比较结果　（b）β = 10% 时 QD 的
比较结果　（c）β = 5% 时 QD 的比较结果

如图 6.2 所示，在 QD 数据集下，当缺失率较高（β = 20%），特征的数
量会减少；对于较小的缺失率，特征的数量下降趋势在阈值 0.3 附近结束，
随后特征的数量增加，并最终保持在低于 TRS 的水平。此外，高缺失率的预
测精度在到达最低点后先下降，然后上升；其他缺失比率也有相似的变化趋
势，即在 TRS 的预测精度的上下波动，在 0.3 和 0.4 的阈值内达到最高预测

精度值。产生这种趋势的原因，与上述 BT 中缺失率较低时的原因相同。

结果表明，在小数据集或缺失率较小的大数据集中，阈值的最优值应较小，以扩大覆盖，使具有缺失值的对象本身不能单独分为一类；然而，在缺失率较大的 BT 中，阈值越大，覆盖集的样本变少，从而可以避免没有关联的对象分为一类。

6.4.2.3　预测精度对比

选择两个对比粗糙集获得的最优约简集，以最优的预测精度值，来比较它们的预测性能。如表 6.4 所示，随着缺失率的增加，TRS 的预测精度都有所降低，而 CRS 的预测精度都有所增加。因此，两种算法之间的预测性能差距变大，其中最大的差异发生在 BT 的缺失率为 20% 的情况下。此外，在大多数情况下，CRS 的预测精度的标准差都小于 TRS。另外，与原始数据的预测结果对比，CRS 和 TRS 均具有更高的预测性能，表明通过选取关键影响因素，可以提高报价预测的准确性。

表 6.4　　　　　　　　　　TRS 和 CRS 的预测准确率和减少率对比

数据集	β	Rawdata	TRS		CRS		Δ
			reduct	py	reduct	py	
BT	5	199.1813 ± 410.3317	1, 2, 3, 4, 5, 6, 9	4.2270 ± 1.6881	1, 2, 3, 4, 6, 8, 9	2.5662 ± 2.9290	1.6608
	10	34.5984 ± 60.2765	1, 2, 3, 4, 5, 6, 8, 9	4.8793 ± 3.7289	1, 4, 5, 9	1.6474 ± 0.8744	3.2319
	20	19.9349 ± 23.7567	1, 2, 3, 4, 5, 6, 7, 8, 9	19.9349 ± 23.7567	1, 3, 5, 9	1.4185 ± 0.4607	18.5164
QD	5	3.2231 ± 1.9041	2, 4, 5, 6, 7, 8, 9, 10	1.6580 ± 0.4714	2, 3, 4, 9, 10	1.3244 ± 1.1835	0.3336
	15	1.6943 ± 0.8655	1, 2, 3, 4, 5, 6, 7, 8, 10	1.4310 ± 0.4543	2, 3, 9	1.3829 ± 0.3233	0.0481
	20	2.2804 ± 0.7476	1, 2, 3, 4, 5, 6, 7, 8, 9, 10	2.2804 ± 0.7476	1, 2, 4, 7, 8, 9, 10	1.2687 ± 0.7007	1.0117

6.4.3 管理启示

日益增长的个性化产品需求促使企业从大规模生产转向大规模定制。报价过程中涉及大量的影响因素，这些因素具有不准确、不完整、不确定等特点。因此，本章提出了一个基于覆盖粗糙集的报价模型来解决缺失值的属性约简问题。

考虑对象的语义，对带有缺失值因素进行属性约简已经成为一个问题。现有的方法是将缺失值映射到属性值域的子集后，在每个属性相似的条件下，构建对象间的相似关系。然而，在本章中，对象的相似关系通过近似度来调整，只有具有相同已知值的对象间才能建立关联关系。据此，建立了一个不完备覆盖粗糙集来推导关键报价属性的约简集。

提出的粗糙集 CRS 对不完整信息系统进行了覆盖关系的建立，将 CRS 的覆盖集合与 TRS 的容差关系进行对比，定理 6.1 表明，CRS 的下（上）近似是 TRS 下（上）近似的一个超集（子集），这意味着 TRS 比 CRS 使更多的对象不可定义，从而使 CRS 可以产生更好的近似精度。由于覆盖是根据对象的语义推导出来的，因此在 CRS 中有更多的属性可以与其他对象进行辨析。所以，CRS 很可能获得属性的最小子集以保持对象的泛化决策值，即一个较小的相对约简集。

由于缺乏设计、制造和管理知识，以及客户需求不确定，存在大量的缺失值，报价的不确定性增强。提出的报价模型有利于减少当前波动环境中的报价因素，提高报价的准确性。从实验结果可知，即使报价数据缺失率不断增大，约简集含有的元素也会逐渐减少。虽然仅以一家模具公司为例来验证所提出的模型，但它对于各种个性化产品的报价都是可行的。然而，所提出的模型可能不适用于那些几乎没有不完备信息的批量生产的产品。对于所提出的模型的应用，需要历史报价实例，但是数据质量不需要满足异常高的标准，因为，所提出的模型适用于不确定的不完整决策信息系统。

如表 6.4 所示，粗糙集模型的预测精度高于原始数据的预测精度。表明数据挖掘与机器学习相结合可以有效地解决报价中的因素选择和预测问题。此外，提出的模型为影响因素与报价之间的关系提供了新的理解。从附录表 D 可知，设计成本和停留时间是实际报价数据集中的约简属性，可对其作出调整以满足不断变化的客户需求。

　　由于收集信息的复杂性和报价策略的要求，所提出的模型为决策者提供了所有的影响因素的约简集，以帮助他们做出报价决策。此外，对于个性化生产，当前的顺序报价将被平行报价（同时处理产品的相关信息的报价）取代；提出的模型涵盖了产品生命周期的业务，可以满足这一转变要求。

6.5　本 章 小 结

　　对于不完备信息系统中的传统粗糙集，将缺失值与任意属性值进行匹配得到容差关系，可能会导致对象错误分类。相比之下，现有的覆盖粗糙集将这些对象分到一个单独的类中，使得约简集在许多现实问题中不可用。而本章提出了一个不完备覆盖粗糙集来推导出具有缺失值的所有约简集。

　　通过设计近似度调整对象的相似关系，定义了不完备覆盖决策系统，并基于对对象的描述构建一组覆盖。证明了不完备覆盖粗糙集的约简集的性质，并基于差别矩阵，设计了一种能够求取全部关键报价影响因素的属性约简方法。基于 UCI 和实际数据集的实验结果表明，所提出的不完备覆盖粗糙集在近似精度和预测精度的性能上优于对比的粗糙集，且报价模型在各种数据缺失率的因素选择和报价预测中是有效的。根据对象的语义构造新的相似度准则，据此推导出能够生成属性约简集的一组覆盖，因此，所提出的不完备覆盖粗糙集扩展了不完备信息系统中的粗糙集理论。

第 3 篇　智能制造环境下产品报价预测

针对不完备和不确定环境下产品报价需求，研究智能制造模式下产品报价预测方法。随着个性化产品的逐渐发展，制造与服务相融合逐渐成为全球制造企业为适应市场环境变化、维持企业生存发展所必须经历的过程。对企业来说，一切经营活动的最终目的是收益。产品价格会直接影响企业利润和客户满意度。如果产品价格制定得过高，顾客有可能会放弃购买该产品；如果产品价格过低，会降低企业收益。因此，企业必须权衡企业利润与顾客需求之间的关系，准确快速地制定产品报价。为解决上述问题，提出如下研究内容：

在现有的研究中，产品报价和服务报价是两个相分离的研究方向，为满足制造服务模式下产品报价的要求，建立完备数据下基于支持向量机的产品报价方法，利用支持向量机回归算法作产品报价预测，在确定产品价格的同时满足客户服务要求。

由于客户需求的不确定性，产品设计、制造、生产等过程中的数据由于人工失误或个性化需求等原因会存在数据缺失的情况。为解决数据不完备问题，提出两种方法，一方面，通过对缺失数据进行插补，建立基于遗传算法改进的支持向量机回归模型，为企业对缺失数据参考提供依据；另一方面，在对缺失数据进行处理的同时构建回归预测模型，避免插补缺失数据影响数据结构。提出考虑缺失数据特征动态产品报价预测模型，构建基于梯度信息的最小二乘支持向量机回归算法。两种方法避免缺失数据对企业报价制定和报价策略的影响，提升报价的准确性。

考虑在云制造环境中，服务价格和成本相分离导致服务提供商难以进行按需价格预测的难题。建立云制造环境下产品报价预测模型,提出了一种基于蚁群优化算法的支持向量回归集成方法,所提出的报价模型为服务提供商提供了一种可行的报价方法。

通过建立上述模型能够满足新市场环境对产品报价的准确性和个性化要求,为企业进行产品报价决策提供研究方向,丰富了产品动态报价的研究内容,提高了企业的竞争实力,为企业进行精确产品报价提供理论依据和方法支撑。

第 7 章

完备数据下基于支持向量机的
产品报价方法

由于生活水平以及人们对物质品质要求的提高，顾客的需求逐渐趋向个性化。同时，随着全球经济的发展和科学技术的进步，制造企业的加工工艺日趋成熟、生产设备逐渐智能化，产品的差异化越来越难以实现，企业无法通过产品生产获取高额的利润，因此制造企业面临着较大的市场压力。在这种市场环境下，服务在企业竞争中的优势逐渐凸显出来。因此，将服务与制造相融合成为制造企业应对当前竞争激烈的市场环境、获取利润的重要途径。由于服务不同于有形产品，具有其独有的特性，制造企业在考虑服务与制造相融合时，不能按照原有的思维来考虑产品报价，即传统的报价方法无法适用于新环境。因此，研究一种适用于制造与服务相融合的新环境下的产品报价方法刻不容缓。

因此，分析当前关于产品报价、影响因素的研究。本章根据设计、生产制造和服务 3 个阶段构建的产品报价影响因素体系，利用支持向量机回归算法（SVR，support vector regression）在求解小样本量问题上的优势，构建基于支持向量机回归算法的产品报价模型；为验证方法的有效性，将其与常用于预测的神经网络算法进行对比。同时利用皮尔逊相关性分析产品报价影响因素与产品报价之间的相关性，并将其用于产品报价预测，以验证提出体系的有效性。

最后，以某企业为例，以验证基于支持向量机回归算法的产品报价模型的有效性。通过与神经网络算法进行对比，证明了该模型用于产品报价的有效性和可靠性。将与产品报价有显著相关性的因素用于产品报价预测实验，结果表明其结果较之用全部因素进行产品报价得到的结果较差，间接验证了提出体系的有效性，为制造企业进行产品报价提供科学合理的报价方法和理论指导。

7.1 问题描述

在现有的研究中，主要从产品生命周期、供应链角度或仅研究成本、库存水平等单因素角度分析因素对产品报价的影响。而当前的市场环境发生了转变，顾客不仅仅关注产品本身，更注重于附加在产品上的服务活动。同时在调研过程中发现，制造企业逐渐开始关注于服务，且比重逐渐增加，因此传统的制造模式无法适应当前的市场环境，由此产生了将制造与服务相融合的模式。由于服务本身特有的即时性、无形性等特征，无法直接衡量其在生产过程中的作用。一切的产品生产和服务的发生，针对的都是顾客，因此本章依据顾客收到产品后的反馈以及企业完成订单的情况来界定服务阶段的因素。由于顾客不同，其个性化需求是不同的，因此产品呈现多样化的特点，进而形成多样化的生产过程。同时产品的不同，其具体的价格也不同。

成本是产品报价的基础。影响产品成本的因素主要包括材料成本、产品功能、人工成本、制造费用和营销成本。本章产品报价影响因素的提出，是在此基础上将其细分，并考虑了具体设计、生产和服务各阶段的其他因素，进而提出的产品报价影响因素体系。

设计阶段的成本，主要是指设计人员根据产品特征、功能设计符合要求的产品所消耗的成本。产品功能体现的是产品的特性，顾客的要求越高，产品的设计越复杂，其成本也就越高，因此产品功能因素直接反映出产品的设计成本。

生产阶段中的除材料外的其他成本，包括生产阶段的人工成本，以及生产过程中包括的其他潜在的可控成本。本章未将产品的原材料成本考虑到报价指标中，是因为产品种类不同或同样产品规格不同，其加工工艺、加工条件均不同。加工工艺、条件的不同，会直接影响生产产品的原材料用量，进而影响产品的原材料成本。

为更好地满足顾客的需求，考虑顾客参与到产品的整个生产过程中（如图 7.1 所示），从产品设计到完成品交付到顾客手中，顾客可以随时了解产品的生产状态。同时也方便与顾客沟通，根据实际生产情况随时提出更改要求，及时更改产品生产内容，最大限度满足顾客需求，避免不必要的成本浪费，降低成本。顾客个性化需求越特殊，客户可能会参与到更重要的业务流程中。这就使得产品的价值增值过程完全不同于传统产品的价值增值过程，产品价格的制定除了要考虑产品的质量与成本，同时还要考虑顾客满意与顾客参与到整个产品生产过程的程度。

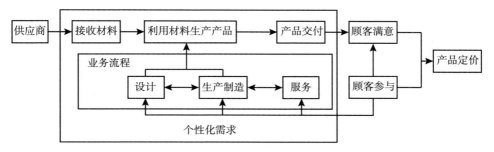

图 7.1　顾客参与下的产品报价流程

因此，在整个价值链的基础上，本章提出用影响因素来进行产品报价。首先通过文献查阅和企业调研来确定影响报价的因素，提出产品报价影响因素体系，然后利用支持向量机回归算法来作产品价格预测。

产品报价受多方面因素的影响。本章在文献分析和实际企业调研的基础上作整理分析，从制造商的产品生产过程出发，即从产品设计到完成品交付到顾客手中，分析整个过程中影响产品报价的因素。由于顾客不同，其需求也不同，产品种类差别很大，产品的价格也是不同的。因此，影响产品报价的因素也应能够反映顾客的需求，进而开展产品报价工作。而这种差异主要体现为影响因素的具体表现值不同。整个产品报价影响因素的提出，需要满足在竞争市场环境下，考虑顾客参与产品生产过程，将其分成设计、生产、服务3个阶段作分析，进而提出产品报价影响因素体系。

本章在上篇影响因素研究的基础上，结合实地企业调研（具体的调研问卷见附录E）构建影响因素体系。问卷共分为两部分：介绍调查问卷的目的及填写方式；具体的问卷内容——基础信息和指标内容。基础信息部分为了解填写问卷的被调查者对于问题的看法及可参考程度；指标分为3个一级指标：设计阶段指标、制造阶段指标、服务阶段指标，并将其细化至二级指标，同时给出了其具体含义，最终确定了产品报价影响因素体系（见图7.2）。本章将报价影响因素分成两个层次。第一层次包括3个阶段：设计阶段、生产制造阶段和服务阶段，以上各阶段的具体内容依据不同的顾客参与而不同。每个阶段的影响因素均可以被细化。同样，第二层次影响因素也应符合每个业务流程的要求并且是可行的。

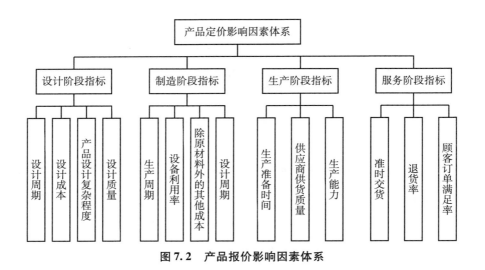

图7.2　产品报价影响因素体系

（1）设计阶段的产品报价影响因素

设计阶段是产品生产过程的开始阶段。顾客参与到产品设计和工艺设计的过程中，为了准确度量其对企业、顾客价值以及成本形成的影响，需根据产品性能、成本等类别来确定产品报价影响因素。这一阶段，设计部门需要与顾客以及制造部门充分沟通，才能设计出满足顾客需求的产品，同时也应符合企业制造部门的生产要求，确保产品能够保质保量地进行生产，最终确定产品的设计结构和产品参数等。顾客的个性化需求不同，参与产品设计过程的程度不同。设计阶段影响产品报价的主要影响因素包括：设计周期、设计成本、产品设计复杂程度及设计质量。

1）设计周期是指生产一个产品所需要的时间。设计的产品不同，其设计周期也不同；而顾客个性化也会体现在设计周期上，顾客需求的个性化越突出，产品设计难度越大，产品设计周期也就越长，因此这也是顾客要参与到产品设计阶段的原因。

2）设计成本是指设计一个产品需要消耗的所有成本之和。设计成本等于设计周期乘以设计工资率，因此与设计周期成正相关。

3）产品设计复杂程度是指依据顾客需求设计产品的复杂程度。顾客的个性化需求越高，产品的特征越复杂，产品的设计也就越复杂。该特征主要由产品本身的特征所决定，如孔这一特征，其大小以及数量，都会影响产品的设计复杂程度，进而影响产品设计周期和设计成本。

4）设计质量是设计的产品满足顾客需求的程度。产品的设计最终是要满足顾客的个性化需求，因此其设计质量的好坏直接影响顾客对企业能力的认知，进而会影响与企业的合作。

由于产品设计复杂程度以及设计质量属于定性影响因素，无法直接应用到模型预测中，因此需要进行量化以更方便地用于预测。在本章中，产品设计复杂程度和设计质量是由设计部门的经理根据产品的特性进行定义和衡量的。产品设计复杂程度被划分为简单、较复杂和复杂3种，设计质量分为一般、较好和好3种。随着顾客参与程度的增强，这些因素的强度呈现上升的趋势。

（2）生产制造阶段的产品报价影响因素

在顾客参与制造的过程时，制造阶段的报价指标应该能够准确度量制造过程中顾客价值和企业价值的增值程度。完成产品设计之后，需要进行试生产来确定加工工艺参数，以保证产品的质量。生产产品的种类不同，不仅会影响到产品的制造周期以及产品能够按时交付，同时还会造成产品的生产加工工艺条件复杂多变，进而影响产品的质量。因此在制造阶段，影响产品报价的主要因素包括制造周期、设备利用率、除原材料外的其他制造成本、加工工艺、生产准备时间、供应商提供材料的质量、生产能力。

1）制造周期是指从订单实施生产开始到生产成最终产品的过程中生产某一特定产品所需要的时间。

2）设备利用率是指在既定的时间内实际的生产时间占定额生产时间的比例。设备实际用于生产产品的时间是不一样的。

3）成本包括生产过程中发生的所有成本，包括材料成本、人工成本、销售成本、制造成本等。

4）加工工艺是指生产一个符合质量要求的产品所需要满足的工艺条件。生产产品的种类不同，其产品特征不同，生产一个合格产品所需要的加工工艺条件是不同的。

5）生产准备时间是指从生产一种产品到生产另一种产品切换生产线所需要的时间。如生产产品需要准备工装夹具、原材料等，需要花费一定的时间将工装等运送至生产地并安装到设备上，退火炉等设备在生产前还需要进行预热等。这一系列的过程所需要的时间要均摊到每个产品上。

6）供应商提供材料的质量会直接影响产品的质量。生产产品最终的目的是要满足顾客需求，原材料的质量好则生产合格产品所需要的材料用量相对少一些，原材料成本也就比较低；反之则需要消耗更多的原材料来生产合格产品，产生较高的原材料成本。

7）生产能力指在特定时间内一台机器、一条生产线、一个工厂能够生产产品的数量。机器的生产能力是有限的，而产品种类不同，生产每个产品的用时是不一样的，因此在既定时间内生产产品的数量也是不同的；另外，顾客会对产品生产提出要求，进而影响产品生产时间，间接影响产品的生产能力。

上述因素中，制造周期、设备利用率和除原材料外的其他制造成本描述了制造过程创造企业价值的能力，会直接影响产品的报价；而加工工艺，由于生产产品的特征不同，其所需要的加工条件以及工艺过程也就会不同，因而会影响到产品的原材料使用量，影响产品的原材料成本，进而间接影响产品报价；同时，生产准备时间、供应商提供材料的质量以及生产能力也会间接影响产品报价。

（3）服务阶段的产品报价影响因素

本章以满足顾客需求为目的，同时以保证制造企业获利为前提，考虑顾客参与整个产品的设计、生产制造，全程为顾客提供能满足其个性化需求的服务。因此，本小节将列出服务阶段中影响产品报价的因素，以补充过去的研究中提出的产品报价指标体系，同时也使得提出的产品报价影响因素体系更完备。

由于服务具有无形性和及时性等特性，因此其确定和衡量不同于其他因素，本章结合产品交付给顾客以及企业满足顾客订单要求的情况，通过顾客的反馈来确定企业服务阶段的因素。从顾客角度分析，服务阶段的产品报价影响因素应该能够反映顾客的满意度，本章将其与企业的实际表现相结合，为保证能够控制、衡量服务阶段影响产品报价的因素，服务阶段的影响因素包括准时交货、退货率和顾客订单满足率。

1）准时交货率是指完成品在规定时间内交付到顾客手中的次数占总交易次数的百分比。企业准时交货越高，说明企业能够满足顾客要求的能力越高，其服务能力越高，进而影响产品报价。

2）退货率是指由于不合格的产品交付给顾客，造成顾客退回产品的次数占总交易次数的百分比。产品生产过程中，即使确定了最终的生产工艺参数，由于机器、生产环境等不确定因素的存在，也会影响产品的质量，出现不合格产品。由于交付产品的检验可能不全面，造成不合格产品混入交付给顾客。顾客收到不合格产品后，会将产品退回给产品生产企业。

3）顾客订单满足率是企业按时准确将满足订单的产品交给顾客的次数占总订单数的百分比。

准时交货和顾客订单满足率是指企业能否按时、准确地将产品交付到顾客手中，顾客订单能够被满足的程度，这两个因素会直接影响顾客的满意度，进而影响企业的订单数量甚至危及企业的生存发展；退货率直接反映了顾客的不满意，因此会影响顾客对企业的评价。服务阶段的影响因素会直接反映顾客的满意程度，进而影响顾客对产品价格制定的感知，进一步影响产品报价。对上面设计的各影响因素的定义作整合，具体见表7.1。

表 7.1　　　　　　　　　　产品报价影响因素的具体含义

第一阶段	第二阶段	影响因素的定义
设计阶段（A_1）	设计周期（A_{11}）	衡量新产品设计的速度或时间
	设计成本（A_{12}）	设计产品发生全部成本
	产品设计复杂程度（A_{13}）	根据顾客需求的产品设计复杂程度
	设计质量（A_{14}）	产品设计满足顾客需求的程度
生产制造阶段（A_2）	生产周期（A_{21}）	衡量一个产品从接受订单开始生产到生产完成的时间
	设备利用率（A_{22}）	在既定的时间内实际的生产时间占定额生产时间的比例
	除原材料外其他成本（A_{23}）	衡量除材料成本外的其他成本总和，包括人工成本及制造成本
	加工工艺条件（A_{24}）	生产合格产品需要满足的加工工艺条件
	生产准备时间（A_{25}）	衡量从生产一个产品到另一个产品需要切换生产线或生产厂的速度或时间
	供应商交货质量（A_{26}）	既定供应商提供优质材料的百分比
	生产能力（A_{27}）	在特定的一段时间内，一台机器、生产线、单位或者工厂生产的产品数量
服务阶段（A_3）	准时交货（A_{31}）	衡量在承诺给客户的时限内交付货物次数的百分比
	顾客退货（A_{32}）	衡量顾客退货或者要求返回质量差的产品次数的百分比
	顾客满足率（A_{33}）	顾客按时收到满足订单要求的合格产品的次数的百分比

设计、生产制造和服务阶段之间是相互依存、相互联系的，共同影响产品报价；对于产品设计阶段，需要通过设计和生产制造阶段的产品报价影响因素共同作用，确保产品质量，进而影响产品的报价；生产制造阶段则需要以设计阶段已确定的产品的工艺参数为基础，进一步确定加工工艺等指标以保证产品的质量，进而影响生产制造阶段；服务阶段是顾客直接对产品交付情况做出的反馈，而产品的最终质量、数量等情况直接受设计、生产制造阶段的影响，进而影响产品报价。因此，安排、协调好整个产品的生产活动对于企业的报价、生存发展具有重要的作用；而从证明从产品生产过程角度选取影响产品报价因素，进行报价预测具有一定的必要性和意义。

7.2　基于 SVR 的制造企业产品报价方法

7.2.1　基于 SVR 的产品报价模型

支持向量机回归算法作为一种统计机器学习理论技术，在处理非线性、高维小样本量的问题时具有一定的优势。而利用影响因素进行产品报价预测的问题，影响因素的选取来自生产过程各阶段，其影响因素的属性各不相同，且影响因素较多，较难确定其与报价之间的关系。同时，由于服务与制造新模式是新提出的概念，因此研究问题的样本量较小。从上可以看出，研究的问题可以利用 SVR 算法进行求解，利用机器学习法进行求解既可以降低计算复杂度，又可以降低计算量。因此，本章利用支持向量机回归算法，构建产品报价模型，以快速准确地预测产品报价。

而研究的利用产品报价影响因素来预测产品报价的问题中包含 3 个阶段的影响因素，每个阶段又包括多个细化因素，因此这属于一个高维空间上的预测问题。并且，因素与报价之间的关系很难确定，同时，线性的支持向量机回归算法在求解问题时容易出现过拟合现象。因此，引入松弛因子和核函数两个概念，降低计算复杂度的同时提高算法的计算效率。

设 $x_i \in R^m$ 为产品报价影响因素的属性值，即模型输入变量，$y_i \in R$ 为产品报价——模型输出变量，其中 i 为第 i 个样本，$i = 1$，2，$\cdots$，45，m 为第 m 个影响因素，$m = 1$，2，$\cdots$，23。

由于在实际问题中异常情况的出现，有可能出现异常值，因此引入松弛因子 $\xi_i > 0$ 和 $\xi_i^* > 0$，允许存在一定程度的误差；同时样本不可能完全满足线性可分的情况，因此引入核函数，通过将其从低维的样本空间映射到高维的特征空间转化为线性问题，进而求解最优超平面。具体的转化过程如图 7.3 所示。

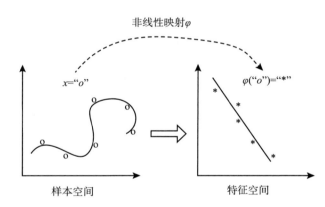

图 7.3 样本空间到特征空间的非线性映射过程

因此，模型构建如下：

$$\min_{w,b}\left\{\frac{1}{2}\|w\|^2 + C\sum_{i=1}^{n}(\xi_i + \xi_i^*)\right\}$$

$$\text{s. t. } y_i - (w \cdot \varphi(x_i) + b) \leq \varepsilon + \xi_i^*$$

$$w \cdot \varphi(x_i) + b - y_i \leq \varepsilon + \xi_i$$

$$\xi_i, \xi_i^* \geq 0, i = 1,2,\cdots,n \tag{7.1}$$

其中 $C > 0$ 为惩罚因子，$\varphi(\cdot)$ 为核函数。

同分类问题一样，引入 Largrange 因子将模型转化为凸二次规划问题进行求解，有：

$$L = \frac{1}{2}\|w\|^2 + C\sum_{i=1}^{n}(\xi_i + \xi_i^*) + \sum_{i=1}^{n}\alpha_i[w^T \cdot \varphi(x_i) + b - y_i$$

$$- \varepsilon - \xi_i] + \sum_{i=1}^{n}\alpha_i^*[y_i - w^T \cdot \varphi(x_i) - b - \varepsilon - \xi_i^*]$$

$$- \sum_{i=1}^{n}\beta_i\xi_i - \sum_{i=1}^{n}\beta_i^*\xi_i^* \tag{7.2}$$

其中 α_i，α_i^* 为 Largrange 因子，然后对 w，b，ξ_i^*，ξ_i 求偏导：

$$\begin{cases} \dfrac{\partial L}{\partial w} = w + \sum_{i=1}^{n}\alpha_i \cdot \varphi(x_i) - \sum_{i=1}^{n}\alpha_i^* \cdot \varphi(x_i) \\[2ex] \dfrac{\partial L}{\partial b} = \sum_{i=1}^{n}\alpha_i - \sum_{i=1}^{n}\alpha_i^* = 0 \\[2ex] \dfrac{\partial L}{\partial \xi_i} = C - \alpha_i - \beta_i = 0 \\[2ex] \dfrac{\partial L}{\partial \xi_i^*} = C - \alpha_i^* - \beta_i^* = 0 \end{cases}$$

将得到的结果代入式（7.2）中，得到其对偶问题：

$$\min_{\alpha^*,\alpha} \frac{1}{2}\sum_{i,j=1}^{n}(\alpha_i^* - \alpha_i)(\alpha_j^* - \alpha_j)K(x_i, x_j) + \varepsilon\sum_{i=1}^{n}(\alpha_i^* + \alpha_i) - \sum_{i=1}^{n}y_i(\alpha_i^* - \alpha_i)$$

$$\text{s. t.} \sum_{i=1}^{n}(\alpha_i^* - \alpha_i) = 0$$

$$0 \leqslant \alpha_i^{(*)} \leqslant C, \ i = 1, 2, \cdots, n \tag{7.3}$$

其中 $K(x_i, x_j) = \varphi(x_i) \cdot \varphi(x_j)$ 为核函数。其求解的最优超平面的计算公式为：

$$f(x_i) = \sum_{i=1}^{n}(\alpha_i^* - \alpha_i)K(x_i, x) + b \tag{7.4}$$

其中，b 为回归机偏差值。

支持向量机回归模型的求解难易程度取决于具体核函数的选择及其参数设定，进而影响算法性能。常用的核函数有：线性核函数、多项式核函数、径向基核函数、感知机核函数。

同时模型需要满足 KKT（Karush – Kuhn – Tucker）条件，因此需要满足以下条件：

$$\begin{cases} \alpha_i(\varepsilon + \xi_i - y_i + w \cdot x_i + b) = 0 \\ \alpha_i^*(\varepsilon + \xi_i^* + y_i - w \cdot x_i - b) = 0 \\ \beta_i \xi_i = 0 \rightarrow (C - \alpha_i)\xi_i = 0 \\ \beta_i^* \xi_i^* = 0 \rightarrow (C - \alpha_i^*)\xi_i^* = 0 \end{cases} \tag{7.5}$$

由于 α_i，α_i^* 不会同时为 0，因此根据 KKT 条件可以得到其具体值：

（1）当 $\alpha_i = C$，$\alpha_i^* = 0$（或者 $\alpha_i = 0$，$\alpha_i^* = C$）时，由式（7.5）可知，ξ_i^*（或者 ξ_i）必为 0，但 $\xi_i(\xi_i^*)$ 的取值未必是 0，因此 $|f(x_i) - y_i|$ 有一定的概率是大于 ε 的；

（2）当 $0 < \alpha_i < C$，$\alpha_i^* = 0$（或者 $\alpha_i = 0$，$0 < \alpha_i^* < C$）时，由式（7.5）可知，ξ_i^*（或者 ξ_i）必为 0，同时必有 $\varepsilon - y_i + w \cdot \varphi(x_i) + b = 0$，进而可以得到 b 值。

7.2.2　基于 SVR 的产品报价算法步骤

为提高预测产品报价的准确性和速度，本章从企业的历史数据中选取加工工艺相似的产品作为样本用于预测产品报价。预测的具体过程如下（见图 7.4）：

（1）确定模型的输入、输出。产品报价影响因素体系作为输入，对应的产品报价作为输出。根据确定的输入输出，从企业的历史数据中选取具有全部影响因素特征的产品作为样本进行预测。

（2）数据处理。利用"3σ"原则作数据筛选，以剔除异常数据，保证预测结果的准确性。预测模型对数据极其敏感。如果数据不完整、不准确、分布不均匀，模型的性能无法保证。由于数据来自实际企业，其随机性比较强且无法控制，因此需要剔除掉异常数据。详细的操作过程为：计算样本 i 的第 j 个特征相对于特征均值的差异 $|x_{ij} - \bar{x}_j|$，其中 x_{ij} 为样本 i 的第 j 个特征，$\bar{x}_j = \dfrac{1}{n} \sum_{i=1}^{n} x_{ij}$ 为第 j 个特征的均值。σ_j 为第 j 个特征的标准差，且 $\sigma_j =$

$$\sqrt{\frac{1}{n-1}\sum_{i=1}^{n}(x_{ij}-\bar{x}_{j})^{2}}$$。如果 $|x_{ij}-\bar{x}_{j}|>3\sigma_{j}$，则将样本视为异常数据删掉。

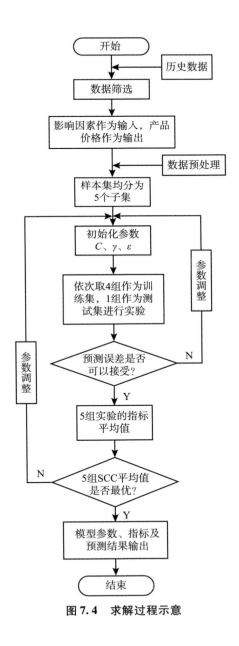

图 7.4　求解过程示意

（3）数据归一化。将数据归一化至 ［ - 1, 1 ］ 区间。预测样本所含的影响因素来自产品生产过程的 3 个阶段。由于每个阶段在产品生产过程中的作用及功能是不同的，其具体内容存在差异，影响因素之间也存在差异；同时由于产品之间具有不同的特征，影响因素的具体值也不同；由于样本各影响因素代表的含义不同，其具体值也不同。因此，需要对定性的影响因素进行量化处理；同时，需要对数据进行归一化处理，以消除数据之间存在的量纲差异，进而降低其对预测结果的影响。具体的归一化计算公式为：

$$x_i' = \frac{2(x_i - x_{min})}{x_{max} - x_{min}} - 1 \qquad (7.6)$$

其中，x_{max} 和 x_{min} 表示的是样本中某一特征的最大值和最小值，x_i 为实际值，x_i' 为归一化后的样本值。

（4）模型参数的确定及验证

采用 5 倍交叉验证法（5 - fold cross validation）来确定基于 SVR 的产品报价模型参数，并验证模型的推广能力。将处理后的样本均分成 5 个子集，其中 4 组用来训练模型，另外一组用来测试模型的泛化能力；依次交换测试组来进行实验，并以 5 组测试集决定系数（SCC）的平均指标结果作为评价标准，确定最终的模型参数。

由于求解的是利用产品报价影响因素进行产品报价预测的问题，影响产品报价的因素众多，且难以确定影响因素之间以及影响因素与报价之间的关系，增加了问题求解的难度。因此，通过引入核函数，将其转换至高维特征空间进行线性求解。由于径向基核函数在求解各类问题时都具有一定的优越性，因此选择径向基核函数作为核函数。其中径向基核函数的表达式为：$K(u, v) = \exp(-\gamma \cdot |u - v|^2)$。由于选取的是径向基核函数，因此影响 SVR 算法性能的参数有惩罚因子 C、RBF 参数 γ，还包括不敏感损失因子 ε。

步骤 1：将实验数据随机均分成 5 个子集，任意选取其中 1 组作为测试集，另外 4 组作为训练集用于实验；

步骤 2：将样本的输入、输出数据导入基于 SVR 的产品报价模型中。各参数的初始值默认为：$C = 1$，$\gamma = 1/k$（其中，k 为模型输入的属性数。包括 23 个自变量，因此 $k = 23$），$\varepsilon = 0.1$；其中，允许算法终止条件为 $e = 0.001$；进行模型训练的同时验证测试集的结果，以验证模型的泛化能力；

步骤 3：调整模型参数，判断预测误差是否在可接受范围内？若是，转步骤 4；否则调整参数，继续进行实验；

步骤 4：依次交换训练集和测试集，用于实验；

步骤 5：计算 5 组实验指标的平均值，判断指标值是否达到最优？若是，转步骤 6，得到该模型的参数；否则，返回步骤 3；

步骤 6：输出模型参数、指标值，并将预测结果进行反归一化得到实际预测值。

7.3　实　例　应　用

7.3.1　实例数据

以调研企业为例进行验证，调查问卷为附录 E。公司当前生产的产品种类 400 个，其中包括长线组装产品以及单品部件等。现选取其某年 5 月实际产品的生产数据作为样本进行实例验证，利用产品报价影响因素预测产品报价，并将其与神经网络进行对比，验证其在求解小样本量问题上的优势以及算法有效性。结合具体产品报价过程，将 5 月的数据做异常处理进行筛选，最终得到 45 个样本。将影响实际样本报价的因素按照提出的体系分成设计阶段（A_1）、生产制造阶段（A_2）和服务阶段（A_3）。其中，每阶段包含的细化影响因素及具体样本如表 7.2 所示。

其中，第二阶段中部分影响因素依据不同企业的特征要进行调整。例如，制造阶段的加工工艺，由于制造企业不同、生产的产品不同，其加工工艺以及工艺条件也不相同。在该企业中，其产品的加工工艺条件依据产品的加工尺寸、形状、质量等特征的不同而不同。主要包括以下几方面：温度、压力和时间；而不同阶段的工艺条件也不同，为保证产品质量满足要求，需要进行多阶段的加工。该企业生产产品的加工工艺主要包括：螺杆温度、动模温度、静模温度、材料干燥温度；保压压力、注射压力；注射时间、保压时间、冷却时间、其他时间。其中，由于螺杆推动、材料干燥、保压和注射4个工艺需要多个阶段的加工才能满足加工要求和产品质量的要求。为方便计算，用其多阶段加工工艺条件的平均值来代替。加工工艺直接影响产品的生产，进而影响原材料、能力等资源的消耗，因此也会影响其他制造成本。

表7.2　　　　　　　　　　　　　　样本数据

第一阶段	第二阶段	样本						
		1	2	3	4	5	6	…
设计阶段 (A_1)	设计周期/天 (A_{11})	7	2	2	7	2	2	…
	设计成本/万元 (A_{12})	0.28	0.21	0.23	0.34	0.34	0.15	…
	产品设计复杂程度 (A_{13})	复杂	较复杂	简单	复杂	简单	简单	…
	设计质量 (A_{14})	较好	好	好	一般	好	一般	…
生产制造阶段 (A_2)	生产周期/秒 (A_{21})	50	45	25	47	35	24	…
	设备利用率/% (A_{22})	0.75	0.85	0.85	0.85	0.85	0.75	…
	成本/元 (A_{23})	5.72	3.00	2.27	2.92	1.63	2.27	…
	平均螺杆温度/摄氏度 (A_{24-1})	229	192	202	221.25	231.25	201.25	…
	动模温度/摄氏度 (A_{24-2})	45	70	70	60	45	65	…
	静模温度/摄氏度 (A_{24-3})	45	70	70	60	45	65	…
	平均材料干燥温度/摄氏度 (A_{24-4})	85	80	85	80	80	80	…
	平均注射压力/（千克/平方厘米）(A_{24-5})	1 400	1 800	1 600	1 500	1 400	1 300	…
	平均保压压力/（千克/平方厘米）(A_{24-6})	450	375	675	750	500	600	…
	注射时间/秒 (A_{24-7})	1.82	1.98	2.98	1.32	1.34	1.20	…
	保压时间/秒 (A_{24-8})	6.00	4.52	4.57	5	3.5	4.5	…
	冷却时间/秒 (A_{24-9})	20	18	18	20	12	17	…

第一阶段	第二阶段	样本						
		1	2	3	4	5	6	⋯
生产制造阶段 (A_2)	其他时间/秒 (A_{24-10})	22.18	20.50	20.50	14	18.16	1.30	⋯
	生产准备时间/小时 (A_{25})	2	2	1	1	1	0.5	⋯
	供应商交货质量/% (A_{26})	98	92	92	98	91	93	⋯
	生产能力/件 (A_{27})	1 231	4 499	1 499	2 469	4 080	3 125	
服务阶段 (A_3)	准时交货/% (A_{31})	100	96	100	94	100	100	⋯
	顾客退货/% (A_{32})	92	93	99	96	94	100	⋯
	顾客满足率/% (A_{33})	91	93	99	89	95	93	⋯
价格/元	—	6.60	3.53	2.75	3.58	2.09	2.66	⋯

另外，在整个产品报价影响因素体系中，存在产品设计复杂程度和设计质量两个定性的影响因素，这两个因素的设置是企业中的设计部长根据产品的特征来确定的。由于这两个影响因素均属于定性影响因素，无法直接应用到产品报价中，所以需要进行量化。根据产品设计的复杂程度，分别用1、2、3来表示简单、较复杂和复杂几种不同程度的产品设计复杂度；同样，产品的设计质量由1、2、3来表示，代表一般、较好以及好这3种设计质量。

7.3.2　影响因素相关性分析

由于企业产品报价的制定受到多方面因素的影响，且其关系复杂，难以用简单的线性模型来描述其准确的关系。因此针对该实例，利用 SPSS 软件和皮尔逊相关性方法预先分析影响因素与报价之间的关系。

皮尔逊相关系数反映的是两变量之间的线性相关程度，其计算公式为：

$$r_{xy} = \frac{\sum_{i=1}^{n} (X - \overline{X})(Y - \overline{Y})}{\sqrt{\sum_{i=1}^{n} (X - \overline{X})^2 \sum_{i=1}^{n} (Y - \overline{Y})^2}} \tag{7.7}$$

其中，n 为样本量，X 和 Y 为两变量样本值，$\overline{X}$ 和 $\overline{Y}$ 为两变量样本值的均值。r_{xy} 两样本之前线性相互关系的强弱程度，取值范围在 $[-1, 1]$ 之间。其绝对值越接近于 1，说明两变量间的相关性越高；反之，越接近于 0，相关性越低。本章拟用该相关性分析，对影响因素与报价之间的关系进行预分析。接下来对样本做具体的分析。

首先要对数据进行归一化处理。因素之间的属性不同，因此其具体值有很大的区别。如产品设计复杂程度以及设计质量两个因素为定性因素，其属性不同于其他因素；而加工工艺中的温度、压力和时间等因素虽为定量因素，但是具体属性是不同的。对于不同的产品来说，由于其产品特性不同，样本间同一因素的属性值也是不同的。因此，需要对数据做归一化处理，再与产品报价做相关性分析。

然后进行相关性分析。将归一化后的 23 个变量和报价输入 SPSS 软件中，利用皮尔逊相关性分析来进行各因素与产品报价之间的相关性分析。具体结果见表 7.3。

表 7.3　　　　　　　　　　　　皮尔逊相关性分析的具体结果

自变量	皮尔逊相关性	显著性（双侧）	自变量	皮尔逊相关性	显著性（双侧）	自变量	皮尔逊相关性	显著性（双侧）
A_{11}	0.459 **	0.001	A_{24-2}	-0.123	0.419	A_{24-10}	0.488 **	0.001
A_{12}	0.479 **	0.001	A_{24-3}	0.089	0.563	A_{25}	0.715 **	0
A_{13}	0.451 **	0.002	A_{24-4}	0.275	0.068	A_{26}	-0.146	0.34
A_{14}	-0.103	0.502	A_{24-5}	0.188	0.217	A_{27}	-0.513 **	0
A_{21}	0.775 **	0	A_{24-6}	0.201	0.184	A_{31}	-0.23	0.129
A_{22}	-0.604 **	0	A_{24-7}	0.147	0.334	A_{32}	-0.049	0.75
A_{23}	0.997 **	0	A_{24-8}	0.528 **	0	A_{33}	-0.001	0.994
A_{24-1}	-0.198	0.193	A_{24-9}	0.748 **	0			

注：其中 ** 表示在 0.01 水平（双侧）上显著相关。

从表 7.3 可以看出，设计周期、设计成本、产品设计复杂程度、生产周期、设备利用率、成本、保压时间、冷却时间、其他时间、生产准备时间和生产能力与报价之间有着在 0.01 水平上的显著相关性。从结果可以看出，具有显著相关性的变量与报价之间的相关性都比较低，因此影响因素与报价之间的线性关系很弱，故不能利用简单的线性回归来进行预测，因此利用支持向量机回归算法来作产品报价预测。

7.3.3 实例分析

（1）算法对比

在 PC 机（Intel（R）Core（TM）i5 – 2300 CPU@2.80GHz，3.42GB）上运用 matlab 来进行产品报价预测。

1）评价指标

为准确衡量模型的预测能力，利用均方误差（MSE，mean squared error）和决定系数（SCC，squared correlation coefficient）两个指标作为评价结果。

①MSE 指标

$$MSE = \frac{1}{n} \sum_{i=1}^{n} (y_i - \bar{y}_i)^2 , \quad i = 1, 2, \cdots, n \tag{7.8}$$

这一指标用来衡量实际值与预测值之间的误差。这一指标越小，证明预测误差越小。其中，y_i 为实际值，$\hat{y}_i$ 为预测值，n 为样本个数。

②SCC 指标

$$SCC = \frac{(n \cdot \sum_{i=1}^{n} \hat{y}_i \cdot y_i - \sum_{i=1}^{n} \hat{y}_i \cdot \sum_{i=1}^{n} y_i)^2}{(n \cdot \sum_{i=1}^{n} \hat{y}_i^2 - (\sum_{i=1}^{n} \hat{y}_i)^2) \cdot (n \cdot \sum_{i=1}^{n} y_i^2 - (\sum_{i=1}^{n} y_i)^2)} \tag{7.9}$$

这一指标表示的是实际值与预测值之间相关系数的平方，取值范围在 0 ~ 1 之间。越接近于 1 表示预测精度越高，反之则越低。以该指标的 5 组实验平均值作为算法评价标准来确定最终的模型参数。

2）神经网络

神经网络是一种监督式学习方法，由于其在回归预测问题中具有良好的性能，因此将神经网络（BPNN，BP neural networks）与支持向量机回归算法进行对比，以验证 SVR 算法在解决小样本量的问题中的优势。BP 神经网络的基本思想就是，基于网络输出层得到的误差，通过输出层来不断调整整个网络模型的权值和阈值，最终得到输出均方误差最小的结果。

BP 神经网络的结构具体确定过程如下：

步骤 1：确定网络层数

根据 Kolomogorow 定理，闭区间的连续函数可以用含隐含层的 BP 网络来近似，对于复杂的非连续函数，需要两层以上的网络层。本章用三层网络结构来求解问题。

步骤 2：确定每个网络层的节点个数

BP 神经网络结构的输入层和输出层的节点数是根据具体问题设定的。产品报价影响因素作为 BP 神经网络的输入层，因此有 23 个节点；输出的是产品报价，因此输出层有 1 个节点。隐含层节点的确定，可以根据公式 $m = \sqrt{n+p} + a$ 来确定，其中 m、n、p 分别为隐含层、输入层和输出层的节点个数，a 为常数，依据预测结果进行调整。

步骤 3：选择传递函数

由于 S 型函数可以很好地调节信号的增益效果，防止训练网络陷入局部最优。因此本章选择 S 型函数作为传递函数，$f(x) = \dfrac{2}{1 + \exp(-2x)} - 1$。

3）实例分析

将整理的样本随机分成 5 组用于实验，来确定模型的参数并验证模型的泛化能力。其中训练集有 36 个样本，测试集包含 9 个样本。训练集数据用于训练模型。通过 5 组数据的实验，SVR 算法的训练集得到的两个指标的平均值分别为 0.007964 和 0.975476；BPNN 算法的训练集得到的两个指标的平均值分别为 0.000032 和 0.999918（详细训练集指标结果见表 7.4）。从结果来看，两种算法均得到了较好的结果，因此得到的模型参数可以用于测试集。

表 7.4   SVR 和 BPNN 的算法性能对比

			1	2	3	4	5	平均值
训练集	MSE	BPNN	0.000006	0.000007	0.000026	0.000083	0.000039	0.000032
		SVR	0.002668	0.013478	0.008348	0.008311	0.007017	0.007964
	SCC	BPNN	0.999988	0.999987	0.999940	0.999774	0.999901	0.999918
		SVR	0.992057	0.957862	0.971769	0.975665	0.980024	0.975476
测试集	MSE	BPNN	0.216955	0.129072	0.062573	0.020071	0.064246	0.098584
		SVR	0.188965	0.049495	0.098311	0.045851	0.045884	0.085701
	SCC	BPNN	0.618656	0.718373	0.859773	0.965575	0.873588	0.807193
		SVR	0.815785	0.879920	0.894733	0.930555	0.886833	0.881565

SVR 算法具体的参数设置如下：惩罚因子 $C = 3$，RBF 参数 $\gamma = 0.02$，不敏感损失因子 $\varepsilon = 0.01$。

BP 神经网络算法的参数设置为：三层网络的节点个数为 $23 - 5 - 1$，选择 S 型函数 logsig 作为传递函数，迭代次数为 5 000，目标精度为 0.0001，训练函数为 trainlm，学习函数为 learngdm，性能函数选择的是 msereg 函数，以保证最终的结果和性能指标有效。

然后将得到的参数用于测试集。两个算法 5 组数据的指标性能对比结果如表 7.4 所示。从表中可以看出，BPNN 算法和 SVR 算法的 MSE 指标平均值为 0.098584 和 0.085701，SCC 指标的平均值为 0.807193 和 0.881565。其中 MSE 指标越小，说明预测结果与实际结果之间的误差越小；相反，SCC 指标越大，说明预测结果越接近实际的产品报价。因此从指标平均值的结果来看，SVR 算法的测试集结果均较优于 BPNN 算法。具体来说，SVR 算法得到的 5 组实验测试集的两指标平均值均优于 BPNN 算法。虽然其中个别实验的 SVR 算法的指标结果没有 BPNN 算法的结果好。但是整体来看，BPNN 算法的结果稳定性差，而且 SVR 算法指标结果均优于 BPNN 算法且比较稳定，进而证明了 SVR 算法在求解本章产品报价问题上的泛化能力较强，且算法是有效的，同时验证了 SVR 算法在求解小样本量问题上的优势。图 7.5 给出了两种算法与实际产品报价的 5 组实验的对比结果。

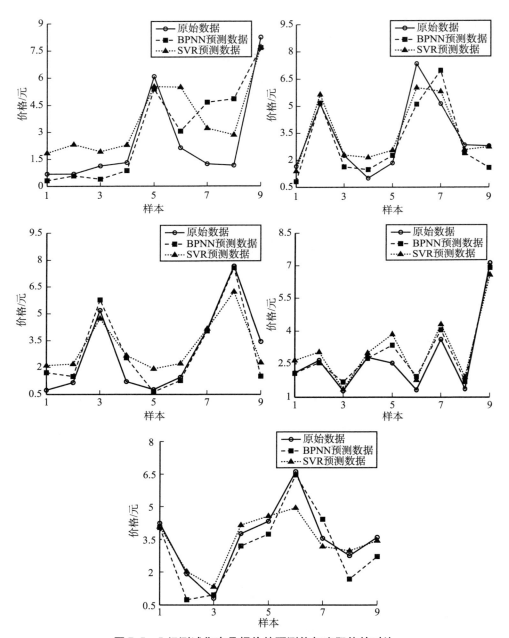

图 7.5　5 组测试集产品报价的预测值与实际值的对比

（2）方法对比

调研的企业在考虑成本报价时采用的方法是成本加成报价法。为比较提出方法的有效性、合理性，将对比产品的原报价和提出的方法预测的报价，进行具体分析。具体的结果见表 7.5（其中，原始数据即为企业利用原方法计算得到的产品报价，方法预测数据是利用提出的基于 SVR 的产品报价方法得到的结果），具体分析结果如表 7.6 所示。

表 7.5　　　　　　　　　　　产品报价预测结果对比

1 组样本	原始数据	BPNN 预测结果	SVR 预测结果	2 组样本	原始数据	BPNN 预测结果	SVR 预测结果
1	0.684138	0.290859	1.816051	1	1.638192	0.807176	1.374495
2	0.682962	0.563131	2.290772	2	5.121357	5.166065	5.648518
3	1.121757	0.378300	1.916106	3	2.246950	1.618101	2.271078
4	1.307918	0.865894	2.263641	4	0.994037	1.472337	2.144148
5	6.063236	5.376920	5.520844	5	1.817464	2.244730	2.527801
6	2.107262	3.034723	5.488795	6	7.337409	5.090397	6.015233
7	1.233666	4.656289	3.208581	7	5.114144	6.967952	5.814404
8	1.153652	4.822254	2.841330	8	2.825191	2.376047	2.575782
9	8.225273	7.635629	7.679093	9	2.786789	1.562483	2.715835
3 组样本	原始数据	BPNN 预测结果	SVR 预测结果	4 组样本	原始数据	BPNN 预测结果	SVR 预测结果
1	0.734541	1.691845	2.103809	1	2.088628	2.057064	2.650064
2	1.151564	1.478069	2.173764	2	2.658888	2.535836	3.035975
3	5.161242	5.746311	4.721873	3	1.267718	1.668248	1.339269
4	1.209537	2.501929	2.650258	4	2.791266	2.741652	2.992258
5	0.749586	0.619286	1.913965	5	2.520100	3.337113	3.832321
6	1.437569	1.247899	2.197752	6	1.309609	1.900186	1.766604
7	4.096134	4.024358	4.148958	7	3.600217	4.038984	4.300567
8	7.645740	7.552591	6.185679	8	1.353095	1.680388	1.884064
9	3.396648	1.493387	2.252626	9	7.099065	6.897303	6.549561

5 组样本	原始数据	BPNN 预测结果	SVR 预测结果	5 组样本	原始数据	BPNN 预测结果	SVR 预测结果
1	4.241544	4.051963	4.091180	6	6.604920	6.461195	4.948180
2	1.903650	0.735632	2.017329	7	3.532582	4.423435	3.159891
3	0.796826	0.944160	1.324970	8	2.750905	1.664084	2.962608
4	3.758536	3.190640	4.154766	9	3.583875	2.701348	3.433328
5	4.327597	3.729563	4.572602				

表 7.6　　　　　　　　本章报价方法与企业报价方法的结果对比

1 组	(1)	(2)	(2)~(1)	2 组	(1)	(2)	(2)~(1)
1	1.816051	0.684138	1.131914	1	1.374495	1.638192	-0.263697
2	2.290772	0.682962	1.607810	2	5.648518	5.121357	0.527161
3	1.916106	1.121757	0.794349	3	2.271078	2.246950	0.024127
4	2.263641	1.307918	0.955723	4	2.144148	0.994037	1.150111
5	5.520844	6.063236	-0.542392	5	2.527801	1.817464	0.710336
6	5.488795	2.107262	3.381533	6	6.015233	7.337409	-1.322176
7	3.208581	1.233666	1.974915	7	5.814404	5.114144	0.700261
8	2.841330	1.153652	1.687678	8	2.575782	2.825191	-0.249409
9	7.679093	8.225273	-0.546180	9	2.715835	2.786789	-0.070954
合计	—	—	10.44535	合计	—	—	1.205759
3 组	(1)	(2)	(2)~(1)	4 组	(1)	(2)	(2)~(1)
1	2.103809	0.734541	1.369267	1	2.650064	2.088628	0.561437
2	2.173764	1.151564	1.022200	2	3.035975	2.658888	0.377087
3	4.721873	5.161242	-0.439369	3	1.339269	1.267718	0.071551
4	2.650258	1.209537	1.440721	4	2.992258	2.791266	0.200992
5	1.913965	0.749586	1.164379	5	3.832321	2.520100	1.312221
6	2.197752	1.437569	0.760182	6	1.766604	1.309609	0.456995
7	4.148958	4.096134	0.052824	7	4.300567	3.600217	0.700350
8	6.185679	7.645740	-1.460061	8	1.884064	1.353095	0.530970
9	2.252626	3.396648	-1.144022	9	6.549561	7.099065	-0.549504
合计	—	—	2.766122	合计	—	—	3.662099

续表

5 组	(1)	(2)	(2)~(1)	5 组	(1)	(2)	(2)~(1)
1	4.091180	4.241544	-0.150364	6	4.948180	6.604920	-1.656740
2	2.017329	1.903650	0.113679	7	3.159891	3.532582	-0.372691
3	1.324970	0.796826	0.528143	8	2.962608	2.750905	0.211703
4	4.154766	3.758536	0.396230	9	3.433328	3.583875	-0.150548
5	4.572602	4.327597	0.245005				
合计	—	—	-0.835583				

注：(1)：所提方法预测的报价；
(2)：企业方法得到的产品报价；
(2)~(1)：所提方法预测报价与企业方法得到产品报价的差。

从表 7.6 可以看出，利用提出的报价方法得到的 45 个样本预测的结果较之企业报价方法得到的结果要好，比其高出 17.243747 元。由于企业进行生产经营活动的目的是获取利润最大化，从结果来看：就单个产品来说，提出的产品报价方法可使企业获取更高的利润。从企业长期的发展来看，不能追求短期的盈利目标，因此还需要配合企业最终的报价目标提出合适的报价策略，调整产品报价。

7.4　本 章 小 结

由于制造技术的进步，以及智能化设备的应用，产品差异化很难实现，这成为困扰制造企业的一大难题。随着人们生活水平以及生活品质的提高，顾客对于产品的个性化需求越来越明显。因此制造企业不能仅专注于传统的生产活动，而应该将注意力逐渐转移至满足顾客需求以及为其提供合理的服务活动，以实现产品差异化，给企业带来更大的利润空间，因此制造与服务相融合的新模式应运而生。而传统报价方法存在一定的局限性，无法适用于新的市场环境，而产品报价是企业的基础经营活动之一，对企业的生存发展具有重要的影响。因此，研究产品报价的问题对于企业来说是关键且紧急的任务。

支持向量机在解决小样本量、高维的非线性问题上具有一定的优势，并且考虑到本章研究问题的复杂性，因此利用支持向量机回归模型进行产品报价预测，并将其与常用于预测的神经网络算法进行对比，结果证明了支持向量机回归算法在求解小样本量问题上具有显著的优势且相对稳定，验证了该报价方法的有效性和稳定性。

第 8 章

基于缺失数据插补的
产品报价预测

随着高新技术的发展和人民生活水平的提高，个性化定制逐渐成为主要发展趋势。个性化定制既能满足消费者的心理需求，又能为制造企业带来新的发展机遇。企业面临更多的小批量个性化订单，这对企业的报价能力提出了新的要求，既要快速，又要准确。但是越来越多的客户参与导致了企业在产品报价中经常出现影响因素数据缺失，造成企业报价模糊且可靠性降低。而报价出现问题往往导致企业的利润受损并且给产能造成负担，报价过高还会造成客户的流失。

本章首先在个性化定制的背景下，构建了新的产品报价因素体系。该体系基于产品制造的流程提出，具有二阶结构，分为设计、采购、生产制造和服务 4 个阶段。每个阶段包含的具体因素由问卷调查得出，最终经过分析，确定了 15 个报价因素。本章对缺失数据处理方法进行了总结，利用遗传算法对支持向量回归进行优化，将其用于补齐缺失数据，并对产品报价进行预测，充分发挥了支持向量回归在小样本问题上的作用。

最后，以企业的实际数据为例，通过 BP 神经网络、未经改进的单 SVR 和 GA – SVR 进行对比，验证了基于遗传算法改进的支持向量机回归（GA – SVR）的有效性。通过将缺失数据集的预测结果和完整数据集的预测结果对比，得出所提出的不确定因素下的报价模型具有可行性。

8.1 问 题 描 述

目前大多数的研究，主要围绕环境成本、交货准时性、供应商角度来探究单个因素对产品报价的影响。随着互联网的个性化推荐和定制化服务的流行，越来越多的顾客倾向于个性化产品的定制。当产品加入了个性化因素后，企业无法再仅仅利用传统的报价因素来进行报价预测，因为客户作为产品生产全过程中的重要参与者，产品从设计到服务都需要满足客户的独特需求。在此过程中，一些跟消费者有关的传统报价因素变得不再适用，例如"顾客满意度"无法进行度量，或者度量结果与实际情况有很大偏差。

为了解决这一问题，从产品生产的全过程出发，重新设计产品报价影响因素体系。根据上述的影响因素选取的原则，将产品报价影响因素分为两个层面。以产品生产全流程为依据，我们设计了 4 个一阶因素——设计因素，采购因素，制造因素，服务因素。每个一阶因素包含多个二阶因素，二阶因素的选取采用问卷调查法得出。

我们设计了一个关于"影响制造企业产品报价因素"的问卷，问卷分为"基础信息"和"指标评分"两部分，面向离散制造企业管理层和普通员工进行发放。为了保证问卷的可靠性，在正式发放之前进行了两次预测试，根据预测试的结果对问题和指标做出相应的调整。经过筛选，最终收集有效问卷 138 份，包括 62 份部门及部门以上管理者的调查结果。由于满意度无法主观量化，将其用交货准时率和交货准确率反映。经过分析，得出二阶子指标共 15 个，如表 8.1 所示。

但是在企业中，由于消费者参与订单加入了诸多个性化因素或是因为由于员工失误，容易造成数据缺失的情况。经前文分析，本章研究问题属于多变量缺失问题，示意图如图 8.1 所示。为了解决缺失数据对预测结果的影响，我们先用遗传算法改进的支持向量回归进行数据插补，然后再作价格预测。

表 8.1　　企业总体层面的产品报价的关键成功因素提取结果

一阶因素	二阶因素
设计因素	设计成本
	市场分析成本
	模块化程度
	通用性程度
	设计质量
	设计能力
	设计周期
采购因素	来料合格率
生产因素	技术变更次数
	批量生产能力
	产品质量成本
	加工、装配精度
	生产能力柔性
服务因素	交货准时率
	交货准确率

样本数据	特征						预测值
	1	2	…	1	…	f	
X_1			?				
X_2	?						
…					?		
…		?				?	
…							
X_n	?			?			

图 8.1　多变量缺失问题示意

8.2　遗传算法改进的支持向量机回归模型

支持向量回归是对支持向量机应用的进一步延伸。如图 8.2 所示，它是一个宽泛的回归算法，因为只有落在上下边界之外的样本点才会被计算损失，在边界内的点即使没有落在 p 这条线上也不会被计算损失。因此与 SVR 不同，对于 SVR 来说，落在间隔带之外的样本才是支持向量。2.5.2 已介绍了支持向量机回归模型。

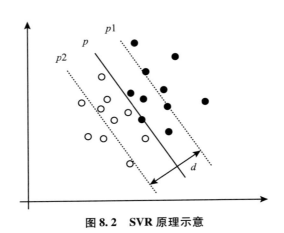

图 8.2 SVR 原理示意

由于核函数的存在，支持向量回归算法对多特征变量数据的处理不依赖于高空间维度，而是用核函数计算样本点在高维空间中的相似性。因此，可以从一定程度上避免了过拟合的问题，提高了预测模型的泛化能力和预测精度。支持向量回归的核函数主要有以下几种：

①线性核函数：主要用于本章示例中所提到的二维空间线性可分情景。

$$K(x, z) = x^T y + b \tag{8.1}$$

②多项式核函数：全局核函数，允许距离远的点也会对核函数造成影响。

$$K(x, z) = (\alpha x^T y + b)^m \tag{8.2}$$

③高斯核函数：局部核函数，对噪声具有良好的抗干扰能力。

$$K(x, z) = e^{-\frac{\|x-z\|^2}{2\sigma^2}} \tag{8.3}$$

④Sigmoid 核函数：能够得到全局最优值，具有良好的泛化能力。

$$K(x, z) = tanh(\alpha x^T y + b) \tag{8.4}$$

此外，还有幂指数核函数、ANOVA 核函数等。为了提高报价预测的准确性，本章采用多项式核函数。

最后得到的 w 和 b 的值如下所示：

$$w^* = \sum_{i=1}^{n} (\alpha_i^* - \alpha_i) \Phi(x_i) \qquad (8.5)$$

$$b^* = \frac{1}{Num} \left\{ \begin{array}{l} \sum_{0 < \alpha_i < c} \left[y_i - \sum_{x_i \in sv} (a_i^* - a_i) k(x_i, x_j) - \varepsilon \right] + \cdots + \\ \sum_{0 < \alpha_i < c} \left[y_i - \sum_{x_j \in sv} (a_j - a_j^*) k(x_i, x_j) + \varepsilon \right] \end{array} \right\} \qquad (8.6)$$

其中 Num 代表支持向量总个数。

SVR 在处理小样本问题上稳定性强，具有出色的泛化能力。但是惩罚因子 C、损失系数 ε 和核函数的选取以及核函数的参数 $gamma$ 会对支持向量回归模型的预测结果产生很大影响，用网格搜索去寻找最优参数组合又会造成时间的严重浪费。因此，本章选用遗传算法来优化关键参数组合，建立 GA - SVR 模型来进行产品报价预测，其流程如图 8.3 所示：

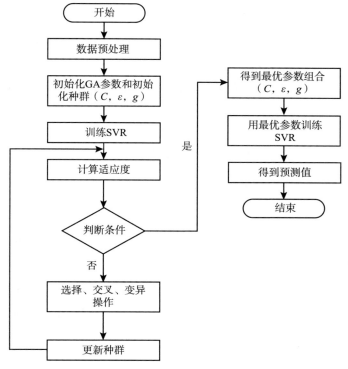

图 8.3　GA - SVR 模型流程

基于遗传算法的支持向量回归可以概括为：

第 0 步：对遗传算法的参数进行初始化，输入种群规模 *sizepop*、染色体长度 *vardim*、进化次数 *MAXGEN* 以及交叉率和变异率；

第 1 步：给定所求参数 C、ε、*gamma* 的上下边界 *bound*，确定计算适应度的方法，本章选取的是拟合优度 $fitness = R^2$；迭代 $t = 0$；

第 2 步：迭代

While $t \leqslant MAXGEN$

计算个体适应度：

$$R^2 = 1 - \frac{\sum_i (\hat{y}_i - y_i)^2}{\sum_i (y_i - \bar{y})^2} \tag{8.7}$$

通过轮盘赌法来选择优良个体遗传到下一代；

对选中的个体以指定的规则进行交叉操作；

对选中的个体以指定的规则进行变异操作；

评估选择、交叉、变异后的新一代种群的适应度，选其最大值作为种群适应度的更新，*Set* $t = t + 1$；

第 3 步：用遗传算法得出的最优参数组合重新训练 SVR。

8.3 基于 GA – SVR 的缺失数据插补和报价预测

选取了适合所提出的产品报价影响因素体系的企业真实的历史数据，其特征变量基本符合本章提出的因素，并将其值作了缺失度为 5% 的处理，其流程分为两步，第一步先利用 GA – SVR 对缺失数据进行预测；第二步将填补好的数据再次作为 GA – SVR 进行价格预测。其流程如图 8.4 所示。

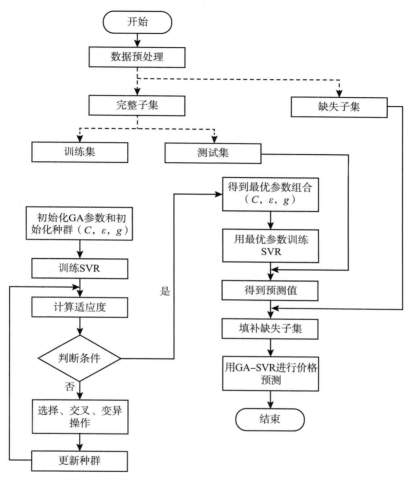

图 8.4　基于 GA – SVR 的缺失数据插补和报价预测流程

8.3.1　基于 GA – SVR 插补缺失数据

使用支持向量回归填补小样本缺失数据的一般步骤是：

第 0 步：确认模型的输入和输出。

由于数据集中含有缺失数据，因此这一步的输出结果是缺失数据的预测值，输入是除缺失数据外的其他特征变量值。

第 1 步：筛选数据。

由于数据集中含有极端数据值且本数据集规模较小，异常值会对模型产生较大的影响。为了提高预测模型的准确性，我们采用"3σ"原则对数据进行剔除。σ 是样本数据的标准差，其计算公式为：

$$\sigma = \sqrt{\frac{\sum_{i=1}^{n}(x_{ij}-\overline{x_j})^2}{n-1}} \tag{8.8}$$

首先计算某个特征的平均值 $\overline{x_j}$，计算每个样本的该特征值与其平均值的距离为 $|x_{ij}-\overline{x_j}|$，若 $|x_{ij}-\overline{x_j}|>3\sigma$，则将此样本数据删除。依次计算每个特征下的样本是否满足"3σ"原则，即可剔除全部异常值。

第 2 步：数据归一化。

为了不同特征的量纲对预测结果的影响，采用 min-max 标准化方法将所有因素都归一化至 [0，1] 区间。假设特征序列表示为 $x=\{x_1, x_2, \cdots, x_n\}$，利用如下公式进行转化：

$$y_i = \frac{x_i - \min(x)}{\max(x) - \min(x)} \tag{8.9}$$

其中，x_i 是具体的特征值，$\min(x)$ 是特征值的最小值，$\max(x)$ 是特征值的最大值，y_i 是转化后的新特征值。

第 3 步：划分训练集和测试集，对模型进行训练。

首先将给定的数据集划分成"缺失"和"完整"两大类，利用"完整"的数据划分为训练集和测试集。由于报价数据集较小，故采用 K 折交叉验证的方法划分为训练集和测试集以提高预测的精度。将数据集等分为 K 份子集，所有子集依次被划分为测试集，剩下的所有子集作为训练集，最终共产生 K 个测试集。本章最终取 K=6 来进行划分。

采用 R^2 和 MSE 来作为模型准确性的判断标准。其中 R^2 为拟合度，衡量了预测值对于样本真实值的拟合程度，$R^2=1$ 是最理想的情况，R^2 越趋近于 1 证明模型的拟合程度越好；R^2 越趋近于 0 说明模型的预测结果越差，$R^2=0$ 说明简单地将平均值作为预测的结果；$R^2<0$ 说明预测结果非常差，需要重新选择或调整模型。R^2 的计算公式为：

$$R^2 = 1 - \frac{\sum_i (\hat{y}_i - y_i)^2}{\sum_i (y_i - \bar{y})^2} \tag{8.10}$$

MSE 为均方误差，反映了被测值与真实值之间的差异程度，取值范围为 $[0, +\infty)$，均方误差越小越好。MSE 的计算公式为：

$$MSE = \frac{1}{m} \sum_{i=1}^{m} (y_i - \hat{y}_i)^2 \tag{8.11}$$

选取最优的核函数，经过尝试，最适合本数据集的核函数是 poly 多项式核函数，利用遗传算法的选择、交叉、变异操作为此核函数找到最优的参数 $gamma$ 和模型的其他参数（惩罚因子 C 和损失系数 ε），用完整的数据子集训练支持向量回归模型，判断其 R^2 和 MSE 是否符合标准。

第 4 步：将缺失特征依次作为因变量，利用训练好的模型对"缺失"数据子集的缺失特征变量作预测，从而完成数据的填补工作。

8.3.2　基于 GA – SVR 预测产品报价

利用上述方法将数据补齐之后，用新产生的完整数据集训练模型，并对测试集的价格作预测。

第 0 步：确定模型的输入和输出。

在这一步中，GA – SVR 模型的输入是新产生的数据集的所有特征变量，输出是价格的预测值。

第 1 步：数据归一化。

依然采用上述 min – max 标准对新产生的数据集进行归一化，避免某个或某些特征值总体过大削弱了其他特征变量对模型的影响。

第 2 步：划分训练集和测试集，训练模型。

采用 6 折交叉验证的方法划分训练集和测试集，并对模型进行训练。选取对结果作用最好的核函数——poly 多项式核函数，利用遗传算法的选择、交叉、变异操作选取最优的参数组合，惩罚因子 C、损失系数 ε 和核函数的参数 $gamma$。

第 3 步：将价格作为因变量，利用训练好的模型对测试集的价格进行预测，利用 R^2 和 MSE 来作为模型准确性的判断标准。

第 4 步：输出模型的各项参数，将预测出来的价格反归一化，即可得到模型预测出来的价格。

8.4　实例应用

8.4.1　数据描述

为了体现 GA – SVR 算法的准确性，采用一离散制造企业的真实订单数据来验证。首先按缺失程度 5% 对数据集作不确定环境中缺失变量的模拟，利用 GA – SVR 先填补数据，再作价格预测。经过对样本数据的筛选，最终剩下 44 个样本。

将订单信息处理成设计因素、采购因素、制造因素和服务因素，并对一些影响做改进。上文所构建的报价因素体系是针对绝大多数离散制造企业而言的，不同制造企业的生产流程、加工工艺等有很大不同，因此我们在针对具体企业进行分析的时候，要进行细化，尤其是生产制造阶段。为方便计算，本章结合企业实际情况挑选了 3 个指标来表示"加工、装配精度"，分别为平均螺杆温度、平均保压压力和保压时间。最后得出 10 个影响因素，如表 8.2 所示。

表 8.2　　　　　　　　　　　选取的报价因素及样本数据

一阶因素	二阶因素	样本						
		1	2	3	4	5	6	…
设计因素	设计周期（天）	2	2	2	2	2	2	…
	设计成本（万元）	0.224	0.294	0.28	0.336	0.336	0.434	…
	产品复杂程度	1	1	1	1	1	1	…

续表

一阶因素	二阶因素	样本						
		1	2	3	4	5	6	…
采购因素	来料合格率（%）	97	97	96	91	92	91	…
制造因素	日能力	4 196	9 180	11 750	4 080	4 080	1 469	…
	费用（除材料）	805	19 540	5 644	8 815	1 263	1 051	…
	平均螺杆温度	224	222.5	220	231.25	231.25	231.25	…
	平均保压压力	575	766	475	500	400	750	…
	保压时间	3.65	4.52	3.5	3.5	3	9.54	…
服务因素	交货准时率（%）	100	100	85.29	100	97.22	100	…

8.4.2　特征变量相关性

首先对样本数据进行相关性分析来验证自变量与因变量之间的相互关系，使用 SPSS23.0 软件进行相关性分析。

皮尔逊相关系数的计算方式如下所示：

$$\rho = \frac{\sum_{i=1}^{n} (X_i - \bar{X})(Y_i - \bar{Y})}{\sqrt{\sum_{i=1}^{n} (X_i - \bar{X})^2 (Y_i - \bar{Y})^2}} \qquad (8.12)$$

其中，n 为样本总量，X_i 和 Y_i 分别表示任意两个变量的样本值，$\bar{X}$ 和 $\bar{Y}$ 分别表示 X 和 Y 的样本均值。ρ 的取值范围为 $[-1, 1]$，越趋近于 1 说明两变量间的正相关性越强，越趋近于 -1 说明两变量之间的负相关越强，越趋近于 0 说明两变量之间的相关性越低。在进行相关性分析之前，要对所有变量进行归一化处理，依然将所有值归一化到 $[0, 1]$。

表 8.3 是预测变量价格与筛选出的各影响因素之间的相关性，＊表示不同水平上的显著性。

由相关性分析结果可以看出，只有设计成本、日能力和保压时间与价格在 0.01 的水平上有显著的正相关关系，其他变量与价格均没有显著相关。而且相关性最强的"日能力与价格"之间的相关性为 -0.595，数值也不是很大。因此得出结论，几乎所有特征变量与价格都没有很强的相关性，对该数据集采用线性回归的方式是不可取的，因此接下来采用遗传算法改进的支持向量回归模型来作报价预测。

表 8.3 各特征变量与价格的皮尔逊相关性

	皮尔逊相关性	显著性（双尾）
设计周期	-0.105	0.499
设计成本	0.396 **	0.008
产品复杂程度	-0.002	0.992
供应商交货质量	-0.258	0.091
日能力	-0.595 **	0.000
费用（除材料）	0.012	0.936
平均螺杆温度	0.211	0.168
平均保压压力	0.294	0.053
保压时间	0.459 **	0.002
准时交货率	-0.131	0.397

注：** 在 0.01 级别（双尾），相关性显著。
* 在 0.05 级别（双尾），相关性显著。

8.4.3 算法对比与结果分析

如前文提到，本章对模型的评价指标选取了拟合优度 R^2 和均方误差 MSE。我们随机选取了 5% 的数据作为缺失数据，最终得到完整数据 32 条，缺失数据 12 条。接下来首先用完整数据进行预测，比较神经网络、SVR、GA - SVR 3 种算法的预测结果，从而得出 GA - SVR 在处理小样本非线性问题上的优越性。

BP 神经网络经常用来对非线性问题进行预测，利用了"梯度下降"的思想。输入层有 10 个节点，输出层只有 1 个节点即预测的价格，隐藏层的神经元数量设置为 10，训练算法选择的是 Levenberg – Marquardt。图 8.5 所示的是所用 BP 神经网络的结构，图 8.6 显示的是 BP 神经网络的回归结果。

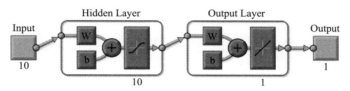

图 8.5　BP 神经网络结构

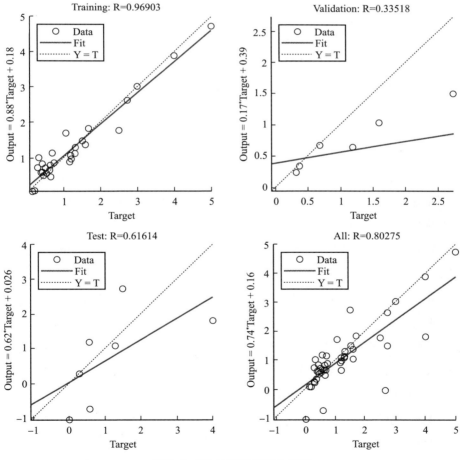

图 8.6　BP 神经网络拟合效果

将完整数据集的 10 个特征变量作为 SVR 的输入，价格作为 SVR 的输出，采用 6 折交叉验证。仅使用支持向量回归算法预测报价的结果如图 8.7 所示。

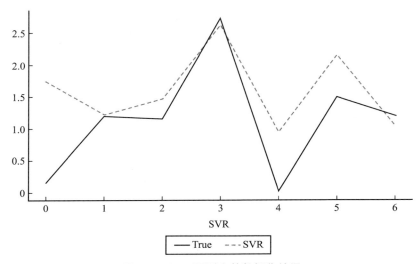

图 8.7　SVR 预测完整数据集结果

再将完整数据集的 10 个特征变量作为 GA – SVR 的输入，价格作为 GA – SVR 的输出，采用 6 折交叉验证。经过遗传算法寻优，最终得出的最佳参数组合为 $C = 4.44846795$，$\varepsilon = 0.33709086$，$gamma = 2.15557549$。最终的预测结果如图 8.8 所示。

将这三种算法的 R^2 与 MSE 进行比较，其结果如表 8.4 所示。

从表 8.4 中可以得到如下结果：BP 神经网络算法的 MSE 平均值比支持向量回归算法的 MSE 平均值高 0.8 左右，说明 BPNN 算法的预测结果误差大，支持向量回归的预测结果误差较小。但是 BPNN 和 SVR 的 R^2 结果分别为 0.6 和 0.2，说明虽然使用单 SVR 的拟合误差小，但拟合效果非常差，此外 BPNN 的拟合结果也不是很高。但是基于遗传算法改进的支持向量回归算法的 MSE 为 0.0995，R^2 为 0.8585，拟合误差最小，拟合优度最大，且 $R^2 > 0.8$，说明有较为满意的拟合结果。说明了所提出的 GA – SVR 算法的有效性。

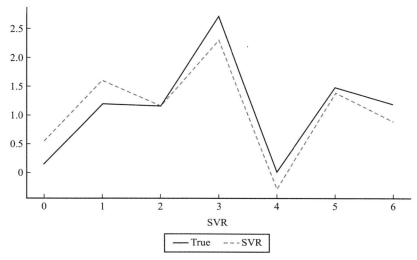

图 8.8　GA - SVR 预测完整数据集结果

表 8.4　　　　　　　　BP、单 SVR、GA - SVR 完整数据集预测结果对比

样本	衡量标准	BP 神经网络	单 SVR	基于 GA 的 SVR
训练集	MSE	0.0836542	0.111986431	0.082585447
	R^2	0.969031	0.918188802	0.939667562
测试集	MSE	1.3846	0.571290991	0.099519658
	R^2	0.616137	0.187546189	0.858469626

　　接下来使用 GA - SVR 对缺失数据集进行插补，将缺失特征变量作为输出预测值，将其他变量作为特征值进行预测，循环 10 次，填充缺失数据集。再将填充完毕的数据集的价格作为输出预测值，所有特征变量作为输入进行报价预测。在最终的报价预测模型中，经过遗传算法的寻优，最佳参数组合为 $C = 6.53757852$，$\varepsilon = 0.78446$，$gamma = 11.38483877$。其预测结果如图 8.9 所示。

　　为了验证先用 GA - SVR 填补数据，再作报价预测的方法可行，通过将先补齐再预测的报价预测结果与完整数据集的报价预测结果进行 R^2 和 MSE 的对比，得出的对比结果如表 8.5 所示。

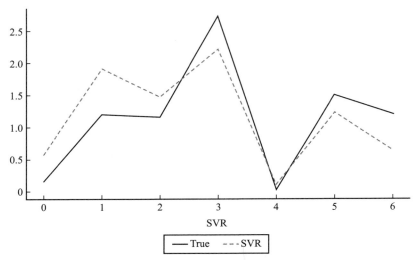

图 8.9　GA – SVR 预测缺失数据集结果

表 8.5　　　　　　　　　　缺失数据集与完整数据集预测结果对比

样本	衡量标准	数据子集	
训练集	MSE	完整数据子集	0.082585447
		缺失数据子集	0.324395731
	R^2	完整数据子集	0.939667562
		缺失数据子集	0.763014115
测试集	MSE	完整数据子集	0.099519538
		缺失数据子集	0.204481015
	R^2	完整数据子集	0.858469626
		缺失数据子集	0.709200071

　　从表 8.5 可以看出：先通过 GA – SVR 对缺失数据进行填补，再作报价预测的预测结果比用 GA – SVR 直接预测完整数据集结果的拟合优度差了大约 0.15，而 MSE 差了大约 0.1，证明了所提出的 GA – SVR 模型先填补再预测的方法在不确定报价因素下是可行的。且经过表 8.4 的对比得出，即使在完整数据集上，BP 神经网络和单 SVR 的预测结果也比 GA – SVR 的预测结果差。

因此说明，GA – SVR 算法在不确定环境下的小样本预测中具有一定的优势。

8.5　本 章 小 结

在个性化定制逐渐成为潮流的时代背景下，制造企业之间的竞争越来越激烈。与此同时，个性化定制也造成了数据的缺失问题。为了让企业在产品报价中更具优势，本章提出了一种基于遗传算法的支持向量回归算法，帮助企业作更准确的报价预测。利用了支持向量回归在处理小样本问题上的优势，用 GA – SVR 算法来处理缺失数据并预测产品报价，利用核函数将低维空间的数据映射到高维空间，同时减小了计算复杂度。以企业的实际订单数据为例，经过不同算法之间的对比，比较了 BP 神经网络、单 SVR 和 GA – SVR 的预测结果。结果证明，本章提出的 GA – SVR 算法在报价预测上具有显著的优越性。将完整数据集预测和缺失数据集填补后再预测的结果对比，揭示出用 GA – SVR 进行填补和预测具有良好的性能。

第 9 章

考虑缺失数据特征动态
产品报价预测模型

随着消费者生活质量的提高，顾客需求逐渐多样化。为了更好地满足顾客个性化需求，制造企业不得不面对更多小批量、多品种的订单，这要求企业能够对产品进行快速、准确的动态报价。但由于加入顾客个性化需求产生的新产品或人为疏忽，经常使得产品动态报价的过程中发生数据缺失的情况，进而导致企业无法对产品进行合理准确报价，最终导致企业的利润无法达到最大。而在以往的传统动态报价方法中，面对缺失数据时，往往采用的方法是去除存在缺失数据的样本或采用数据插补等方法，虽然这些方法也能得到预测的结果，但是这些方法的性能有限，且直接去除缺失数据可能导致信息丢失，尤其当缺失的数据不是随机分布时，会在最后的分析中引入偏差，导致得出的结论发生错误。所以，为了让企业在面对需求多样化、小批次多批量的订单时可以更快速准确地对产品进行动态报价，研究一种不对原数据先进行处理而直接利用存在缺失数据样本的新产品报价方法已刻不容缓。

因此，在分析前人已有的有关产品动态报价和数据缺失处理方法的研究基础上，提出了基于梯度信息的最小二乘支持向量机回归算法，直接利用包含缺失数据的特征进行预测建模而不是对数据进行删除或插补，以对产品进行动态报价。该方法还在使用留一法交叉验证策略的同时确定了具有缺失值的特征对回归准确性的影响。首先，通过对文献进行分析，总结了影响产品报价的因素和缺失数据时的处理方法。其次，介绍了在求解小样本量问题上具有较好能力的支持向量机相关理论与模型以及扩展的最小二乘支持向量机（LSSVM）相关理论与模型，在 LSSVM 的基础上引入了误差变量来表示当数据发生缺失时对回归结果造成的影响，构建了基于梯度信息的最小二乘支持向量机回归（GELSSVR）算法的产品动态报价模型，并将其与 LSSVM 模型算法和与完整数据预测得到的结果进行比较，验证方法的有效性；同时采用留一法交叉验证确定误差变量的上界和存在缺失特征对最后回归结果的影响。最后，以某企业的实际数据为例，结合提出的产品动态报价模型验证基于梯度信息的最小二乘支持向量机回归算法的产品动态报价模型的可行性，为制造企业在发生数据缺失情况下对产品作动态报价提供科学方法的支持和为其他处理缺失数据的应用提供参考。

9.1 问 题 描 述

在实际企业生产过程中，经常会存在一个生产周期中处理多个订单且每个订单中都会加入顾客对产品个性化需求的情况，如生产冶炼钢的制造企业会根据顾客要求的形状、硬度和质量对钢加工流程进行调整。加工工艺的变化导致最终产品的报价也随之发生变化，且在为产品报价的过程中，顾客对产品的感知能力不同，企业原有的报价影响因素也需要作出相应的调整。

对于大多数企业来说，关于产品的最终报价大多从产品的设计周期、生产的成本和配送等单因素角度制定产品的报价。但为了更好地满足顾客个性化需求并促进制造业与服务业的紧密融合，企业不能仅从设计、加工等方面对产品作动态报价，而需要把顾客从产品的最终购买者身份转变成参与产品生产的参与者身份。把顾客的个性化需求和对产品的感知效果以及顾客对最终产品的满意度都考虑进整个产品的生产过程中，时刻按照顾客的需求进行生产，既保证了产品能够满足顾客的个性化需求，又能帮助企业减少不必要的资源浪费，降低生产的成本，进而提高企业最终收益，如图9.1所示。

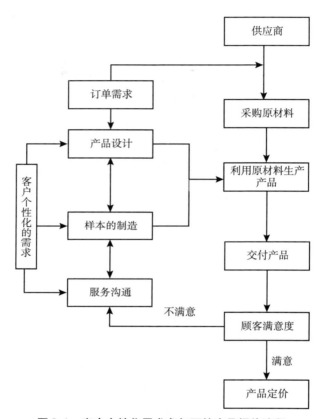

图9.1 客户个性化需求参与下的产品报价流程

但是在产品生产过程中加入顾客感知和个性化需求后，许多传统报价影响因素也会发生一定的改变。其中有些影响因素无法进行量化，如服务阶段中的顾客满意度等因素，在作最终产品报价时无法准确计算，造成报价估算不准确等问题。

为了解决报价因素改变造成最终产品报价无法准确估算的问题，本章通过参考基于市场的方法，将产品报价影响因素分为两层，以便报价决策能够和服务增值保持一致。在第一层中，包括与报价相关的3个业务阶段（设计、制造和服务）。在第一层次的每个项目中，许多子指标（包括财务和非财务绩效衡量指标和指标）包含在第二层次中，具体见表9.1。

表9.1　　　　　　　　　　产品报价影响因素的种类和含义

第一层次	第二层次	影响因素的定义
设计阶段（A_1）	设计周期（A_{11}）	设计新产品的时间
	设计成本（A_{12}）	设计新产品所需的成本
	产品设计复杂度（A_{13}）	复杂度随客户需求而变动
	设计质量（A_{14}）	满足客户要求的程度
	知识管理（A_{15}）	创建、共享、使用和管理组织的知识和信息的过程
生产制造阶段（A_2）	生产周期（A_{21}）	衡量单个产品从开始生产到生产完成的时间
	交货时间（A_{22}）	按照顾客需求把货物交给顾客的时间
	设计修订时间（A_{23}）	根据客户需求对产品进行修改的时间
	设备利用率（A_{24}）	设备实际使用时间占计划用时的百分比
	除原材料外的其他成本（A_{25}）	除材料成本外的制造成本
	加工工艺条件（A_{26}）	生产合格品满足的工艺流程
服务阶段（A_3）	客户满意度（A_{31}）	客户对产品的期望值与实际体验值的比率
	客户退货率（A_{32}）	衡量顾客退货要求返工的产品占比
	服务阶段准时交货期（A_{33}）	衡量在承诺客户的时间内交货比率

为了解决服务阶段中报价影响因素无法量化的问题，从顾客的角度出发，采取了顾客反馈的方法来衡量顾客满意度等指标。其中通过顾客对产品的评价以及退货的数量，结合企业实际的情况进行对比分析，给出了顾客满意度（即顾客对产品的期望值与实际感受值的比率）、顾客退货率（在一定时间内顾客在购买产品申请退货或返工重新修改的次数与购买产品总共次数的比率）以及服务阶段准时交货率（在顾客的需求下准时将货物送到顾客手中与所有送货时间的比率）。通过建立这3种影响因素指标，量化了服务阶段的报价影响因素，方便后续报价的估算。

在实际情况中，由于企业工作人员的疏忽或由于加入顾客特定需求的订单与以往的历史数据存在差异，会导致某些报价影响因素的数据发生缺失、不完整的情况。其中输入样本的特征值代表对产品报价产生影响的因素，输出为报价，某些样本中的某些特征值可能是缺失的，目前缺乏有效的处理缺失数据并合理报价的方法。

已有越来越多的研究使用支持向量机来改善回归性能，且已经证明使用机器学习方法对数据缺失数据集进行回归的有效性。在现有的利用支持向量机进行预测回归的计算方法中，如果输入的特征值存在缺失，通常无法得到最后的预测结果。此外，在构建回归模型期间，通过运用交叉验证法，可以容易地评估具有缺失值的特征对回归性能的影响。该信息提供了这些功能的相对重要性，并为有关数据收集提供指导。

在传统最小二乘支持向量机的基础上，通过引入样本的梯度信息先对其作优化改进，从而提高了算法的效率与精度。为了解决样本缺失发生时无法使用 SVM 的问题引入了第 l 个特征值的缺失导致回归误差的上限 c_l（其中 $l=1$，2，$\cdots$，f），将模型原问题从样本存在缺失值转变为最小化所有特征缺失值所引起的回归总误差最小问题，进而运用 LSSVM 算法对报价模型进行回归预测。

首先，在 LSSVR 模型的基础上添加了梯度信息，构建了基于梯度信息的 LSSVR 模型；进而在构建的 GELSSVR 模型中引入变量 c_l，表示缺失数据对回归结果造成的误差，并采用留一法交叉验证确定误差 c_l 的上界；其次通过引入高斯核函数将非线性样本转化到高维空间中变为线性可分作模型的求解。

9.2　考虑缺失数据特征的 GELSSVR 模型构建

9.2.1　传统 LSSVR 回归模型

LSSVM 由苏伊肯斯（Suykens）等人在 1999 年以支持向量机（SVM）为基础，把最小二乘的方法引入 SVM 模型中，将不等式约束转变为等式约束，把原有的二次规划问题转换成线性方程组进行求解，从而有效地简化了问题的计算过程。由于本章模型的改进是在传统 LSSVR 模型上进行的，所以下面详细介绍传统 LSSVR 的基本模型：

给定样本集 $\{(x_1, y_1), \cdots, (x_N, y_N)\}$ （N 代表样本数目），考虑到低维样本存在不可分的情况，通过非线性映射 $\varphi(\cdot)$ 函数，将输入变量 X 转化到高维度的特征空间：$F = \{\varphi(x) | x \in X\}$，根据 SVM 的基本模型，LSSVR 即可表示为如下的优化问题：

$$\min \frac{1}{2} \|w\|^2 + \frac{C}{2} \sum_{i=1}^{N} \xi_i^2$$

$$\text{s. t. } y_i = w^T \varphi(x_i) + b + \xi_i, \ i = 1, 2, \cdots, N \tag{9.1}$$

其中，C 是正规化参数，ξ_i 是 x_i 的松弛变量，$w = (w_1, w_2, \cdots, w_d)$ 是 d 维权重向量，b 是常数偏差项。

和 SVM 相同，将式（9.1）引入拉格朗日乘子转化 Lagrange 函数：

$$L(w, b, \xi, \alpha) = \frac{1}{2} \|w\|^2 + \frac{C}{2} \sum_{i=1}^{N} \xi_i^2 + \sum_{i=1}^{N} \alpha_i (y_i - w^T \varphi(x_i) - b - \xi_i) \tag{9.2}$$

其中，α_i 是 Lagrange 乘子，对式（9.2）求偏导：

$$\begin{cases} \dfrac{\partial L}{\partial w} = w - \sum_{i=1}^{N} \alpha_i \varphi(x_i) = 0 \rightarrow w = \sum_{i=1}^{N} \alpha_i \varphi(x_i) \\[2mm] \dfrac{\partial L}{\partial b} = -\sum_{i=1}^{N} \alpha_i = 0 \rightarrow \sum_{i=1}^{N} \alpha_i = 0 \\[2mm] \dfrac{\partial L}{\partial \xi_i} = C\xi_i - \alpha_i = 0 \rightarrow \alpha_i = C\xi_i \\[2mm] \dfrac{\partial L}{\partial \alpha_i} = y_i - w^T \varphi(x_i) - b - \xi_i = 0 \rightarrow y_i = w^T \varphi(x_i) + b + \xi_i \end{cases} \tag{9.3}$$

其中 $i = 1, 2, \cdots, N$，将 ξ_i 和 w 消去得到：

$$\begin{pmatrix} Q & \xi \\ \xi^T & 0 \end{pmatrix} \begin{bmatrix} \alpha \\ b \end{bmatrix} = \begin{bmatrix} y \\ 0 \end{bmatrix} \tag{9.4}$$

其中，$Q \in R^{N \times N}$ 且 $Q = K + \dfrac{1}{C} I$，K 是和矩阵，$K_{ij} = k(x_i, x_j) = \varphi^T(x_i)$

$\varphi(x_j)$，I 是单位阵；求解（9.4）得到 LSSVM 函数：

$$f(x) = \sum_{i=1}^{N} \alpha_i k(x_i, x_j) + b \qquad (9.5)$$

其中，α 和 b 是式（9.5）的解。上述核函数必须是 Mercer 核，需要满足连续性、对称性及正定性，常用的核函数主要有：

$$k(x_i, x_j) = (x_i x_j)（线性核）$$

$$k(x_i, x_j) = (x_i x_j)^m（m 阶齐次多项式核）$$

$$k(x_i, x_j) = (x_i x_j + c)^m（m 阶非齐次多项式核）$$

$$k(x_i, x_j) = e^{-\frac{\|x_i - x_j\|^2}{2\delta^2}}（高斯核）$$

$$k(x_i, x_j) = e^{-\sum_{m=1}^{N} \theta \|x_i^m - x_j^m\|^{P_m}}（Kriging 核）$$

无论采用哪一种核函数 $k(x_i, x_j)$，其寻找支持向量的方法是一致的。在上述 5 种核函数中最为常用的是高斯核函数。

9.2.2　引入梯度信息

传统 LSSVR 模型是没有将样本点的梯度信息考虑进去的，这种好处在于在模型的构建中会更为简单，但在面对解决小样本问题的时候会出现拟合精度不理想的缺点。所以，为了优化模型预测回归的结果，把样本点处的梯度信息融入到模型中，构建一种新的基于梯度信息的 LSSVR 模型，然后通过求解核函数的偏导数来提高模型的预测能力。

首先对传统的 SVR $f(x) = w^T \varphi(x) + b$ 求一阶偏导数得到：

$$D^r(x) = \frac{\partial f(x)}{\partial x_r} = w^T \frac{\partial \varphi(x)}{\partial x_r}, \quad r = 1, 2, \cdots, d \qquad (9.6)$$

其中，r 代表 x 的维度。当样本点 x 处的梯度信息可获得时，即可用梯度信息对传统 LSSVR 进行改进，可以要求样本点 x 不仅在管道内，而且还要求样本点 x 处按照一阶泰勒公式展开的 $(x - \Delta x, y - d\Delta x)$ 也在管道内，如图 9.2 所示。

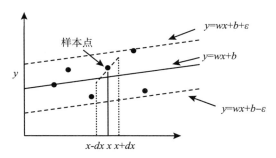

图 9.2　样本梯度信息的超平面图

将考虑样本的梯度信息融入 LSSVR 模型中，得到一个新的最优化问题：

$$\min \frac{1}{2}\|w\|^2 + \frac{C_0}{2}\sum_{i=1}^{N}\xi_i^2 + \sum_{i=1}^{N}\sum_{r=1}^{d}\frac{C_r}{2}\xi_{ir}^2$$

$$\text{s. t. } y_i = w^T\varphi(x_i) + b + \xi_i$$

$$D^r(x_i) = w^T\frac{\partial\varphi(x_i)}{\partial x_{ir}} + \xi_{ir}, \ i = 1, \ 2, \ \cdots, \ N; \ r = 1, \ 2, \ \cdots, \ d \quad (9.7)$$

其中，C 是正规化参数，ξ_i 是 x_i 的松弛变量，$w^T = (w_1, \ w_2, \ \cdots, \ w_d)$ 是 d 维权重向量，$\varphi(x_i)$ 是将 x_i 映射到高维特征空间的映射函数，b 是偏差项。

在式（9.7）中，当 $C_r = 0$ 时，该模型就变成了传统 LSSVR 模型。说明 GELSSVR 模型更具有一般代表性，LSSVR 是 GELSSVR 的一种特例。

9.2.3　引入缺失数据造成的误差变量

针对式（9.7）中，为了计算当输入的样本数据集存在缺失时对回归结果造成的误差，引入变量 c_l，表示由第 l 个特征的缺失值导致的回归误差的上限，其中 $l = 1, \ 2, \ \cdots, \ f$，$f$ 是样本 x_i 包含的特征数。在下面的计算中，会给出在回归过程中采用留一法交叉验证来确定的上限 c_l。

对于第 i 个样本，所有缺失值特征引起的回归总误差的上界表示为 $\sum_{i=1}^{f} c_l I_l^i$，I_l^i 是一个指示符，定义如下：

$$I_l^i = \begin{cases} 1, & \text{如果样本 } X_i \text{ 第 } l \text{ 个特征值发生缺失} \\ 0, & \text{如果样本 } X_i \text{ 第 } l \text{ 个特征值未发生缺失} \end{cases} \quad (9.8)$$

当数据发生缺失时，通过将定义的误差上界式（9.8）代入式（9.7）中，得：

$$(P) \min \frac{1}{2} \|w\|^2 + \frac{C_0}{2} \sum_{i=1}^N \xi_i^2 + \sum_{i=1}^N \sum_{r=1}^d \frac{C_r}{2} \xi_{ir}^2$$

$$\text{s. t. } y_i = w^T \varphi(x_i) + b + \sum_{l=1}^f c_l I_l^i + \xi_i$$

$$D^r(x_i) = w^T \frac{\partial \varphi(x_i)}{\partial x_{ir}} + \xi_{ir}, \quad i = 1, 2, \cdots, N; \ r = 1, 2, \cdots, d \quad (9.9)$$

由于约束中 $\sum_{l=1}^f c_l I_l^i + \xi_i$ 项均表示误差，可以简化为 ξ_i，同时修改目标函数中的第二项为 $\left(\xi_i - \sum_{l=1}^f c_l I_l^i\right)$，从而将上述问题（P）转化为等价问题（P'）如下：

$$(P') \min \frac{1}{2} \|w\|^2 + \frac{C_0}{2} \sum_{i=1}^N \left(\xi_i - \sum_{l=1}^f c_l I_l^i\right)^2 + \sum_{i=1}^N \sum_{r=1}^d \frac{C_r}{2} \xi_{ir}^2$$

$$\text{s. t. } y_i = w^T \varphi(x_i) + b + \xi_i$$

$$D^r(x_i) = w^T \frac{\partial \varphi(x_i)}{\partial x_{ir}} + \xi_{ir}, \quad i = 1, 2, \cdots, N; \ r = 1, 2, \cdots, d \quad (9.10)$$

9.2.4 引入加和的核函数

考虑到数据样本在低维空间时存在线性不可分的问题，通过引入核函数，其基本的目的在于将两个低维空间里的向量转换到高维后作计算最后得出两个向量的内积值。在式（9.9）中，$\varphi(x_i) = [\tilde{\varphi}(x_1^i), \tilde{\varphi}(x_2^i), \cdots, \tilde{\varphi}(x_f^i)]$，$\tilde{\varphi}(x_f^i)$ 作为一种特征映射，从而在式（9.9）中核函数 K 可表示为：

$$K(x_i, x_j) = \varphi(x_i)^T \varphi(x_j) = \sum_{l=1}^f k(x_l^i, x_l^j),$$

$$k(x_l^i, x_l^j) = \begin{cases} \tilde{k}(x_l^i, x_l^j), & x_l^i \text{ 和 } x_l^j \text{ 都未发生缺失} \\ 0, & x_l^i \text{ 和 } x_l^j \text{ 任一发生缺失或全都发生缺失} \end{cases}$$

　　所构建的 GELSSVR 模型的求解难易程度取决于具体核函数的选择及参数设定，由于径向基核函数（RBF 核函数）在问题求解中具有较好的性能，因此采用径向基核函数 $k(x_i, x_j) = e^{-\frac{\|x_i - x_j\|^2}{2\delta^2}}$ 用于问题求解，其中 δ 是核宽度，$k(x_i, x_j)$ 是一种加和的高斯核函数。根据输入的样本特征中是否含有缺失值，可以方便地计算出核的对应值，从而将由特征值出现缺失时对回归结果的影响上界引入到式（9.4）中。

　　从式（9.10）中可以看出，在减去训练数据集中因包含缺失特征值所引起的回归总误差后，式（9.10）中原始问题的本质变为了最小化所有特征所引起的回归总误差，而没有缺失值。当训练数据集的所有样本中没有缺失值时，即所有 I_l^i 的都为零时，式（9.10）就简化为了标准 GELSSVR 模型。式（9.4）中矩阵表示的优点是，它的解析解可以用来设计一种快速的留一法交叉验证方法，来确定回归误差 c_l 的上界。

9.2.5　留一法交叉验证求解误差变量

　　为了得到更高效准确的预测结果，在模型使用和学习过程中需要对其进行评估和分析。当前已有学者提出留出法、交叉验证法和自助法等方法，其中交叉验证法因其操作方便且与大部分模型适用的特点，被认为是一种十分有效的方法，特别是在可使用的样本数据相对较少的条件下，其通过对数据进行有效重复的利用，显著提高了对模型的评估和分析的精度。交叉验证法的主要目的是将可用的数据样本分成训练和预测两部分，训练部分主要用于模型的训练，预测部分主要用于将训练好的模型得到的结果与原始结果进行预测误差的计算，最后根据误差最小原则选出的模型作为最优模型。

　　在上一小节中可以发现所提出的在数据缺失下 GELSSVR 模型的回归性能取决于参数 c_l 的选择。虽然传统的交叉验证方法已经被证明是无偏估计并且已经被广泛运用于确定各种算法的参数，但是该方法的计算时间较长，尤其是在处理相对较大的数据时存在计算非常耗时的问题。

　　因此，采用了一种更加快速的方法——留一法交叉验证，来确定式（9.10）

中 c_l 的值。以基础的 LSSVR 模型为例，通过拉格朗日求解得到的式（9.4）中加入误差变量 c_l 得到了新的矩阵：

$$\begin{bmatrix} \psi & e \\ e^T & 0 \end{bmatrix} \begin{bmatrix} \alpha \\ b \end{bmatrix} = \begin{bmatrix} y - \sum_{i=1}^{f} c_l I_l^i \\ 0 \end{bmatrix} \qquad (9.11)$$

为了方便下面的求解将 G 表示为式（9.11）左边的第一个矩阵，通过将 G 分解成块表示，隔离第一行和第一列得到：

$$G = \begin{bmatrix} \psi & e \\ e^T & 0 \end{bmatrix} = \begin{bmatrix} g_{11} & g_1^T \\ g_1 & G_{(-1)} \end{bmatrix} \qquad (9.12)$$

令 $\gamma_{(-i)}$ 和 $b_{(-i)}$ 表示在留一法交叉验证程序的第 i 次迭代期间 LSSVM 参数，然后在第一次迭代中，排除第一个训练样本得到：

$$\begin{bmatrix} \gamma_{(-i)} \\ b_{(-i)} \end{bmatrix} = Q_{(-1)} \left(y_{(-1)} - \sum_{l=1}^{f} c_l I_{l(-1)}^i \right) \qquad (9.13)$$

这里 $Q_{(-1)} = G_{(-1)}^{-1}$ 和 $y_{(-1)} = (y_2, y_2, \cdots, y_N, 0)^T$。

当从训练数据集中删除该样本时，令 y_i 为第 i 个样本的预测，然后给出第一个样本的留一预测：

$$\tilde{y}_1 = g_1^T \begin{bmatrix} \gamma_{(-i)} \\ b_{(-i)} \end{bmatrix} + \sum_{l=1}^{f} c_l I_l^1 \qquad (9.14)$$

将式（9.13）代入式（9.14）中，得：

$$\tilde{y}_1 = g_1^T Q_{(-1)} \left(y_{(-1)} - \sum_{l=1}^{f} c_l I_{l(-1)}^i \right) + \sum_{l=1}^{f} c_l I_l^1 \qquad (9.15)$$

从式（9.11）中的最后 N 个方程可以得到：

$$\begin{bmatrix} g_1 G_{(-1)} \end{bmatrix} \begin{bmatrix} \gamma b \end{bmatrix}^T = \left(y_{(-1)} - \sum_{l=1}^{f} c_l I_{l(-1)}^i \right)$$

所以式（9.15）转变为：

$$\tilde{y}_1 = g_1^T Q_{(-1)} \begin{bmatrix} g_1 G_{(-1)} \end{bmatrix} \begin{bmatrix} \gamma_1, \gamma_2, \cdots, \gamma_N, b \end{bmatrix}^T + \sum_{l=1}^{f} c_l I_l^1$$

$$= g_1^T Q_{(-1)} g_1 \gamma_1 + g_1^T \begin{bmatrix} \gamma_2, \gamma_3, \cdots, \gamma_N, b \end{bmatrix}^T + \sum_{l=1}^{f} c_l I_l^1 \qquad (9.16)$$

从式（9.11）中可以求得第一个方程 $y_1 - \sum_{l=1}^{f} c_l I_l^1 = g_{11}\gamma_1 + g_1^T [\gamma_2, \gamma_3, \cdots,$
$\gamma_N, b]^T$，所以 $\tilde{y}_1 = y_1 - \gamma_1(g_{11} - g_1^T Q_{(-1)}g_1)$。最后通过块矩阵求逆得到：

$$G^{-1} = Q = \begin{bmatrix} t^{-1} & -t^{-1}g_1 Q_{(-1)} \\ Q_{(-1)} + t^{-1}Q_{(-1)}g_1^T g_1 Q_{(-1)} & -t^{-1}Q_{(-1)}g_1^T \end{bmatrix} \quad (9.17)$$

其中，$t = g_{11} - g_1^T Q_{(-1)}g_1$，注意到线性方程组式（9.11）对方程排序和未知数的排列不敏感，从而得到：

$$\tilde{y}_1 = y_i - \frac{\gamma_i}{Q_{ii}} \quad (9.18)$$

从上述内容可以得出，假设通过 G 矩阵求逆来求解线性方程组，计算过程中可以使用已经作为训练集样本的信息来评估 LSSVR 模型并选择留一法交叉验证进行估计。在整个数据集上，额外的计算成本可以忽略不计。

定义 $[a'^T, b']^T = Q[y^T, 0]$，$[a''^T, b'']^T = Q[I_l^T, 0]$ 和 $\gamma = \gamma' - \sum_{l=1}^{f} c_l \gamma_l''$，则式（9.18）即为：

$$\tilde{y}_i = y_i + \frac{\sum_{l=1}^{f} c_l \gamma_{li}'' - \gamma_i'}{Q_{ii}} \quad (9.19)$$

从式（9.19）中可以看出留一法交叉验证预测中的 $\tilde{y}_1$ 可以用数学公式表示，并且该公式中的 y_i 线性地依赖于 $c = (c_1, c_2, \cdots, c_d)$。所以一旦选择了所有的参数 c_l，就可以获得对应的学习模型。其中 c_l 的最佳值，就是在所有训练数据集中的样本 i 产生（$\tilde{y}_1, y_i$）的大于 0 的值。然而，如果仅考虑（$\tilde{y}_1, y_i$）的符号，这将产生具有许多局部最小值的非凸解。

所以，为了解决产生许多局部最小值非凸解的问题，代替传统的 Hinge 损失函数，使用以下损失函数：

$$lf(\tilde{y}_1, y_i) = |1 - \tilde{y}_1 y_i|_+ = \left| y_i \frac{\gamma_i' - \sum_{l=1}^{f} c_l \gamma_{li}''}{Q_{ii}} \right|_+ \quad (9.20)$$

其中，$|x|_+ = \max\{0, x\}$。

损失函数给出了一次性错误回归损失的凸上限。当 $\tilde{y}_1 \geqslant 1$ 且与 y_i 符号相同，上式即可求出解。最终目标函数为：

$$\sum_{i=1}^{N} \left| y_i \frac{\gamma_i' - \sum_{l=1}^{f} c_l \gamma_{li}''}{Q_{ii}} \right|_+$$

$$\text{s. t.} \quad \|c\|_2 \leqslant D \tag{9.21}$$

这里的 D 是常数，作用是对 c 进行的约束使得 c 存在解。可以通过使用次梯度投影算法实现模型优化过程。伪代码见表 9.2。

表 9.2　　　　　　　　　　次梯度投影算法的流程设计

算法：次梯度投影算法

Input：集合 γ_i', γ_{li}'' 和 I_l（$l = 1, 2, \cdots, f$）

初始化：$c \leftarrow 0$ 和 $t \leftarrow 1$

重复

$$\tilde{y}_1 = y_i + \frac{\sum_{l=1}^{f} c_l \gamma_{li}'' - \gamma_i'}{Q_{ii}}, \quad i = 1, 2, \cdots, N$$

$f_i \leftarrow 1\{\tilde{y}_1 y_i > 0\}, \quad i = 1, 2, \cdots, N$

$$c_l \leftarrow c_l - \frac{1}{\sqrt{t}} \sum_{i=1}^{N} f_i y_i \frac{\gamma_{li}}{Q_{ii}}, \quad l = 1, 2, \cdots, f$$

$If \|c\|_2 \leqslant D$，则令 $c \leftarrow \dfrac{c}{\|c\|_2} D$

否则

$c_l \leftarrow \max(c_l, 0), \quad l = 1, 2, \cdots, f$

$t \leftarrow t + 1$

直到收敛

Output：c

包含缺失值的各个特征对回归性能的影响提供了特征值在回归模型中的相对重要性的信息，这反过来又为数据收集过程提供了指导。对于一个包含 M 个特征值的样本进行回归预测时，在得到 M 中每个 M 的 c_k 值（$k = 1, 2, \cdots, M$）后，采用留一法交叉验证可以对包含缺失值的特征 I 对回归结果的影响进行评估。主要是通过考虑以下两种情况得出结论：

（1）如果所有的 c_l^k 的特征值 l 等于 0 或 $\max\limits_{k=1,2,\cdots,M} |c_l^k|$ 小于给定的正阈值时，

特征值 l 对上界的影响可以忽略不计。

（2）如果 $\max\limits_{k=1,2,\cdots,M}|c_l^k|$ 的值（表示为 Inf）大于 0 或给定的小正阈值，则特征 l 对回归预测具有一定的影响。在这里，Inf 是衡量影响程度的指标。Inf 的值越大，具有缺失值的特征对回归性能的影响越显著。

9.3 GELSSVR 模型求解算法

9.3.1 引入拉格朗日函数求解模型

模型式（9.5）是一个凸二次规划问题，其解可通过构建拉格朗日函数将约束条件融合到目标函数中，构建拉格朗日函数，通过对其求导进行模型求解函数表达式进行求解。引入拉格朗日乘子后，原目标函数变为：

$$L(w,\ b,\ \xi,\ \alpha) = \frac{1}{2}\|w\|^2 + \frac{C_0}{2}\sum_{i=1}^{N}\Big(\xi_i - \sum_{l=1}^{f}c_l I_l^i\Big)^2 + \sum_{i=1}^{N}\sum_{r=1}^{d}\frac{C_r}{2}\xi_{ir}^2$$

$$+ \sum_{i=1}^{N}\alpha_i\big[y_i - w^T\varphi(x_i) - b - \xi_i\big]$$

$$+ \sum_{i=1}^{N}\sum_{r=1}^{d}\alpha_{ir}\Big[D^r(x_i) - w^T\frac{\partial\varphi(x_i)}{\partial x_{ir}} - \xi_{ir}\Big] \qquad (9.22)$$

其中 α_i 和 $\alpha_{ir}(i=1,\ 2,\ \cdots,\ N;\ r=1,\ 2,\ \cdots,\ d)$ 为 Lagrange 乘子，为了满足最优条件，对式（9.22）中 w，b，ξ，α 分别求偏导令其等于 0，得：

$$\frac{\partial L}{\partial w} = w - \sum_{i=1}^{N}\alpha_i\varphi(x_i) - \sum_{i=1}^{N}\sum_{r=1}^{d}\alpha_{ir}\frac{\partial\varphi(x_i)}{\partial x_{ir}} = 0 \qquad (9.23)$$

$$\frac{\partial L}{\partial b} = -\sum_{i=1}^{N}\alpha_i = 0 \qquad (9.24)$$

$$\frac{\partial L}{\partial \xi_i} = C_0\Big(\xi_i - \sum_{l=1}^{f}c_l I_l^i\Big) - \alpha_i = 0 \qquad (9.25)$$

$$\frac{\partial L}{\partial \xi_{ir}} = C_r\xi_{ir} - \alpha_{ir} = 0 \qquad (9.26)$$

$$\frac{\partial L}{\partial \alpha_i} = y_i - w^T \varphi(x_i) - b - \xi_i = 0 \tag{9.27}$$

$$\frac{\partial L}{\partial \alpha_{ir}} = D^r(x_i) - w^T \frac{\partial \varphi(x_i)}{\partial x_{ir}} - \xi_{ir} = 0 \tag{9.28}$$

从式 (9.23) 至式 (9.28) 可以得出:

$$w = \sum_{i=1}^{N} \alpha_i \varphi(x_i) + \sum_{i=1}^{N} \sum_{r=1}^{d} \alpha_{ir} \frac{\partial \varphi(x_i)}{\partial x_{ir}} \tag{9.29}$$

$$\sum_{i=1}^{N} \alpha_i = 0 \tag{9.30}$$

$$\alpha_i = C_0 \left(\xi_i - \sum_{l=1}^{f} c_l I_l^i \right) \tag{9.31}$$

$$\alpha_{ir} = C_r \xi_{ir} \tag{9.32}$$

$$y_i = w^T \varphi(x_i) + b + \xi_i \tag{9.33}$$

$$D^r(x_i) = w^T \frac{\partial \varphi(x_i)}{\partial x_{ir}} + \xi_{ir} \tag{9.34}$$

将式 (9.29)、式 (9.30)、式 (9.31) 代入式 (9.32) 和式 (9.35),
并与式 (9.30) 联立,消去 ξ_i、ξ_{ir} 和 w,得到如下的线性方程组:

$$\begin{bmatrix} \psi & e \\ e^T & 0 \end{bmatrix} \begin{bmatrix} \gamma \\ b \end{bmatrix} = \begin{bmatrix} Y \\ 0 \end{bmatrix} \tag{9.35}$$

其中:

$$e = [\underbrace{1, \cdots, 1}_{N}, \underbrace{0, \cdots, 0}_{d \times N}]; \quad \gamma = [\gamma_0, \gamma_1, \cdots, \gamma_d]^T$$

$$\gamma_0 = [\alpha_1, \alpha_2, \cdots, \alpha_N]^T; \quad \gamma_r = [\alpha_{1r}, \alpha_{2r}, \cdots, \alpha_{Nr}]^T (r = 1, 2, \cdots, d)$$

$$Y = \left[y^T - \sum_{l=1}^{f} c_l I_l^i, (D^1)^T, (D^2)^T, \cdots, (D^d)^T \right]^T$$

$$D^r = [D^r(x_1), D^r(x_2), \cdots, D^r(x_l)]^T (r = 1, 2, \cdots, d)$$

y 是训练数据集中所有样本的实际标签向量,$y = (y_1, y_2, \cdots, y_N)^T$。
由式 (9.32) 可得:

$$K(x_i, x_j) = \varphi(x_i)^T \varphi(x_j) = \sum_{l=1}^{f} k(x_l^i, x_l^j)$$

$$k(x_l^i, \ x_l^j) = \begin{cases} k(x_l^i, \ x_l^j), \ x_l^i \ \text{和} \ x_l^j \ \text{都未发生缺失} \\ 0, \ x_l^i \ \text{和} \ x_l^j \ \text{其中任一发生缺失或全都发生缺失} \end{cases}$$

所以式（9.35）中的 ψ 可表示为：

$$\psi = \begin{bmatrix} H_{00} & H_{11} & \cdots & H_{1d} \\ H_{11} & Q_{11} & \cdots & Q_{1d} \\ \vdots & \vdots & \ddots & \vdots \\ H_{d1} & Q_{d1} & \cdots & Q_{dd} \end{bmatrix} \tag{9.36}$$

其中：

$$H_{00} = H_{00}^* + \frac{1}{C_0}\Lambda \tag{9.37}$$

Λ 和 I_l^i 是具有单位对角线条目的对角矩阵。

$$H_{00}^* = K(x_l^i, \ x_l^j) = \begin{bmatrix} k(x_1^1, \ x_1^1) & \cdots & k(x_1^1, \ x_f^N) \\ \vdots & \ddots & \vdots \\ k(x_f^N, \ x_1^1) & \cdots & k(x_f^N, \ x_f^N) \end{bmatrix}$$

$$(i, \ j = 1, \ 2, \ \cdots, \ N; \ l = 1, \ 2, \ \cdots, \ f) \tag{9.38}$$

为了得到样本的梯度信息，对核矩阵求一阶偏导数得到如下公式（其中 $r = 1, \ 2, \ \cdots, \ d$）：

$$H_{1r} = \frac{\partial K(x_l^i, \ x_l^j)}{\partial x_l^{jr}} = \begin{bmatrix} \dfrac{\partial k(x_1^1, \ x_1^1)}{\partial x_1^{1r}} & \cdots & \dfrac{\partial k(x_1^1, \ x_f^N)}{\partial x_f^{Nr}} \\ \vdots & \ddots & \vdots \\ \dfrac{\partial k(x_f^N, \ x_1^1)}{\partial x_f^{1r}} & \cdots & \dfrac{\partial k(x_f^N, \ x_f^N)}{\partial x_f^{Nr}} \end{bmatrix} \tag{9.39}$$

$$H_{r1} = \frac{\partial K(x_l^i, \ x_l^j)}{\partial x_l^{ir}} = \begin{bmatrix} \dfrac{\partial k(x_1^1, \ x_1^1)}{\partial x_1^{1r}} & \cdots & \dfrac{\partial k(x_1^1, \ x_f^N)}{\partial x_f^{1r}} \\ \vdots & \ddots & \vdots \\ \dfrac{\partial k(x_f^N, \ x_1^1)}{\partial x_f^{Nr}} & \cdots & \dfrac{\partial k(x_f^N, \ x_f^N)}{\partial x_f^{Nr}} \end{bmatrix} \tag{9.40}$$

核矩阵的二阶偏导数如下（其中，$r, \ m = 1, \ 2, \ \cdots, \ d$）

$$Q_{rm} = \begin{cases} Q_{rm}^* + \dfrac{1}{C_0}\Lambda, & r = m \\ \\ Q_{rm}^*, & 其他 \end{cases} \tag{9.41}$$

$$Q_{rm}^* = \frac{\partial K^2(x_l^i, x_l^j)}{\partial x_l^{ir} x_l^{jm}} = \begin{bmatrix} \dfrac{\partial k^2(x_1^1, x_1^1)}{\partial x_1^{1r}\partial x_1^{1m}} & \cdots & \dfrac{\partial k^2(x_1^1, x_f^N)}{\partial x_f^{1r}\partial x_f^{Nm}} \\ \vdots & \ddots & \vdots \\ \dfrac{\partial k^2(x_f^N, x_1^1)}{\partial x_f^{Nr}\partial x_f^{1m}} & \cdots & \dfrac{\partial k^2(x_f^N, x_f^N)}{\partial x_f^{Nr}\partial x_f^{Nm}} \end{bmatrix} \tag{9.42}$$

在式（9.37）至式（9.42）中，所有的核函数都是高斯核，其相应的偏导数公式为：

$$\frac{\partial K(x_l^i, x_l^j)}{\partial x_l^{ir}} = -\frac{1}{\delta^2}(x_l^{ir} - x_l^{jr})k(x_l^i, x_l^j) \tag{9.43}$$

$$\frac{\partial K(x_l^i, x_l^j)}{\partial x_l^{jr}} = \frac{1}{\delta^2}(x_l^{ir} - x_l^{jr})k(x_l^i, x_l^j) \tag{9.44}$$

$$\frac{\partial K^2(x_l^i, x_l^j)}{\partial x_l^{ir} x_l^{jr}} = \begin{cases} \left[\dfrac{1}{\delta^2} - \dfrac{1}{\delta^4}(x_l^{ir} - x_l^{jr})^2\right]k(x_l^i, x_l^j), & r = m \\ \\ -\dfrac{1}{\delta^4}(x_l^{ir} - x_l^{jr})(x_l^{im} - x_l^{jm})k(x_l^i, x_l^j), & r \neq m \end{cases} \tag{9.45}$$

再加入梯度信息后，为了方便下面的求解将 G 表示为式（9.35）左边的第一个矩阵，模型转变为：

$$\begin{bmatrix} \gamma \\ b \end{bmatrix} = Q\begin{bmatrix} \left[y^T - \sum_{l=1}^{f} c_l I_l^i, \ (D^1)^T, \ (D^2)^T, \ \cdots, \ (D^d)^T\right]^T \\ 0 \end{bmatrix} \tag{9.46}$$

其中 $Q = G^{-1}$。

从式（9.46）中可知，模型的参数可以简单地通过矩阵求逆计算得出。一旦确定了所有特征样本的误差 c_l 就可以从式（9.46）中求出 γ 和 b，带回式（9.29）中可求出 w。

最后，求得的在数据缺失下基于梯度信息的最小二乘支持向量回归机（GELSSVR）模型表示为：

$$f(x) = \sum_{i=1}^{N} \overline{\alpha}_i k(x_l^i, x_l^j) + \sum_{i=1}^{N} \sum_{r=1}^{d} \overline{\alpha}_{ir} \frac{\partial K(x_l^i, x_l^j)}{\partial x_l^{ir}} + \overline{b} + \frac{1}{C} \overline{\alpha}_i + \sum_{l=1}^{f} c_l I_l^i$$

$$(9.47)$$

其中，$(\overline{\gamma}, \overline{b})$ 是式（9.35）的解。$\overline{\gamma} = [\overline{\gamma}_0, \overline{\gamma}_1, \cdots, \overline{\gamma}_d]$，$\overline{\gamma}_0 = [\overline{\alpha}_1, \overline{\alpha}_2, \cdots, \overline{\alpha}_N]$，$\overline{\gamma}_r = [\overline{\alpha}_{1r}, \overline{\alpha}_{2r}, \cdots, \overline{\alpha}_{Nr}]$，$r = 1, 2, \cdots, d$；$i = 1, 2, \cdots, N$；$l = 1, 2, \cdots, f$。

9.3.2　与 LSSVR 算法对比

常用的评价模型精度的指标有：RMSE（均方根误差）、AAE（平均绝对误差）、MAE（最大绝对误差）和相关系数 R，计算公式如下：

均方根误差：

$$RMSE = \sqrt{\sum_{i=1}^{N_{error}} \frac{(y_i - \hat{y}_i)^2}{N_{error}}}$$

平均绝对误差：

$$AAE = \sum_{i=1}^{N_{error}} \frac{|y_i - \hat{y}_i|}{N_{error}}$$

最大绝对误差：

$$MAE = \max |y_i - \hat{y}_i|, \ i = 1, 2, \cdots, N$$

相关系数 R：

$$R(y, \hat{y}) = \frac{\frac{1}{V} \int (y - \overline{y})(\hat{y} - \overline{\hat{y}}) dv}{\delta(y)\delta(\hat{y})}$$

其中，

$$\frac{1}{V} \int y\hat{y} dv = \sum_{i=1}^{N_{error}} \frac{y_i \hat{y}_i}{N_{error}}; \ \overline{y} = \sum_{i=1}^{N_{error}} \frac{y_i}{N_{error}}; \ \delta(y) = \sqrt{\sum_{i=1}^{N_{error}} \frac{(y_i - \overline{y}_i)^2}{N_{error}}}$$

在上面定义公式中，其中 N_{error} 表示测试集的样本数，y_i 是真实值，$\overline{y}$ 是真实值的平均值，$\hat{y}$ 是预测值，$\overline{\hat{y}}$ 是预测值的平均值。其中 RMSE、AAE 和 R 的作用是评价模型整体上的精度，MAE 的作用是衡量模型局部的精度。

算法验证中使用的数据来源于某企业的真实数据，计算具体过程如下：

步骤1：对数据进行预处理，将所有样本归一化。

步骤2：将数据分成训练集和测试集，其中训练集4组，测试集1组。生成的过程均为随机过程。

步骤3：通过留一法交叉验证找到误差变量上限，初始化另外的参数 gam 和 $sig2$。

步骤4：通过测试样本，输出最佳参数 gam 和 $sig2$ 的值，然后将样本的输入、输出数据导入构建的 GELSSVR 的产品报价模型中。

步骤5：继续通过调整模型其他的参数来调整误差变化范围。判断是否在可承受范围之内。如果在范围之内则继续运行，调转到步骤6；否则继续调整相关的参数，直到误差达到可承受的范围。

步骤6：多次组合出不同的训练集和测试集，多次进行计算减少数据发生的偶然性。

步骤7：最后计算所有训练集和测试集得到的指标求平均值，并判断平均值是否满足最优解。若达到了最优解，则继续运算得到该模型的参数；否则返回步骤3重新调节参数。

步骤8：输出最终达到最优解的模型参数和对应的指标值，并将得到的预测结果进行反归一化处理从而得到实际预测的结果。

对于 GELSSVR 和 LSSVR 中相同的参数 C_0 和 δ，通过采用交叉验证法确定了 $C_0 = 100$ 和 $\delta = 3.5$。对于另一个共有的参数 $C_r(r=1,2)$，为了得到更好的对比效果，将 C_1、C_2 设为同一值。因为二者表达的都是一阶偏导数的惩罚因子。随着样本的变化，参数 C_r 的值也发生变化，见表9.3。

表9.3　　　　　　　　　　参数 C_r 值随样本值变化情况

样本量	5	10	20	30	50
参数值 C_r	8	4	2	2	0.5

可以看出，参数 C_r 的值随着样本量的增加而变小，表明样本量越小，则

越需要较大惩罚因子以增加梯度信息，以对式（9.7）中的目标函数进行约束；同理，当样本量较多时，惩罚因子所取的数值也会变小。

  在缺失数据条件下，通过 LSSVR 与 GELSSVR 回归预测得到的误差比较结果见表 9.4 ~ 表 9.5。从表中可以看出，提出的 GELSSVR 的误差值始终比传统 LSSVR 的误差值小，尤其在小样本的比较上更为明显。原因是将梯度信息直接引入了核函数的矩阵中，通过求偏导数获取了样本的梯度信息。

表 9.4   LSSVR 和 GELSSVR 的误差（RMSE、AAE）比较结果

样本数目	RMSE		MAE	
	LSSVR	GELSSVR	LSSVR	GE LSSVR
5	36. 4968	27. 4314	111. 6342	94. 2113
10	28. 2049	25. 3844	87. 4998	75. 0877
20	17. 0216	15. 8798	63. 8432	60. 6544
30	12. 0552	11. 4860	47. 3551	45. 6223
50	7. 2274	6. 9746	29. 3419	28. 4829

表 9.5   LSSVR 和 GELSSVR 的误差（R、MAE）比较结果

样本数目	R		AAE	
	LSSVR	GELSSVR	LSSVR	GE LSSVR
5	0. 5845	0. 7502	25. 7967	17. 4899
10	0. 7567	0. 8106	16. 6901	13. 0568
20	0. 8362	0. 8458	10. 4146	9. 5715
30	0. 8677	0. 8709	7. 0818	6. 6982
50	0. 8883	0. 8890	4. 1753	4. 0234

9.3.3 与完整数据预测结果对比

  为了验证方法的可行性，通过对原数据随机作缺失处理得到缺失的数据

样本，利用构建的 GELSSVR 模型作回归预测，并将得到的预测结果与完整数据的预测结果作对比分析，结果如表9.6所示。

表 9.6 训练集与测试集实验结果对比分析

数据集	指标	数据类型	1	2	3	4	5	平均值
训练集	MSE	完整数据	0.000007	0.000002	0.000024	0.000056	0.000005	0.000019
		缺失数据	0.006574	0.005481	0.005944	0.007425	0.006202	0.006325
	SCC	完整数据	0.899981	0.899993	0.899913	0.899801	0.899975	0.899932
		缺失数据	0.784189	0.772866	0.769624	0.767433	0.771732	0.773169
测试集	MSE	完整数据	0.172883	0.235376	0.150785	0.419240	0.368027	0.349262
		缺失数据	0.202711	0.310915	0.295011	0.505345	0.443802	0.399557
	SCC	完整数据	0.733160	0.720752	0.807447	0.697431	0.737023	0.739162
		缺失数据	0.678526	0.694044	0.739066	0.612425	0.695211	0.683854

其中 MSE 是均方误差，公式为：$MSE = \dfrac{1}{n} \sum\limits_{i=1}^{n} (y_i - \hat{y}_i)^2$，$i = 1, 2, \cdots, n$。其中，$y_i$ 是实际值，$\hat{y}_i$ 是预测值，n 是样本个数。该指标越小表示预测精度越高。

SCC 是模型相关系数的平方，越接近 1 表示模型的精度越好，计算公式为：

$$SCC = \frac{\left(n \sum\limits_{i=1}^{n} \hat{y}_i y_i - \sum\limits_{i=1}^{n} \hat{y}_i \sum\limits_{i=1}^{n} y_i \right)^2}{\left[n \sum\limits_{i=1}^{n} \hat{y}_i^2 - \left(\sum\limits_{i=1}^{n} \hat{y}_i \right)^2 \right] \left(n \sum\limits_{i=1}^{n} y_i^2 - \left(\sum\limits_{i=1}^{n} y_i \right)^2 \right)}$$

从表9.6中可以看出，缺失数据预测得到的结果与完整数据预测得出的结果的 MSE 和 SCC 比较差值在 (0, 0.5)，证明了所提方法具有较高可行性。5 组数据的对比如图 9.3 所示。

结合表格和对比图的综合对比结果，表明本章所提方法在数据缺失回归预测问题上具有良好的稳定性和使用能力，相较于传统 LSSVR 模型，引入梯度信息的 GELSSVR 模型具有更高的精度，尤其在求解小样本量问题时优势更为明显。

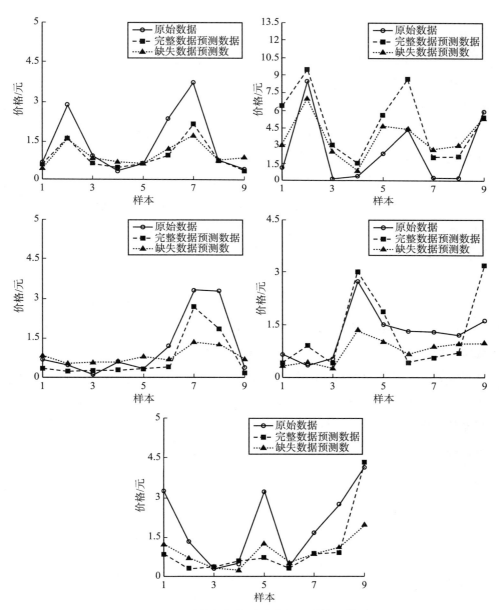

图 9.3　5 组完整数据与缺失数据预测结果的对比

9.4 本章小结

本章提出了一种解决企业订单从大批量小批次转变成小批量多批次生产的模式下产品动态报价预测问题的方法，考虑了产品报价影响因素存在缺失的情况，利用改进的 GELSSVR 模型直接使用带有缺失样本的数据进行回归预测分析，使用留一法交叉验证分析缺失的产品影响因素对最终产品报价的影响作用。本章的主要工作内容如下：

（1）在存在数据缺失的情况下，为了对产品报价作回归预测，建立了相应的数学模型。在传统 LSSVM 模型的基础上考虑了样本的梯度信息，构建了 GELSSVR 模型，为了解决数据发生缺失的问题，引入了误差变量，将问题从数据缺失转变为求回归误差最小，并使用留一法交叉验证求得误差变量的上界和确定缺失的影响因素对最终报价影响的大小。

（2）通过构建拉格朗日函数，将模型从原来的凸二次规划问题转变成无约束的单目标函数问题，利用 KKT 条件对变量求偏导数，最终求得模型的最优解。使用某企业的真实数据，在 MATLAB 中与基础的 LSSVR 算法和通过完整报价影响因素预测得到的报价进行对比，结果显示 GELSSVR 的回归精度优于 LSSVR，尤其是在小样本的情况下，证明了本章提出的方法更加有效。且与完整数据得到的结果进行比较，误差在可接受的范围之内，证明了算法的可行性。

第 10 章

云制造环境下产品报价预测模型

在云制造（CMfg）环境中，服务价格与其价值和成本相分离，使得服务提供商面临按需进行价格预测的难题。本章的主要目的是针对产品生命周期（例如设计、制造和服务）提出价值度量和指标（VMM）的分类，用于产品生命周期内不同阶段的报价决策。在此基础上，提出了一种参数报价方法来表示报价变量，即利用 VMM 计算报价变量，建立变量与价格之间的回归关系，计算报价因素。为了制定报价，提出了基于蚁群优化算法（ACO）的支持向量回归（SVR）组合机方法，并用实际企业数据证明了方法的有效性。实验结果表明，该方法具有显著的泛化性能，具有最佳均方误差（MSE）。所提出的报价模型为服务提供商提供了可行的报价方法。

10.1 问题描述

在 CMfg 环境中，客户受益于较低的全生命周期设备成本、无须前期资本投资以及针对个性化需求的灵活服务。然而，工业制造企业从这种模式当中受益比较困难，原因之一是当大量不同品种产品在车间生产时，对于特定客户的报价较为困难。但是 CMfg 能够提高组织竞争力等多方面能力，如何构建 CMfg 报价系统是企业面临的重大挑战。

CMfg 服务多以静态报价或长期合同和静态报价相结合的方式销售。具体而言，客户以按使用付费的模式购买资源容量。按使用付费是一种报价规则，其中客户只为他的实际使用付费，而与具体的服务提供商无关，使得客户对提供者的需求不确定性增强。企业必须通过监控每个客户订单来控制报价风险，以获得所需的盈利，并清楚地了解合同续签时需要调整或更改的内容。因此，产品生命周期价值形成过程中的不确定性因素比以往任何时候都多，最终导致需求与价值之间存在不确定性和时变关系。所以，如何基于增值进行报价成为一个问题，其可以被定义为回归问题。现有研究提出了许多用于金融预测的机器学习方法，但预测报价的研究相对较少，主要因为存在多种影响因素，并且可用的样本较少。为了解决这些问题，本章提出了报价指标体系，用以衡量产品为客户和企业带来的价值增值；然后，制定一个参数报价模型，通过基于 ACO 的 SVR 组合机法来预测报价。具体内容如下：

（1）提出了一种报价模型来描述 CMfg 环境中的报价机制。从服务提供商的角度来看，这种报价模型有助于它根据按使用付费的范式制定服务或产品的报价。

（2）提出了 VMM 的分类，用于衡量服务或产品在设计、制造和服务阶段的价值和成本。提出了一种参数报价方法，并利用 VMM 的报价因素来预测报价。

（3）构建了基于 ACO 的 SVR 组合机模型。通过 Boosting 方法建立 SVR 的集合。其中 SVR 的参数由 ACO 选择，该模型在计算性能较好的情况下，提高了报价预测性能。

10.2　云制造中的报价模型

在 CMfg 环境中，客户通过云服务提供商对企业提出随时购买服务且不允许配给制等可靠性方面要求。而供应商在实施报价方案以实现收入最大化时，需要同时满足需求方和企业的增值要求。企业根据按次付费模式，使用云提供商选择的资源来确定产品或服务的报价。对企业来说，预测特定资源的价格成为一个问题，因为在该资源上存在多种产品加工情况时，很难获得该产品或服务对应的全部成本。

　　除了成本，产品价值也可能对报价产生重大影响，本章通过衡量产品订购过程中的增值，提出了一种报价模型。首先设置与价值相关的度量标准和指标（VMM）来衡量价值的增值和消耗资源所产生的成本。由于 VMM 的多样性以及内部因素的相互关系比较复杂，需要考虑从产品设计、制造、测试、管理以及产品生命周期的所有其他阶段所需要的服务，因此，应该更加关注关键的报价因素。据此，设计了参数化报价模型，便于企业根据客户需求的变化进行报价决策和报价预测。

　　这一模型需要与设计、生产和服务阶段相关的价值形成的详细信息，可以通过分析服务的资源利用率来收集信息，如图 10.1 所示。

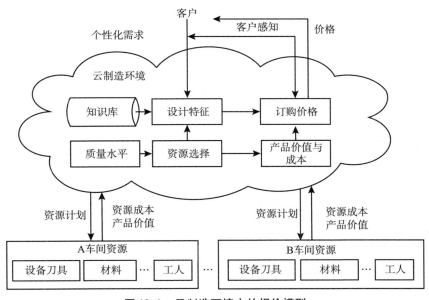

图 10.1　云制造环境中的报价模型

10.2.1　报价控制标准和指标

产品报价的过程受到各种因素的影响，包括客户需求、产品性能及其生命周期、服务等。这些因素通过 VMM 进行评估和衡量，证明了合适的 VMM 在报价决策中的重要性。根据 CMfg 环境下报价的按需制定、资源多样化等特点，VMM（如表 10.1 所示）分为两层，以便报价决策可以与服务需求者和提供者的增值目标保持一致。

表 10.1　　　　　　　　　　　报价 VMM 分类

第一层	第二层	VMM 的含义	参考文献
设计阶段	设计周期	设计新产品的时间	Bajwa, Sox and Ishfaq（2016），Oh, Rhodes and Strong（2016）
	设计成本	设计产品的全部成本	Shrestha and Mani（2014），Gómez, Salgado, ásquez, and Chávez（2014），Mukhopadhyay（1999）
	设计复杂性	根据客户要求的产品复杂性	Inman and Blumenfeld（2014），Govil and Magrab（2000）
	设计质量	产品设计满足客户要求的程度	Reich and Levy（2004），Agard and Bassetto（2012）
	知识管理	创建、共享、使用和管理组织的知识和信息的过程	Wu, Ming, Wang and Wang（2014），Yang（2013）
制造阶段	周期时间	订单从下达到完成的时间	Zhang, Han, Liu, Liu and Leng（2015），Han, Lee, and Choi（2013）
	交货期	从订购到供应商交货的时间	Hayya, Harrison and He（2011），Nguyen and Wright（2015）
	设计修订时间	修改或更正产品设计的时间	Smeets and Warzynski（2013），Amiri（1998）
	产能利用率	给定时间点的资源利用率	Boffa, Pingali and Sala（2015）
	转换成本	除材料成本外的制造成本	Pran（2010）
	库存成本	持有材料、在制品或成品库存的成本	Sánchez, Triantaphyllou, Webster and Liao（2001），Torkul, Yılmaz, Selvi and Cesur（2016）
	生产工艺条件	生产合格产品的加工工艺条件	Lin, Wu, Gong, Huang and Ma（2013），Feng, Zhang, Wu, and Yu（2011）

续表

第一层	第二层	VMM 的含义	参考文献
制造阶段	转换时间	因产品变更而切换生产线或工厂的时间	Pikala, Goswami and Demie（2013）
	供应商质量	来自给定供应商的优质材料的百分比	Chen and Hu（2015）, Quigley, Walls, Demirel, Maccarthy and Parsa（2018）
	生产量	在指定时间段内在机器、生产线、单元或工厂上完成的产品数量	Delasay, Kolfal and Ingolfsson（2012）
服务阶段	准时交货	按承诺向客户交付成品的时间百分比	Nakandala, Samaranayake and Lau（2013）
	客户拒绝率	基于收到不良或不合格产品而拒绝产品或要求退货的次数	Keser（2000）, Hua（2012）
	客户填充率	客户收到具有正确规格和预期时间的订购商品的次数百分比	Zhou, Zhang and Zhou（2013）

第一层包括与报价相关的 3 个业务阶段（设计、制造和服务）。在第一层的每个阶段中，第二层包含许多子指标，包括财务和非财务绩效指标和控制标准。这些 VMM 根据文献综述和企业问卷收集，并应符合每个企业现有的绩效指标，使其在 CMfg 中可行。

（1）设计阶段：这一阶段的决策通常取决于设计是否能够为客户和企业创造价值，设计决定了产品约 80% 的成本。VMM 包含了产品相关的指标（如可靠性、通用性、响应性和灵活性）、设计时间、设计成本、技术水平、设计质量和知识管理已用于报价。此外，还可以考虑采购成本。

（2）制造阶段：这一阶段的报价取决于创造的价值和产生的成本，表明服务需求者和提供者之间的增值权衡对于报价的成功至关重要。为实现这一目标，需要考虑适当的绩效度量标准和指标，例如：生产周期、交货时间、转换时间、生产力、设计修订时间、批次、技术和管理能力、获得新技术/技能的能力、准时交付、产能利用率、生产量、制造成本和废品损失等。此外，还需要考虑供应商的原材料质量和供货时间，避免因原材料缺乏而延迟服务交付。此外，短缺成本，库存成本等也是这个阶段报价的关键因素。

（3）服务阶段：这一阶段的 VMM 数量少于其他阶段。从客户的角度来看，VMM 可能会对客户的增值产生影响。因此，倾向于包括使用报价、订单履行时间、交付绩效、客户服务水平和服务成本等。

10.2.2　报价变量

报价变量，即报价的影响因素，其由 VMM 决定。因此，通过 VMM 衡量的价值和成本被设置为报价要素，实现动态报价。报价变量计算过程如下：

步骤 1：建立报价变量集 U，包括需求数量、交货时间、客户满意度等。

步骤 2：建立 VMM 和报价变量之间的随机回归模型。由于报价变量可能不确定，因此在回归模型中引入了随机变量。

步骤 3：某些因素可能会受到其他报价变量的影响，需要将它们组合起来。例如，取决于报价和其他报价变量的客户满意度计算如下：

$$PS_i = 1/(e^{\gamma_i p_i + \delta_{ik} d_{ik}}) \quad i = 1, 2, \cdots, m; \quad k = 1, 2, \cdots, n \tag{10.1}$$

其中，PS_i 表示客户 i 对产品的满意度。p_i 表示报价。d_{ik} 表示步骤 2 得到的报价变量 k。γ_i 表示报价的敏感参数，即客户对报价的敏感度。δ_{ik} 表示其他报价变量 k 的系数。γ_i 和 δ_{ik} 都大于 0。

10.3　基于 ACO 的 SVR 组合机模型

在本节中，使用 SVR 建立了报价和报价变量之间的预测模型。

10.3.1　SVR 组合机

SVR 的参数（C 和 ε）和核函数对 SVR 的预测质量有着至关重要的影响。

ACO 能够有效优化 SVR，提出了一种组合机算法，以提高 SVR 的性能。

什列斯塔和索罗马汀（Shrestha & Solomatine，2006）提出了 AdaBoost. RT 算法。对于所考虑的所有数据集，结果都优于单个支持向量机。AdaBoost. RT 算法的详细过程如下。

步骤 0：样本（$\mathbf{x}_1$，y_1），…，（$\mathbf{x}_m$，y_m）构成序列 m，其中标签 $y \in R$。用阈值 ϕ 来表示弱支持向量机 T 的数量，以区分正确和错误的预测。

步骤 1：初始化支持向量机个数 $t = 0$、所有样本 i 的分布 $D_t(i) = 1/m$，错误率 $e_t = 0$。

步骤 2：迭代。

While $t < T$

调用 SVR，为其提供样本分布 D_t，建立回归模型 f_t；

计算错误率 $\beta_t = e_t^n$，其中 $e_t = \sum D_t(i)$ 当 i 满足 $|(f_t(x_i) - y_i)/y_i| > \phi$；

更新分布 $D_t = \begin{cases} D_t(i)\beta_t i : |(f_t(x_i) - y_i)/y_i| \leqslant \phi \\ D_t(i) \quad otherwise \end{cases}$，和 $D_{t+1}(i) = D_{t+1}(i)/\sum D_{t+1}(i)$；

设置 $t = t + 1$；

步骤 3：输出预测值 $f = \sum_t \log(1/\beta_t) f_t / \sum_t \log(1/\beta_t)$。

10.3.2　基于 ACO 的 SVR 组合机

参数的选择可以提高 SVR（弱支持向量机）性能，其包括惩罚因子 C、损失函数 ε 和 γ、径向基函数（RBF）的参数。ACO 用于调整参数集，以生成最小预测平方相关系数（SCC）。基于 ACO 的 SVR 的算法流程如下：

步骤 0：输入蚂蚁数量 M、信息素轨迹的重要度和启发式信息 α 以及 β，挥发率 ρ 和迭代次数 T。

步骤 1：初始化参数 C，γ，ε，信息素矩阵 P 为单位矩阵，迭代次数 $t = 0$。

步骤 2：迭代。

While $t < T$

从 C 到 ε 和从 ε 到 γ 的转移概率 P_{il} (t) $= \tau_{ilt}^{\alpha}$，$i \in \{C, \varepsilon\}$；$l \in \{\varepsilon, \gamma\}$，其中 τ_{il} 表示从 i 到 l 路径上的信息素；

通过轮盘选择，根据 τ_{il}^{α}，蚂蚁 m 选择一个惩罚因子 C，然后通过 $P_{C\varepsilon}$ 和 $P_{\varepsilon\gamma}$ 选择 C 和 γ；

计算蚂蚁 m 的目标值；

选择更好的蚂蚁来最小化 SCC，即 $SCC = 1 - \sum_{i=1}^{n} (y_i - f(\vec{x}_i, c, \gamma, \varepsilon))^2 / \sum_{i=1}^{n} (y_i - \overline{y_i})^2$，为保持最佳蚂蚁路径，将 τ_{il} 更新为 $\tau_{ilt+1} = \tau_{ilt} + \Delta\tau$；

设置 $t = t + 1$；

步骤 3：输出最佳参数集。

10.3.3　预测算法步骤

基于 ACO 的 SVR 组合机是一种将 ACO、SVR 和 Boosting 算法相结合的混合方法。为了构建一个 SVR 组合机，使用参数集训练了几个 SVR。当参数集的数量更大时，SVR 很可能需要长时间训练。为了解决这个问题，所提出的方法通过 ACO 来优化参数，从而减少了预测模型的训练时间。

在 SVR 组合机中，每个 SVR 都在从选定数据点抽取的样本上进行训练。训练 T 次以获得 T 个 SVR，而上述组合机算法不断更新抽样分布，使在之前 SVR 训练中回归质量不好的数据点能够给予更高的分布概率，从而在下一个 SVR 构建时能够被作为输入数据进行再次训练。预测算法步骤描述如下：

步骤 0：输入。将输入数据标准化到 [-1, 1] 范围内，以消除各种量纲数据对结果的影响。数据标准化公式为：

$$scale\_x_i = \frac{2(x_i - x_{\min})}{x_{\max} - x_{\min}} - 1 \qquad (10.2)$$

其中 $x_{\max}$，$x_{\min}$ 表示样本中某项的最大值和最小值，x_i 是观测值，

$scale\_x_i$ 是归一化值。

步骤 1：初始化。在 K 折交叉验证中，将数据集分为 K 个子集，并按 $K-1$ 个子集作为训练集和一个子集的为测试集进行分组。

步骤 2：训练和测试。

While $k < K$

　　While $t < T$

　　　　从训练集 k 中选择 s 引导样本作为第 t 个 SVR 的训练集；

　　　　通过使用 ACO 优化参数集来训练 SVR t，并利用得到的回归函数

　　　　计算训练集和测试集 k 的预测值；

　　　　设置 $t = t + 1$；

　　构建 SVR 组合机；

　　获得训练和测试集 k 的性能指标 MSE 和 SCC；

　　设置 $k = k + 1$；

步骤 3：输出五折样本的所有 MSE 和 SCC 指标。

10.4　产品报价预测

在本节中，使用 CMfg 环境中的真实数据，描述了数据收集、预处理、实验设置和结果，证明了所提出的方法对报价预测问题的有效性。

10.4.1　数据收集和预处理

数据来源于某年 5 月某国内模具公司，包括产品的设计、制造和服务阶段记录。为了数据集的一致性，排除了不符合 3σ 规则的数据点。经过预处理，总共获得了 55 条记录。所有连续变量都在 $[-1, 1]$ 的范围内进行了标准化。

使用 23 个 VMM 作为输入变量，如表 10.2 所示。其分为 3 个阶段，即设计（A_1）、制造（A_2）和服务（A_3），每个阶段都由许多子因素组成。例如，

在制造阶段，提出的 VMM 中的生产工艺条件被划分为子指标，即温度（例如平均螺杆温度（A_{24-1}）、动模温度（A_{24-2}）、静态模具温度（A_{24-3}）、平均材料温度（A_{24-4}））、压力［例如平均注射压力（A_{24-5}）、平均保压压力（A_{24-6}）］和时间［例如注射时间（A_{24-7}）、停留时间（A_{24-8}）、冷却时间（A_{24-10}）］。输出变量为产品报价。

表 10.2 价值度量和指标列表

第一层	子指标
设计（A_1）	设计周期/天（A_{11}）
	设计成本/元（A_{12}）
	设计复杂性（A_{13}）
	设计质量（A_{14}）
制造业（A_2）	循环时间/秒（A_{21}）
	产能利用率/%（A_{22}）
	转换成本/元（A_{23}）
	平均螺杆温度/摄氏度（A_{24-1}）
	动模温度/摄氏度（A_{24-2}）
	静态模具温度/摄氏度（A_{24-3}）
	平均材料温度//摄氏度（A_{24-4}）
	平均注射压力/（千克/平方厘米）（A_{24-5}）
	平均保压压力/（千克/平方厘米）（A_{24-6}）
	注射时间/s（A_{24-7}）
	停留时间/秒（A_{24-8}）
	冷却时间/s（A_{24-9}）
	转换时间/小时（A_{25}）
	供应商质量/%（A_{26}）
	制成品库存（A_{27}）
	吞吐量/EA（A_{28}）

续表

第一层	子指标
服务（A_3）	准时交货率/%（A_{31}）
	客户拒绝率/%（A_{32}）
	客户填充率/%（A_{33}）
报价/元	

10.4.2　实验设计

将所提出的方法与其他方法进行比较。首先，比较了基于 ACO 的 SVR 组合机和基于网格的 SVR 组合机两种场景。其次，将 SVM 与基于 ACO 的 SVR 作了比较。此外，使用基于 LevenbergMarquardt 的 BP 神经网络（LM – BPNN）和单个 SVM 做比较。因此，在这个报价预测问题中，共对比了 5 种预测方法。所有方法都在 Matlab 2014 中实现。支持向量机的训练使用 LIBSVM 工具箱完成。

为了设计组合机，设置组合机大小 $T=5$，引导样本大小 $s=30$。对于 SVM，选择了核函数 RBF 核 $k_{RBF}(\mathbf{x}_i,\ \mathbf{y}_j)=\exp(-\|\mathbf{x}_i-\mathbf{y}_j\|^2/\gamma^2)$。每个 SVM 的最佳参数是通过网格搜索机制和 ACO 的 5 折交叉验证来选择的。在网格搜索中，惩罚因子 C 和损失函数 ε，C 从 5 到 5.1 以 0.005 的间隔进行搜索，ε 从 0.0001 到 0.0011 以 0.00005 的间隔进行搜索；内核参数 γ 以 0.001 的间隔从 0.01 到 0.03 进行搜索。在 ACO 中，蚂蚁的数量 M、信息素轨迹的重要性 α、挥发率 ρ 和迭代次数 T 分别为 20、0.001、0.3 和 50；γ、C 和 ε 的限制与网格搜索相同。LM – BPNN 的参数设置为网络结构 7–1，S 传递函数，LM 学习函数，epochs5 000，目标网络 0.0001。

评估上述预测模型准确性的性能指标是 MSE 和 SCC，如下所示：

$$MSE=\sum_{i=1}^{n}(y_i-f(\vec{x}_i,\ c,\ \gamma,\ \varepsilon))^2/n,\ i=1,\ 2,\ \cdots,\ n$$

其中，y_i 是观察值，$f(\vec{x}_i,\ c,\ \gamma,\ \varepsilon)$ 是预测值。

$$SCC=1-\sum_{i=1}^{n}(y_i-f(\vec{x}_i,\ c,\ \gamma,\ \varepsilon))^2\Big/\sum_{i=1}^{n}(y_i-\overline{y_i})^2$$

其中，$\overline{y_i}$ 是 y_i 的平均值 y_i。

为了获得可靠的结果，进行了 10 次独立的实验，因为组合机学习的随机性，每次运行都提供了不同的结果。计算了这 10 次运行结果的平均值作为预测值。

10.4.3 实验结果

表 10.3 和表 10.4 为对比结果。结果显示，对于训练集，SVM 得到的 MSE 值与 SCC 值最优，对于测试集，基于 ACO 的 SVM 组合机的 MSE 值与 SCC 值在绝大多数情况下优于其他算法，表明其具有良好的泛化性能。基于 ACO 的 SVM 组合机比基于网格搜索的精度更高，说明所提方法有效性较高。所提方法的标准偏差较低，10 次独立运行的可变性较小。尽管组合机学习具有随机性，但所提出的方法每次运行都能获得更稳定的结果。虽然基于 ACO 的 SVM 实现了最佳 SCC，但其整体性能低于基于 ACO 的 SVM 组合机。此外，前者的 SCC 在折倍性能方面并不比后者好，如表 10.4 所示。

表 10.3　　　　　　　　每种方法的性能比较（平均值 ± 标准偏差）

样本	指标	BPNN	SVM	基于 ACO 的 SVM	SVM 组合机	
					网格搜索	ACO
训练集	MSE	0.000020	0.000001	0.041033	0.013654 ± 0.007652	0.010274 ± 0.004681
	SCC	0.999913	0.999994	0.812762	0.932705 ± 0.038115	0.951206 ± 0.022348
测试集	MSE	0.479463	0.442345	0.499885	0.397121 ± 0.043635	0.385627 ± 0.034227
	SCC	0.431659	0.393006	0.463402	0.433399 ± 0.073782	0.460853 ± 0.064014

表 10.5 比较了获得最好预测结果的 SVR 组合机的计算时间，包括 Bootstraps 算法选择时间、SVR 训练时间和交叉验证时间。SVR 的训练时间包含了参数搜索时间。基于 ACO 的 SVR 组合机需要少量的训练时间，而基于网格搜索的 SVR 组合机需要大量的训练时间。虽然 SVR 组合机由于训练时间复杂度高，训练时间较长，但该方法在没有显著增加时间的情况下获得了更好的组合机回归性能。

表 10.4　基于 ACO 的 SVM 与基于 ACO 的 SVM 组合机的 5 倍验证性能比较

样本	指标	基于 ACO 的 SVM						基于 ACO 的 SVM 组合机					
		1	2	3	4	5	均值	1	2	3	4	5	均值
训练集	MSE	0.033271	0.025974	0.040176	0.070576	0.035167	0.041033	0.009595	0.007236	0.012839	0.013559	0.00814	0.010274
	SCC	0.81973	0.885931	0.773088	0.743323	0.841736	0.812762	0.95227	0.964974	0.929069	0.952175	0.957543	0.951206
测试集	MSE	0.555384	0.427438	0.578471	0.297126	0.641005	0.499885	0.497502	0.390963	0.361984	0.194498	0.483191	0.385627
	SCC	0.282253	0.534951	0.227534	0.6597	0.612572	0.463402	0.500143	0.412668	0.263333	0.627194	0.500929	0.460853

表 10.5 每种方法的训练时间比较（以秒为单位）

指标	BPNN	SVM	基于 ACO 的 SVM	SVM 组合机	
				网格搜索	ACO
计算时间	4.856	2.125	16.224	1 577.023	58.159

综上所述，该方法具有较好的回归和泛化性能，且仅需较短的训练时间。此外，该方法为每一次独立运行提供了更多稳定的结果，表明了组合机学习的稳健性。

10.5 本章小结

CMfg 环境广泛采用按使用付费模式，而根据订单需求形成的产品价值来报价是一个主要问题。由于各种指标的影响以及它们之间的复杂关系，虽然可以选择 SVR 用于报价预测模型，然而由于 SVR 的泛化性能低，导致其在准确性要求较高的报价预测问题上适用性不高。

本章提出了一种参数报价模型，其中，VMM 表示的报价因素被视为变量，变量和报价之间的回归关系由基于 ACO 的 SVR 组合机建立。因此，报价是通过将 VMM 映射到这些报价变量而获得的。提出的基于 ACO 的 SVR 组合机，利用 ACO 来提高泛化性能，并采用 Boosting 来产生更好和更可靠的回归结果。通过实例研究，用实际数据集对所提模型性能作了验证。实验结果表明，基于 ACO 的 SVM 组合机在更短的时间内在回归精度方面优于传统的 SVM 组合机，并且构建的组合机可以获得更可靠的预测结果。与其他预测方法相比，所提出的方法在大多数测试集下，均获得了最佳的 MSE 和更好的 SCC，体现出了其显著的泛化性能。因此，CMfg 中的服务提供商能够获得更有价值的报价结果。

第 11 章

基于产品系列信息的产品
报价优化方法

依据订单设计特征、成本等属性，按照价格准确划分产品报价类是实现个性化产品报价的关键。装备制造企业逐步向智能化、数字化趋势发展，导致企业产品设计、生产等过程变得愈加复杂，产品不确定因素多，基于产品之间关系的传统报价模式具有报价单一性，无法对个性化需求下的不确定报价进行辨析。因此，针对产品系列与报价关系不确定问题，建立基于产品系列的报价模型。

建立基于闭包改进粗糙集的产品报价制定模型，解决产品系列划分问题。基于产品系列信息设计对象相似度，据此建立改进容差关系，并分析其性质。建立基于传递容差关系的不完备粗糙集模型和求解算法。设计改进容差无向赋权图和传递容差无向赋权图，揭示容差类转化过程。基于可传闭包建立传递容差关系，扩大容差类中的元素数量。设计产品报价类和近似集，揭示产品系列与价格之间的关系，证明传递容差关系为改进容差关系的可传闭包。建立基于产品报价类的报价优化模型，解决粗糙集分类结果不可控问题。以最大化分类能力为优化目标，构建报价非线性规划模型，确定模型参数和优化结果。为便于求解，将其转化为报价二次规划转换模型，并提出模型求解算法。利用 UCI 和实际企业报价数据进行实验，验证模型的有效性。

研究基于产品系列信息的产品报价优化方法，解决不确定和缺失数据影响报价精度的问题，基于产品系列制定多样化的产品报价参考区间，为决策者根据成本、需求等波动制定个性化和差异化的产品报价提供支持。

11.1 基于产品系列信息的报价模型

随着客户个性化需求的增多，产品准确报价成为制约企业高质量发展的关键问题之一。装备制造企业逐步向智能化、数字化、网络化、服务化发展，以个性化定制为主的多品种、小批量的生产模式成为主要的发展。针对装备制造企业，客户多样化需求的增多使得各订单个性化、差异化较大，企业产品设计、生产等过程也变得愈加复杂，产品的不确定性因素增多。因此，能够基于询价订单中不确定信息准确制定价格，并根据客户需求制定个性化和动态化报价策略，将为企业获得订单占领重要先机。

上述背景对产品报价的准确性、个性化、差异化、动态化等提出了更高的要求。首先，报价准确性至关重要，报价过高会导致顾客满意度降低，影响订单成功率，报价过低会导致企业利益受损，无法得到预期利润。其次，由于装备制造企业具有产品种类和型号多样、生产工艺和流程复杂、客户需求多样等特点，企业需要根据订单要求制定符合企业营销策略和生产策略的个性化、差异化报价。最后，企业还需要根据市场、成本等因素波动对价格进行动态化调整。

复杂产品是由成百上千个零部件组成的，因此基于详细设计进行报价是耗时的，而基于概念设计进行报价，报价响应速度快，但是需要解决数据信息不确定导致产品报价精度低的问题。由于定制化产品是基于结构、颜色、质量等属性对标准化产品进行变型而得到的，因此产品之间具有相似性，能够依据成本和质量等因素，将新订单与历史订单进行匹配制定产品价格。

然而，报价数据的复杂性增加了产品报价的难度。影响产品报价的因素众多，覆盖产品全生命周期各个阶段，各影响因素对于价格的作用程度不同且具有强耦合性，即产品报价是多种要素共同作用的结果。并且报价相关数据来源广、结构复杂，是跨业务和跨部门进行收集的，属性值和价格间关系不确定，即一种属性值可能对应多种价格。同时，个性化定制产品受客户需求多变的影响，产品质量和生产方式会随之改变，其设计质量、生产成本等因素会存在数据缺失和不确定的情况，严重影响报价精度。

因此，利用成本、竞争力、市场价格等报价影响因素确定订单产品价格的传统报价模式由于没有定量分析因素与报价之间的关系，忽略因素的耦合性，无法根据因素变化准确制定产品价格。基于产品之间关系制定的报价结果是单一的，无法对客户不同需求下的不确定价格作辨析，因此需要进一步研究产品系列与报价之间的关系。

个性化定制产品通常按照模块化和标准化进行设计和生产，按照其结构、功能和质量等属性划分为不同产品系列。产品系列具有如下特点：（1）产品系列具有多样性。依据不同属性（产品质量、性能、价格等）能够制定多种产品系列。（2）产品系列具有独特性。在同一属性下，每个产品只能存在于一个产品系列中，各产品系列之间不存在交集。（3）产品系列具有相关性。同一系列中的产品具有相似性，其价格具有相关性，能够为全生命周期不同阶段的产品报价提供参考。（4）产品系列具有不确定性。主要指产品系列中的对象不确定以及产品系列与价格的关系不确定，因为价格是多种属性共同作用的结果。

针对产品系列与报价关系不确定问题，建立基于产品系列的报价模型，包括数据层、挖掘层和优化层，见图 11.1。

数据层：根据个性化需求的客户、各级供应商、同类型竞争者等外部主体和市场部、设计部、采购部、生产部、售后等内部主体，依靠 PLM、ERP 等信息系统，收集涵盖营销、设计、采购、生产、售后全业务流程下的数据信息，建立基于产品全生命周期的报价决策表，为后续的数据挖掘和报价优化提供基础。

挖掘层：建立基于闭包改进粗糙集的产品报价制定模型。考虑实际报价数据和产品系列信息，构建基于对象相似度的改进容差关系，在不确定和不完备数据环境下挖掘产品之间的关系。进一步地，基于可传闭包和无向图对粗糙集进行改进，建立基于传递容差关系的不完备粗糙集模型，通过产品报价类解析产品系列与价格之间的不确定关系。

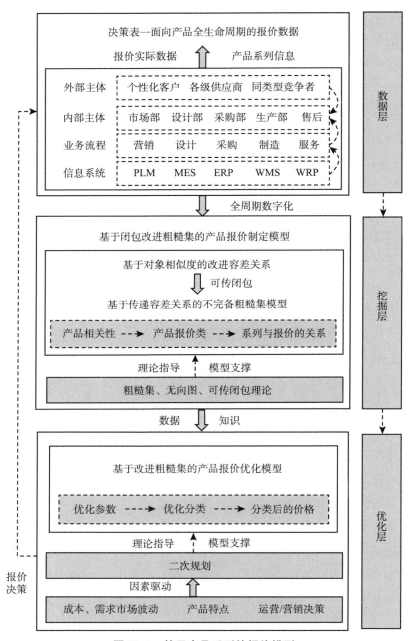

图 11.1　基于产品系列的报价模型

优化层：建立基于产品报价类的报价优化模型，制定优化的模型参数和分类结果，为决策者提供多样的报价参考信息。决策者可根据优化产品报价类，考虑成本、需求等市场波动、产品特点、企业运营决策、营销决策等，制定个性化和差异化的产品报价，从而满足客户多样化的需求。

11.2　基于闭包改进粗糙集的产品报价制定模型

11.2.1　问题描述

通过对产品进行系列划分，有利于企业进行产品管理和提供营销方案。因此，基于覆盖产品全生命周期的系列信息，建立产品报价类，即基于价格的产品系列，解析产品报价类与价格的不确定关系是实现个性化产品报价的关键。

粗糙集理论通过定义已有概念和知识的近似集刻画不能被精确描述的未知概念和知识，可以有效地解决不确定条件下的样本分类问题。基于容差关系的不完备粗糙集模型是最经典的处理不完备决策表的方法，但是此模型将缺失值与任意属性值进行匹配建立容差关系，导致分类准确度较低。基于量化关系的粗糙集模型和基于测试代价敏感关系的粗糙集模型考虑影响因素之间的相关性，建立了不可分辨关系，使用阈值约束模型分类粒度，但是其阈值选择不合理会导致分类精度和分类数量冲突，影响产品报价制定。这两种模型无法解决缺失和不确定数据影响产品报价精度的问题。通过属性测试代价考虑了条件属性对决策属性的差异性，但是缺少属性权重的具体定义。

上述粗糙集是针对实际数据进行知识划分的，并没有根据报价要求对数据进一步处理。仅仅通过知识刻画产品之间的关系，无法刻画产品系列之间的关系。并且，粗糙集在分类过程中只考虑了条件属性，没有考虑决策属性，属于无监督分类，会导致分类结果不可控。因此，本章为解决上述问题，在改进容差关系基础上，建立传递容差关系，并对其分类结果进行优化。不同粗糙集模型优劣势对比见表11.1。

表 11.1 不同粗糙集模型优劣势对比

	粗糙集模型	属性相关性	分类粒度可调	属性权重	缺失数据	系列数据	对象关系	对象类关系
已有模型	传统容差关系	×	×	×	√	×	√	×
	量化关系	√	√	×	×	×	√	×
	测试代价敏感关系	√	√	√	×	×	√	×
本文模型	改进容差关系	√	√	√	√	√	√	×
	传递容差关系	√	√	√	√	√	√	√

11.2.2 基于对象相似度的改进容差关系构建

基于报价影响因素对产品价格的区分能力设计影响因素权值，表示影响因素对报价的作用程度；根据实际报价影响因素和产品系列信息，设计动态可调的对象相似度，用于量化产品之间的相似性。

设计考虑产品全生命周期的不完备决策表。

定义 11.1 不完备决策信息表用 $IDT = \langle U, C \cup D, V_F, V_f, F, f \rangle$ 表示。对象集 $U = \{x_1, x_2, \cdots, x_n\}$ 表示为产品，条件属性 $C = \{a_1, a_2, \cdots, a_r\}$ 表示为覆盖产品全生命周期影响产品报价的因素。决策属性 $D = \{d\}$ 表示为产品价格。V_F 和 V_f 分别表示实际报价影响因素和系列信息函数 $F = \{F_a \mid F_a : U \rightarrow V_a, \forall a \in C \cup D\}$ 和 $f = \{f_a \mid f_a : U \rightarrow V_a, \forall a \in C \cup D\}$ 的值域。

假设任意两个产品 x, y 的产品价格不等，若报价影响因素不等，则说明影响因素 a 可以区分产品价格 d；反之，若报价影响因素相等，则说明影响因素 a 无法区分产品价格 d。据此，判断报价影响因素 a 对产品价格 d 的区分能力。

定义 11.2 不完备决策表 $IDT = \langle U, C \cup D, V_F, V_f, F, f \rangle$，$\forall a \subseteq A \subseteq C$,

$D = \{d\}$，报价影响因素 a 对产品价格 d 的区分能力 $P(a/d)$ 定义如下：

$$P(a/d) = \frac{\sum\limits_{x,y \in U} \delta[f_a(x), f_a(y)]\delta[f_d(x), f_d(y)]}{\sum\limits_{x,y \in U} \delta[f_d(x), f_d(y)]} \qquad (11.1)$$

其中，$\delta(\cdot)$ 是二元函数，括号内不等取 1，相等取 0。若 $\exists f_a(x) = * \ or$ $f_a(y) = *$，令 $\delta[f_a(x), f_a(y)] = 1$，因为缺失报价数据与已知因素值不相等的概率高于相等的概率。

报价影响因素对于产品价格的作用程度不同，基于影响因素区分能力设计因素权重，表征因素之间的差异性。

定义 11.3　不完备决策表 $IDT = \langle U, C \cup D, V_F, V_f, F, f \rangle$，$\forall a \subseteq A \subseteq C$，$D = \{d\}$，报价影响因素 a 的权重 ω_a 定义如下：

$$\omega_a = \frac{P(a/d)}{\sum\limits_{a \in A} P(a/d)} \qquad (11.2)$$

$$\sum\limits_{a \in A} \omega_a = 1, \quad \omega_a \geq 0 \qquad (11.3)$$

其中，式（11.2）表示区分能力与因素权重的关系，即若影响因素 a 对产品价格 d 的区分能力越强，则因素 a 权重越大。权重定义对缺失数据更加严格。因为根据式（11.1），缺失数据越多，其区分能力越强。式（11.3）表示所有因素的权重和为 1 且权重具有非负性。

基于实际数据和系列信息设计对象相似度，量化产品之间的相似程度。

定义 11.4　不完备决策表 $IDT = \langle U, C \cup D, V_F, V_f, F, f \rangle$，$\forall a \subseteq A \subseteq C$，$D = \{d\}$，$\forall (x, y) \in U^2$，对象在系列信息上的相似度 $\rho_1(x, y)$ 定义如下：

$$\rho_1(x, y) = \frac{\lambda \sum\limits_{a \in A} \varphi_1 \omega_a}{\sum\limits_{a \in A} (\lambda \varphi_1 \omega_a + \beta \varphi_2 \omega_a + \gamma \varphi_3 \omega_a)} \qquad (11.4)$$

其中，函数 $\varphi_1 = \begin{cases} 1 & f_a(x) = f_a(y) \neq * \\ 0 & else \end{cases}$；$\varphi_2 = \begin{cases} 1 & f_a(x) = * \ or \ f_a(y) = * \\ 0 & else \end{cases}$；

$\varphi_3 = \begin{cases} 1 & f_a(x) \neq f_a(y) \neq * \\ 0 & else \end{cases}$，$0 \leq \rho_1(x, y) \leq 1$，$\lambda$，$\beta$，$\gamma$ 分别为 φ_1，φ_2，φ_3

调节系数，即为任意对象 x，y 在属性值已知且相等、存在缺失、已知且不等条件下的调节系数，调节系数满足 $\lambda + \beta + \gamma = 1$。

定义 11.5 不完备决策表 $IDT = \langle U,\ C \cup D,\ V_F,\ V_f,\ F,\ f \rangle$，$\forall A \subseteq C$，$D = \{d\}$，$\forall (x,\ y) \in U^2$，对象在实际报价信息上的相似度 $\rho_2(x,\ y)$ 定义如下：

$$\rho_2(x,\ y) = \frac{\max\limits_{x_i, x_j \in U} \sum\limits_{a \in A} \omega_a |F_a(x_i) - F_a(x_j)| - \sum\limits_{a \in A} \omega_a |F_a(x) - F_a(y)|}{\max\limits_{x_i, x_j \in U} \sum\limits_{a \in A} \omega_a |F_a(x_i) - F_a(x_j)|}$$

$$(11.5)$$

其中，$0 \leqslant \rho_2(x,\ y) \leqslant 1$。若 $\exists F_a(x_i) = *\ or\ F_a(x_j) = *$，令 $|F_a(x_i) - F_a(x_j)| = 1$，若 $x = x_i$ 且 $y = y_i$，则 $\rho_2(x,\ y) = 0$。

定义 11.6 不完备决策表 $IDT = \langle U,\ C \cup D,\ V_F,\ V_f,\ F,\ f \rangle$，$\forall a \subseteq A \subseteq C$，$D = \{d\}$，$\forall (x,\ y) \in U^2$，对象 x，y 之间的相似度 $\rho(x,\ y)$ 定义如下：

$$\rho(x,\ y) = \begin{cases} \xi \rho_1(x,\ y) + (1 - \xi) \rho_2(x,\ y) & x \neq y \\ 1 & x = y \end{cases} \quad (11.6)$$

其中，$0 \leqslant \rho(x,\ y) \leqslant 1$，$\xi$ 为对象相似度权重，用来衡量对象在系列信息上的相似度和对象在实际报价信息上的相似度的重要程度，满足 $0 \leqslant \xi \leqslant 1$。

设计相似度阈值约束产品之间的相似程度，构建改进容差关系，表征产品之间的关系；建立改进容差类和其近似集，解析产品与报价之间的关系。

定义 11.7 不完备决策表 $IDT = \langle U,\ C \cup D,\ V_F,\ V_f,\ F,\ f \rangle$，$\forall a \subseteq A \subseteq C$，$D = \{d\}$，$\forall (x,\ y) \in U^2$，改进容差关系 T_A^θ 定义如下：

$$T_A^\theta = \{(x,\ y) \in U^2 | f_a(x) = f_a(y)\ or f_a(x) = *\ or\ f_a(y) = * \cap \rho(x,\ y) \geqslant \theta\}$$

$$(11.7)$$

其中，相似度阈值 $\theta \in [0,\ 1]$，用来衡量容差类的划分粒度。阈值越小，说明改进容差关系对对象划分越宽松，阈值越大，说明改进容差关系对对象划分越严格。

定义 11.8 不完备信息决策表 $IDT = \langle U,\ C \cup D,\ V_F,\ V_f,\ F,\ f \rangle$，$\forall a \subseteq A \subseteq C$，$D = \{d\}$，$\forall (x,\ y) \in U^2$，对象相似度阈值 θ，改进容差类 $T_A^\theta(x)$ 定义

如下：

$$T_A^\theta(x) = \{y \in U \mid (x, y) \in T_A^\theta\} \tag{11.8}$$

其中，改进容差类 $T_A^\theta(x)$ 表示为与对象 x 满足改进容差关系 T_A^θ 的全部对象集。

定义 11.9　不完备信息决策表 $IDT = \langle U, C \cup D, V_F, V_f, F, f \rangle$，$\forall a \subseteq A \subseteq C$，$D = \{d\}$，对象相似度阈值 θ，对象集 $X \subseteq U$，关于 X 在改进容差关系 T_A^θ 下的下近似集合 $\underline{T_A^\theta}(X)$ 和上近似集合 $\overline{T_A^\theta}(X)$ 定义如下：

$$\underline{T_A^\theta}(X) = \{x \in U : T_A^\theta(x) \subseteq X\} \tag{11.9}$$

$$\overline{T_A^\theta}(X) = \{x \in U : T_A^\theta(x) \cap X \neq \varnothing\} \tag{11.10}$$

定义 11.10　不完备信息决策表 $IDT = \langle U, C \cup D, V_F, V_f, F, f \rangle$，$\forall a \subseteq A \subseteq C$，$D = \{d\}$，对象相似度阈值 θ，对象集 $X \subseteq U$，基于改进容差类 $T_A^\theta(x)$ 的近似精度 $\beta_A^\theta(X)$ 定义如下：

$$\beta_A^\theta(X) = \frac{|\underline{T_A^\theta}(X)|}{|\overline{T_A^\theta}(X)|} \tag{11.11}$$

对改进容差关系性质作分析，解析改进容差关系的作用原理。

改进容差关系的性质如下：

性质 11.1　改进容差关系具有自反性和对称性。

证明：（1）自反性。当 $x = y$ 时，$(x, y) \in U^2$，根据式（11.6），$\rho(x, y) = 1$，此时 $\rho(x, y) \geqslant \theta$，$\theta \in [0, 1]$ 恒成立，再根据式（11.7），可知 $(x, y) \in T_A^\theta$，即 $(x, x) \in T_A^\theta$。

（2）对称性。若 $(x, y) \in T_A^\theta$，$(x, y) \in U^2$，根据式（11.7），$\rho(x, y) \geqslant \theta$，在给定调节系数和相似度权重下，根据式（11.4）～式（11.6），$\rho(y, x) = \rho(x, y)$，因此 $(y, x) \in T_A^\theta$。

由于产品之间的关系满足自反性和对称性，因此性质 11.1 符合产品报价环境。

改进容差关系 T_A^θ 与传统容差关系 T_A、量化关系 $ind_\alpha(A)$、测试代价敏感关系 $ind_\alpha^{c*}(A)$ 存在下述关联。

性质11.2　当 $\theta = 0$ 时，改进容差关系退化为传统容差关系。当 $\theta \in [0, 1]$ 时，改进容差关系的近似精度大于传统容差关系的近似精度，表示为 $\beta_A^\theta(X) \geqslant \beta_A(X)$。

证明：根据两种容差关系的定义，可得 $T_A^\theta = \{(x, y) \in U^2 \mid (x, y) \in T_A \cap \rho(x, y) \geqslant \theta\}$。当阈值 $\theta = 0$ 时，$T_A^\theta = \{(x, y) \in U^2 \mid (x, y) \in T_A\}$，则 $T_A^\theta = T_A$，此时 $\beta_A^\theta(X) = \beta_A(X)$。当 $\theta \in [0, 1]$ 时，$T_A^\theta \subseteq T_A$，根据近似精度定义，可得 $\beta_A^\theta(X) \geqslant \beta_A(X)$，即证。

性质11.3　若 $\lambda = \beta = \gamma$，$\xi = 1$，$\alpha = \theta$ 且 $\omega_{a_1} = \omega_{a_2}$，$\forall a_1, a_2 \in A \subseteq C$，则改进容差关系 T_A^θ 与量化关系 $ind_\alpha(A)$ 之间具有如下关系：$ind_\alpha(A) \supseteq T_A^\theta$。此时改进容差关系的分类精度高于量化关系的分类精度，表示为 $\beta_A^\theta(X) \geqslant \beta_\alpha(X)$。

证明：当 $\lambda = \beta = \gamma$，$\xi = 1$，$\omega_{a_1} = \omega_{a_2}$，$\forall a_1, a_2 \in A \subseteq C$ 时，$\forall (x, y) \in U^2$，根据对象相似度定义，$\rho(x, y) = \rho_1(x, y) = \sum_{a \in A} \varphi_1 / \sum_{a \in A} (\varphi_1 + \varphi_2 + \varphi_2)$，$\sum_{a \in A} (\varphi_1 + \varphi_2 + \varphi_2) = |A|$，$\sum_{a \in A} \varphi_1 = |f_a(x) = f_a(y) \neq *|$，因此，根据量化不可分辨程度 $ind_A(x, y)$ 的定义，$\rho(x, y) = ind_A(x, y)$。当两种粗糙集的相似度阈值 $\alpha = \theta$ 时，若 $(x, y) \in T_A^\theta$，则 $(x, y) \in ind_\alpha(A)$，因此 $ind_\alpha(A) \supseteq T_A^\theta$，根据近似精度定义，可得 $\beta_A^\theta(X) \geqslant \beta_\alpha(X)$，即证。

性质11.4　若 $\lambda = \beta = \gamma$，$\xi = 1$，$\alpha = \theta$ 且 $\omega_a = c^*(a)$，$\forall a \subseteq A \subseteq C$，则改进容差关系 T_A^θ 与测试代价敏感关系 $ind_\alpha^{c^*}(A)$ 之间具有如下关系：$ind_\alpha^{c^*}(A) \supseteq T_A^\theta$。此时改进容差关系的分类精度高于测试代价敏感关系的分类精度，表示为 $\beta_A^\theta(X) \geqslant \beta_\alpha^{c^*}(X)$。

证明：当 $\lambda = \beta = \gamma$，$\xi = 1$ 且 $\omega_a = c^*(a)$，$\forall a \subseteq A \subseteq C$ 时，$\forall (x, y) \in U^2$，$c^*(a)$ 为基于测试代价敏感关系的粗糙集模型中单个属性 a 的测试代价，根据对象相似度定义，可得 $\rho(x, y) = \rho_1(x, y) = \dfrac{\sum\limits_{a \in A} \varphi_1 c^*(a)}{\sum\limits_{a \in A} [\varphi_1 c^*(a) + \varphi_2 c^*(a) + \varphi_3 c^*(a)]}$，且 $\sum\limits_{a \in A} [\varphi_1 c^*(a) + \varphi_2 c^*(a) + \varphi_3 c^*(a)] = c^*(A)$，根据测试代价敏感不可分

辨程度 $ind_\alpha^{c^*}(x, y)$ 的定义，可得 $\sum_{a \in A} \varphi_1 c^*(a) = \sum_{a \in A} c^*(a) * F_\alpha(x, y)$，因此 $\rho(x, y) = ind_\alpha^{c^*}(x, y)$。当两种粗糙集的相似度阈值 $\alpha = \theta$ 时，若 $(x, y) \in T_A^\theta$，则 $(x, y) \in ind_\alpha^{c^*}(A)$，因此 $ind_\alpha^{c^*}(A) \supseteq T_A^\theta$，根据近似精度定义，可得 $\beta_A^\theta(X) \geqslant \beta_\alpha^{c^*}(X)$。

综上所述，改进容差关系是传统容差关系的泛化形式，在阈值 $\alpha = \theta$ 情况下，改进容差关系比量化关系和测试代价敏感关系划分更加严格。因此，改进容差关系具有更高的近似精度，能够提高报价准确性。

通过例 11.1 说明 4 种粗糙集模型的分类效果。

例 11.1：在不完备信息决策表 IDT 中（如表 11.2 所示），对象集 $U = \{x_1, x_2, x_3, x_4, x_5, x_6, x_7\}$，条件属性集 $A = \{a_1, a_2, a_3, a_4\}$，决策属性 $D = \{d\}$。其中，分类报价数据是对实际报价数据进行 K – means 聚类处理得到的，从而描述实际报价属性值之间的关系。基于分类报价数据的决策属性将对象划分为 3 类，即决策类 $X_1 = \{x_1, x_2, x_3\}$，$X_2 = \{x_4, x_5\}$，$X_3 = \{x_6, x_7\}$。参数设置为 $\theta = \alpha = 0.5$，$\lambda = 0.4$，$\beta = 0.3$，$\gamma = 0.3$，$\xi = 0.5$，$\omega_a = c^*(a)$，$\forall a \subseteq A$。

表 11.2　　　　　　　　　不完备信息决策表 IDT

U	实际报价数据					分类报价数据				
	a_1	a_2	a_3	a_4	d	a_1	a_2	a_3	a_4	d
x_1	1	*	0.4	0.4	10	1	*	1	1	1
x_2	1	0.2	0.4	0.4	10	1	1	1	1	1
x_3	1	0.7	0.4	0.1	10	1	2	1	1	1
x_4	*	1	*	0.1	15	*	2	*	1	2
x_5	1	*	0.8	1	15	1	*	2	2	2
x_6	*	0.8	0.8	1	20	*	2	2	2	3
x_7	1	0.3	0.8	1	20	1	1	2	2	3

（1）基于传统容差关系的分类结果 $T_A(x)$ 计算如下：

$$T_A(x_1) = \{x_1, x_2, x_3, x_4\}; \quad T_A(x_2) = \{x_1, x_2\};$$

$$T_A(x_3) = T_A(x_4) = \{x_1, x_3, x_4\}; \quad T_A(x_5) = \{x_5, x_6, x_7\};$$

$$T_A(x_6) = \{x_5, x_6\}; \quad T_A(x_7) = \{x_5, x_7\}.$$

基于传统容差关系的上近似$\overline{T_A}(X)$、下近似$\underline{T_A}(X)$ 和近似精度 $\beta_A(X)$ 计算如下：

$$\underline{T_A}(X_1) = \{x_2\}; \quad \overline{T_A}(X_1) = \{x_1, x_2, x_3, x_4\}; \quad \underline{T_A}(X_2) = \varnothing;$$

$$\overline{T_A}(X_2) = \{x_1, x_3, x_4, x_5, x_6, x_7\}; \quad \underline{T_A}(X_3) = \varnothing;$$

$$\overline{T_A}(X_3) = \{x_5, x_6, x_7\}; \quad \beta_A(X) = 0.14.$$

（2）基于量化关系的分类结果 $[x]_A^\alpha$ 计算如下：

$$[x_1]_A^\alpha = \{x_1, x_2, x_3\}; \quad [x_2]_A^\alpha = \{x_1, x_2, x_3, x_7\}; \quad [x_3]_A^\alpha = \{x_1, x_2, x_3, x_4\};$$

$$[x_4]_A^\alpha = \{x_3, x_4\}; \quad [x_5]_A^\alpha = [x_6]_A^\alpha = \{x_5, x_6, x_7\}; \quad [x_7]_A^\alpha = \{x_2, x_5, x_6, x_7\}.$$

基于量化关系的上近似$\overline{A_\alpha}(X)$、下近似$\underline{A_\alpha}(X)$ 和近似精度 $\beta_\alpha(X)$ 计算如下：

$$\underline{A_\alpha}(X_1) = \{x_1\}; \quad \overline{A_\alpha}(X_1) = \{x_1, x_2, x_3, x_4, x_7\}; \quad \underline{A_\alpha}(X_2) = \varnothing;$$

$$\overline{A_\alpha}(X_2) = \{x_3, x_4, x_5, x_6, x_7\}; \quad \underline{A_\alpha}(X_3) = \varnothing;$$

$$\overline{A_\alpha}(X_3) = \{x_2, x_5, x_6, x_7\}; \quad \beta_\alpha(X) = 0.14.$$

（3）基于测试代价敏感关系的分类结果 $[x]_A^{\alpha,c^*}$ 计算如下：

$$[x_1]_A^{\alpha,c^*} = \{x_1, x_2, x_3\}; \quad [x_2]_A^{\alpha,c^*} = \{x_1, x_2, x_3, x_7\};$$

$$[x_3]_A^{\alpha,c^*} = \{x_1, x_2, x_3, x_4\}; \quad [x_4]_A^{\alpha,c^*} = \{x_3, x_4\};$$

$$[x_5]_A^{\alpha,c^*} = [x_6]_A^{\alpha,c^*} = \{x_5, x_6, x_7\}; \quad [x_7]_A^{\alpha,c^*} = \{x_2, x_5, x_6, x_7\}.$$

基于测试代价敏感关系的上近似$\overline{A_\alpha^{c^*}}(X)$、下近似$\underline{A_\alpha^{c^*}}(X)$ 和近似精度 $\beta_\alpha^{c^*}(X)$ 计算如下：

$$\underline{A_\alpha^{c^*}}(X_1) = \{x_1\}; \quad \overline{A_\alpha^{c^*}}(X_1) = \{x_1, x_2, x_3, x_4, x_7\}; \quad \underline{A_\alpha^{c^*}}(X_2) = \varnothing;$$

$$\overline{A_\alpha^{c^*}}(X_2) = \{x_3, x_4, x_5, x_6, x_7\}; \quad \underline{A_\alpha^{c^*}}(X_3) = \varnothing;$$

$$\overline{A_\alpha^{c^*}}(X_3) = \{x_2, x_5, x_6, x_7\}; \quad \beta_\alpha^{c^*}(X) = 0.14.$$

（4）基于改进容差关系的分类结果计算如下：

根据定义 11.6，对象相似度矩阵 $\rho(x, y)$ 计算如下：

$$
\begin{bmatrix}
1 & 0.67 & 0.63 & 0.23 & 0.16 & 0.04 & 0.16 \\
0.67 & 1 & 0.68 & 0.23 & 0.16 & 0.07 & 0.42 \\
0.63 & 0.68 & 1 & 0.49 & 0.12 & 0.27 & 0.19 \\
0.23 & 0.23 & 0.49 & 1 & 0 & 0.26 & 0.02 \\
0.16 & 0.16 & 0.12 & 0 & 1 & 0.58 & 0.67 \\
0.04 & 0.07 & 0.27 & 0.26 & 0.58 & 1 & 0.63 \\
0.16 & 0.42 & 0.19 & 0.02 & 0.67 & 0.63 & 1
\end{bmatrix}
$$

根据定义 11.8，改进容差类 $T_A^\theta(x)$ 计算如下：

$$T_A^\theta(x_1) = \{x_1,\ x_2,\ x_3\};\quad T_A^\theta(x_2) = \{x_1,\ x_2\};\quad T_A^\theta(x_3) = \{x_1,\ x_3\};$$

$$T_A^\theta(x_4) = \{x_4\};\quad T_A^\theta(x_5) = \{x_5,\ x_6,\ x_7\};\quad T_A^\theta(x_6) = \{x_5,\ x_6\};$$

$$T_A^\theta(x_7) = \{x_5,\ x_7\}_\circ$$

根据定义 11.9 和 11.10，基于改进容差关系的上近似 $\overline{T_A^\theta}(X)$、下近似 $\underline{T_A^\theta}(X)$ 和近似精度 $\beta_A^\theta(X)$ 计算如下：

$$\underline{T_A^\theta}(X_1) = \overline{T_A^\theta}(X_1) = \{x_1,\ x_2,\ x_3\};\quad \underline{T_A^\theta}(X_2) = \{x_4\};$$

$$\overline{T_A^\theta}(X_2) = \{x_4,\ x_5,\ x_6,\ x_7\};\quad \underline{T_A^\theta}(X_3) = \varnothing;$$

$$\overline{T_A^\theta}(X_3) = \{x_5,\ x_6,\ x_7\};\quad \beta_A^\theta(X) = 0.6_\circ$$

上述例子显示改进容差关系的近似精度最大，分类准确度最高，符合性质 11.2 ~ 11.4。

11.2.3　基于可传闭包的传递容差关系构建

客户需求、生产加工条件和供应情况等动态变化，使得同系列产品的价格具有不确定性，为了描述产品与产品系列之间的转化关系，建立改进容差无向赋权图和传递容差无向赋权图，基于可传闭包构建传递容差关系。考虑产品价格建立产品报价类及其近似集，解析产品系列与报价之间的关系。

定义 11.11　改进容差无向赋权图 $G_A = \langle U,\ T,\ \rho,\ X\rangle$，结点为对象集

$U = \{x_1, x_2, \cdots, x_n\}$，改进容差关系 $t_k = \{(x_i, x_j) \mid x_i, x_j \in U \& (x_i, x_j) \in T_A^\theta\}$ 构成边集 T，即 $T = \{t_1, \cdots, t_k, \cdots, t_m\}$，$k \in 1, \cdots, m$。权函数分别为对象相似度 $\rho(x_i, x_j)$ 和决策属性关系 X_{ij}，即 $X_{ij} = \begin{cases} 1 & f_d(x_i) = f_d(x_j) \\ 0 & f_d(x_i) \neq f_d(x_j) \end{cases}$。结点和边的交替序列 $x_{i0} t_{j1} x_{i1} t_{j2} x_{i2} \cdots t_{jp} x_{ip}$ 称为结点 x_{i0} 到 x_{ip} 的通路 $\overline{T}$，表示结点 x_{i0} 和 x_{ip} 具有连通关系，记为 $(x_{i0}, x_{ip}) \in \overline{T}$。

改进容差无向赋权图中的连通关系表示产品之间的关系具有关联性，据此建立传递容差关系，表征产品系列之间的关系。

定义 11.12 不完备决策表 $IDT = \langle U, C \cup D, V_F, V_f, F, f \rangle$，$\forall a \subseteq A \subseteq C$，$D = \{d\}$，$\forall (x, y) \in U^2$，对象相似度阈值 θ，传递容差关系 $T_A^{\theta*}$ 定义如下：

$$T_A^{\theta*} = \{(x, y) \mid (x, y) \in \overline{T}\} \tag{11.12}$$

传递容差关系具有自反性、对称性和传递性。

传递容差关系在改进容差关系基础上通过传递性扩大了容差类中的元素数量。对象满足改进容差无向赋权图中连通关系的充分必要条件为满足传递容差关系。

定义 11.13 传递容差无向赋权图 $G_A^* = \langle U, T^*, \rho, X \rangle$，样本集 $U = \{x_1, x_2, \cdots, x_n\}$ 为结点集，传递容差关系 $t_k^* = \{(x_i, x_j) \mid x_i, x_j \in U \& (x_i, x_j) \in T_A^{\theta*}\}$ 构成边集 T^*，即 $T^* = \{t_1^*, \cdots, t_k^*, \cdots, t_{m^*}^*\}$，$k \in 1, \cdots, m^*$，权函数定义与定义 11.11 相同，为对象相似度 $\rho(x_i, x_j)$ 和决策属性关系 X_{ij}。

传递容差无向赋权图本质上是基于通路将改进容差无向赋权图转化成多个完全图，每个完全图构成一个基于价格的产品系列，见图 11.2。例如，将改进容差无向赋权图中通路 2→1→3→4 转化成传递容差无向赋权图中由对象 2134 构成的完全图。

基于传递容差无向赋权图建立产品报价类，表征为基于价格的产品系列。

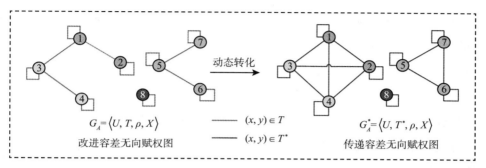

图 11.2 容差类转化过程

定义 11.14 不完备决策表 $IDT = \langle U, C \cup D, V_F, V_f, F, f \rangle$, $\forall a \subseteq A \subseteq C$, $D = \{d\}$, $\forall (x, y) \in U^2$, 对象相似度阈值 θ, 产品报价类 $T_A^{\theta *}(x)$ 定义如下：

$$T_A^{\theta *}(x) = \{y \in U | (x, y) \in T^*\} \tag{11.13}$$

产品报价类 $T_A^{\theta *}(x)$ 表示为与对象 x 满足传递容差关系 $T_A^{\theta *}$ 的全部对象集。在传递容差无向赋权图中，每一个完全图为一个产品报价类，完全图的数量为产品报价类的数量。

构建基于产品报价类的近似集和近似精度，解析产品系列与报价之间的关系。

定义 11.15 不完备决策表 $IDT = \langle U, C \cup D, V_F, V_f, F, f \rangle$, $\forall a \subseteq A \subseteq C$, $D = \{d\}$, $\forall (x, y) \in U^2$, 对象相似度阈值 θ, 决策集 $X \subseteq U$, 基于产品报价类 $T_A^{\theta *}(x)$ 的下近似集合 $\underline{T_A^{\theta *}}(X)$、上近似集合 $\overline{T_A^{\theta *}}(X)$ 定义如下：

$$\underline{T_A^{\theta *}}(X) = \{x \in U | T_A^{\theta *}(x) \subseteq X\} \tag{11.14}$$

$$\overline{T_A^{\theta *}}(X) = \{x \in U | T_A^{\theta *}(x) \cap X \neq \varnothing\} \tag{11.15}$$

在报价环境中，决策集 X 是基于产品价格对产品进行分类得到的对象集，即 $X = \{x, y \in U | f_d(x) = f_d(y)\}$。因此，若 $T_A^{\theta *}(x) \subseteq X$，表示产品根据报价影响因素 A 能被准确地分类到 X 中，其分类具有准确性，满足报价精准性需求；若 $T_A^{\theta *}(x) \cap X \neq \varnothing$，表示产品根据报价影响因素 A 能被分类到 X 中，其分类具有多样性，满足报价差异化需求。

定义 11.16 $IDT = \langle U, C \cup D, V_F, V_f, F, f \rangle$, 条件属性 $\forall a \subseteq A \subseteq C$,

决策属性 $D = \{d\}$，对象 $\forall (x, y) \in U^2$，决策集 $X \subseteq U$，基于产品报价类 $T_A^{\theta*}(x)$ 的近似精度 $\beta_A^{\theta*}(X)$ 定义如下：

$$\beta_A^{\theta*}(X) = \frac{|\underline{T_A^{\theta*}(X)}|}{|\overline{T_A^{\theta*}(X)}|} \tag{11.16}$$

近似精度可用于判断产品报价类的分类准确度。然而，过于关注近似精度可能会导致产品报价类中的元素过少，甚至导致对象自成一类，如此将不适用于新订单产品报价。

对传递容差关系性质作分析，解析传递容差关系的作用原理。

定义 11.12 表明传递容差关系是基于改进容差无向赋权图中的 T_A^θ 连通关系得到的。因此，论证传递容差与改进容差之间的关系得到性质 11.5。

性质 11.5 传递容差关系 $T_A^{\theta*}$ 为改进容差关系 T_A^θ 的可传闭包。

证明：$\forall (x, y) \in U^2$，若 $(x, y) \in T_A^\theta$，即 $(x, y) \in T$，因此 $(x, y) \in \overline{T}$，根据式（11.12），得到 $(x, y) \in T_A^{\theta*}$，因此 $T_A^{\theta*} \supseteq T_A^\theta$；若 $(x, y) \in T_A^{\theta*}$ 且 $(y, z) \in T_A^{\theta*}$，则 $(x, y) \in \overline{T}$ 且 $(y, z) \in \overline{T}$，则 $(x, z) \in \overline{T}$，即 $(x, z) \in T_A^{\theta*}$；存在任意二元关系 $T_A^{\theta'}$ 满足 $T_A^{\theta'} \supseteq T_A^\theta$ 且是可传的，若 $(x, y) \notin \overline{T}$，可能存在 $(x, y) \in T_A^{\theta'}$ 的情况，一定不存在 $(x, y) \in T_A^{\theta*}$ 的情况，因此 $T_A^{\theta'} \supseteq T_A^{\theta*}$，即证。

性质 11.5 说明了传递容差关系在改进容差关系基础上，基于可传闭包扩大了容差类中的对象数量。

分析对象相似度阈值的性质，制定性质 11.6。

性质 11.6 若阈值 $\theta_1 \leqslant \theta_2$，则 $|T_A^{\theta_1*}(x)| \geqslant |T_A^{\theta_2*}(x)|$，$\beta_A^{\theta_1*}(x) \leqslant \beta_A^{\theta_2*}(x)$。

证明：当 $\theta_1 \leqslant \theta_2$ 时，若 $(x, y) \in T_A^{\theta_2}$，则 $\rho(x, y) \geqslant \theta_2 \geqslant \theta_1$，则 $(x, y) \in T_A^{\theta_1}$。可得 $T_A^{\theta_2}(x) \subseteq T_A^{\theta_1}(x)$，可得 $\underline{T_A^{\theta_1}(X)} \subseteq \underline{T_A^{\theta_2}(X)}$，$\overline{T_A^{\theta_2}(X)} \subseteq \overline{T_A^{\theta_1}(X)}$，因此 $\beta_A^{\theta_1}(x) \leqslant \beta_A^{\theta_2}(x)$。同理，$\overline{T_2} \subseteq \overline{T_1}$，因此，$|T_A^{\theta_1*}(x)| \geqslant |T_A^{\theta_2*}(x)|$，可得 $\beta_A^{\theta_1*}(x) \leqslant \beta_A^{\theta_2*}(x)$。

性质 11.6 说明阈值影响着传递容差关系和改进容差关系的划分粒度。阈值增加，模型分类精度增大，分类数量减少；阈值减小，模型分类精度减小，分类数量增大。

通过例 11.2 说明传递容差关系的分类效果。

例 11.2：基于例 11.1，改进容差无向赋权图和传递容差无向赋权图如图 11.3 所示，图中结点①～⑦表示对象集 $U = \{x_1,\ x_2,\ \cdots,\ x_7\}$，结点之间连线表示对象之间的改进容差关系或者传递容差关系，结点的不同颜色代表不同决策类 X，边上权函数分别为对象相似度 $\rho(x_i,\ x_j)$ 和决策属性关系 X_{ij}。

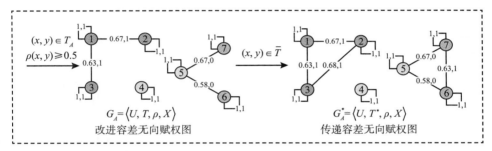

图 11.3　改进容差和传递容差无向赋权图（$\theta = 0.5$）

根据定义 11.11，改进容差无向赋权图边集 T 计算如下：

$$T = \{(x_1,\ x_2),\ (x_1,\ x_3),\ (x_5,\ x_6),\ (x_5,\ x_7)\}$$

根据定义 11.13，传递容差无向赋权图边集 T^* 计算如下：

$$T^* = \{(x_1,\ x_2),\ (x_1,\ x_3),\ (x_2,\ x_3),\ (x_5,\ x_6),\ (x_5,\ x_7),\ (x_6,\ x_7)\}$$

根据定义 11.14，满足传递容差关系的产品报价类 $T_A^{\theta*}(x)$ 计算如下：

$$T_A^{\theta*}(x_1) = T_A^{\theta*}(x_2) = T_A^{\theta*}(x_3) = \{x_1,\ x_2,\ x_3\};\quad T_A^{\theta*}(x_4) = \{x_4\};$$

$$T_A^{\theta*}(x_5) = T_A^{\theta*}(x_6) = T_A^{\theta*}(x_7) = \{x_5,\ x_6,\ x_7\}$$

根据定义 11.15～11.16，基于传递容差关系的上近似、下近似和近似精度计算如下：

$$\underline{T_A^{\theta*}}(X_1) = \overline{T_A^{\theta*}}(X_1) = \{x_1,\ x_2,\ x_3\};\quad \underline{T_A^{\theta*}}(X_2) = \{x_4\};$$

$$\overline{T_A^{\theta*}}(X_2) = \{x_4,\ x_5,\ x_6,\ x_7\};\quad \underline{T_A^{\theta*}}(X_3) = \varnothing;$$

$$\overline{T_A^{\theta*}}(X_3) = \{x_5, \ x_6, \ x_7\}; \ \beta_A^{\theta*}(X) = 0.6$$

图 11.3 可以看出，改进容差无向赋权图具有自反性和对称性，传递容差无向赋权图比改进容差无向赋权图多了传递性质。传递容差关系是改进容差关系的可传闭包，符合性质 11.5。传递容差无向赋权图将改进容差无向赋权图转化成 11 个无向完全图，构成了 11 个基于价格的产品系列，即产品报价类。

在 $\theta = 0.65$ 条件下，改进容差无向赋权图和传递容差无向赋权图见图 11.4。在此条件下，改进容差关系和传递容差关系的分类结果相同。

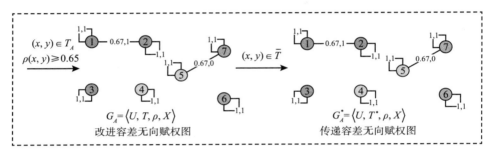

图 11.4 改进容差和传递容差无向赋权图 （$\theta = 0.65$）

根据定义 11.11 和 11.13，改进容差和传递容差无向赋权图边集 T 和 T^* 计算如下：

$$T^* = T = \{(x_1, \ x_2), \ (x_5, \ x_7)\}$$

根据定义 11.8 和 11.14，改进容差类 $T_A^{\theta}(x)$ 和产品报价类 $T_A^{\theta*}(x)$ 计算如下：

$$T_A^{\theta*}(x_1) = T_A^{\theta}(x_1) = \{x_1, \ x_2\}; \ T_A^{\theta*}(x_2) = T_A^{\theta}(x_2) = \{x_1, \ x_2\};$$

$$T_A^{\theta*}(x_3) = T_A^{\theta}(x_3) = \{x_3\}; \ T_A^{\theta*}(x_4) = T_A^{\theta}(x_4) = \{x_4\};$$

$$T_A^{\theta*}(x_5) = T_A^{\theta}(x_5) = \{x_5, \ x_7\}; \ T_A^{\theta*}(x_6) = T_A^{\theta}(x_6) = \{x_6\};$$

$$T_A^{\theta*}(x_7) = T_A^{\theta}(x_7) = \{x_5, \ x_7\};$$

改进容差关系和传递容差关系的上近似、下近似和近似精度计算如下：

$$\underline{T_A^\theta}(X_1) = \overline{T_A^\theta}(X_1) = \underline{T_A^{\theta^*}}(X_1) = \overline{T_A^{\theta^*}}(X_1) = \{x_1,\ x_2,\ x_3\};$$

$$\underline{T_A^\theta}(X_2) = \underline{T_A^{\theta^*}}(X_2) = \{x_4\};\quad \overline{T_A^\theta}(X_2) = \overline{T_A^{\theta^*}}(X_2) = \{x_4,\ x_5,\ x_7\};$$

$$\underline{T_A^\theta}(X_3) = \underline{T_A^{\theta^*}}(X_3) = \{x_6\};\quad \overline{T_A^\theta}(X_3) = \overline{T_A^{\theta^*}}(X_3) = \{x_5,\ x_6,\ x_7\};$$

$$\beta_A^{\theta^*}(X) = 0.7.$$

$\theta = 0.65$ 时的分类精度大于 $\theta = 0.5$ 时的分类精度，此结论与性质 11.6 相符合。虽然阈值增加提高了模型的近似精度，但是 $\theta = 0.65$ 时，对象 x_3，x_4，x_6 自成一类，若新订单与对象 x_3，x_4，x_6 中的任意一个对象相互匹配，将没有更多的同类产品为新订单提供报价支撑。同理，若为了得到更多的参考价格，设置 $\theta = 0$，将容差类放大为所有产品归为一类，此时近似精度为 0，不利于准确制定产品报价。

11.2.4　基于传递容差关系的不完备粗糙集模型求解算法

基于传递容差关系的不完备粗糙集求解算法如下所示：

输入：$IDT = \langle U,\ C \cup D,\ V_F,\ V_f,\ F,\ f \rangle$，相似度阈值 θ，调节系数 λ，β，γ，相似度权重 ξ；

输出：传递容差关系 $T_A^{\theta^*}$、产品报价类 $T_A^{\theta^*}(x)$、近似精度 $\beta_A^{\theta^*}(X)$ 等；

Begin

步骤 1：使用 Min – Max 归一化方法对数据进行归一化处理；

步骤 2：根据定义 11.2 ~ 11.11，计算影响因素 $a \in C$ 的区分能力 $P(a/d)$ 和因素权重 ω_a；

步骤 3：根据定义 11.4 ~ 11.5，计算对象在实际数据和系列信息上的相似度 $\rho_1(x,\ y)$ 和 $\rho_2(x,\ y)$；

步骤 4：根据定义 11.6，基于对象相似度权重 ξ 计算对象相似度 $\rho(x,\ y)$；

步骤 5：根据定义 11.7 和 11.8，计算改进容差关系 T_A^θ 和改进容差类 $T_A^\theta(x)$；

　　　　for every x，$y \in U$，$a \in C$，设计计数器 k

　　　　if $f_a(x) = f_a(y)\ or\ f_a(x) = *\ or\ f_a(y) = *$

$k = k + 1$；

$if\ k = |C| \cap \rho(x, y) \geqslant \theta$

$(x, y) \in T_A^{\theta}$，将 y 储存到 $T_A^{\theta}(x)$ 中；

步骤6：根据定义 11.12 和 11.14，计算传递容差关系 $T_A^{\theta^*}$ 和产品报价类 $T_A^{\theta^*}(x)$；

（1）寻找与 $x_i \in U$ 相连通的结点，得到产品报价类；

$for\ every\ x_i,\ i \in n$

$if(x_i, x_j) \in T_A^{\theta},\ j \in n,\ j \neq i$

$j \in Cell\{1\}$；

$if(x_j, x_g) \in T_A^{\theta},\ g \in n - Cell\{1\} - i$

$g \in Cell\{2\}$；

循环直至 $Cell\{k\} = \varnothing,\ k \leqslant n$；

（2）寻找其他相连通的结点；

将已找到的结点进行标记，$i,\ Cell\{1\},\ Cell\{2\} \cdots Cell\{k\} \in Mark\{1\}$；

基于步骤1在 $n - Mark\{1\}$ 中寻找新结点的产品报价类；

循环直至所有结点都被找到；

步骤7：根据定义 11.15～11.16，计算上近似、下近似和近似精度；

End

11.2.5　实例分析

选取 UCI 数据库中 Breast tissue 数据集以及在模具制造企业收集的实际报价数据集进行实验。在 MATLAB（R2018a）和 CPLEX Studio IDE 12.10.0 上编制代码。计算机配置为 Intel（R）Core（TM）i5 – 12400 2.50 GHz 16GB RAM。数据预处理步骤如下：

（1）数据集选择。从 Breast tissue 数据集中抽取 100 个样本（简写为 BT100），从实际企业报价数据集中抽取 50 个样本作实验（简写为 Q50，参见附录 B）。数据集的具体信息见表 11.3。

表 11.3 　　　　　　　　　　　　　　　　数据集

数据集	对象数	条件属性数	决策属性数	决策属性类别数
BT100	100	9	1	6
Q50	50	18	1	12

（2）离散化处理。基于闭包改进粗糙集的产品报价制定模型能够从实际报价数据和所属类信息中挖掘隐藏的报价知识。因此，使用 SPSS 软件中的 K – means 聚类方法对实际数据进行处理，得到系列数据，模拟决策者对实际属性值进行评价和分类的过程。

（3）缺失值处理。随机选取 5% ～20% 数据作缺失值处理，缺失比例用 LR/% 表示，模拟实际报价应用环境中由于客户新需求或人为因素等原因导致的产品质量、设计成本等报价信息存在数据缺失的情况。

在上述两种数据集上进行实验，实验分析主要包括模型的分类精度对比、分类数量对比、敏感度分析。

（1）分类精度对比

使用近似精度评价基于改进容差关系（IRS）、传统容差关系（TRS）、量化关系（NTCS）、测试代价敏感关系（TCS）粗糙集模型的分类准确性。在（0，1）范围内，以 0.1 为步长调节阈值 θ 且 $\theta = \alpha$，设置参数 $\lambda = 0.4$，$\beta = \gamma = 0.3$，$\xi = 0.5$。

IRS 和 TRS 近似精度对比见表 11.4，其结果显示，在以 5% ～20% 为缺失比例的 Q50 和 BT100 数据集下，阈值 $\theta = 0.6$ 时，改进容差关系的近似精度始终大于传统容差关系，此结论符合性质 11.2。因为改进容差关系基于对象相似度考虑了属性之间的耦合性对分类的影响，通过阈值约束了容差类划分粒度，分类更加严格。随着缺失比例逐渐增大，改进容差关系与传统容差关系近似精度差值比例逐渐增大，说明了基于改进容差关系的粗糙集模型在高缺失比例数据环境下分类的有效性。

表 11.4 IRS 和 TRS 近似精度对比

模型	Q50 上各缺失比例/%				BT100 上各缺失比例/%			
	5	10	15	20	5	10	15	20
TRS	0.82	0.76	0.68	0.64	0.72	0.71	0.68	0.67
IRS	0.84	0.82	0.80	0.88	0.73	0.73	0.72	0.75
差值比例（%）	2.44	7.89	17.65	37.50	1.39	2.82	5.88	11.94

IRS、NTCS 和 TCS 的近似精度对比见表 11.5，其结果显示，在以 5%～20% 为缺失比例的 Q50 和 BT100 数据集下，阈值 $\theta = \alpha \in (0, 1)$ 时，随着相似度阈值不断增大，3 种模型的近似精度逐渐增大，此结论符合性质 11.6。无论阈值何种取值，IRS 的近似精度始终大于 TCS 和 NTCS，这是因为 IRS 考虑了缺失数据和不相等属性值对分类效果的影响，约束划分更加严格，此结论符合性质 11.3～11.4。

表 11.5 IRS、NTCS、TCS 近似精度对比

数据集	LR/%	模型	θ								
			0.1	0.2	0.3	0.4	0.5	0.6	0.7	0.8	0.9
Q50	5	NTCS	0	0	0	0	0	0.04	0.18	0.54	0.94
		TCS	0	0	0	0	0	0.06	0.22	0.52	0.88
		IRS	0.82	0.82	0.82	0.82	0.82	0.84	0.86	0.90	0.96
	10	NTCS	0	0	0	0	0	0.08	0.30	0.68	0.96
		TCS	0	0	0	0	0	0.08	0.38	0.68	0.94
		IRS	0.76	0.76	0.76	0.76	0.80	0.82	0.82	0.90	0.96
	15	NTCS	0	0	0	0	0.02	0.20	0.48	0.78	0.92
		TCS	0	0	0	0	0.04	0.34	0.62	0.78	0.92
		IRS	0.68	0.68	0.68	0.70	0.74	0.80	0.92	0.92	0.92
	20	NTCS	0	0	0	0	0.06	0.32	0.68	0.92	1
		TCS	0	0	0	0	0.14	0.46	0.68	0.92	1
		IRS	0.64	0.64	0.66	0.70	0.74	0.88	0.92	1	1

续表

数据集	LR/%	模型	θ								
			0.1	0.2	0.3	0.4	0.5	0.6	0.7	0.8	0.9
BT100	5	NTCS	0	0	0	0.02	0.09	0.28	0.44	0.60	0.82
		TCS	0	0	0	0.02	0.09	0.28	0.44	0.60	0.81
		IRS	0.73	0.73	0.73	0.73	0.73	0.73	0.73	0.76	0.82
	10	NTCS	0	0	0	0.04	0.15	0.30	0.53	0.70	0.90
		TCS	0	0	0	0.04	0.15	0.30	0.53	0.70	0.90
		IRS	0.71	0.71	0.71	0.71	0.73	0.73	0.74	0.81	0.90
	15	NTCS	0	0	0	0.04	0.19	0.35	0.58	0.71	0.89
		TCS	0	0	0	0.04	0.19	0.35	0.58	0.71	0.89
		IRS	0.68	0.68	0.68	0.69	0.72	0.72	0.79	0.82	0.89
	20	NTCS	0	0	0.02	0.10	0.29	0.49	0.67	0.84	0.98
		TCS	0	0	0.02	0.10	0.29	0.49	0.67	0.84	0.98
		IRS	0.67	0.67	0.67	0.68	0.72	0.75	0.83	0.94	0.98

在阈值较小时，TCS 和 NTCS 的近似精度为 0。这是因为二者仅仅依靠阈值建立不可分辨关系，而阈值不起作用时，模型将不再适用。TCS 和 NTCS 各缺失比例数据集下近似精度几乎相等，在大样本数据集上此现象更加明显，说明了二者分类差别较弱且分类性能较低。因此 TCS 和 NTCS 无法解决数据信息缺失导致的分类精度低的问题，会导致产品报价不准确。

为了分析基于改进容差关系的粗糙集模型对于缺失数据的分类能力，在阈值 $\theta \in [0, 1]$ 条件下，对比 5% ~ 20% 缺失比例数据集下的近似精度，如图 11.5 所示。

图 11.5 结果显示，在较小阈值条件下，随着缺失比例逐渐增大，改进容差关系的近似精度逐渐降低。这是因为缺失数据不断增多使得样本数据愈加趋于相同，根据改进容差关系的定义 11.7，如此可能导致划为同一改进容差类的元素增多。因此，当阈值较小，即约束更加宽松时，容易形成误分类，从而导致近似精度降低。

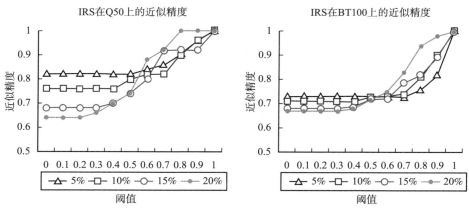

图 11.5 5%～20%缺失比例数据近似精度对比

在较大阈值条件下，随着缺失比例逐渐增大，近似精度逐渐升高。这似乎是不合理的，因为在实际报价环境中，数据愈加缺失会导致误分的概率更高，与小阈值的情况一致。但是，在约束能力极强时，缺失比例的增大使得对象未缺失属性比例较低，甚至低于阈值，可能导致对象自成一类，因此近似精度升高。

近似精度对比结果表明，在以 5%～20% 为缺失比例的 Q50 和 BT100 数据集下，改进容差关系的分类精度优于传统容差关系、量化关系、测试代价敏感关系。并且，基于改进容差关系的粗糙集模型相较于其他模型更能精确地处理高缺失比例数据集。然而，改进容差关系在较大阈值情况下，其分类精度过高可能会导致对象自成一类，不适用于产品报价环境。

（2）分类数量对比

使用分类数量评价基于传递容差关系粗糙集模型（TIRS）和基于改进容差关系粗糙集模型（IRS）的分类有效性，分类数量的公式为 $Num = \sum_{x=1}^{n} \left| T_A^{\theta^*}(x) \right|$。在（0，1）范围内，以 0.1 为步长调节阈值 θ，设置参数 $\lambda = 0.4$，$\beta = \gamma = 0.3$，$\xi = 0.5$。

TIRS 和 IRS 分类数量对比见表 11.6，其结果显示，在以 5%～20% 为缺失比例的两种数据集下，随着相似度阈值不断增大，IRS 和 TIRS 的分类数量逐渐降低，二者之间的差值比例呈下降趋势，此结论符合性质 11.6。无论在何种阈值情况下，TIRS 的分类数量始终高于 IRS，此结论符合性质 11.5。这是因为产品报价类在改进容差关系基础上，通过传递性扩大了容差类中的元素数量，并且阈值宽松较阈值严格情况下扩大的元素数量更多，使得更多的对象划为一类，即传递容差关系为改进容差关系的可传闭包。在阈值 $\theta = 0.9$ 情况下，约束过于严格可能会导致对象自成一类，使得传递容差关系退化为改进容差关系，因此二者分类数量相同，其差值比例为 0。

表 11.6   **TIRS 和 IRS 分类数量对比**

数据集	LR/%	模型	θ								
			0.1	0.2	0.3	0.4	0.5	0.6	0.7	0.8	0.9
Q50	5	IRS	92	92	92	92	92	88	80	72	60
		TIRS	124	124	124	124	124	102	86	76	60
		差值比例（%）	34.78	34.78	34.78	34.78	34.78	15.91	7.50	5.56	0
	10	IRS	110	110	110	108	106	96	92	78	60
		TIRS	154	154	154	146	138	112	108	82	62
		差值比例（%）	40	40	40	35.19	30.19	16.67	17.39	5.13	3.33
	15	IRS	124	124	124	122	114	98	74	74	62
		TIRS	198	198	198	180	154	104	78	76	62
		差值比例（%）	59.68	59.68	59.68	47.54	35.09	6.12	5.41	2.70	0
	20	IRS	134	134	132	124	112	80	74	57	50
		TIRS	342	342	324	314	142	86	78	58	50
		差值比例（%）	155.22	155.22	145.45	153.23	26.79	7.5	5.41	1.75	0
BT100	5	IRS	272	272	272	272	272	272	268	250	214
		TIRS	290	290	290	290	290	290	286	274	214
		差值比例（%）	6.62	6.62	6.62	6.62	6.62	6.62	6.72	9.60	0
	10	IRS	278	278	278	278	274	266	252	164	140
		TIRS	310	310	310	310	296	296	276	168	140
		差值比例（%）	11.51	11.51	11.51	11.51	8.03	11.28	9.52	2.44	0

续表

数据集	LR/%	模型	θ								
			0.1	0.2	0.3	0.4	0.5	0.6	0.7	0.8	0.9
BT100	15	IRS	280	280	280	278	272	256	216	148	132
		TIRS	322	322	322	310	296	290	230	150	132
		差值比例（%）	15.00	15.00	15.00	11.51	8.82	13.28	6.48	1.35	0
	20	IRS	302	302	302	296	272	252	198	132	112
		TIRS	424	424	424	400	348	338	226	138	112
		差值比例（%）	40.40	40.40	40.40	35.14	27.94	34.13	14.14	4.55	0

为了分析基于改进容差关系和传递容差关系的粗糙集模型在缺失数据环境下的分类性能，在阈值 $\theta \in [0, 1]$ 条件下，对比两种模型在 5% ~20% 缺失比例数据集下的分类数量，如图 11.6 所示。

图 11.6 结果显示，TIRS 对于各缺失比例数据集之间的分类数量差异多于 IRS。随着缺失比例逐渐增大，TIRS 分类数量的波动比 IRS 更加明显。说明了基于传递容差关系的粗糙集模型对缺失数据更具有敏感性，能够有效处理不完备决策表。

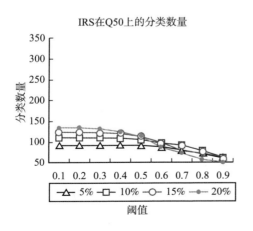
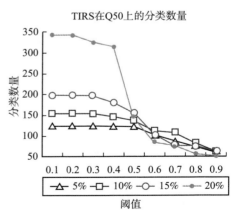

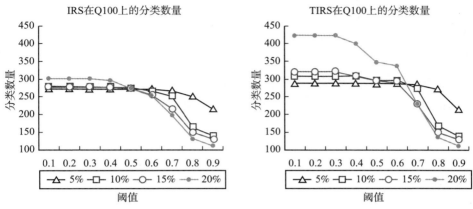

图 11.6　5%～20%缺失比例数据分类数量对比

在较大阈值条件下，随着缺失比例逐渐增大，二者的分类数量逐渐降低。在较小阈值条件下，随着缺失比例逐渐增大，二者分类数量逐渐升高。这是因为阈值约束能力越弱，且缺失比例越高，会导致数据愈加趋于相同，使得更多的对象被划为一类了。此结果与图 11.6 中阈值与近似精度的关系正好相反。

上述结果反映出如何正确设计阈值是粗糙集进行对象分类需要解决的关键问题。在实际报价环境中，若设置较大阈值，会降低分类数量，使同类元素过少，可能会导致新订单无法找到同类产品，如此将无法为决策者提供报价参考，不符合产品报价要求。

（3）敏感度分析

基于传递容差关系的粗糙集模型（TIRS）和基于改进容差关系的粗糙集模型（IRS）相比于其他模型具有动态调节参数。因此，以分类数量为评价指标，研究调节系数和对象相似度权重的变化对模型分类数量的影响。

1）相似度权重敏感度分析

设置参数 $\theta = 0.6$，$\lambda = 0.4$，$\beta = 0.3$，$\gamma = 0.3$，在 $[0, 1]$ 范围内，以 0.1 为步长调节相似度权重 ξ，运行结果如表 11.7 所示。其结果显示，在以 5%～20% 为缺失比例的两种数据集下，在 $\xi \in [0, 1]$ 时，TIRS 的分类数量始终高于 IRS，此结论符合性质 11.5。随着相似度权重 ξ 逐渐增加，$(1 - \xi)$

逐渐减小，TIRS 和 IRS 的分类数量呈现上升趋势。根据对象相似度的定义 11.6，此时基于系列信息相似度的比重增大，基于实际报价信息相似度的比重减小，整体对象相似度逐渐增大，构建了更多产品之间的关联性，扩大了产品报价类中的元素数量，在提供多样化报价参考区间方面具有优势。此现象说明了对实际报价数据进行处理，以系列化数据描述对象属性特征对产品报价的重要性。

表 11.7　　　　　　　TIRS 和 IRS 在不同相似度权重下的分类数量

数据集	LR/%	模型	ξ										
			0	0.1	0.2	0.3	0.4	0.5	0.6	0.7	0.8	0.9	1
Q50	5	IRS	80	80	84	84	88	88	90	92	92	92	92
		TIRS	86	86	100	100	102	102	122	124	124	124	124
	10	IRS	92	92	92	96	96	96	102	102	104	106	106
		TIRS	108	108	108	112	112	112	136	136	138	138	138
	15	IRS	92	92	94	96	98	98	100	108	110	110	110
		TIRS	98	98	100	102	104	104	112	128	148	148	148
	20	IRS	76	76	82	84	86	86	90	94	94	94	104
		TIRS	80	80	82	84	86	86	94	100	100	100	116
BT100	5	IRS	268	268	268	272	272	272	272	272	272	272	272
		TIRS	286	286	286	290	290	290	290	290	290	290	290
	10	IRS	254	254	260	262	266	266	266	266	270	274	274
		TIRS	284	284	294	296	296	296	296	296	296	296	296
	15	IRS	222	230	248	256	256	256	256	256	260	264	272
		TIRS	242	252	284	290	290	290	290	290	290	296	296
	20	IRS	146	252	252	252	252	252	252	258	260	264	272
		TIRS	332	338	338	338	338	338	338	338	342	342	348

2）调节系数敏感度分析

设置参数 $\theta = 0.6$，$\xi = 0.5$，在（0，1）范围内，以 0.1 为步长调节属性

值已知且相等条件下的调节系数 λ，始终保持 $\beta = \gamma$，实验结果如表 11.8 所示。其结果显示，在以 5% ~ 20% 为缺失比例的两种数据集下，$\lambda \in (0, 1)$ 时，TIRS 的分类数量始终高于 IRS，此结论符合性质 11.5。随着 λ 逐渐增大，IRS 和 TIRS 的分类数量逐渐增大。二者之间的分类数量差异也呈现递增趋势，随着缺失比例逐渐升高，这种趋势愈加明显。这是因为 λ 逐渐增大，使对象相似度逐渐增大，在同种阈值条件下，约束愈加宽松。并且数据愈缺失，对象愈加趋于相同，也会导致分类数量逐渐增加。而且，TIRS 在 IRS 基础上，通过可传闭包扩大了同类元素数量，分类数量变化越明显。

表 11.8　　　　　　　　　　TIRS 和 IRS 在不同调节系数下的分类数量

数据集	LR/%	模型	λ								
			0.1	0.2	0.3	0.4	0.5	0.6	0.7	0.8	0.9
Q50	5	IRS	72	80	84	88	90	92	92	92	92
		TIRS	76	86	100	102	122	124	124	124	124
	10	IRS	78	92	96	96	104	106	106	108	110
		TIRS	82	108	112	112	138	138	138	146	154
	15	IRS	78	78	92	98	110	110	114	122	124
		TIRS	78	78	98	104	148	148	154	180	198
	20	IRS	58	70	76	86	100	100	118	122	128
		TIRS	58	74	80	86	118	118	198	234	320
BT100	5	IRS	252	268	270	272	272	272	272	272	272
		TIRS	274	286	290	290	290	290	290	290	290
	10	IRS	164	252	260	266	268	274	274	274	278
		TIRS	168	276	294	296	296	296	296	296	310
	15	IRS	152	216	230	256	260	260	272	276	278
		TIRS	158	230	250	290	290	290	296	310	310
	20	IRS	148	198	252	252	264	272	278	296	298
		TIRS	178	226	338	338	342	348	374	400	424

随着缺失比例逐渐增多，TIRS 分类数量的波动比 IRS 更加明显。表明 TIRS 对于调节系数 λ 的敏感性高于 IRS。因此，上述结果说明了设置相等属性值条件下的调节系数 λ 会影响不完备粗糙集作对象分类。

11.3 基于产品报价类的报价优化模型

11.3.1 问题描述

为确保产品报价制定的准确性，还需解决如下问题。一方面，随着产品成本、质量等参数发生变化，使用粗糙集方法进行报价能够通过阈值调节容差类划分粒度，调整报价结果，但是阈值选取缺少理论依据。另一方面，基于粗糙集方法作产品报价时，其对象分类过程只考虑了影响产品报价的条件属性，没有基于产品价格对分类作监督，会导致分类结果不可控问题。并且，虽然报价影响因素对于价格的分类精度越大，根据报价影响因素映射出的价格作报价愈加合理，但是根据性质 11.6 分类精度提高会导致产品报价类中的元素减少，与设计、生产中的产品系列的偏差增大，不利于产品报价和其他业务的协同管理。同时会导致没有足够多的同类产品为新订单报价提供数据支撑，使得企业无法对不确定价格进行辨析。因此，建立基于产品报价类的报价优化模型。

制定基于价格的产品报价类约束是困难的。依据结点或边的权重，将一个图 G 划分为给定数量 p 的连通分量问题是汉森（Hansen）长期研究的课题，此问题被称为 p 区域问题，也被称为连通分量划分问题。以往学者主要是利用启发式方法进行求解，证明了此问题是 NP – hard 问题。连通分量划分问题能够约化为本文研究的产品报价问题。因为本文研究的产品报价问题根据输入的图 G 和边的权重确定连通分量，区域数量 p 是未知的。当给定数量 p 时，产品报价问题等价于连通分量划分问题。因此，这说明本文研究的产品报价也是一个 NP - hard 问题。

近期，有学者提出了解决此问题的线性整数规划模型。学者将连通分量划分问题转化为树结构问题，建立基于图论的混合整数线性规划模型。其中，每个树代表一个区域，树结构的数量即为区域数 p，每个树中的结点代表区域内元素集合，每个树形成一个连通分量，不同树之间不能进行连接，树可以作为孤立结点存在。树结构中结点之间的连接不构成循环，此约束最初被用于解决旅行商问题。

然而上述模型在产品报价环境下应用时，存在如下问题：（1）区域数量 p 是未知的，即产品报价类的数量是未知的。（2）该模型确定了区域内结点关系 t_{ij} 的下限，未确定其上限。导致在以 t_{ij} 分类数量最大化为报价目标函数时，约束过于宽松，使得传递容差关系不是改进容差关系的最小可传闭包，即分类结果会将没有交集的两个连通分量划分为一个。因此，该混合整数线性规划模型在产品报价环境下并不适用，但是却为建立基于产品报价类的报价优化模型提供了基础。然而，如何在产品报价类的数量未知情况下，限制住传递容差关系的上限是需要解决的关键问题。

为解决传递容差关系约束困难问题，引入树结构中根结点的概念，即指树结构中的顶部结点。在树结构中，根结点没有父结点，非根结点有且只有一个父结点。一个树结构只有一个根结点。据此设计思路如下：（1）将改进容差无向赋权图转化成多个有方向的树结构。（2）树结构不能构成循环且每个树只有一个根结点。（3）每个树结构中的元素构成一个产品报价类。其示意图参见图 11.7。

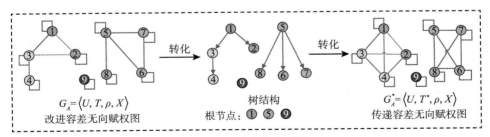

图 11.7　动态转化过程

因此，建立基于产品报价类的报价优化模型。以分类精度和产品报价类中产品数量最大化为目标，改进容差关系、传递容差关系、根结点等为约束，确定最优阈值和分类结果，实现粗糙集在有监督分类下的应用，制定最优报价策略。

11.3.2　非线性规划报价模型构建

参数：

n：结点数量；

ρ_{ij}：结点 i，j 间相似度，i，$j = 1$，$\cdots$，n；

X_{ij}：结点 i，j 决策属性间关系，$X_{ij} = \begin{cases} 1 & f_d(x_i) = f_d(x_j) \\ 0 & f_d(x_i) \neq f_d(x_j) \end{cases}$ i，$j = 1$，$\cdots$，n；

Q_{ij}：结点 i，j 间容差关系，$Q_{ij} = \begin{cases} 1 & f_a(x) = f_a(y) \ or \ f_a(x) = * \ or \ f_a(y) = * \\ 0 & else \end{cases}$

i，$j = 1$，$\cdots$，n；

M：无穷大正整数；

ε：无穷小正数。

决策变量：

θ：相似度阈值；

m_{ij}：相似度 ρ_{ij} 与阈值 θ 之间的关系，$m_{ij} = \begin{cases} 1 & \rho_{ij} \geq \theta \\ 0 & else \end{cases}$ $i \neq j$，i，$j = 1$，$\cdots$，n；

x_{ij}：结点 i，j 间改进容差关系，$x_{ij} = \begin{cases} 1 & (x_i, x_j) \in T \\ 0 & (x_i, x_j) \notin T \end{cases}$ i，$j = 1$，$\cdots$，n；

z_{ij}：结点 i，j 间传递容差关系，$z_{ij} = \begin{cases} 1 & (x_i, x_j) \in T^* \\ 0 & (x_i, x_j) \notin T^* \end{cases}$ i，$j = 1$，$\cdots$，n；

y_{ki}：第 k 个类中是否包含结点 i，是为 1，否则为 0，i，$k = 1$，$\cdots$，n；

s_{kij}：第 k 个类中是否满足 $(x_i, x_j) \in T$，是为 1，否则为 0，k，i，$j = 1$，$\cdots$，n；

r_{kij}：第 k 个类中是否满足 $(x_i, x_j) \in T^*$，是为 1，否则为 0，k，i，$j = 1, \cdots, n$；

b_{kij}：第 k 个树中 x_j 的父结点是否为 x_i，是为 1，否则为 0，k，i，$j = 1, \cdots, n$，$i \neq j$；

$root_{ki}$：第 k 个类中的根结点是否为 i，是为 1，否则为 0，k，$i = 1, \cdots, n$；

l：结点水平调节变量；

ls_i：0 ~ 1 变量，$ls_i = \begin{cases} 1 & x_i \in \overline{T_A^{\theta^*}(X)} \\ 0 & x_i \notin \overline{T_A^{\theta^*}(X)} \end{cases}$ $i = 1, \cdots, n$；

us_i：0 ~ 1 变量，$us_i = \begin{cases} 1 & x_i \in \overline{T_A^{\theta^*}(X)} \\ 0 & x_i \notin \overline{T_A^{\theta^*}(X)} \end{cases}$ $j = 1, \cdots, n_{\circ}$

建立基于产品报价类的报价优化模型如下：

$$(P)Z = \text{Max}\left(\psi \frac{\sum_{i=1}^{n} ls_i}{\sum_{i=1}^{n} us_i} + (1 - \psi) \frac{1}{n^2} * \sum_{k=1}^{n} \sum_{i=1}^{n} y_{ki} \sum_{n} r_{kij} \right) \quad (11.17)$$

S. t.

$$M * (1 - m_{ij}) + \rho_{ij} \geq \theta \quad i \neq j \quad i, j = 1, \cdots, n \quad (11.18)$$

$$M * m_{ij} + \theta \geq \rho_{ij} + \varepsilon \quad i \neq j \quad i, j = 1, \cdots, n \quad (11.19)$$

$$0 \leq \theta \leq 1 \quad (11.20)$$

$$m_{ij} * Q_{ij} = x_{ij} \quad i, j = 1, \cdots, n \quad (11.21)$$

$$x_{ij} = x_{ji} \quad i, j = 1, \cdots, n \quad (11.22)$$

$$x_{ii} = 1 \quad i = 1, \cdots, n \quad (11.23)$$

$$\sum_{k=1}^{n} y_{ki} = 1 \quad i = 1, \cdots, n \quad (11.24)$$

$$z_{ij} + z_{ig} - z_{gj} \leq 1 \quad i, j, g = 1, \cdots, n \quad (11.25)$$

$$z_{ij} = z_{ji} \quad i, j = 1, \cdots, n \quad (11.26)$$

$$z_{ii} = 1 \quad i = 1, \cdots, n \quad (11.27)$$

$$x_{ij} \leq z_{ij} \quad i, j = 1, \cdots, n \quad (11.28)$$

$$z_{ij} = y_{ki} * y_{kj} \quad k,\ i,\ j = 1,\ \cdots,\ n \tag{11.29}$$

$$M * (1 - z_{ij}) + X_{ij} \geqslant ls_i \quad i,\ j = 1,\ \cdots,\ n \tag{11.30}$$

$$1 - M * (2 - z_{ij} - X_{ij}) \leqslant us_i \quad i,\ j = 1,\ \cdots,\ n \tag{11.31}$$

式（11.17）为目标函数：最大化分类能力，表示分类精度 $\beta = \dfrac{ls_i}{us_i}$ 与产品报价类中分类数量 $N = \dfrac{1}{n^2} * \sum\limits_{k=1}^{n} \sum\limits_{i=1}^{n} y_{ki} \sum\limits_{n} r_{kij}$ 的乘积，通过权重 ψ 约束两个目标的作用程度。

约束（11.18~11.19）表示相似度与阈值的关系。约束（11.20）表示阈值的取值范围。约束（11.21）表示结点 $i,\ j$ 满足改进容差关系定义。约束（11.22~11.23）表示改进容差关系的对称性和自反性。约束（11.24）表示结点 i 必须且仅能属于一个 k 类。约束（11.25）表示传递容差关系的传递性。约束（11.26~11.27）表示传递容差关系的对称性和自反性。约束（11.28）表示改进容差与传递容差的关系。约束（11.29）表示属于同一个 k 类的结点 $i,\ j$ 满足传递容差关系。约束（11.30）表示基于传递容差关系的下近似的定义。约束（11.31）表示基于传递容差关系的上近似的定义。

上述约束有效限制了传递容差关系的下限，未确定传递容差关系的上限，在目标函数（11.17）条件下，其分类结果会将没有交集的两个产品报价类划分为一个，使得传递容差关系不是改进容差关系的最小可传闭包。据此对模型进行改进。

约束条件如下：

$$x_{ij} = \sum_{k=1}^{n} s_{kij} \quad i,\ j = 1,\ \cdots,\ n \tag{11.32}$$

$$z_{ij} = \sum_{k=1}^{n} r_{kij} \quad i,\ j = 1,\ \cdots,\ n \tag{11.33}$$

$$s_{kij} = b_{kij} + b_{kji} \quad i \neq j \quad k,\ i,\ j = 1,\ \cdots,\ n \tag{11.34}$$

$$s_{kij} = s_{kji} \quad k,\ i,\ j = 1,\ \cdots,\ n \tag{11.35}$$

$$r_{kij} = r_{kji} \quad k,\ i,\ j = 1,\ \cdots,\ n \tag{11.36}$$

$$s_{kij} \leqslant r_{kji} \quad k,\ i,\ j = 1,\ \cdots,\ n \tag{11.37}$$

$$r_{kij} = y_{ki} * y_{kj} \quad k, i, j = 1, \cdots, n \tag{11.38}$$

$$1 \leqslant l_i \leqslant n \quad i = 1, \cdots, n \tag{11.39}$$

$$l_i - l_j + n * b_{kij} \leqslant n - 1 \quad k, i, j = 1, \cdots, n \tag{11.40}$$

$$n * \sum_{i=1}^{n} root_{ki} \geqslant \sum_{i=1}^{n} y_{ki} \quad k = 1, \cdots, n \tag{11.41}$$

$$root_{ki} \leqslant y_{ki} \quad k, i = 1, \cdots, n \tag{11.42}$$

$$\sum_{i=1}^{n} root_{ki} \leqslant 1 \quad k = 1, \cdots, n \tag{11.43}$$

$$root_{ki} \geqslant root_{kj} - (2 - y_{ki} - y_{kj}) i \leqslant j - 1 \quad k, i, j = 1, \cdots, n \tag{11.44}$$

$$\sum_{j=1}^{n} b_{kji} \geqslant y_{ki} - root_{ki} \quad i \neq j \quad k, i = 1, \cdots, n \tag{11.45}$$

$$b_{kji} \leqslant y_{ki} - root_{ki} \quad i \neq j \quad k, i = 1, \cdots, n \tag{11.46}$$

$$(11.18 \sim 11.27), (11.30 \sim 11.31)$$

约束（11.32）表示第 k 个类中结点 i, j 满足改进容差关系定义。约束（11.33）表示第 k 个类中结点 i, j 满足传递容差关系定义。约束（11.34）表示树结构中结点之间的连接与改进容差之间的关系。约束（11.35）表示第 k 个类中改进容差关系的对称性。约束（11.36）表示第 k 个类中传递容差关系的对称性。约束（11.37）表示第 k 个类中改进容差与传递容差的关系。约束（11.38）表示属于同一个 k 类的结点 i, j 在第 k 个类中满足传递容差关系。约束（11.39 ~ 11.40）表示树结构中的连接不能构成回路。约束（11.41）表示非空树中必有根结点。约束（11.42）表示第 k 个树中的根结点一定是第 k 个类中的结点。约束（11.43）表示每个树中根结点仅有一个。约束（11.44）表示选择每个树中满足条件的最小结点为根结点。约束（11.45）表示非根结点 i 定义，即第 k 个树中至少存在 1 个结点 j 连接非根结点 i。约束（11.46）表示根结点 i 定义，即在树中一定不存在结点 j 连接到根结点 i。

根据性质11.6，目标函数中分类精度和分类数量是与阈值相关的函数。阈值增大时，前者单调递增且在区间 [0, 1] 内有界，后者单调递减且在区间 [0, 1] 内有界。由于有界函数相加也是有界的，因此目标函数有界。

11.3.3 报价二次规划转换模型

优化模型（P）是非线性数学规划问题，其非线性公式为目标函数（11.17）和约束（11.38）。为便于求解，令 $\sum_{i=1}^{n} us_i = \frac{1}{t}$ ；故 $ls_i * t = u_i i = 1, \cdots, n$；$us_i * t = v_i i = 1, \cdots, n$；据此非线性分类问题 P 转成二次规划问题 P' 如下：

目标函数（11.1）转化为：

$$(P')Z = \text{Max}\left(\psi \sum_{i=1}^{n} u_i + (1 - \psi)\frac{1}{n^2} * \sum_{k=1}^{n} \sum_{i=1}^{n} y_{ki} \sum_{\substack{j=1 \\ i \neq j}}^{n} r_{kij}\right) \quad (11.47)$$

将约束相应修改为：

$$M * (2 - y_{ki} - y_{kj}) \geq 1 - r_{kij} \quad k, i, j = 1, \cdots, n \quad (11.48)$$

$$r_{kij} \leq y_{ki} \quad k, i, j = 1, \cdots, n \quad (11.49)$$

$$r_{kij} \leq y_{kj} \quad k, i, j = 1, \cdots, n \quad (11.50)$$

$$M * (1 - \sum_{k=1}^{n} r_{kij}) + X_{ij} \geq u_i \quad i, j = 1, \cdots, n \quad (11.51)$$

$$t - M * (2 - \sum_{k=1}^{n} r_{kij} - X_{ij}) \leq v_i \quad i, j = 1, \cdots, n \quad (11.52)$$

$$\sum_{i=1}^{n} v_i = 1 \quad (11.53)$$

$$0 \leq t \leq 1 \quad (11.54)$$

$$u_i + M * (1 - c_i) \geq t \quad i = 1, \cdots, n \quad (11.55)$$

$$M * (1 - d_i) \geq u_i \quad i = 1, \cdots, n \quad (11.56)$$

$$c_i + d_i \geq 1 \quad i = 1, \cdots, n \quad (11.57)$$

$$0 \leq u_i \leq t \quad i = 1, \cdots, n \quad (11.58)$$

$$v_i + M * (1 - e_i) \geq t \quad i = 1, \cdots, n \quad (11.59)$$

$$M * (1 - f_i) \geq v_i \quad i = 1, \cdots, n \quad (11.60)$$

$$e_i + f_i \geq 1 \quad i = 1, \cdots, n \quad (11.61)$$

$$0 \leq v_i \leq t \quad i = 1, \cdots, n \quad (11.62)$$

$$c_i, d_i, e_i, f_i \in \{0, 1\} \quad i = 1, \cdots, n \quad (11.63)$$

（11.18～11.27），（11.32～11.37），（11.39～11.46）

将非线性约束（11.38）转化成线性约束（11.48～11.50）。非线性目标函数（11.17）转化成二次目标函数（11.47）。修改与目标函数中变量相关的约束得到公式（11.51～11.63）。约束（11.51）是由约束（11.30）转化得到的。约束（11.52）是由约束（11.31）转化得到的。约束（11.53）表示上近似与 t 的关系。约束（11.54）表示 t 的取值范围。约束（11.55～11.63）表示 u_i 和 v_i 是 $0-t$ 变量。

命题 11.1　非线性约束（11.38）等价于线性约束（11.48～11.50）。

证明：已知非线性约束 $r_{kij} = y_{ki} * y_{kj}k$，$i, j = 1, \cdots, n$，并且 r_{kij}，y_{ki}，y_{kj} 都是 0～1 变量。因此，若 $y_{ki} = 0 \ or \ y_{kj} = 0$，充分必要条件为 $r_{kij} = 0$，因此能够得到 $r_{kij} \leq y_{ki}$ 且 $r_{kij} \leq y_{kj}$；若 $y_{ki} = 1$ 且 $y_{kj} = 1$，充分必要条件为 $r_{kij} = 1$，因此需满足 $M * (2 - y_{ki} - y_{kj}) \geq 1 - r_{kij}k$，$i, j = 1, \cdots, n$，即证。

11.3.4　报价优化模型求解算法

基于分支定界法，构建基于产品报价类的报价优化模型算法，直接利用求解器 CPLEX 进行求解。分支定界法的算法框架如下：

第 0 步：确认目标值 Z 的初始上界 γ_0 和下界 β_0，满足 $x^0 = \arg\gamma_0$ 的可行点 x^0。如果 $\beta_0 = \gamma_0$ 或者 $\gamma_0 - \beta_0 \leq \varepsilon$，置容忍度 $\varepsilon \geq 0$，则输出 x^0，迭代终止；否则，令可行域 $D_0 = 0$，$M_0 = \{D_0\}$，迭代次数 $k = 1$，转第 1 步。

第 1 步：在剖分集 M_{k-1} 中，选择一个剖分元 D_{k-1}，使得 D_{k-1} 上的一个下界 $\beta(D_{k-1}) = \beta_{k-1}$。

第 2 步：把 D_{k-1} 按照规律剖分为 r 个小剖分元 D_{ki}，$i = 1, 2, \cdots, r$，令 $\overline{M_k} = \{D_{ki}, i = 1, 2, \cdots, r\}$。计算 D_{ki}，$i = 1, 2, \cdots, r$ 上的下界 β_{ki} 和上界 γ_{ki}，寻找满足 $x^{ki} = \arg\gamma_{ki}$ 的可行点 x^{ki}。

第 3 步：删除满足 $\beta_{ki} \geq \gamma_{ki}$ 的 D_{ki}，存留的部分记为 $\overline{\overline{M_k}}$，令 $M_k = (M_{k-1}/\{D_{k-1}\}) \cup \overline{\overline{M_k}}$。

第 4 步：计算 $\beta_k = \min\{\beta(S): S \in M_k\}$，$\gamma_k = \min\{\gamma(S): S \in M_k\}$，$x^k =$

$\arg\gamma_k$，其中 γ_k 和 β_k 分别是 S 上的一个上界和下界。

第 5 步：如果 $\beta_k = \gamma_k$ 或者 $\gamma_0 - \beta_0 \leq \varepsilon$，输出 x^k，迭代终止；否则 $k = k + 1$，转第 1 步。

上述算法能够为小规模问题找到最优解。基于产品报价类的报价优化模型的算法步骤如下所示：

输入：样本数量 n，以及由基于传递容差关系不完备粗糙集分类算法计算阈值为 0 时的对象相似度 ρ_{ij} 与容差关系 Q_{ij} 等；

输出：传递容差关系 $T_A^\theta{}^*$、产品报价类 $T_A^\theta{}^*(x)$、目标函数 Z 和优化阈值 θ 等；

Begin

步骤 1：设置参数和决策变量（具体参见 11.2.2 的参数和变量设计）；

步骤 2：根据公式（11.47）设置目标函数 Z：最大化分类能力；

步骤 3：根据公式（11.18 ~ 11.27），约束决策变量 x_{ij}，z_{ij}，y_{ki}；

步骤 4：根据公式（11.32 ~ 11.37），（11.39 ~ 11.40），（11.48 ~ 11.50），约束决策变量 s_{kij}，r_{kij}，b_{kij}；

步骤 5：根据公式（11.41 ~ 11.46），约束根结点 $root_{ki} = 1$ 和非根结点 $root_{ki} = 0$；

步骤 6：根据公式（11.51 ~ 11.63），约束上近似 $\overline{T_A^\theta{}^*(X)}$ 和下近似 $\underline{T_A^\theta{}^*(X)}$；

步骤 7：利用算法（11.3.4），进行模型求解。

End

基于改进容差类的产品报价优化模型是在基于产品报价类的报价优化模型基础上，将目标函数（11.47）和约束条件（11.51 ~ 11.52）中的 k 类下的传递容差关系 r_{kij} 替换为 k 类下的改进容差关系 s_{kij}，其余约束条件不变。

11.3.5　实例分析

（1）优化模型对比

为了对比基于产品报价类的产品报价优化模型（OTIRS）和基于改进容差类的产品报价优化模型（I - RS）的分类优化性能，以优化目标：分类能力为评价指标，在实际产品报价数据 Q50 中选取 30 个样本数据进行实验，对数据集重新进行 K - means 聚类和 5% ~ 20% 缺失值处理，设置参数 $\lambda = 0.4$，$\beta = \gamma = 0.3$，$\xi = 0.5$。由于目标函数权重 ψ 的设置会影响分类结果，以 0.02 为步长增大分类精度的比重，直至分类精度达到最大值 1。

　　两种模型运行结果参见表 11.9。其结果显示，随着分类精度比重 ψ 逐渐增大，分类数量比重（$1 - \psi$）逐渐减小，两种模型的优化阈值 θ 逐渐增大，近似精度 β 逐渐增大，分类数量 N 逐渐减小，这是必然的，此结论符合性质 11.6。

表 11.9　　　　　　　　　　　I - RS 和 OTIRS 运行结果

LR/%	输出参数	模型	ψ							
			0.02	0.04	0.06	0.08	0.1	0.12	0.14	0.16
5	θ	I - RS	0.42	0.43	0.44	0.58	0.98	0.98	0.98	0.98
		OTIRS	0.43	0.43	0.54	0.54	0.54	0.98	0.98	0.98
	β	I - RS	0.6	0.6	0.7	0.8	1	1	1	1
		OTIRS	0.5	0.5	0.6	0.6	0.6	1	1	1
	N	I - RS	0.0356	0.0356	0.0311	0.0244	0.0044	0.0044	0.0044	0.0044
		OTIRS	0.0578	0.0578	0.0533	0.0533	0.0533	0.0044	0.0044	0.0044
	Z	I - RS	0.05	0.06	0.07	0.09	0.10	0.12	0.14	0.16
		OTIRS	0.07	0.08	0.09	0.10	0.11	0.12	0.14	0.16
10	θ	I - RS	0.38	0.45	0.45	0.49	0.70	0.70	0.70	0.99
		OTIRS	0.39	0.39	0.42	0.42	0.42	0.42	0.42	0.99
	β	I - RS	0.47	0.63	0.63	0.67	0.93	0.93	0.93	1.00
		OTIRS	0.27	0.27	0.37	0.37	0.37	0.37	0.37	1.00
	N	I - RS	0.0489	0.0422	0.0422	0.0400	0.0156	0.0156	0.0156	0.0044
		OTIRS	0.1133	0.1133	0.1089	0.1089	0.1089	0.1089	0.1089	0.0044
	Z	I - RS	0.06	0.07	0.08	0.09	0.11	0.13	0.14	0.16
		OTIRS	0.12	0.12	0.12	0.13	0.13	0.14	0.14	0.16

LR/%	输出参数	模型	ψ							
			0.02	0.04	0.06	0.08	0.1	0.12	0.14	0.16
15	θ	I – RS	0.38	0.38	0.52	0.52	0.52	0.52	0.52	0.52
		OTIRS	0.43	0.43	0.43	0.46	0.46	0.52	0.55	0.91
	β	I – RS	0.63	0.63	0.87	0.87	0.87	0.87	0.87	0.87
		OTIRS	0.47	0.47	0.47	0.60	0.60	0.83	0.83	1.00
	N	I – RS	0.0400	0.0400	0.0267	0.0267	0.0267	0.0267	0.0267	0.0267
		OTIRS	0.0689	0.0689	0.0689	0.0600	0.0600	0.0311	0.0311	0
	Z	I – RS	0.05	0.06	0.08	0.09	0.11	0.13	0.14	0.16
		OTIRS	0.08	0.08	0.09	0.10	0.11	0.13	0.14	0.16
20	θ	I – RS	0.32	0.32	0.32	0.66	0.66	0.76	0.76	0.76
		OTIRS	0.42	0.42	0.32	0.53	0.66	0.76	0.76	0.76
	β	I – RS	0.57	0.57	0.57	0.93	0.93	1.00	1.00	1.00
		OTIRS	0.43	0.43	0.43	0.57	0.93	1.00	1.00	1.00
	N	I – RS	0.0356	0.0356	0.0356	0.0089	0.0089	0	0	0
		OTIRS	0.0578	0.0578	0.0578	0.0467	0.0089	0	0	0
	Z	I – RS	0.05	0.06	0.07	0.08	0.10	0.12	0.14	0.16
		OTIRS	0.07	0.07	0.08	0.09	0.10	0.12	0.14	0.16

在 15% ~ 20% 大缺失比例数据集下,当阈值 θ 较大且近似精度 $\beta = 1$ 时,对象自身含有已知确定属性值的属性比例已经低于对象相似度阈值 θ,使得对象自成一类,可能会导致分类数量 $N = 0$ 的情况。表 11.9 结果说明,基于产品报价类的报价优化模型能够制定优化参数和分类结果,解决粗糙集阈值无法合理选择,分类过程无监督导致其分类结果不可控的问题。

OTIRS 和 I – RS 目标函数对比结果参见图 11.8。其结果显示,在以 5% ~ 20% 为缺失比例的实际产品报价数据集下,随着目标函数权重 ψ 逐渐增大,基于产品报价类优化模型的目标函数始终大于基于改进容差类优化模型的目标函数。这是因为传递容差关系通过可传闭包扩大了改进容差类中对象数量,使得具有相同决策属性的产品划分到了同一产品报价类。

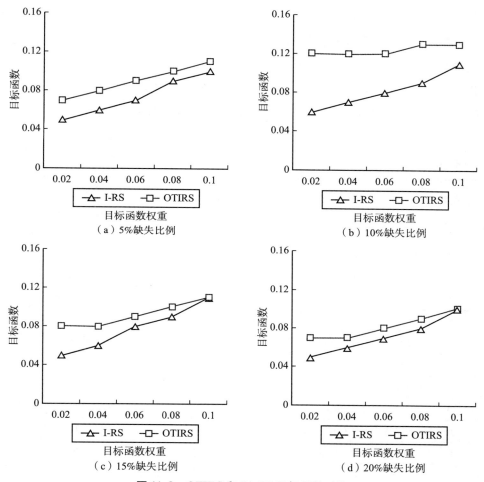

图11.8　OTIRS 和 I – RS 目标函数对比

图 11.8 显示两种模型的目标函数随着近似精度的比重增大，呈现上升趋势，这是因为近似精度 β 始终大于分类数量 N。随着目标函数权重逐渐增大，OTIRS 和 I – RS 目标函数差距逐渐减小。这是因为近似精度比重增大，导致容差类划分愈加严格，满足改进容差关系和传递容差关系的对象数量减少，对象之间关系的复杂性减弱，而传递容差关系可能会退化为改进容差关系，此现象在高缺失比例数据集下更加明显。

（2）分类结果对比

为了对比基于产品报价类的产品报价优化模型（OTIRS）和基于改进容差类的产品报价优化模型（I - RS）的分类结果，在实际产品报价数据 Q50 中随机选取 30 个样本数据进行实验，设置参数 $\lambda = 0.4$，$\beta = \gamma = 0.3$，$\xi = 0.5$，$\psi = 0.04$，缺失值比例为 10%。表 11.10 展示了 20 个样本对象优化后的分类结果。

表 11.10　　　　　　　　　OTIRS 和 I - RS 分类结果对比

序号	产品名称	分类价格	同类产品	
			I - RS	OTIRS
1	4001LCD 支架	1	1，7，12，13	1，7，8，12，13
2	9020 腕部挡板		2，3	2，3，14，15
3	9020 阀门支架		2，3	2，3，14，15
4	9020 腕带制动		4，5，9，19	4，5，9，10，19，20
5	9020 气泵盖 A		4，5	4，5，9，10，19，20
6	7200 记忆按键（白色）	2	6，11	6，11
7	7320 上壳	3	1，7，8	1，7，8，12，13
8	7321 上壳展示机		7，8	1，7，8，12，13
9	9020 固定夹具左侧	4	4，9，10，19	4，5，9，10，19，20
10	9020 固定夹具右侧		9，10	4，5，9，10，19，20
11	7200 记忆按键（浅灰）	5	6，11	6，11
12	7320LCD 支架	6	1，12，13	1，7，8，12，13
13	7321LCD 支架		1，12，13	1，7，8，12，13
14	9020 打印控制杆		14.15	2，3，14，15
15	9020R 按键支架		3，14，15	2，3，14，15
16	9020 印刷压板支架		16，18	16，17，18
17	9020 打印底座	7	17，18	16，17，18
18	9020 打印盖		16，17，18	16，17，18
19	9020 腕带后壳		4，9，19，20	4，5，9，10，19，20
20	9020 下壳 D		19，20	4，5，9，10，19，20

表 11. 10 分类结果显示，满足产品报价类的对象包含满足改进容差类的对象，即传递容差关系相比于改进容差关系构建了更多产品之间的关系，分类结果更具有多样性，此结论符合性质 11.5。I - RS 建立了产品之间的关系，而 OTIRS 能够基于 I - RS 建立同一型号、不同产品系列之间的关系。针对 9020 型号产品，I - RS 认为 16 号 9020 印刷压板支架和 18 号 9020 打印盖为一类，两种产品之间存在联系。而 OTIRS 在其基础上，考虑 17 号 9020 打印底座和 18 号 9020 打印盖具有关联关系，因此将三者划为同一产品报价类。诸如此类的还有产品报价类 {2, 3, 14, 15} 和 {4, 5, 9, 10, 19, 20} 等。OTIRS 能够基于 I - RS 建立同一产品系列、不同型号之间的关系。在产品报价类 {1, 7, 8, 12, 13} 中，OTIRS 将不同型号的 LCD 支架产品 {1, 12, 13} 划分为同一产品报价类，将型号之间具有相关性的 7320 型号产品 {7, 12} 和 7321 型号产品 {8, 13} 划分为同一产品报价类。将不同颜色的产品记忆按键 {6, 11} 划分为同一产品报价类。这是因为 I - RS 通过改进容差关系只能识别样本对象之间的关系，而 OTIRS 基于可传闭包进一步挖掘了对象类之间的关联关系。

（3）分类价格对比

20 个产品分类后的产品价格参见表 11. 11。其结果显示，I - RS 能够为 4 个产品提供 3 种参考价格，为 7 个产品提供两种参考价格，为 9 个产品提供 1 种参考价格，共计参考价格数量为 35。OTIRS 能够为 11 个产品提供 3 种参考价格，为 6 个产品提供两种参考价格，为 3 个产品提供 1 种参考价格，共计参考价格数量为 48。OTIRS 提供的产品参考价格数量多于 I - RS，其差值比例为 37.14%。因此，相比于 I - RS 基于产品之间的关系进行报价，基于产品系列的 OTIRS 能够提供更多的产品报价参考区间。例如，针对 10 号 9020 固定夹具右侧产品，I - RS 只能提供价格 16.23，而 OTIRS 将其与 5 号 9020 气泵盖 A、19 号 9020 腕带后壳等 9020 型号产品建立系列关系，能够提供 14.08，16.23，19.93 的报价参考信息，便于企业根据成本、需求波动对价格作出调整。

表 11.11   **OTIRS 和 I – RS 分类后的产品价格**

序号	产品名称	实际价格	分类后价格					
			I – RS			OTIRS		
1	4001LCD 支架	14.08	14.08	15.58	19.10	14.08	15.58	19.10
2	9020 腕部挡板		14.08			14.08		19.93
3	9020 阀门支架		14.08		19.93	14.08		19.93
4	9020 腕带制动		14.08	16.23	19.93	14.08	16.23	19.93
5	9020 气泵盖 A		14.08			14.08	16.23	19.93
6	7200 记忆按键（白色）	14.47	14.47		17.20	14.47		17.20
7	7320 上壳	15.58	14.08		15.58	14.08	15.58	19.10
8	7321 上壳展示机		15.58			14.08	15.58	19.10
9	9020 固定夹具左侧	16.23	14.08	16.23	19.93	14.08	16.23	19.93
10	9020 固定夹具右侧		16.23			14.08	16.23	19.93
11	7200 记忆按键（浅灰）	17.20	14.47		17.20	14.47		17.20
12	7320LCD 支架	19.10	14.08		19.10	14.08	15.58	19.10
13	7321LCD 支架		14.08		19.10	14.08	15.58	19.10
14	9020 打印控制杆	19.93	19.93			14.08		19.93
15	9020R 按键支架		14.08		19.93	14.08		19.93
16	9020 印刷压板支架		19.93			19.93		
17	9020 打印底座		19.93			19.93		
18	9020 打印盖		19.93			19.93		
19	9020 腕带后壳		14.08	16.23	19.93	14.08	16.23	19.93
20	9020 下壳 D		19.93			14.08	16.23	19.93
	共计参考价格数量		35			48		
	价格数量差值比例		37.14%					

11.4 管理启示

针对已有基于产品之间关系的传统报价模式报价结果单一，无法随模块化设计、零件族制造模式下环境参数变化对价格作动态调整的问题，研究基于产品系列信息的产品报价优化方法。

传统粗糙集主要针对实际数据，并没有根据报价要求对数据作进一步提取，且在不完备和不确定环境下报价准确度低。因此建立考虑产品实际报价影响因素和所属产品系列信息的对象相似度，据此建立改进容差关系。表 11.7 表明以系列化数据描述对象属性特征能够增加模型分类数量。表 11.4 ~ 表 11.5 表明改进容差关系的分类精度优于传统容差关系、量化关系、测试代价敏感关系，符合性质 11.2 ~ 11.4。

由于粗糙集仅局限于确定对象之间的关系，不能揭示参数变化下容差类之间的转化关系。据此利用无向赋权图和可传闭包改进粗糙集，建立传递容差关系和产品报价类。表 11.6 表明传递容差关系的分类数量优于改进容差关系，符合性质 11.5，且图 11.6 和表 11.8 表明前者对缺失数据和调节系数更具有敏感性。

传统粗糙集分类过程无监督导致分类结果不可控且阈值选取不合理容易导致分类精度和分类数量冲突影响产品报价制定，据此制定基于产品报价类的报价优化模型。表 11.9 表明通过产品价格对模型进行监督，能够制定优化阈值和分类结果。图 11.8 表明基于产品报价类优化模型的目标函数 − 分类能力优于基于改进容差类的优化模型。

企业现有报价方法只关注产品之间的关系，忽略产品系列与报价之间的关系，据此提出基于产品系列的报价模型，参见图 11.1。表 11.10 表明新模式能够建立同一型号不同产品和同一产品不同型号之间的关系，构建基于价格的产品系列。表 11.11 表明新模式提供的产品参考价格数量多于传统模式，其差值比例为 37.14%，多样化的报价参考区间有利于企业根据市场中原材料价格、客户需求等因素波动制定动态报价策略。

综上所述，提出基于产品系列的报价模型，基于产品全生命周期影响因素研究产品系列与报价之间的不确定性关系。考虑产品系列信息建立改进容差关系，提高不完备和不确定环境下的报价准确性。基于可传闭包建立传递容差关系和产品报价类，揭示产品系列之间的关系，满足报价多样性需求。

建立基于产品报价类的报价优化模型优化系列划分，解决粗糙集分类过程无监督导致报价结果不可控问题。提供多样化报价参考区间，为企业根据多样化客户需求制定个性化和差异化报价决策提供依据。

11.5　本章小结

以装备制造企业中的个性化产品报价为研究对象，针对基于产品之间关系的传统报价模式报价结果单一，无法满足准确性、个性化等报价新需求的问题，面向产品全生命周期，建立了基于产品系列的报价模型，主要研究结论如下：

（1）影响因素相互耦合导致产品系列与报价关系不确定。据此提出了基于闭包改进粗糙集的产品报价制定模型。基于系列信息设计了对象相似度和改进容差关系并分析了其性质。构建了改进容差和传递容差无向赋权图，揭示产品向产品系列的转化过程。基于可传闭包建立了传递容差关系，并分析了其性质。设计了产品报价类和近似集，解析产品系列与价格的关系。建立了基于传递容差关系的粗糙集求解算法。通过实例分析验证了改进容差关系在不完备和不确定环境下的分类精度优于容差、量化和测试代价敏感关系。而传递容差关系的分类数量优于改进容差关系，且以系列化数据描述对象属性特征能够增加模型分类数量，避免无足够多的同类产品为新订单报价提供数据支撑问题。

（2）粗糙集分类过程无监督且阈值无法合理选择影响产品报价制定。据此提出了基于产品报价类的报价优化模型。以最大化分类能力为目标函数，以传递容差关系、改进容差关系等为约束条件，建立了报价非线性规划模型。为便于求解，将其转化为报价二次规划转换模型。通过实例分析比较基于产品报价类和改进容差类的粗糙集优化模型。验证前者能够制定优化阈值并具有更高的目标函数。基于产品系列的报价模型能够挖掘产品系列与价格之间的不确定性关系，制定多样化报价参考区间，有利于企业根据需求、成本等因素波动制定差异化和个性化的报价。

第 4 篇　面向不确定环境的联合报价策略

不完备和不确定环境下针对产品报价需求，需要面向不确定生产活动，基于过程协同制定报价决策。在供应链系统中，产品报价不仅要针对客户个性化需求制定准确快速的产品价格，更要使报价结果符合企业的实际生产活动，保证订单的及时交付，获得企业预期利润。结合复杂制造企业生产管理实践，抽象出生产活动中不确定性发生的场景，提出如下研究内容：

为解决以往定价忽略企业内部资源的动态性，无法有效保障企业利润、客户需求等问题，研究不确定条件下报价与资源分配方法，以最大化期望利润为目标，考虑需求、加工时间的随机性，以生产能力为约束，建立基于随机规划的两阶段报价模型。第一阶段选择接受订单，第二阶段进行订单排序，分配设备资源，实现随机环境下多订单价格的协同优化，为企业提供资源配置方案和报价决策。

为了保证混合流水生产线各阶段的生产任务均能按时完工，制定考虑总装分装系统生产计划协同报价策略，以最小化在制品库存成本和产品提前拖期惩罚为目标建立批次批量优化模型，实现产品种类和数量的合理制定。

为了根据生产计划，对产品进行排序，解决订单超期问题，制定考虑总装分装系统生产调度协同报价策略，以最小化总完工时间、转换惩罚和订单提前拖期惩罚为目标建立订单排序协同优化模型，在满足各生产线生产约束和物料约束情况下，实现订单按期交货和提高生产线利用率。

为了解决分布式制造企业在订单接受和调度决策两个阶段的平衡问题，制定考虑订单接受与生产调度的报价决策，建立订单接受与生产调度决策模型，以收入最大化作为目标函数，第一阶段订单是否接受以及订单该如何进行分配，第二阶段按照拖期惩罚最小进行生产顺序的确定，既兼顾自身的生产力限制，又实现在该限制之下利润的最大化。

在不确定条件下，根据加工时间、报价等因素确定针对不同顾客需求优化的报价策略、方法选择和报价决策结果，为企业作动态报价提供参考。

第 12 章

不确定条件下报价与资源分配模型

随着客户个性化需求趋势越来越明显，以及企业内部生产环境中资源的动态性愈加突出，不确定条件下的报价与资源分配问题受到了广泛的关注。制造企业产品种类繁多，其客户对产品具有不同的需求，且通常是对报价和交货期敏感的，对不同客户设置不同的报价和交货期能够增加企业经济效益，但同时也增加了企业报价的难度；企业外部资源具有多样性，且因机器磨损等因素使得企业内部生产环境中也存在不确定因素，这种不确定性的出现对企业的实际生产活动产生较大的影响，甚至引起订单的延迟交付，给企业带来拖期惩罚，这对企业进行准确的报价及资源分配决策提出了新的挑战。在此背景下，考虑客户需求的不确定性以及企业资源的随机供给情况，以企业生产能力受限为约束，研究两阶段报价和资源分配优化方法，为制造型企业进行科学合理的报价以及快速响应客户需求等管理活动提供理论支撑，对实现制造企业精益管控、提高企业综合竞争力具有重要的现实意义。

结合制造型企业生产管理实践，抽象出生产活动中不确定性发生的场景，以生产能力受限为约束，期望利润最大为目标函数，研究在不确定性因素影响下的两阶段报价与资源分配问题。第一阶段在需求不确定条件下进行订单接受决策以及接受订单的加工设备选择决策，第一阶段确定接受订单以后，作为输入变量进入到第二阶段，第二阶段对接受订单按照利润最大以及 EDD 规则（Earliest Due Date，最早交货期规则）对订单进行排序以及资源的分配，期望利润最大时所对应的报价与资源分配计划即为最优决策；针对模型中存在的随机变量设计情景模拟方法进行描述，并最大限度地保留随机变量的原有统计性质，在此基础上将原随机规划模型转化为其确定性等价类，采用蚁群算法对其求解。为检验情景模拟法的性能，采用同步回代缩减方法、快速前向选择方法与之对比，以 20 订单和 50 订单为例，在随机变量服从不同概率分布的情况下分别采用 3 种方法对随机变量进行模拟并代入两阶段模型进行求解，数值实验结果表明情景模拟方法在随机变量处理上具有良好的性能；通过设计多组算例对不同订单规模、生产能力、交货期等因素影响下的模型进行仿真实验，验证了两阶段报价模型的有效性，为企业报价决策提供方法支持。

12.1　问　题　描　述

制造业在某一生产周期内有多个订单到达，且客户的需求是不确定的。首先根据订单需求量、产品类型、报价及生产能力约束等因素确定可接受的订单，假设一条流水线的各个工位有多台设备，每台设备都可加工所有产品，根据设备加工成本最小的原则为接受订单选择设备；然后在此基础上，考虑机器磨损等因素，假设加工时间是随机的，按照利润最大和 EDD 规则（Earliest Due Date，最早交货期规则）对接受的订单进行排序，并确定每个订单的最优交付时间，利润最大时的报价及资源配置计划即为最优决策。假设产品序列为 $p = 1, 2, \cdots, j, \cdots, J$，因此，考虑客户需求及加工时间的不确定性以及设备生产能力约束，以期望利润最大化为目标的制造企业两阶段报价及资源分配问题如图 12.1 所描述。这一问题的相关假设如下：

（1）在计划期初，企业通过对市场上竞争对手的产品以及客户接受能力的评估，为产品设置报价区间 $[p_i^{min}, p_i^{max}]$；

（2）假设客户在期初到达，不同客户的需求是随机的且对报价和交货期敏感；

（3）当客户需求实现以后，生产部门根据库存及资源情况安排生产。假设企业有多种资源（这里特指设备）可供产品加工，且随机供给；

（4）短期内该企业的生产能力是固定的，但可通过工人加班、业务外包等措施扩大生产能力；

（5）接受订单只能在交货期和计划期末之间交付；

（6）接受订单按照利润最大及 EDD 规则排序，排序结果可能会对交付时间产生影响，即有在交货期之前加工完成的订单会产生库存成本；反之，在交货期之后加工完成的订单则产生拖期成本。一般来说，单位拖期惩罚大于单位库存成本。

如图 12.1 所示，制造商在期初设置产品报价区间，客户到达时其需求是随机的且对报价和交货期敏感（需求随机性以需求函数中的随机变量体现），当客户需求实现以后，以期望利润最大为目标，根据订单的需求量、需求产品类型以及企业内部有限的生产能力等因素确定可接受订单，并按照设备加工成本最小的原则为接受订单选择在流水线工位上应选择哪台设备进行加工。第一阶段的输出变量（利润值、接受订单信息、设备选择决策）作为输入变量进入到第二阶段；第二阶段由于机器磨损等因素，假设产品的实际加工时间是随机的，结合第一阶段的输出变量以及有限的生产能力制定生产计划，对接受订单按照单位利润最大（各订单的期望利润除以对应的订单需求量，记为各订单的单位利润）和 EDD 规则进行排序，计算生产过程中发生的生产成本、质量成本、库存成本、拖期成本，并计算最大期望利润。第二阶段在对订单排序及选择设备时不仅要考虑设备的加工成本，更应考虑交货期的影响，为交货期较早的订单优先安排生产。该设备选择决策会返回到生产计划层面去修正生产计划。经过若干次动态调整，得到最大期望利润，其对应的报价和资源分配计划即为最优决策。

由上述内容可知，本章研究问题分为两个过程，且第二阶段的优化决策依赖于第一阶段决策的实现，第一阶段须在未观测到随机变量的实现以前就作出决策，由于随机变量的某些实现值不能满足决策要求（利润最大化的目标），因此第二阶段要对第一阶段的决策做出"补偿"，即修正第一阶段的决策（对订单重新排序），以达到期望利润最大，因此，该研究问题满足两阶段随机规划的建模条件。

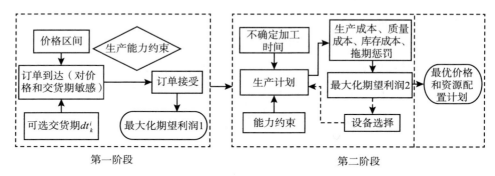

图 12.1　两阶段报价与资源配置问题

在需求、加工时间等随机因素的影响下，以生产能力受限为约束建立报价和资源分配的两阶段优化模型。第一阶段是在不确定条件下，根据需求量、加工时间、报价及交货期等因素确定可接受的订单以及接受订单的设备选择决策，确定订单报价；第二阶段在第一阶段的基础上，以期望利润最大为目标对接受订单进行排序，确定订单最优生产时间及交付时间，期望利润最大时的报价及资源分配计划即为最优决策。

12.2　报价与资源随机规划模型构建

12.2.1　变量定义

集合：

$\Omega = \{1, \cdots, i, \cdots, n\}$：订单集合；

$S = \{1, \cdots, s, \cdots, S\}$：需求的情景集合；

$O = \{1, \cdots, m, \cdots, M\}$：设备集合；

$P_i = \{p_i^1, \cdots, p_i^j, \cdots, p_i^J\}$：产品 i 的可选报价集合，其中 $p_i^1 \leqslant \cdots \leqslant p_i^j \leqslant \cdots \leqslant p_i^J$；

$DT(i) = \{dt_1^i, \cdots, dt_k^i, \cdots, dt_{DT_i}^i\}$：产品 i 的交货期可选集合；

参数：

e_i：订单 i 的最早加工时间；

c_{ip}：产品 i 的生产成本；

c_{iq}：产品 i 的质量成本；

d_{ijk}：选择以报价 p_i^j、交货期 dt_k^i 交付的订单 i 的需求量；

c_m：设备 m 的可用生产能力；

q_i：产品 i 的单位废品损失成本；

r_i：产品 i 的废品率；

t_{ibm}：产品 i 在设备 m 上的加工时间；

T_{im}^s：产品 i 在设备 m 上的开始加工时间；

T_{im}^f：产品 i 在设备 m 上的加工完成时间；

h：单位库存成本；

p：单位拖期惩罚；

p_s：情景 s 发生的概率；

c_{ih}：产品 i 的库存成本；

c_{id}：产品 i 的拖期惩罚；

第一阶段的决策变量：

Y_{ijk}：产品 i 选择报价 p_i^j 和交货期 dt_k^i 时值为 1，否则为 0；

x_{ijkm}：二进制变量，若以报价 p_i^j 和交货期 dt_k^i 交付的产品 i 选择在设备 m 上进行加工则值为 1，否则为 0。

第二阶段的决策变量：

x_{ijkm}：二进制变量，若以报价 p_i^j 和交货期 dt_k^i 交付的产品 i 选择在设备 m 上进行加工则值为 1，否则为 0。

12.2.2 两阶段随机规划数学模型

以最大化期望利润为目标，考虑企业内部生产环境中加工时间的随机性以及市场上客户需求的随机性，以设备生产能力受限为约束，建立两阶段随机规划模型，以获得最优报价及资源分配计划。建立二阶段整数随机规划模型如下：

第一阶段

优化目标：

$$\max G(Y, c_{pb}, c_q) \tag{12.1}$$

$$G(Y, c_{pb}, c_q) = E_\xi G(Y, \xi, c_{pb}, c_q) \tag{12.2}$$

$$G(Y, \xi, c_{ipb}, c_{iq}) = \sum_{i=1}^{n} \sum_{j}^{J} \sum_{k=1}^{DT_i} (p_i^j \times Y_{ijk} d_{ijk} - c_{ipb} - c_{iq}) \tag{12.3}$$

其中，

$$d_{ijk} = A_i - B_i p_i^j - C_i(k - dt_k^i) + \xi, \ A_i, \ B_i, \ C_i > 0; \ i = 1, \cdots, n \tag{12.4}$$

$$c_{ipb} = \sum_{m=1}^{M} Y_{ijk} x_{ijkm} t_{ibm} \sum_{w=1}^{e_i} p_{imw} + c_{ipz} \tag{12.5}$$

$$c_{iq} = Y_{ijk} r_i d_{ijk} q_i \tag{12.6}$$

约束条件：

$$p_i^j \in [p_i^{\min}, p_i^{\max}] \quad \forall i \in \Omega \tag{12.7}$$

$$\sum_{i=1}^{n} Y_{ijk} x_{ijkm} d_{ijk} t_{ibm} \leqslant c_m \quad m = 1, \cdots, M \tag{12.8}$$

$$x_{ijkm}, \ Y_{ijk} \in \{0, 1\} \tag{12.9}$$

式（12.1）表示第一阶段的优化目标，即期望利润最大化，其中 Y_{ijk} 表示每个订单只能选择一个报价和一个交货期，若客户不能接受该报价或交货期，则该二进制变量为 0；c_{pb}、c_q 分别表示生产成本、质量成本；式（12.2）表示期望利润的计算公式，期望利润等于不同情景下的利润期望；式（12.3）表示每种情景下利润的计算公式，第一项表示收入，第二、第三项分别表示生产成本和质量成本；式（12.4）表示需求函数的计算公式，其中 A_i、B_i、

C_i 分别表示市场规模、需求对报价的敏感性、需求对提前期的敏感性；式（12.5）是生产成本的计算公式，等于间接成本（每道作业上的时间定额 t_{bm} 与相关重要费用费率 p_{mw} 相乘）加上直接成本 c_{ipz}；式（12.6）表示质量成本的计算公式，等于产品 i 废品量（需求量与废品率 r_i 相乘）与单位废品损失 q_i 相乘。式（12.7）表示价格约束，任一产品 i 的报价应在报价区间 $[p_i^{min},$ $p_i^{max}]$ 内；式（12.8）表示设备生产能力约束，加工所有产品所消耗的时间定额应不超过设备的可用生产能力。式（12.9）是 0~1 变量约束，x_{ijkm} 表示选择某一产品报价 p_i^j、交货期 dt_k^i 的产品 i 只能选择一种设备进行加工，Y_{ijk} 表示选择产品报价 p_i^j、交货期 dt_k^i 的订单 i 是否被接受。

第二阶段

目标函数：

$$\max H(p,\ k,\ d,\ c_h,\ c_p,\ c_d,\ c_q) \tag{12.10}$$

$$H(p,\ k,\ d,\ c_h,\ c_p,\ c_d,\ c_q) = E_\xi H(p,\ k,\ d,\ \xi,\ c_h,\ c_p,\ c_d,\ c_q) \tag{12.11}$$

其中，

$$H(p,\ k,\ d,\ \xi,\ c_h,\ c_p,\ c_d,\ c_q) = p_i^j \times d_{ijk} - c_{ih} - c_{ip} - c_{id} - c_{iq} \tag{12.12}$$

$$T_{im}^s = \max(T_{im-1}^f,\ T_{i-1m}^f) \tag{12.13}$$

$$T_{im}^f = T_{im}^s + t_{im} \tag{12.14}$$

$$T_{iM}^f = T_{iM}^s + t_{iM} \tag{12.15}$$

$$c_{ih} = Y_{ijk}(k - T_{iM}^f)hd_{ijk} \tag{12.16}$$

$$c_{ip} = \sum_{m=1}^{M} x_{ijkm}t_{im}\sum_{w=1}^{e_i} p_{imw} + c_{ipz} \tag{12.17}$$

$$c_{id} = Y_{ijk}(T_{iM}^f - k)p \tag{12.18}$$

约束条件为：

$$\sum_{i=1}^{n} Y_{ijk}x_{ijkm}d_{ijk}t_{im} \leqslant c_m \quad m = 1,\ \cdots,\ M \tag{12.19}$$

$$x_{ijkm} \in \{0,\ 1\} \tag{12.20}$$

式（12.10）表示第二阶段的目标函数，即期望利润最大；式（12.12）

是期望利润函数的计算公式，等于不同情景下的利润函数求期望；式（12.12）表示每种情景下利润的计算公式，等式右边各项依次代表收入、库存成本、生产成本、拖期惩罚和质量成本；式（12.13）表示订单产品 i 在工序 m 上的开工时间，即 i 在上一道工序的完成时间与前一任务在 m 的完工时间之间取最大；式（12.14）表示订单产品 i 在工序 m 上的完工时间 T_{im}^f 等于开工时间与加工时间之和；式（12.15）表示订单产品 i 的完工时间 T_{iM}^f 为在最后一道工序的完工时间；式（12.16）是库存成本的计算公式，等于产品 i 需求量乘以单件存储费用（交付时间与完工时间之差与单位时间存储费用 h 相乘）。式（12.17）表示生产成本的计算公式，即订单 i 的生产成本 c_{ip} 等于间接成本（加工时间 t_{im} 与费率 p_{mw} 相乘之和）加上直接成本 c_{ipz}；式（12.18）表示拖期成本的计算公式，订单要求的交付时间 k 与计划完工时间 T_{iM}^f 之差乘以单位时间拖期惩罚 p；式（12.19）表示生产能力约束；式（12.20）表示设备选择约束。

上述模型由于随机变量的存在使得解的规模增大，增加了问题的复杂度。为此必须将随机变量进行处理，以有限个情景表示，降低模型的求解难度；其确定性等价模型为一个混合整数线性规划问题，研究基于蚁群算法的模型求解方法，通过循环迭代以及设计的优化策略引导蚂蚁进行寻优，最终得到模型目标的最优解，其对应的报价和资源分配方案即为最优决策。

12.3 考虑不确定需求和加工时间的情景模拟法

上述报价问题为含有随机变量的两阶段问题。采用转化法对该随机模型进行求解，即首先基于情景的思想提出情景模拟法处理随机变量，将随机变量用有限个离散情景进行描述，将随机模型转化为确定性等价类模型。基于情景的决策问题的主要难点之一在于随着情景数量的增加，问题复杂度急速增加。因此，本章在情景构建的基础上，重点研究情景缩减的方法，在保留原始概率分布统计属性的基础上，减少情景数量，在保证求解效率的前提下使得模型可解。

12.3.1 情景模拟法设计

在式（12.4）需求函数中的最后一项是随机变量，因此订单需求具有不确定性，此外，根据企业实践，虽然车间内对各种产品制定了标准工时，但在实际加工过程中，由于机器磨损、工人熟练程度等因素导致加工时间存在随机性，并不能按照标准加工时间进行生产，因此将加工时间设置为随机变量，来描述企业实际加工过程中的不确定性。

瑞安（Ryan，2013），海茨（Heitsch，2003）指出合适的统计指标可以在某种程度上描述服从某些概率分布的随机变量的性质。胡（Hu，2016）采用时间矩匹配法（moment matching method）建立情景树，在情景构建时基于时间周期等因素考虑了 4 种时间矩，分别为均值、方差、峰度、偏度。假设随机变量服从某种概率分布，以上 4 种统计指标的特定值（标准值）已知，以生成情景的统计指标与标准统计值之间的欧氏距离最小为目标、每种情景发生的概率值之和为 1 为约束生成多组情景，而初始情景集合的规模由下式确定：

$$(u+1)y \sim |\varphi| \tag{12.21}$$

其中，u 表示一项统计属性，$|\varphi|$ 表示所有的统计属性，统计属性随产品数及时间周期数的变化而变化，y 即为所求的初始情景集合的规模。初始情景规模一般较大，为保留较少数量的情景且不改变随机变量原有的统计属性，在构建出情景树之后，采用 FFS 法（fast forward selection）对原始情景集合进行缩减，产生一个最大限度的保留其统计属性的子情景集合，以该集合作为最终情景树集合模拟随机变量可能发生的情景。FFS 方法采用选取的策略，每次迭代从初始情景集合中选取一个最优情景，直到选取的情景数量达到预定值。另一种比较常用的情景缩减方法是同步回代缩减算法（simultaneous backward reduction），SBR 方法采用删除的策略，每次迭代计算从初始情景集中删除一个情景，减少情景数量直到达到预先设定的规模。

本章在现有情景构建与缩减思想的基础上，针对随机需求和随机加工时间，提出随机变量的处理方法——情景模拟法（scenario simulation method，SSM），以有限个情景近似随机变量的实际概率分布。由于不同产品之间不具有替代性，因此假设产品之间的需求是独立的，互不影响。需要说明的是，本章中对随机变量的描述是分别设计的，即一种产品对应一种需求情景和加工时间情景，不同产品之间的需求情景和加工时间情景是不同的。情景模拟法设计的基本思路是：

（1）首先假设随机变量服从某项概率分布，根据该分布的统计性质已知，以 MATLAB 软件为工具，随机生成若干组样本，每个样本包含若干个情景实现值，记录不同实现值及其对应概率，并计算不同样本下的统计指标值。

（2）为各统计指标值设置权重，该权重表示其对应的指标值对最终结果影响的大小，所有权重之和为 1。根据权重、各组情景下的统计指标值与标准统计值计算两种统计指标值之间的误差（以差值的平方计算），保留若干组误差较小的统计指标值对应的情景实现值及其概率。

需要说明的是，利用情景的思想可随机产生若干组随机变量的实现值及对应的生成概率，但为了尽可能地保留随机变量的统计属性，一般生成的情景规模较大，直接代入模型中使得求解效率低。为了降低计算的复杂性且保留随机变量的原有属性，需将现有情景集合削减至较小规模，以方便模型的求解。提出的情景模拟法的情景缩减算法如下：

（1）计算随机变量的不同情景实现值之间的欧氏距离 $\delta_{i,k}^{[Nc]}$，则情景 k 到其他情景的概率距离按照式（12.22）计算：

$$w\_distance(k) = \sum_{i \neq k} p_k \delta_{i,k}^{[Nc]} , \quad i, \; k = \{1, \; \cdots, \; S\} \qquad (12.22)$$

其中，p_k 表示情景 k 对应生成的概率，$\{.\}$ 表示情景集合。与 FFS 方法不同的是，式（12.22）采用的是情景 k 的概率 p_k 而非 p_i。

（2）当迭代次数 $Nc = 1$ 时，将权重距离按从小到大的顺序进行排序，记录并保留最小概率距离所对应的情景实现值及其概率。

（3）$Nc = Nc + 1$，先将第 $Nc - 1$ 次迭代保留的情景从待选情景集合中删除，然后选取此时概率距离的最小值。与 FFS 方法不同的是，在第 Nc 次迭代中（$Nc > 1$），情景对之间的欧氏距离按 $\delta_{i,k}^{[Nc]} = \delta_{i,k}^{[Nc-1]}$ 计算，有别于 FFS 方法

中的 $\delta_{i,k}^{[Nc]} = \min[\delta_{i,k}^{[Nc-1]}, \delta_{i,k_{Nc-1}}^{[Nc-1]}]$。记录并保留每次循环中最小权重距离值及其对应的情景值、概率值，直到保留的情景个数达到特定值 n，对此 n 个情景的概率值进行归一化，以新得到的概率值作为最终子情景集合的实际发生概率。以此含有 n 个元素的子情景集合作为原随机变量的实现值，代入模型中用于模型求解。

12.3.2　情景模拟法的实现步骤

根据情景设计思路，随机变量的具体实现步骤如下：

步骤 1：初始化。设置要保留的情景个数为 n；迭代次数 $Nc = 1$，最大迭代次数 $Nc\_\max$；原始情景集合为 S，最终选择的子情景集合为 s，num 为 s 中元素的个数，s 初始为空；随机变量 $\xi_i \sim$ 某概率分布，该概率分布的统计指标集合为 $\Omega(i \in \Omega)$，对应的标准统计值 S_{VAL}^i 已知。

步骤 2：当 $Nc = 1$ 时，由已知的概率分布随机生成 $N(N \geqslant 12\,000)$ 组样本 (S)，每个样本中包含 p 个情景。记录 N 组样本下随机变量的 p 个情景的实现值 x_i 及其生成概率 p_i，式（12.23）为各样本目标值 $f_i(x, p)$ 与 S_{VAL}^i 之间的误差：

$$\min_{x,p} \sum_{i \in \Omega} w_i \cdot (f_i(x, p) - S_{VAL}^i)^2 \tag{12.23}$$

$$\sum p_i = 1 \quad p_i \geqslant 0 , i \in \Omega \tag{12.24}$$

$$\sum_{i \in \Omega} w_i = 1 \quad 0 < w_i < 1 \tag{12.25}$$

其中，S_{VAL}^i 表示第 i 项统计指标的标准值，$f_i(x, p)$ 表示根据概率分布随机生成的数据所对应的第 i 项统计指标的样本值，x 代表随机变量的一个实现值，p 是对应的生成概率；w_i 为表征第 i 项统计指标重要性的权重。式（12.23）是为了产生若干个随机变量的实现值，使得这些值的统计结果与标准值的差值最小；式（12.24）表示所有实现值的概率之和为 1。式（12.25）表示所有权重之和为 1。目标值越趋近于 0，表明样本中随机变量的实现值趋近效果越好。

步骤 3：计算 S 中情景对之间的欧氏距离 $\delta_{i,k}^{[1]}$。

步骤4：根据式（12.22）计算各个样本情景到其他情景的概率距离；选择概率距离最小值对应的情景 s_k，$s = s + \{s_k\}$，$S = S - \{s_k\}$。

步骤5：$Nc = Nc + 1$，按照 $\delta_{i,k}^{[Nc]} = \delta_{i,k}^{[Nc-1]}$ 计算集合 S 中情景之间的欧氏距离，根据步骤4对 S 和 s 进行更新。

步骤6：若 $num \geq n$，转至步骤7；否则转至步骤5。

步骤7：输出子情景集合 s；计算 s 中情景的概率，即 $p_{s_i} = p_i \Big/ \sum_{i \in \{1,\cdots,n\}} p_i$。

情景模拟法的算法流程如图 12.2 所示。

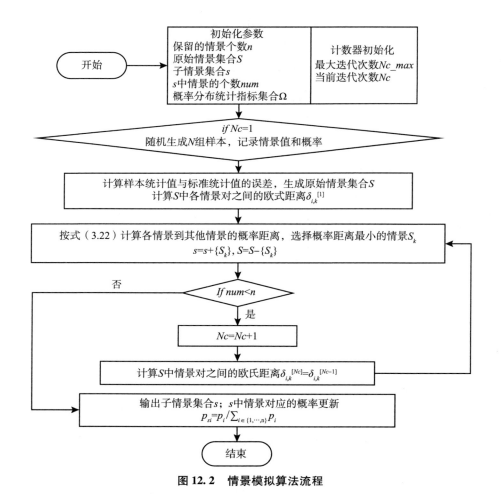

图 12.2 情景模拟算法流程

12.4　基于蚁群算法的报价与资源分配模型

蚁群算法广泛应用于求解组合优化问题，如经典旅行商问题。上述随机规划模型中，当对随机变量作处理后，模型转化为其确定性等价类模型，第二阶段通过优化订单排序优化第一阶段选择的报价，与 TSP 问题寻找最优路径相似，因此采用蚁群算法对该模型求解，其中启发式信息及信息素更新策略的设置如下所述。

12.4.1　启发式信息设置

第一阶段需求量实现以后，企业根据交货期对所有订单初始排序，根据需求量及加工时间确定订单加工所需要的总时间，并以设备生产能力为约束，超过生产能力的订单将不予接受；其中，加工设备的选择是以成本最小原则进行的。

由于第二阶段订单排序及利润的计算是在第一阶段各变量实现的基础上，因此在迭代初期，第二阶段要按照第一阶段的结果对订单进行排序；以后的每次迭代中，要根据上次迭代的结果对本次迭代进行动态调整。设 Nc 为迭代次数，则可表示为：

当 $Nc \leqslant 1$ 时，针对期望利润的启发式信息 1 设置如式（12.26）。

$$\eta_{iw}^1 = c_1 \times (f_i^1 / d_i^1) \qquad (12.26)$$

其中，η_{iw}^1 表示期望利润目标的启发式 1；f_i 表示第一阶段各订单 i 的利润，d_i 表示对应的需求量，c_1 为调整系数。式（12.26）表示在初始迭代时，第二阶段蚂蚁的启发式信息以第一阶段各订单的单位利润（以订单的利润除以需求量来表示）为依据设置，引导蚂蚁朝着利润增大的方向寻优。

当 $Nc > 1$ 时，针对期望利润的启发式信息 2 设置如式（12.27）。

$$\eta_{iw}^2 = c_2 \times f_i^2 (Nc - 1) / d_i^2 (Nc - 1) \qquad (12.27)$$

其中，η_{iw}^2 是期望利润目标的启发式信息 2；$f_i^2 (Nc - 1)$ 表示在第 $Nc - 1$

次迭代中第二阶段的利润；同理，$d_i^2(Nc-1)$ 表示对应的需求量，c_2 为调整系数。式（12.27）表示本次迭代时蚂蚁的启发式信息是由上次迭代中订单的获利能力（订单的利润除以需求量来记）为依据，对本次蚂蚁的转移概率进行调整，以使蚂蚁向目标增大的路径转移。

此外，利润目标直接受到各项成本的影响，而客户对交货期有越来越高的要求，导致因未能及时交货产生的拖期惩罚越来越大。因此，为保证企业长期获利的要求，控制拖期成本无疑成为制造企业盈利的重要问题。综上所述，为满足客户准时交货的要求、企业盈利的要求，交货期越早的订单越先安排生产，即启发式3信息设置如下：

$$\eta_{iw}^3 = 1/d_w \tag{12.28}$$

其中，η_{iw}^3 表示利润目标的启发式信息3，d_w 为下一待选节点的交货期。

12.4.2　信息素更新策略

路径上的信息素浓度对蚂蚁选择下一节点具有重要的作用。本章的信息素更新策略如下式所示：

$$\tau^y(Nc+1) = (1-\rho)\tau^y(Nc) + \Delta\tau^y \tag{12.29}$$

其中，ρ 为信息素挥发因子，$\rho \in (0, 1)$，Pareto 解集中的最优路径允许在本次迭代末更新信息素，$\tau^y(Nc)$ 表示在第 Nc 次迭代中的信息素。$\Delta\tau^y$ 表示针对目标 y 的信息素增量，其计算公式如下所示：

$$\Delta\tau^y = \begin{cases} Q_y/f_y & f_y \text{ 是最优路径} \\ 0 & f_y \text{ 不是最优路径} \end{cases} \tag{12.30}$$

其中，Q_y 是针对目标 y 的调整参数，f_y 是最优路径上的目标值。

12.4.3　蚁群算法实现步骤

步骤1：初始化矩阵、参数设置，蚂蚁数为 m，最大运行时间 t_0。

步骤2：建立非劣解集 fzp，设置 $t=0$。

步骤 3：按照 12.3 中的策略，对需求函数中的随机变量 ξ_j、加工时间中的随机变量进行模拟计算。

步骤 4：在报价区间中选择报价，计算各订单的需求量 d_{ijk}；按照成本最小的原则为订单选择加工设备。

步骤 5：根据式（12.1）、（12.2）、（12.3）计算第一阶段期望利润值，判断可接受订单。

步骤 6：按照 12.4.1 中的策略，设置启发式信息。

步骤 7：将蚂蚁随机放在各变量节点之上并进行寻优。

步骤 8：计算选择下一变量节点的转移概率 P_{s_0s}，设置阈值 q_0，$q_0 \in (0, 1)$，若随机数 $q > q_0$，则蚂蚁选择转移概率中最大的节点转移；若 $q \leqslant q_0$，则蚂蚁按照轮盘赌的方式选择下一节点。

步骤 9：根据式（12.10）计算第二阶段目标值。

步骤 10：根据本次迭代计算非劣解，更新 fzp 集合，并保留 fzp 集合中解的路径。

步骤 11：为 fzp 集合中每条解的路径进行信息素的全局更新。

步骤 12：记录运行时间 t，若 $t = t_0$ 则转至步骤 13，否则转至步骤 3。

步骤 13：输出 fzp 解集。

12.5　情景模拟算法对比及分析

随机变量的存在增加了模型求解的复杂性。本章给出了基于情景思想的随机变量处理方法，以使模型可解。为了检验上述情景模拟法的有效性，采用经典的同步回代缩减算法（simultaneous backward reduction，SBR）、快速前向选择算法（fast forward selection，FFS）与提出的方法进行对比。

12.5.1　随机规划的最优解

随机规划问题在求解计算上具有一定的难度。图兹卡亚（Tuzkaya，2015）

给出了随机规划问题不同的求解形式，如观望问题（wait and see，WS），补偿问题（recourse problem，RP），EV（expectation value）问题和期望值问题（expectation of the expected value，EEV）等。下面以最小化问题为例阐述随机规划问题的解的形式。

随机变量存在多个情景值及对应的概率值，在每种情景下都可以通过上述两阶段模型求得目标最优值，对所有情景下的最优值求期望值这种解决方案称作 WS 问题，如式（12.1）所示，所求得的期望值即为 WS 问题下的最优值。在每种情景下可以得到多个解，对这多个解求期望可得到每种情景下的期望值，多个情景对应多个期望值，求出所有情景下期望值的最小值的解决方法即为 RP 问题，如式（12.32）所示，该最小值即为 RP 问题下的最优值。WS 方法是原随机规划问题的最优解，但在某种程度上其求解过程较为复杂。因此，偏好信息的期望值（The Expected Value of Perfect Information，EVPI），被用来衡量决策者为获得完整的未来信息而付出的最大代价，它的计算公式为 WS 问题与 RP 问题最优解之间的差值，如式（12.33）所示。

$$WS = E_\xi \big[\min z(x, \xi) \big] \qquad (12.31)$$

$$RP = \min E_\xi z(x, \xi) \qquad (12.32)$$

$$EVPI = RP - WS \qquad (12.33)$$

对所有情景下的变量值求期望，并代入上述两阶段模型中进行求解被称为 EV 问题，其计算方法如式（12.34）所示。EV 问题中所获得的第一阶段的决策变量值作为输入代入到模型中并进行反复迭代的解决方法称为 EEV 问题［如式（12.35）所示］。随机解决方案值（VSS）用来验证是否有必要将随机性加入到问题的研究中去。VSS 的计算公式如式（12.36）所示。

$$EV = \min z(x, \bar{\xi}) \qquad (12.34)$$

$$EEV = E_\xi(z(\bar{x}(\bar{\xi}), \xi)) \qquad (12.35)$$

$$VSS = EEV - RP \qquad (12.36)$$

可以看出，不同形式的解之间互有联系。值得一提的是，VSS 的值越大，表明从随机规划方法中获益越多。图兹卡亚（2015）提出式（12.37）以说明不同解之间的联系：

$$WS \leqslant RP \leqslant EEV, \quad EV \leqslant WS, \quad EVPI \geqslant 0, \quad VSS \geqslant 0, \quad EEV - EV \geqslant EVPI,$$

$$EEV - EV \geqslant VSS \tag{12.37}$$

以上所列式子是在求目标最小化假设的情况下各种求解方法所得值之间的关系，当目标值为求最大时，各指标之间的关系与式（12.37）相反。

12.5.2　SBR 和 FFS 算法描述

采用同步回代缩减算法与快速前向选择算法与情景模拟法进行对比。同步回代缩减方法的缩减思路是在最大限度地保留随机变量原有统计属性的基础上，采用删除的策略，每轮计算从初始场景集中进行删除，减少场景数量直至给定的预定值。同步回代缩减方法可以描述为：

假设初始情景集合为 S，$S = \{\theta_i, i = 1, \cdots, i, \cdots, j, \cdots, N\}$，其中存在情景 i，j，其发生的概率分别为 p_i，p_j，定义情景向量的 2 范数为情景的距离，其计算公式为：

$$D(i, j) = \|\theta_i - \theta_j\|_2 \quad i, j = 1, \cdots, N \tag{12.38}$$

其中，$D(i, j)$ 即为情景 i，j 之间的距离。

不同于本章中情景的构建和缩减方式，同步回代缩减方法在大规模情景的基础上，计算缩减之前的情景集合与保留的子情景集合之间的概率距离，并将此概率距离最小时所对应的子情景集合作为最终保留的子情景集合，即在保留的情景树确定的情况下，使 Kantorovich 距离最小化：

$$\sum_{i \in J} p_i \cdot \min_{j \notin J} D(i, j) \tag{12.39}$$

其中，J 为缩减过程中被删除的情景集合。则同步回代缩减方法的具体步骤如下：

步骤 1：设置最终子情景集合的规模为 m；被删除的情景集合为 J，J 初始为空集；

步骤 2：计算情景 i，j 之间的欧式距离 $D(i, j)$，$i, j = 1, \cdots, N$；

步骤 3：针对任意情景 k，计算与其欧式距离最短的情景 r，即 $D(k, r) =$

$\min D(k, s), \ k \neq s, \ k, \ s \in S;$

步骤4：计算情景 k 到情景 r 之间的概率距离，即 $PD_k(r) = p(k) \cdot D(k, r)$，以 $PD_d = \min PD_k$ 确定本次迭代需被删除的情景 d；

步骤5：更新情景集合 S、被删除情景集合 J 以及相关的概率，$S = S - \{d\}$，$J = J + \{d\}$，$p(r) = p(r) + p(d)$；

步骤6：$N = N - 1$；当 $N \leq m$ 时，迭代终止，输出 S 及对应的概率集合；否则转至步骤3；

FFS算法采用选取的策略，每次从情景集合中选取一个情景，直到选取的情景个数达到既定值为止。FFS算法的步骤如下：

步骤1：当 $s = 1$ 时，计算所有情景对的欧氏距离 $\delta_{i,k}^{[1]} = \eta(\omega_i, \omega_k)$，$i, k = 1, \cdots, N$，然后计算每一个情景到其他情景的权重距离 $z_k^{[1]} = \sum_{i \neq k} p_i \delta_{i,k}^{[1]}$，$k = 1, \cdots, N$，从中选择 $k_1 = \arg \min_{k \in 1, \cdots, N} z_k^{[1]}$，并且 $J^{[1]} = 1, \cdots, N \backslash k_1$；

步骤2：$s = s + 1$，计算现有情景之间的欧氏距离 $\delta_{i,k}^{[s]} = \min[\delta_{i,k}^{[s-1]}, \delta_{i,k_{s-1}}^{s-1}]$，$i, k \in J^{[s-1]}$，同理，计算 $z_k^{[s]} = \sum_{i \in J^{[s-1]} \backslash k} p_i \delta_{i,k}^{[s]}$，$k \in J^{[s-1]}$，选择 $k_s = \arg \min_{k \in J^{[s-1]}} z_k^{[s]}$，$J^{[s]} = J^{[s-1]} \backslash k_s$；

步骤3：判断此时选择的情景个数是否小于 n；若小于 n，则返回到步骤2，否则转至步骤4；

步骤4：把未被选择的情景的概率加到离它最近的已被选择的情景上，即 $q_j = p_j + \sum_{i \in L(j)} p_i$，$j \in \Omega'$，$\Omega'$ 是已被选择的情景集合，$L(j) := \{i \in \Omega \backslash \Omega', j = j(i)\}$，$j(i) = \arg \min_{j \in \Omega'} \eta(\omega_i, \omega_j)$。

12.5.3 指数分布下算法对比

为检验所提出的情景模拟法的性能，采用同步回代缩减方法、快速前向选择方法作为对比方法进行性能比较，随机选取20订单、50订单（分别以 O_1、O_2 表示）为例，对应的交货期序列分别服从离散均匀分布：[10, 25]，

[15，30]；共考虑 3 种产品类型，产品报价从有界整数集 $P(j) = \{ p^j : 60 \leqslant p^j \leqslant 100 \}$ 上选取；$h_{jt} = 0.5$，$r_{jt} = 1$。不同产品 i 的单位损失成本及不良率为：$q_i = 2.31$，4.24，15.81，$r_i = 0.002$，0.015，0.005。$i = 1$，2，3。假设需求函数中的市场规模 A_i 为已知量，根据不同订单规模从某一均匀分布中随机生成，B_i，C_i 是 [0，1] 的随机数。

蚁群算法中的各项参数的值设置如下：蚂蚁数 $m = 20$，信息素权重 $\alpha = 1$，启发式权重 $\beta = 2$，信息素挥发系数 $\rho = 0.2$。将需求函数及加工时间中的随机变量设置为服从不同概率分布（以 N 表示）的随机变量，以验证在不同概率分布下情景模拟方法的良好性能，以 $O_i N_j (i = 1$，2；$j = 1$，$2)$ 表示不同订单在不同概率分布下的算例，具体信息见表 12.1。

表 12.1　　　　　　　　随机变量的不同概率分布（指数分布）

算例	需求随机变量	随机加工时间
$O_1 N_1$、$O_2 N_1$	$\xi_1 \sim \exp(5)$	$\xi_2 \sim \exp(3)$
$O_1 N_2$、$O_2 N_2$	$\xi_1 \sim \exp(4)$	$\xi_2 \sim \exp(2)$

对应表 12.1 中不同的概率分布，分别使用上述两种方法处理随机变量，得出不同算例下两种方法的运行时间以及 10 组不同情景的实现值和其对应的概率（N_1），分别见表 12.2、表 12.3，其他概率分布下的情景实现值及其对应概率见表 12.4。

表 12.2　　　　　　　　不同指数分布下各种方法的运行时间　　　　　　单位：秒

算法	N_1	N_2
情景模拟法	30.43	32.32
同步回代缩减算法	323.12	324.85
快速前向选择算法	180.40	230.05

表12.3　　不同方法下随机变量的情景及其概率 (N_1)

发生概率	产品 1#						产品 2#						产品 3#					
	需求变量			加工时间			需求变量			加工时间			需求变量			加工时间		
	①	②	③	①	②	③	①	②	③	①	②	③	①	②	③	①	②	③
0.0998	2.33	2.14	0.29	0.10	4.40	0.03	8.08	2.07	1.95	0.17	2.22	0.11	2.72	1.32	5.20	0.08	1.56	0.12
0.1117	5.70	0.49	8.49	0.01	6.50	0.07	2.27	1.48	12.52	0.19	0.49	0.14	5.54	4.42	5.17	0.11	2.37	0.08
0.1572	3.32	3.82	16.88	0.09	0.40	0.19	2.92	8.14	9.12	0.07	2.93	0.14	2.21	0.74	2.35	0.18	0.89	0.08
0.0357	5.59	3.28	4.85	0.17	1.13	0.07	2.97	0.22	14.39	0.14	5.45	0.07	12.39	1.78	5.17	0.02	3.12	0.08
0.1650	2.78	9.82	12.52	0.16	3.13	0.14	11.61	10.06	6.10	0.14	0.13	0.14	12.60	7.05	2.49	0.05	1.98	0.08
0.0184	4.18	5.56	12.52	0.11	1.45	0.04	2.47	0.83	6.10	0.17	3.89	0.19	3.23	2.62	2.49	0.11	0.03	0.10
0.1582	13.31	7.24	16.88	0.04	0.11	0.14	2.34	5.76	4.85	0.16	1.03	0.15	8.46	5.52	2.35	0.15	0.56	0.11
0.0946	12.97	0.19	8.04	0.14	0.83	0.02	4.71	2.76	12.52	0.05	1.76	0.04	10.45	0.31	2.35	0.02	6.95	0.13
0.0483	5.12	0.97	16.88	0.08	2.16	0.04	2.80	3.74	16.88	0.12	1.42	0.15	2.62	10.51	11.29	0.14	1.14	0.10
0.1112	12.65	1.70	4.85	0.20	1.79	0.03	3.32	4.56	12.52	0.19	7.99	0.19	13.08	3.24	2.49	0.14	5.28	0.10

注：①＝本章方法；②＝SBR算法；③＝FFS算法；加工时间＝随机加工时间。

表 12.4 指数分布下随机变量的情景值及其概率（N_2）

发生概率	产品 1# 需求变量 ①	②	③	加工时间 ①	②	③	产品 2# 需求变量 ①	②	③	加工时间 ①	②	③	产品 3# 需求变量 ①	②	③	加工时间 ①	②	③
0.0681	2.64	0.37	5.05	0.07	0.44	0.12	4.07	2.28	1.51	0.08	0.20	0.07	12.42	3.56	7.44	0.01	2.97	0.07
0.1036	3.02	2.41	3.37	0.16	0.18	0.10	3.49	3.58	4.61	0.14	1.88	0.17	2.78	1.48	4.48	0.24	0.16	0.10
0.0969	3.30	0.14	3.64	0.18	3.95	0.14	6.89	5.65	4.41	0.05	2.89	0.11	3.83	5.71	4.70	0.11	0.28	0.24
0.1706	5.04	0.95	1.38	0.08	0.08	0.06	9.64	9.31	4.95	0.20	3.96	0.17	3.29	1.84	8.26	0.09	1.59	0.24
0.0730	10.55	3.64	4.78	0.07	1.84	0.20	3.78	0.68	4.61	0.19	2.37	0.16	2.84	8.17	4.70	0.12	1.37	0.14
0.1706	6.44	2.77	1.38	0.22	0.63	0.20	6.79	1.47	7.55	0.21	1.64	0.25	3.98	0.20	4.48	0.24	4.45	0.11
0.0801	12.10	6.37	4.41	0.05	5.02	0.03	3.75	1.02	3.37	0.09	0.09	0.12	8.08	3.00	4.70	0.12	0.73	0.19
0.0969	6.21	0.67	3.64	0.01	1.43	0.03	4.10	0.36	3.37	0.17	0.40	0.02	3.93	2.24	9.38	0.02	2.08	0.01
0.0365	3.99	1.54	7.55	0.05	0.81	0.10	5.22	1.94	4.78	0.03	1.19	0.04	2.28	0.79	8.26	0.12	0.50	0.24
0.1036	3.52	9.11	3.37	0.18	2.68	0.06	13.47	4.55	4.78	0.14	0.74	0.12	3.59	4.76	2.22	0.13	1.04	0.01

注：①＝本章方法；②＝SBR算法；③FFS＝算法；加工时间＝随机加工时间。

从表12.2中可以看出，不同概率分布下情景模拟法的运行时间明显少于对比算法的运行时间，说明在同等条件下本章方法的求解效率高于对比算法。按照表12.1中随机变量的不同概率分布，在PC机（Intel（R）Core（TM）i7 – 3770 CPU@3.40GHz，8.00GB）上使用MATLAB软件分别采用3种算法对随机变量进行情景构建和缩减，分别得到3种产品类型的需求随机变量和随机加工时间的10组不同情景及其对应概率，详情见表12.3。不同产品对应不同的需求变量和随机加工时间，且10组情景下的概率之和为1。

将表12.3中的数据代入两阶段模型，在MATLAB软件中运行5次，得到的各随机规划值如表12.5所示。

表12.5   不同方法下的随机规划结果

目标解	情景方法	算例			
		$O_1 N_1$	$O_2 N_1$	$O_1 N_2$	$O_2 N_2$
WS	①	2 930	7 638	2 916	7 457
	②	2 210	4 175	2 269	5 308
	③	2 836	7 311	2 881	6 758
	优化程度1	32.58%	82.95%	28.55%	40.50%
	优化程度2	3.29%	4.47%	1.21%	10.33%
RP	①	2 844	7 009	2 730	7 162
	②	2 203	4 121	2 183	5 240
	③	2 761	6 700	2 714	6 638
	优化程度1	29.10%	70.08%	25.05%	36.67%
	优化程度2	3.01%	4.61%	0.57%	7.89%
EV	①	2 983	8 024	3 158	8 035
	②	2 893	4 977	2 346	5 333
	③	2 973	7 967	3 042	7 658
	优化程度1	3.11%	61.22%	34.62%	50.66%
	优化程度2	0.32%	0.71%	3.78%	4.91%

续表

目标解	情景方法	算例			
		O_1N_1	O_2N_1	O_1N_2	O_2N_2
EEV	①	2 360	6 089	2 603	6 451
	②	1 728	3 618	1 903	4 584
	③	2 406	6 062	2 612	6 147
	优化程度 1	36. 57%	68. 30%	36. 78%	40. 71%
	优化程度 2	− 1. 90%	0. 43%	− 0. 32%	4. 94%
EVPI	①	85	628	187	295
	②	7	53	86	67
	③	75	610	167	120
	优化程度 1	1 114. 29%	1 084. 91%	117. 41%	339. 81%
	优化程度 2	13. 41%	2. 93%	11. 61%	144. 60%
VSS	①	483	920	125	711
	②	474	502	280	656
	③	355	637	102	491
	优化程度 1	1. 90%	83. 27%	− 55. 36%	8. 40%
	优化程度 2	36. 28%	44. 33%	23. 17%	44. 85%

注：①＝本章方法；②＝同步回代缩减算法；③＝快速前向选择算法；优化程度 1＝(①－②)/②，优化程度 2＝(①－③)/③。

各组算例下的随机规划的最优目标值以及 EVPI、VSS 的值如表 12.5 中所示。首先与同步回代缩减算法对比，采用本章情景模拟方法得到的随机规划最优解（WS，RP，EV，EEV）均大于对比算法。此外，本章方法下的最优值与对比算法下最优值之间的差值，即表 12.5 中优化程度的计算方式为不同算例下采用本章算法得到的各项目标值大于对比算法的部分，除以对应的对比算法下得到的各项目标值的百分比。因此，从表 12.5 可知，WS、RP 和 EVPI 下的优化程度随着指数分布均值的增大而增大，这与查哈尔苏吉（Chaharsooghi，2011）的结论一致。一般地，VSS 的值越大，代表采用随机规划方法得到的收益越大，由表 12.5 可知，除了 O_1N_2 算例下 VSS 的值较小以外，不同算例采用本章方法求得的 VSS 值均为正数且均大于对比算法。由此可知，所提出的情景模拟方法的在随机变量处理方面的性能要优于同步回代缩减算法。

其次，与快速前向选择算法（FFS）作对比，除 O_1 算例下的 EEV，采用本章算法得到的 WS、RP、EV、EEV、EVPI、VSS 值均大于 FFS 算法，且较 FFS 算法的优化程度随着订单规模的增大而增大，表明本章算法的策略在求解多订单随机性问题时表现出良好的性能。

12.5.4 正态分布下算法对比

为进一步验证本章算法的有效性，改变随机变量的分布性质，假设需求函数以及加工时间中的随机变量服从正态分布，在 20 订单、50 订单（分别以 O_1、O_2 表示），均值和方差均不同的两组正态分布（分别以 N_3、N_4 表示）下形成 4 组算例，具体信息如表 12.6 所示。

表 12.6　　　随机变量的不同概率分布（正态分布）

算例	需求随机变量	随机加工时间
O_1N_3、O_2N_3	$\xi_1 \sim N(5,1)$	$\xi_2 \sim N(2,2)$
O_1N_4、O_2N_4	$\xi_1 \sim N(10,3)$	$\xi_2 \sim N(8,2)$

在 MATLAB 软件中对不同随机变量在各正态分布下分别应用本章算法及对比算法，得到不同方法下的运行时间，如表 12.7 所示。不同概率分布下本章方法的运行时间均小于对比算法，表明本章算法具有较高的求解效率。同时，由上述概率分布得到 10 组随机变量的不同情景，其实现值及生成概率见表 12.8，其他概率下的值见表 12.9。

表 12.7　　　不同概率下两种方法的运行时间　　　单位：s

运行时间	N_3	N_4
情景模拟法	36.09	30.46
同步回代缩减方法	367.12	457.67
快速前向选择算法	173.84	122.96

表 12.8　不同方法下随机变量的情景及其概率 (N_3)

发生概率	产品 1#						产品 2#						产品 3#					
	需求变量			加工时间			需求变量			加工时间			需求变量			加工时间		
	①	②	③	①	②	③	①	②	③	①	②	③	①	②	③	①	②	③
0.2283	2.64	4.96	4.96	0.37	-0.08	0.39	6.80	6.36	5.97	0.16	3.40	0.20	6.25	4.75	4.26	0.36	-0.40	0.36
0.0450	5.43	5.58	3.20	0.28	2.33	0.06	5.97	3.64	7.62	0.20	1.67	0.40	6.63	4.61	6.14	0.40	-1.27	0.37
0.1930	3.10	3.65	4.42	0.13	4.24	0.04	6.80	4.09	4.42	0.39	0.02	0.33	2.60	5.92	5.97	0.40	1.16	0.39
0.2019	7.97	5.80	5.50	0.39	2.83	0.05	6.35	4.47	4.96	0.36	5.31	0.29	5.44	4.93	5.09	0.33	1.90	0.31
0.0084	3.88	4.05	7.57	0.30	3.37	0.05	2.61	5.04	4.96	0.30	2.53	0.07	8.30	6.31	4.87	0.12	0.69	0.31
0.0331	4.78	4.79	3.04	0.29	1.87	0.40	6.92	5.60	4.42	0.04	-1.12	0.33	8.22	5.20	5.97	0.37	3.76	0.31
0.0450	3.14	6.23	3.20	0.30	1.57	0.27	3.23	5.83	6.62	0.30	-2.56	0.13	6.38	3.55	5.98	0.24	5.80	0.22
0.0074	5.44	5.34	7.62	0.40	-1.16	0.05	6.75	4.87	4.42	0.02	1.06	0.08	2.79	4.20	5.98	0.38	2.76	0.39
0.0450	3.81	4.40	3.20	0.40	0.58	0.37	6.87	4.61	3.04	0.39	4.17	0.33	6.30	5.45	4.87	0.39	-2.56	0.37
0.1930	5.19	4.61	4.42	0.30	1.28	0.06	2.73	5.35	3.47	0.40	0.65	0.08	8.58	4.47	5.09	0.37	4.62	0.39

注：①＝本章方法；②＝对比方法；加工时间＝随机加工时间。

表12.9　正态分布下随机变量的情景及其概率（N_4）

发生概率	产品1#						产品2#						产品3#					
	需求变量			加工时间			需求变量			加工时间			需求变量			加工时间		
	①	②	③	①	②	③	①	②	③	①	②	③	①	②	③	①	②	③
0.3507	5.96	11.70	9.36	0.13	7.00	0.13	6.70	13.72	11.84	0.13	7.68	0.13	15.43	10.95	6.41	0.12	12.50	0.09
0.0797	6.05	8.81	15.20	0.11	8.71	0.13	6.20	6.70	8.60	0.10	8.47	0.13	6.59	5.75	-0.92	0.11	8.76	0.05
0.0428	7.57	6.93	16.19	0.13	6.50	0.13	15.54	7.94	5.28	0.12	9.15	0.13	6.48	8.81	8.95	0.13	10.60	0.10
0.0797	6.51	10.30	15.20	0.05	7.58	0.13	16.44	10.74	9.36	0.08	9.78	0.08	5.58	13.41	5.69	0.13	8.22	0.10
0.0428	7.57	13.00	16.19	0.00	10.90	0.10	6.59	11.60	5.96	0.08	6.59	0.13	7.29	8.23	14.06	0.12	11.20	0.13
0.0056	8.05	9.41	18.65	0.09	8.19	0.02	7.17	5.60	5.28	0.06	3.94	0.01	15.67	11.51	8.95	0.13	7.00	0.04
0.1448	15.54	9.95	5.96	0.06	9.13	0.02	7.02	10.29	5.96	0.04	5.12	0.13	7.60	7.66	5.69	0.06	7.46	0.10
0.1685	7.29	8.34	6.31	0.13	9.64	0.13	4.95	8.60	6.31	0.08	11.06	0.01	15.96	9.40	8.95	0.12	6.25	0.04
0.0797	6.74	7.80	15.20	0.07	6.15	0.12	6.53	12.24	6.31	0.11	8.10	0.13	15.02	9.97	6.82	0.09	5.23	0.10
0.0056	15.95	10.90	18.65	0.13	5.21	0.12	7.69	9.46	16.19	0.13	5.89	0.13	7.82	12.23	-0.92	0.04	9.54	0.04

注：①=本章方法；②=SBR算法；③FFS=算法；加工时间=随机加工时间。

由表 12.8 可知，不同方法下随机变量的实现值差异较大，且随机加工时间可能出现负数。

将上述随机变量的实现值代入模型中表示随机变量，经蚁群算法求解可得到如表 12.10 所示的随机规划解。

表 12.10　　　　　　　　　　不同方法下的随机规划结果

目标解	情景方法	算例			
		O_1N_3	O_2N_3	O_1N_4	O_2N_4
WS	①	4 833	7 677	4 864	8 089
	②	4 596	5 260	2 169	3 129
	③	4 742	6 625	4 561	6 881
	优化程度 1	5.16%	45.96%	124.25%	158.52%
	优化程度 2	1.91%	15.87%	6.62%	17.55%
RP	①	4 406	7 407	4 607	7 399
	②	4 238	5 018	2 140	3 083
	③	4 376	6 480	4 314	6 445
	优化程度 1	3.96%	47.59%	115.31%	150.43%
	优化程度 2	0.65%	14.30%	6.80%	14.80%
EV	①	4 859	7 721	5 068	8 547
	②	4 917	7 366	2 435	3 346
	③	4 857	6 665	5 066	7 962
	优化程度 1	− 1.17%	4.82%	108.17%	155.42%
	优化程度 2	0.05%	15.86%	0.04%	7.36%
EEV	①	4 140	6 731	4 415	6 909
	②	3 989	4 997	1 952	2 396
	③	4 119	5 927	4 147	6 163
	优化程度 1	3.78%	34.69%	126.16%	188.31%
	优化程度 2	0.50%	13.57%	6.48%	12.10%

目标解	情景方法	算例			
		O_1N_3	O_2N_3	O_1N_4	O_2N_4
EVPI	①	428	270	256	690
	②	358	241	29	46
	③	366	246	247	436
	优化程度1	19.55%	12.18%	783.97%	1 400.00%
	优化程度2	16.92%	85.74%	3.62%	58.29%
VSS	①	265	676	192	490
	②	248	21	188	687
	③	257	553	168	282
	优化程度1	6.77%	3 074.24%	2.46%	−28.68%
	优化程度2	3.16%	22.15%	14.70%	73.78%

注：① = 本章方法；② = 同步回代缩减算法；③ = 快速前向选择算法；优化程度1 = (① − ②)/②，优化程度2 = (① − ③)/③。

表12.10 给出了不同算例下各随机规划解的值，首先与同步回代缩减算法对比，除 O_1N_3 算例下的 EV 值、O_2N_4 算例下的 VSS 值小于对比算法外，其他最优值均大于对比算法。且随着正态分布均值及方差的增大，采用本章算法得到的 WS、RP、EV、EEV、EVPI 的值较同等条件下对比算法得到的最优解的优化程度逐渐提升，说明本章方法在随机模型求解上具有优势，能够得到比对比算法更优的目标值；采用本章算法得到的 VSS 值均大于对比算法，且随着正态分布均值、方差和订单数量的增加，本章方法下 VSS 的值增大的速度也越来越快，说明本章方法在求解订单数较多、随机变量波动性较大的报价问题时具有良好的性能。

其次对比快速前向选择算法，由表12.10 可知，在相同订单规模下，随着正态分布均值和方差的增大，采用本章算法得到的 WS，RP，VSS 值较 FFS 算法的优化程度也增大，说明随着不确定性的增强，本章算法中的策略处理这种不确定性的精度越高；此外，当随机变量的概率分布相同时，随着订单数量的增加，所提算法较 FFS 算法的优化程度也增大，说明在概率性质确定的情况下，本章算法策略能够较好地处理多订单下的不确定问题。

12.5.5　算法求解精度对比

为了更进一步评价所保留情景的质量，采用评价指标 Objective error（目标误差）来衡量。Objective error 的计算公式如下：

$$e^{obj}(\Pi, \hat{\Pi}) = \left| 1 - \frac{\max_x \Pi(\hat{x})}{\max_x \Pi(x)} \right| \tag{12.40}$$

其中，$\hat{\Pi}(x)$ 表示采用情景表示的模型的最优解，$\Pi(x)$ 是问题的最优解。若优化问题的最优解难以被精确地计算出来，则可通过将大规模情景依次代入模型中求解，取所有目标值中的最大（最小）值作为该问题的最优解。取 12 000 个情景下模型的最大值作为该两阶段问题的最优解。以 20 订单中随机变量服从不同概率分布的算例为例，计算并比较本章算法与两种对比算法下保留情景的质量，不同概率分布下问题的最优解及各算法的 error 如表 12.11 所示。

表 12.11　　　　　不同概率分布下算法保留的情景的目标误差

算法	指数分布 N_1	指数分布 N_2	正态分布 N_3	正态分布 N_4
SSM 算法	0.4288	0.4608	0.1792	0.3254
SBR 算法	0.5575	0.5688	0.2105	0.3844
FFS 算法	0.4454	0.4638	0.1846	0.2411

由表 12.11 可以看出，除了概率分布 N_4 算例下本章算法的目标误差略大于 FFS 算法的目标误差外，其他各算例下本章算法保留的情景所求得的目标误差都小于两种对比算法，表明本章算法的策略能够获得较高的求解精度。

12.6　模型优化分析

12.6.1　参数设置

采用蔡（Tsay，2010）中测试算例的生成规则，分别考虑订单数量、生产能力、交货期对利润以及报价的影响。订单规模分为 5 类（J_1 类：20，J_2 类：50，J_3 类：100，J_4 类：150，J_5 类：200）；对应的交货期序列分别服从下列区间上的离散均匀分布：[10，25]，[15，30]，[25，45]，[40，55]，[45，60]；生产能力分为两种情况（C_1：设备生产能力较低，C_2：设备生产能力较高）。产品报价从有界整数集 $P(j) = \{p^j: 60 \leqslant p^j \leqslant 100\}$ 上选取；$h_{jt} = 0.5$，$r_{jt} = 1$。不同产品 i 的单位损失成本及不良率分别为：$q_i = 2.31$，4.24，15.81，$r_i = 0.002$，0.015，0.005. $i = 1$，2，3。假设需求函数中的市场规模 A_i 为已知量，根据不同订单规模从某一均匀分布中随机生成，B_i，C_i 是 [0，1] 的随机数。蚁群算法中的各项参数的值设置与 12.2.2 节一致。

产品在不同设备上的不确定加工时间分两部分计算：标准加工时间 + 随机加工时间。随机加工时间与需求函数中的需求随机变量都用 12.3 中的方法进行描述。需求函数中的随机变量服从均值为 5 的指数分布；随机加工时间服从 [3，8] 上的连续均匀分布；初始的情景规模为 30 000 个，缩减之后每种产品和加工时间保留 10 个情景，具体见表 12.12。由表 12.10 可知，不同产品对应的随机变量是分开设计的。

12.6.2　订单数变化对利润的影响

将各组随机变量的实现值代入模型中进行求解，得到不同形式下的随机规划值，如表 12.13 所示，此表列出了 10 种情景下不同订单规模、不同生产能力下 6 项随机规划相关的值，包括 WS、RP、EV、EEV、EVPI 以及 VSS。

表 12. 12　　　　　　　　　需求变量及加工时间的情景值

概率	产品 1#		产品 2#		产品 3#	
	需求变量	加工时间	需求变量	加工时间	需求变量	加工时间
0.0998	4. 20	0. 0697	12. 91	0. 0381	2. 62	0. 1069
0.1117	3. 43	0. 0195	5. 33	0. 1004	7. 02	0. 1298
0.1572	2. 76	0. 1136	3. 05	0. 0523	3. 08	0. 0940
0.0357	9. 81	0. 0613	2. 94	0. 1640	11. 17	0. 0085
0.1650	2. 66	0. 0977	2. 45	0. 0091	5. 38	0. 1783
0.0184	12. 85	0. 1660	2. 62	0. 0285	6. 05	0. 1266
0.1582	2. 65	0. 1110	4. 81	0. 0077	12. 66	0. 0854
0.0946	3. 96	0. 0625	4. 78	0. 0096	3. 22	0. 0943
0.0483	8. 60	0. 1040	3. 64	0. 1438	2. 52	0. 0678
0.1112	3. 99	0. 0816	9. 98	0. 1326	3. 27	0. 0667

注：加工时间为随机加工时间。

表 12. 13　　　　　　　　　不同解法下的随机规划最优值

订单规模	生产能力	WS	RP	EV	EEV	EVPI	VSS
20 （J1）	C1	3 099	2 897	3 124	2 588	202	309
	C2	4 853	4 461	4 874	4 132	391	328
50 （J2）	C1	7 270	6 911	7 437	6 542	358	368
	C2	7 883	7 172	8 013	6 815	711	357
100 （J3）	C1	9 355	8 906	9 531	7 706	449	1 199
	C2	10 915	9 143	11 001	8 433	1 771	710
150 （J4）	C1	13 859	11 538	14 497	10 702	2 321	835
	C2	15 732	14 036	15 758	11 823	1 696	2 212
200 （J5）	C1	16 184	13 785	16 444	13 555	2 399	229
	C2	16 496	14 975	17 767	12 470	1 520	2 505

从表12.13中可知，不同订单规模下不同解法所取得的最优值之间的关系与式（12.47）相一致，这表明本章提出的情景模拟法是有效的，同时说明了本章两阶段模型中使用随机规划方法有利于寻找最优解。VSS的值越大，表明随机规划方法带来的收益越多。除了 J_5C_1 算例，随着订单规模的增加，VSS的值明显增大，这表明该随机规划模型在求解大规模问题上具有很好的性能。这是因为随着订单数的增加，考虑生产环境中的不确定性能够使企业更灵活地制定生产计划，有利于达到利润最大化的要求。

12.6.3 生产能力变化对利润的影响

由表12.13可知，在各组 $J_iC_2(i=1,\cdots,5)$ 算例即生产能力较高时，各项随机规划的解较生产能力较低时具有明显的提升，表明在一定范围内增加产出能够促使企业接受更多订单，为提高企业利润提供先决条件。当生产能力较低时，随着订单规模的增加，VSS的值先增加后减少（在100订单处出现拐点），这表明在生产能力的制约下，随着订单数量的增加，随机规划模型带来的收益先增加后减少，即在不考虑其他因素的情况下，此时生产能力受限是制约企业获得经济效益的最大因素；当企业拥有较高生产能力时，VSS的值随着订单规模的增大而增大，这表明当生产能力较高时，随着订单数量的增加，随机规划模型的求解优势显著，即在不考虑其他因素的情况下，此时企业内外环境中的不确定性是制约企业获取利润的重要因素，针对问题采用随机规划方法对不确定性作描述并对模型进行优化，可有效提高企业获取利润的能力。

如图12.3所示，不同生产能力下，随着订单规模的增加，产品平均报价的变化趋势相同，即产品平均报价随着订单规模的增加而增加。这是因为产品刚进入市场时，订单量较少，企业的市场份额较少，制定较低的市场报价有利于吸引客户眼球，帮助企业迅速占领市场份额，以扩大销售量达到增加利润总额的目的；随着企业订单量的增加，产品销量增加，市场竞争加剧，企业根据自身规模和市场的知名度选择提高报价的策略，以弥补前期低价带来的较低利润或继续获取高额利润。

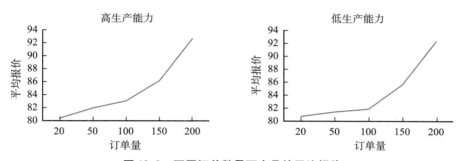

图 12.3　不同订单数量下产品的平均报价

这项结果给出以下管理启示：制造商在产品进入期即订单数量较少时应根据产品的特性（如技术含量高/低、功能不可/可被替代、需求弹性小/大）选择以高价/低价策略进入市场。高价策略可迅速回收投资成本；低价策略可迅速占领市场份额，为企业获取更多订单创造有利条件，如本章中算例所示；当进入成长期后，市场竞争进一步加剧，产品的性价比仍具有优势，企业应根据自身的规模和市场的知名程度等选择高价/低价策略，以达到企业经营的目标，如当企业订单数量逐渐增加时，为了平衡企业有限的生产能力以及获利的需求，制造商采取高价策略来控制订单数量，保证生产经营并能按时交付订单。

12.6.4　交货期变化对利润的影响

为检验不同交货期对模型的影响，随机选择 4 组算例（20 订单，生产能力低（C_1）；20 订单，生产能力高（C_2）；100 订单，生产能力低（C_1）；100 订单，生产能力高（C_2））进行仿真实验，探究交货期与目标值之间的潜在关系。

在 20 订单的算例中，从离散均匀分布 [5，20]，[10，25]，[15，30] 上分别随机生成 3 组交货期，分别以 N_1、N_2、N_3 标记三组不同的交货期；同理，在 100 订单的算例中，从离散均匀分布 [15, 30]，[25, 45]，[30, 55] 上随机生成 3 组交货期，也以 N_1、N_2、N_3 分别表示。因此，在两种订单规模下共生成 6 组算例，以 C_iN_j（$i=1$，2；$j=1$，2，3）表示。则不同订单规模下的利润 WS、RP 在不同交货期下的值如表 12.14 所示。

表 12.14　　　　　　　　　不同交货期下随机规划模型的解

订单规模	算例	WS	RP
20	C_1N_1	2 538	2 458
	C_2N_1	4 211	3 865
	C_1N_2	3 099	2 897
	C_2N_2	4 856	4 487
	C_1N_3	2 610	2 569
	C_2N_3	4 384	4 211
100	C_1N_1	8 968	7 283
	C_2N_1	10 190	6 701
	C_1N_2	9 355	8 906
	C_2N_2	10 915	9 143
	C_1N_3	9 195	8 250
	C_2N_3	10 562	8 822

由表 12.14 可知，在 20 订单算例中，无论生产能力高/低，WS 与 RP 的值在交货期为 N_2 时最大，表明本章中的交货期设置是合理的，同时反映出当订单量较少时，交货期的设置对利润目标的影响较大；在 100 订单算例中，WS 与 RP 的变化大致与 20 订单相似，但数值的波动较为平缓，这项结果的管理启示是当制造商的订单较多时，生产能力受限对企业利润获取的影响大于交货期对利润的影响。因此，制造商应具备充足生产能力或在短时间能够增加生产能力（如工人加班、外协生产）以应对多订单同时到达的情况。

从表 12.14 中可以得到在不同交货期条件下随机规划解与最优解的差值。从图 12.4 中可以看出，当生产能力较高时，各组交货期下模型采用随机规划方法得到的 WS 与 RP 之间的差值即 EVPI 的值较大，而生产能力较低时 EVPI 的值较小，表明在企业资源受限时，考虑不确定性的随机规划模型能更加灵活地适应实际生产环境，得到与 WS 解更接近的值。两阶段随机规划模型能更好地处理生产环境中的不确定因素（如交货期、订单数、生产能力等）。

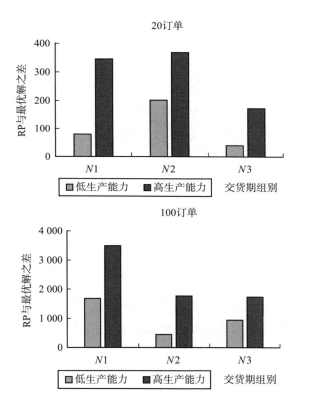

图 12.4　同交货期下随机规划解与最优解之差（20 订单 &100 订单）

12.7　本 章 小 结

在对需求不确定、生产能力受限下的产品报价决策相关研究进行归纳总结的基础上，结合制造型企业生产管理实际，分析和探讨不确定条件下制造型企业多订单报价现有研究的不足以及生产管理实践中亟待解决的关键问题，基于企业内外环境中不确定性的表现形式，从系统性报价管理角度出发，对不确定条件下制造型企业的多订单报价与资源分配问题展开了研究，获得如下结论：

（1）提出了情景模拟法以逼近模型中含有的随机变量，首先以样本统计指标与标准统计指标值之间的距离最小为目标，随机生成若干组服从某概率分布的情景集合作为原始情景集合；然后为了削减原始情景集合的规模并且最大程度上保留原始情景集合的统计性质，以任一情景到其他情景的权重距离为标准，每次迭代寻找权重距离最小的情景进行保留，最终保留的子情景集合作为随机变量的实现值。本章权重距离的计算为某一情景的概率乘以它到其他情景的欧氏距离计算，且将其生成概率归一化后作为其实际发生概率。将本章方法与 SBR 算法、FFS 算法进行对比，通过运行时间、利润、VSS 的值以及目标误差验证了本章算法在随机变量处理上的良好性能。

（2）建立了不确定条件下的两阶段报价与资源分配优化模型，考虑需求和加工时间不确定性，以生产能力受限为约束，最大化企业期望利润为目标，第一阶段根据价格、订单需求量、产品类型、生产能力确定可接受订单，以及接受订单加工设备的选择决策；第二阶段在第一阶段基础上，以利润最大和 EDD 规则对订单进行排序，制定生产计划，计算最终期望利润。通过多组测试算例，将随机规划模型与确定性模型对比并对随机模型的参数进行灵敏性分析，验证了随机模型较确定性模型在处理不确定性报价问题方面的优越性，为企业作准确报价提供方法支持。

第 13 章

考虑总装分装系统生产
计划协同报价策略

为满足顾客个性化需求，企业通常采用面向订单的装配模式，这就要求在同一条流水线生产出多种类型的产品，对生产的柔性化要求增高。复杂装备产品其结构和工艺比较复杂，产品生产需要先进行各种部件组装，再按照产品 BOM 选择相应的部件进行整机装配，部件分装线与产品总装线存在供应关系，仅仅实现单条流水线调度最优而忽略各部件之间的匹配关系，往往会造成总装线缺料停工，部件库存积压过高。企业的实际生产活动会影响产品成本，因此生产计划协同和生产调度协同会影响产品价格制定。为了提高企业对市场变化的快速响应能力，提高企业的精益管控能力，制定符合企业生产计划的报价决策，研究总装线和多条分装线的生产计划协同和生产调度协同是必要的。第 13 章和第 14 章对此做了研究。

在各计划的各种产品需求量不稳定情况下，为解决如何确定各计划期生产产品的种类和数量以保证产品能够按期交付和部件的库存成本最低，研究了总装分装系统生产计划协同优化方法。以最小化在制品库存成本和最小化产品提前拖期惩罚为目标，建立了批次批量优化模型，设计了双目标蚁群优化算法，有效地实现了对上述模型的求解，最后，以具体算例进行应用验证，对非劣解进行决策分析，为管理者根据对各目标的偏好制定合理的计划决策，实现优化报价提供技术支持。

13.1 问 题 描 述

为了提高生产效率，降低生产成本，总装分装线均按批量组织生产，只有同种型号的产品才可以组批，分装部件按生产批量分阶段供应总装线，部件齐套后才能进行总装线的生产，如图 13.1 所示。该问题具有如下假设：

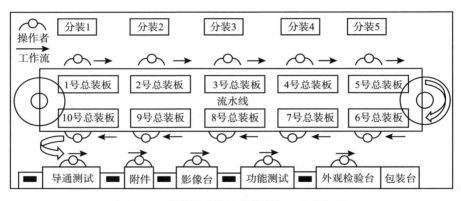

图 13.1　某总装分装流水线装配工艺布局图

每个工件只能在一个工位上进行加工，每个工位最多只能加工一个工件，加工初期各部件具有有限的初始库存。在这种情况下，由于产品在各阶段的需求不稳定，而生产线的生产能力是一定的，如果完全按照各阶段需求组织生产，必然会出现有的阶段生产能力过剩提前完工，而有的阶段生产能力不足导致产品完工期拖后，为了保证各阶段的任务均能按时完工，需要根据各阶段的需求情况对各阶段的生产计划进行调整，对总装线和分装线进行批次和批量的协同优化调度。

以最小化在制品库存成本和最小化产品提前拖期惩罚为目标，建立了批次批量优化模型，在保证在制品库存成本最小和产品能够按时交付的前提下，实现对各阶段生产产品种类和数量的合理制定。设计了双目标蚁群优化算法，建立了初始解生成策略和可行解构造策略，制定了针对批次批量优化问题信息素更新机制，并通过与 NSGA2 算法进行对比分析验证了该算法对问题求解的有效性，最后，以具体算例进行应用验证，并对优化结果作深入分析。此模型既保证总装线生产的产品满足客户的需求，又保证产品和部件的库存积压最低。

13.2　批次批量优化模型构建

13.2.1　参数和变量定义

t：代表生产的阶段，以天为单位，$t = 1$，2，$\cdots$，T；

N^l：各生产线工位个数；

e：每天的生产批次，$e = 1$，2，$\cdots$，E，其中 E 为每天的生产批次数；

b^{lu}：第 l 条生产线 μ 类型产品的生产节拍；

S^l：第 l 条生产线所生产的产品种类，$|S^l|$ 代表第 l 条生产线所能生产的种类总数；

Q^{lte}：t 阶段第 l 条生产线第 e 个批次的生产批量；

p_{lteqn}：t 阶段第 l 条生产线第 e 个批次中第 q 个工件在第 n 工位上的加工时间；

Ω_{lteqn}：t 阶段第 l 条生产线第 e 个批次中第 q 个工件处于第 n 工位时，生产线所平铺的所有工件集合；

IC^{lu}：第 l 条生产线 μ 类型产品单位时间的库存成本；

BC^{lu}：第 l 条生产线 μ 类型产品单位时间的缺货成本；

λ_{μ}^{lte}：$0 \sim 1$ 变量，t 阶段第 l 条生产线第 e 个批次生产为 μ 类型产品其值为 1，否则其值为 0；

$\lambda_\mu^{l\sigma}$: $0 \sim 1$ 变量, 第 l 条生产线第 σ 个工件为 μ 类型产品其值为 1, 否则, 其值为 0;

x^{telu}: $0 \sim 1$ 变量, 当第 t 阶段第 e 个批次装配的产品需要第 l 条生产线所生产的 μ 类型部件时, 其值为 1, 否则其值为 0;

ST^{lte}: t 阶段第 l 条生产线第 e 个批次开工时间;

FT^{lte}: t 阶段第 l 条生产线第 e 个批次完工时间;

$I_t^{l\mu}$: t 阶段末第 l 条生产线 μ 类型产品库存量, 其中, $\mu \in S^l$, 当 $t = 0$ 时, 为 μ 类型产品的期初库存;

α^{ltu}: $0 \sim 1$ 变量, 当截止到第 t 阶段第 l 条生产线 μ 类型产品库存量 $I_t^{l\mu}$ 大于 0 时, 其值为 1, 否则, 其值为 0;

β^{ltu}: $0 \sim 1$ 变量, 当截止到第 t 阶段第 l 条生产线 μ 类型产品库存量 $I_t^{l\mu}$ 小于 0 时, 其值为 1, 否则, 其值为 0;

$y_{\mu\omega}^l$: $0 \sim 1$ 变量, 当第 l 条生产线是由 μ 型号产品转换为 ω 型号产品其值为 1, 否则其值为 0。

13.2.2 数学模型建立

以最小化产品提前拖期惩罚和最小化在制品库存惩罚为目标, 建立了总装分装系统批次批量混合整数数学规划模型如下。

(1) 目标函数

提前拖期惩罚 ETC: 主要为了评价产品的准时交货能力, 截止到该期期末, 若总产量小于总需求量则产生产品拖期惩罚, 若总产量大于总需求量会产生产品库存成本。

$$\min ETC = \sum_{t=1}^{T} \sum_{\mu=1}^{U} \{ I_t^{l\mu} \times [(IC^{lu} \times \alpha^{ltu}) - (BC^{lu} \times \beta^{ltu})] \} \quad (13.1)$$

在制品库存成本 STC: 用于评价总装线与分装线之间协同调度能力, 由于生产约束中, 分装部件不齐套, 则总装线不能开工生产, 因此, 不存在分装部件拖期的不可行解, 故在制品只考虑其库存成本。若总装线与分装线协同调度能力较强，则分装线生产部件与总装线所需部件一致，该指标值小，若总装线与分装线协同调度能力弱，则分装线生产部件与总装线所需部件不一致，该指标值大。

$$\min STC = \sum_{l=2}^{L} \sum_{t=1}^{T} \sum_{\mu=1}^{U} \{I_t^{l\mu} \times IC^{lu}\} \qquad (13.2)$$

（2）约束条件

节拍约束：

①流水线的生产必须满足同一时间同一工位最多只能加工一个工件，同一工件同一时间最多只能在一个工位上进行加工。

$$ST^{lte} = \begin{cases} (t-1) \times 480 & e=1 \\ FT^{lt(e-1)} - \sum_{n=2}^{N^l} p_{lt(e-1)Q^{lten}} & else \end{cases} \qquad (13.3)$$

$$FT^{lte} = ST^{lte} + \sum_{n=1}^{N^l} p_{lte1n} + \sum_{q=2}^{Q^{lte}} p_{lteqN^l} \qquad (13.4)$$

②其中，各工件在各工位上的加工时间等于该时刻流水线各工位上各工件生产节拍的最大值。

$$p_{lteqn} = \max_{\sigma \in \Omega_{lteqn}} \{b^{l\mu} \times \lambda_\mu^{l\sigma}\} \qquad (13.5)$$

③同一阶段内不同批次总的加工时间不能超过阶段有效加工时间 ϕ。

$$FT^{ltE} - ST^{lt1} \leqslant \phi \qquad (13.6)$$

物料约束：

①产成品库存约束：t 阶段末某类型产品的库存量等于截止到这一阶段该类型产品的总产量与这一类型产品的总需求量之差，若该值为正数，说明该类产品有库存积压，如果该值为负数，表明该类型产品供不应求，处于缺货状态。

$$I_t^{1\mu} = \sum_{i=1}^{t} \sum_{e=1}^{E} Q^{1ie} \times \lambda_\mu^{1ie} - \sum_{i=1}^{t} D^{1i\mu} \qquad (13.7)$$

②在制品库存约束：t 阶段末各类型在制品库存量等于初始库存量与截止到这一阶段末该产品的产量之和减去截止到该阶段该类在制品需求和。

$$I_t^{l\mu} = I_0^{l\mu} + \sum_{i=1}^{t} \sum_{e=1}^{E} (Q^{lie} \times \lambda_\mu^{lte} - Q^{1(i+1)e} \times x^{ielu}) l > 1 \qquad (13.8)$$

③总装线 t 阶段生产的各类型产品所消耗的各部件总和必须小于这一类型部件在这一阶段的库存量。

$$\sum_{e=1}^{E} Q^{1te} \times \lambda_{\mu}^{1te} \times x^{telu} \leqslant I_{(t-1)}^{l\mu} \qquad (13.9)$$

批量批次约束：

①同一阶段每个类型产品最多只能加工一个批次。

$$\sum_{\mu \in Sl} y_{\mu\omega}^{l} \leqslant 1 \qquad (13.10)$$

②各批次生产批量应尽可能接近该产品的需求量，即截至 t 阶段总装线对各分装线各类型在制品的总需求与截至 $t-1$ 阶段各分装线对该类型在制品的总产量之差尽可能小。

$$I_{0}^{l\mu} + \sum_{i=1}^{t-1} \sum_{e=1}^{E} Q^{lie} \times \lambda_{\mu}^{lte} - \sum_{i=1}^{t} \sum_{e=1}^{E} Q^{lie} \times x^{ie1u} < \delta \quad l > 1 \qquad (13.11)$$

其中，δ 是一个较小的正数。

产销平衡约束：

所有阶段各种产品总的产量等于各类型产品所有阶段总的需求量。

$$\sum_{t=1}^{T} \sum_{e=1}^{E} Q^{lte} \times \lambda_{\mu}^{lte} = \sum_{t=1}^{T} D^{lt\mu} \qquad (13.12)$$

13.3　双目标蚁群算法设计

蚁群算法在求解单目标组合优化等问题上具有较好的优越性，但是，由于其机理是运用信息素和启发式信息指导蚂蚁收敛于最优解，在以往求解多目标问题中，也多数利用加权求和转换成单目标进行优化，求解加权和最优的解，很难实现对多个目标的同时优化，存在一定的不足。本章研究了双目标优化状态转移策略和批次批量优化情况下信息素更新机制，设计了求解双目标优化的蚁群算法，并针对组批调度问题设计了初始解生成和可行解转换方法，有效地提高了蚁群算法求解双目标优化问题效率。

13.3.1　初始解的构造

针对复杂度较高、解规模较大的问题，随机生成解很难在一定的时间内找到较为满意的解，设计符合实际问题的初始解生成规则，有利于算法往好解的方向搜索，提高了算法的搜索效率。

本章所解决的问题是面向订单生产的批次批量优化问题。因此，这一过程中各阶段的产量之和等于各阶段的需求之和，满足产销平衡约束。根据各阶段对各种产品的需求进行计划的编制，在设计初始解生成规则的时候，主要考虑产品提前拖期目标较优，为了使产品能够按期交付，交货期早的产品应该尽量排在计划前面。对各阶段所需产品进行序列编码，总装线将同一阶段所需产品进行随机排序，再将各阶段的计划序列连接起来，构成总装线生产计划，各条分装线按照总装产品配置进行拆解，形成相应的分装部件生产序列。

假如需要对两个阶段进行计划安排，每个阶段生产 4 种产品，每种产品的需求数量及配置情况如表 13.1 所示。

表 13.1　　　　　　　　　　　产品需求配置表

阶段	第一阶段				第二阶段			
产品 P	P1	P2	P3	P4	P1	P2	P3	P4
需求数量	2	1	3	1	2	3	2	1
部件 A	A1	A3	A2	A1	A1	A3	A2	A1
部件 B	B2	B1	B3	B2	B2	B1	B3	B2

如图 13.2 所示，对两个阶段所需求的所有产品及所需的部件进行了序列编码。如图 13.3 所示，根据图 13.2 的编码生成的一条初始解，其过程是对第一阶段的 7 个产品作随机排序，再将第二阶段的 8 个产品作随机排序，最后将两阶段的排序作连接构造了一条总装线初始序列，再根据图 13.2 中的各

种产品配置情况对部件 A 和部件 B 两条分装线生产计划进行拆解，实现了总装线和部件 A 及部件 B 分装线的生产计划初始解构造。在本算法中，需根据蚂蚁种群规模生成相应规模的初始解。

产品需求	P1	P1	P2	P3	P3	P3	P4	P1	P1	P2	P2	P2	P3	P3	P4
部件A	A1	A1	A3	A2	A2	A2	A1	A1	A1	A3	A3	A3	A2	A2	A1
部件B	B2	B2	B1	B3	B3	B3	B2	B2	B2	B1	B1	B1	B3	B3	B2
序列编码	1	2	3	4	5	6	7	8	9	10	11	12	13	14	15

图 13.2　产品及部件编码

总装初始序列	7	4	1	5	2	6	3	10	14	11	8	15	12	9	13
总装产品序列	P4	P3	P1	P3	P1	P3	P2	P2	P3	P2	P1	P4	P2	P1	P3
部件A初始序列	A1	A2	A1	A2	A1	A2	A3	A3	A2	A3	A1	A1	A3	A1	A2
部件B初始序列	B2	B3	B2	B3	B2	B3	B1	B1	B3	B1	B2	B2	B1	B2	B3

图 13.3　初始解构造

13.3.2　可行解构造

如图 13.3 所示，该方法生成的初始解明显不符合模型（13.2.2）中批量批次约束，需要对其进行可行解构造，形成符合模型要求的可行解序列。在构造可行解的时候需要考虑的关键因素有两个，一是每阶段的生产能力，二是对每阶段产品进行组批，并确定批次序列。针对批量批次调度问题，设计了可行解构造规则。

分装线生产过程中只有产能约束，由于研究的是分装线与总装线之间的协同计划，总装线的生产过程需要同时考虑分装部件的物料约束以及产能约束，因此对总装线和分装线进行协同优化是十分必要的。首先按照上述初始解构造方法获得初始解，然后对分装线按照其各种类型部件在初始解中出现的先后以及阶段的产能约束对分装部件作可行化处理，由于总装线需要考虑各部件的库存量为物料约束，因此，本阶段总装线各种部件的可用库存量等于截止到本阶段各种部件的总产量加上原始库存量减去截止到本阶段的总消耗量，在考虑部件物料约束的同时还要考虑产能约束，对总装线生产序列按各种型号产品的出现顺序进行满足批次批量约束的可行化处理。下面举例说明可行解的构造规则。

假如部件 A 分装线由 3 个工位组成，部件 {A1，A2，A3} 的生产节拍分别为 {3，1，5}，部件 B 分装线由两个工位组成，部件 {B1，B2，B3} 的生产节拍分别为 {3，5，4}，总装线由 4 个工位组成，产品 {P1，P2，P3，P4} 的生产节拍分别为 {2，3，4，1}，假设总装线和分装线的生产能力为 30 个时间单位。分装线可行解构造过程以图 13.3 部件 A 初始序列为例进行图示说明，过程如图 13.4 所示。

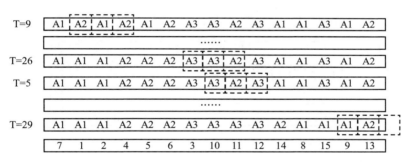

图 13.4　部件可行解构造

由于混流无等待流水线随着组批的进行加工时间会发生变化，组批后的序列的加工时间会优于原序列的加工时间，因此应该以组批后的新的序列计算加工时间，并且确定生产能力瓶颈节点，实现对各阶段各种产品批次批量的确定。如图 13.4 所示，若按照原序列进行计算，第一阶段完工时间会由 T=26 变为 T=28，虽然仍在生产能力限制范围内，但是第二阶段会由 T=29 变为 T=40，远远超过能力限制。经过该可行解构造策略调整后，分装部件 A 的序列由图 13.3 序列调整为图 13.4 序列 {7，1，2，4，5，6，3，10，11，12，14，8，15，9，13}，并且最终第一阶段生产 A1 部件 3 件，A2

部件 3 件，第二阶段生产 A3 部件 4 件，A2 部件 1 件，A1 部件 2 件。部件 B 分装线也利用该可行解构造策略进行处理，最终产品类型序列调整为 {B2，B2，B2，B3，B3，B3，B3，B1，B1，B1，B2，B2，B1，B2，B3}，部件编码序列调整为 {7，1，2，4，5，6，14，3，10，11，8，15，12，9，13}，相应的第一阶段加工时间 T=28，生产 B2 部件 3 件，B3 部件 2 件，第二阶段加工时间 T=29，生产 B3 部件 2 件，B1 部件 3 件，B2 部件 2 件。

  总装线的可行解构造策略除了像分装部件序列受到生产能力约束外，还需要考虑分装部件的物料约束，两者同时满足才能生产，否则该阶段加工结束。假设 A 部件 3 种类型初始库存为 {2，2，2}，B 部件 3 种类型初始库存为 {2，2，2}，具体的可行解调整过程如图 13.5 所示。

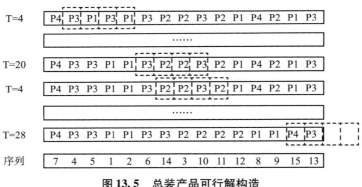

图 13.5 总装产品可行解构造

  由于初始部件库存只能将生产线的工位铺满所生产的产品，因此图 13.5 从有产品下线开始作为第一生产阶段。第一生产阶段中，当生产完第五个产品时由于 P3 产品不满足物料齐套要求，因此造成该生产线生产中断，该阶段生产产品为 5 件，其中，P4 产品 1 件，P3 产品 2 件，P1 产品 2 件；第二生产阶段中，剩余的产品均满足物料要求，但是当生产完第 13 个工件时时间已为 T=28，再继续生产将超出有效工作时间，因此该阶段加工完毕，该阶段生产 P3 产品 2 件，P2 产品 4 件，P1 产品 2 件。经过组批调整后，加工序列由图 13.3 的序列调整为图 13.5 中 {7，4，5，1，2，6，14，3，10，11，12，8，

9，15，13｝。

13.3.3　启发式信息设计

由于分装线是根据总装序列拆解并根据生产能力约束调整获得的，因此蚂蚁在选择路径时主要对总装线路径进行构造。在构造路径的过程中，设计了总装线序列生产的启发式信息。

因为考虑到产品的提前拖期目标是主要优化的目标之一，因此需要保证交货期靠前的产品进行优先排序。因此需要考虑的关键问题有两种情况，即当两个产品处于同一交货期时，应给予交货期靠前的产品较大的启发式信息，给予交货期较靠后的处于同一交货期的产品较小的启发式信息；当两个产品不在同一交货期时，应给予交货期相差较大的产品较小的启发式信息，给予交货期相差较小的产品较大的启发式信息，且该种情况的启发式信息的最大值小于第一种情况的最小值。

当产品 i 和 j 处于同一交货期，交货期为 t，交货期总的跨度为 T，则产品 i 和 j 之间的启发式信息可以设为：

$$\eta_{ij} = (Q_1)^{T-t+1} \tag{13.13}$$

当两产品 i 和 j 处于不同的交货期，设交货期分别为 t_i 和 t_j，交货期总的跨度为 T，则产品 i 和 j 之间的启发式信息可以设为：

$$\eta_{ij} = (T - |t_i - t_j|) \times Q_2 \tag{13.14}$$

部件排序过程中，不需要考虑启发式信息，直接按照总装线生成的序列进行拆解，再按照可行解构造策略作出调整。

13.3.4　状态的转移

在每次迭代过程中，每只蚂蚁 l 都会构造一条可行解，在蚂蚁构造解的过程中，蚂蚁 l 由 i 节点选择 j 节点时，本章设计了阈值 γ，当 $r \leqslant \gamma$ 时按如下公式进行选择：

$$j^l = \max_{j \in \Omega} \left((\tau_{ij}^1)^{\lambda^l \alpha} (\tau_{ij}^2)^{(1-\lambda^l) \alpha} \eta_{ij} \right) \quad r \leqslant \gamma \tag{13.15}$$

当 $r > \gamma$ 时，本章设计了轮盘赌选择策略，具体按如下公式选择：

$$P^l(ij) = \frac{(\tau_{ij}^1)^{\lambda^l \alpha} (\tau_{ij}^2)^{(1-\lambda^l) \alpha} \eta_{ij}}{\sum_{\mu \in \Omega} (\tau_{i\mu}^1)^{\lambda^l \alpha} (\tau_{i\mu}^2)^{(1-\lambda^l) \alpha} \eta_{i\mu}} \quad r > \gamma \tag{13.16}$$

其中 λ^l 代表蚂蚁 l 偏重第一个目标的程度，具体计算方式如下：

$$\lambda^{[l]} = \frac{l-1}{m-1} \tag{13.17}$$

其中，l 代表蚂蚁的序列号，m 为总的蚂蚁个数。

由于多目标优化问题需要同时对多个目标进行优化，在用蚁群求解过程中，需要对多个目标分别更新信息素，上述公式中，τ_{ij}^1 针对第一个目标节点 i 和节点 j 之间的信息素，τ_{ij}^1 为第二个目标节点 i 和节点 j 之间的信息素。

13.3.5 信息素的更新机制

信息素更新的关键难题是如何准确且全面地标记路径记录的信息。本章解决的问题是工件的批次批量优化问题，如果按照传统的仅靠相邻节点之间标记信息素，不能全面表现同一批次产品间的关系和批次转换关系，因此在标记路径信息素时需要对路径的批量和批次进行数量和方向的双向标记，信息量大，标记困难。

设计了针对批次批量同时优化的信息素更新机制，处于同一批次中的产品由于其序列的任意调整均不影响目标值，因此视为等价，需对处于同一批次中的节点进行任意两节点之间的信息素更新；相邻两批次之间需反映批次转换的顺序，由于前一批次中的任意节点都有转换到后一批次中的可能，且不影响目标值，因此对前一阶段的任意节点与后一阶段的任意阶段之间均更新信息素，该更新策略能够准确全面标记路径信息，因此有效地求解了批次批量优化问题。

由于部件分装线是根据总装线序列进行拆解后利用可行解构造策略进行调整获得可行路径，因此不涉及信息素的更新，研究的问题仅仅涉及总装线产品序列信息素的更新，以 13.3.2 可行解构造中获得的总装线产品序列为例，选取第二阶段第一批次序列 {6，14} 和第二批次序列 {3，10，11，12} 详细表述了批次批量优化问题的信息素更新机制，详细过程见图 13.6。

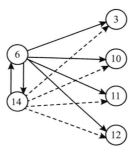

图 13.6　信息素更新

如图 13.6 所示，节点 {6，14} 处于同一批次，因此需相互更新信息素，节点 {6，14} 和节点 {3，10，11，12} 处于相邻的两个批次，需要对 {6，14} 与 {3，10，11，12} 中的任意两节点进行信息素更新，同理节点 {3，10，11，12} 处于同一批次中也需要进行任意两节点之间的信息素更新。

跟单目标优化问题不同，多目标优化问题的不能像单目标优化问题那样对单个目标值进行更新，结合上述更新策略设计了多目标信息素更新机制，对多个目标分别作信息素的更新。

在信息素更新的过程中，选用了信息素的全局更新策略，每次迭代后，对外部解集的所有非劣解进行全局更新，具体公式如下

$$\tau_{ij}^1(g) = (1 - \rho)\tau_{ij}^1(g - 1) + \sum_k \Delta\tau_{ij}^{1k}(g) \tag{13.18}$$

$$\tau_{ij}^2(g) = (1 - \rho)\tau_{ij}^2(g - 1) + \sum_k \Delta\tau_{ij}^{2k}(g) \tag{13.19}$$

式中 $\Delta\tau_{ij}^{1k}(g)$ 表示蚂蚁 k 第 g 次迭代中针对第一个目标值在路径 (i, j) 上释放的信息素，$\Delta\tau_{ij}^{2k}(g)$ 表示蚂蚁 k 第 g 次迭代中针对第二个目标值在路

径 (i, j) 上释放的信息素，其强度均取决于蚂蚁 k 对应的目标函数值的质量，释放信息素强度 $\Delta\tau_{ij}^{1k}(g)$，$\Delta\tau_{ij}^{2k}(g)$ 为：

$$\Delta\tau_{ij}^{1k}(g) = \frac{Q_1}{f^{1k}} \qquad (13.20)$$

$$\Delta\tau_{ij}^{2k}(g) = \frac{Q_2}{f^{2k}} \qquad (13.21)$$

其中，Q_1，Q_2 为正常数，f^{1k} 表示蚂蚁 k 对应的第二个目标的函数值，f^{2k} 表示蚂蚁 k 对应的第二个目标的函数值。

13.3.6　算法步骤

多目标蚁群算法计算步骤如下：

步骤 1：初始化各参数、初始矩阵以及所需的生产数据，并令迭代次数 NC = 0；

步骤 2：若 NC = 0，则按照 13.3.1 节方法构造初始解，否则转至步骤 5；

步骤 3：若 NC < = NC_max，转至步骤 4，否则步骤 12；

步骤 4：每个蚂蚁种群按照公式（13.17 和 13.18）进行状态转移，构造解；

步骤 5：应用 13.3.2 节方法对解进行调整形成可行解，分别计算其目标函数值；

步骤 6：将各种群蚂蚁汇总求其非劣解集 BO，并记录非劣解及其对应的路径；

步骤 7：如果 NC = 0，转到步骤 8；否则，转到步骤 9；

步骤 8：将 BO 中非劣解加入解集 BP 中，并记录路径，转到步骤 10；

步骤 9：将步骤 6 非劣解集加入到解集 BP 中再次求非劣解，保留非劣解到 BP 中并记录其路径；

步骤 10：按照公式（13.20 和 13.21）对 BP 中每个非劣解对应的路径进行信息素更新；

步骤 11：NC = NC + 1，转到步骤 3；

步骤 12：输出非劣解集。

13.3.7　基础数据

本部分研究的协同计划方法需要产品需求、产品 BOM 及生产节拍、部件生产节拍、部件初始库存以及总装线和分装线工位数等基础数据，假设总装线每阶段有效工作时间为 200 个单位，分装线为 120 个单位，各数据情况如表 13.2 ~ 表 13.5 所示。

表 13.2　各阶段产品需求

阶段	产品 1	产品 2	产品 3	产品 4	产品 5	产品 6
1	0	0	3	0	0	2
2	2	0	2	0	1	5
3	5	1	0	6	3	1
4	7	4	6	4	4	3
5	5	4	5	2	2`	4
6	1	3	3	5	7	0

表 13.3　产品 BOM、生产节拍及单位时间提前拖期惩罚

产品型号	产品 1	产品 2	产品 3	产品 4	产品 5	产品 6
部件 1 类型	BJ1 - 1	BJ1 - 1	BJ1 - 2	BJ1 - 3	BJ1 - 2	BJ1 - 3
部件 2 类型	BJ2 - 1	BJ2 - 2	BJ2 - 1	BJ2 - 2	BJ2 - 3	BJ2 - 3
部件 3 类型	BJ3 - 1	BJ3 - 1	BJ3 - 2	BJ3 - 3	BJ3 - 2	BJ3 - 3
节拍	2	9	7	5	4	6
库存成本	120	200	150	100	80	50
拖期惩罚	200	100	150	250	300	400

表 13.4 部件生产节拍、初始库存及单位时间库存成本

部件类型	BJ1－1	BJ1－2	BJ1－3	BJ2－1	BJ2－2	BJ2－3	BJ3－1	BJ3－2	BJ3－3
生产节拍	4	7	2	8	3	6	5	2	7
初始库存	3	5	2	6	2	2	4	2	4
库存成本	30	20	50	30	10	50	30	70	20

表 13.5 总装分装线工位数

产品总装线	部件 1 分装线	部件 2 分装线	部件 3 分装线
10	5	8	6

13.4 算例分析

为解决混流无等待流水线各阶段任务分布不均衡情况下，如何对各阶段任务进行合理的分配，实现既满足产品的交货需求又使库存成本最低，设计了如下数值实验。

13.4.1 参数设置

设计各个参数为：蚂蚁数 $Q_{ants} = 30$，最大迭代次数 $Nc\_max = 200$，信息素权重 $\alpha = 3$，启发式信息权重 $\beta = 2$，挥发系数 $\rho = 0.5$，信息素增量常数 $Q_1 = 2\,000$，$Q_2 = 3\,000$。

13.4.2 算法对比

NSGA2 在求解多目标问题尤其是对低维度多目标优化问题具有较好的效果，并且具有运行效率高，解集分布效果好的优点，是被广泛接受的多目标优化经典算法。本章以 NSGA2 算法为对比算法，其种群规模 $M = 60$，最大选

代次数 $Nc\_max = 100$，交叉概率 $PC = 0.8$，变异概率 $PM = 0.1$，将两种算法分别运行 10 次，求 10 次运行结果的最终非列解绘制算法运行结果对比，具体对比结果如图 13.7 所示。

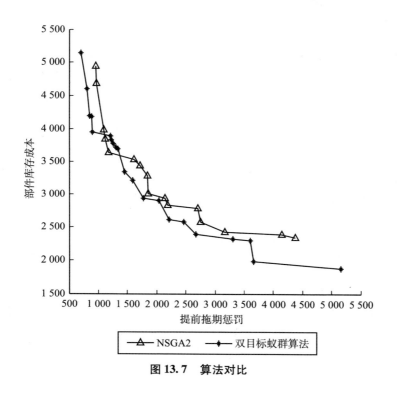

图 13.7　算法对比

如图 13.7 所示，本章设计的双目标蚁群算法所求得的非劣解能够制约绝大多数的 NSGA2 算法所求得的非劣解，并且针对提前拖期惩罚目标本章算法的求得范围在 [700, 5 160] 之间，部件库存目标本章算法求得的范围在 [1 880, 5 140]，而 NSGA2 算法的范围分别在 [900, 4 380]，[2 350, 4 940]，可见该算法在求解范围上也明显优于 NSGA2 算法，另外，该算法求得非劣解为 21 个，NSGA2 算法求得 16 个，在非劣解个数方面也优于 NSGA2 算法，因此，该双目标蚁群算法较优。

13.4.3 应用效果

由于本章算法所产生的非劣解较多，因此，生产厂商可以选择的策略也较多，由于篇幅有限，因此选取产品提前拖期成本最优情况（策略1）、部件库存最优情况（策略2）以及两目标折中考虑情况（策略3）3组解所形成的产品计划和部件库存情况为例解释优化结果，如下表所示，表中括号内数值为实际需求量。

表13.6和表13.7显示提前拖期成本为700和部件库存成本为5 140情况下的各阶段各产品产量和各部件库存情况，不难看出，该策略明显偏重产品能否按时交付，因此产品生产线的生产主要受各阶段需求情况影响，导致部件生产后不能及时消耗而大量积压，部件库存成本很高；

表 13.6　　　　　　　　　　　　**策略 1 的生产计划**

阶段	产品 1	产品 2	产品 3	产品 4	产品 5	产品 6
1	0（0）	0（0）	2（3）	0（0）	0（0）	2（2）
2	2（2）	0（0）	3（2）	1（0）	2（1）	5（5）
3	5（5）	1（1）	0（0）	5（6）	3（3）	2（1）
4	9（7）	4（4）	6（6）	4（4）	3（4）	2（3）
5	3（3）	4（4）	5（5）	2（2）	2（2）	4（4）
6	1（1）	3（3）	3（3）	5（5）	7（7）	0（0）

表 13.7　　　　　　　　　　　　**策略 1 各阶段末各部件库存情况**

阶段	BJ1 – 1	BJ1 – 2	BJ1 – 3	BJ2 – 1	BJ2 – 2	BJ2 – 3	BJ3 – 1	BJ3 – 2	BJ3 – 3
1	3	3	0	4	2	0	4	0	2
2	5	5	1	6	1	0	4	1	5
3	10	8	4	11	7	0	6	3	5
4	4	7	4	4	2	3	4	4	5
5	5	8	2	6	0	2	6	2	5
6	3	5	2	6	2	2	4	2	4

表 13.8 和表 13.9 显示提前拖期成本为 5 160 和部件库存成本为 1 880 情况下各阶段各产品产量和各部件库存情况，不难看出，该策略明显偏重减少部件库存积压，因此产品生产线主要偏重于面向库存生产，主要受部件产能和产品生产线产能影响，该策略虽然极大地降低了部件库存成本，但最终导致产成品过量积压，极大地增加了产品提前拖期惩罚。

表 13.8   策略 2 的生产计划

阶段	产品 1	产品 2	产品 3	产品 4	产品 5	产品 6
1	1（0）	0（0）	2（3）	0（0）	0（0）	2（2）
2	5（2）	0（0）	3（2）	3（0）	1（1）	7（5）
3	3（5）	3（1）	5（0）	5（6）	3（3）	2（1）
4	7（7）	3（4）	1（6）	6（4）	7（4）	1（3）
5	3（5）	5（4）	5（5）	1（2）	3（2）	2（4）
6	2（1）	1（3）	3（5）	2（5）	3（7）	1（0）

表 13.9   策略 2 各阶段末各部件库存情况

阶段	BJ1－1	BJ1－2	BJ1－3	BJ2－1	BJ2－2	BJ2－3	BJ3－1	BJ3－2	BJ3－3
1	3	3	0	4	2	2	4	0	2
2	2	4	2	1	0	1	1	0	1
3	3	5	2	1	2	0	2	0	3
4	1	4	0	2	0	0	0	1	1
	1	4	1	3	0	0	1	0	3
5	3	5	2	2	2	2	4	2	4

表 13.10 和表 13.11 显示提前拖期成本为 1 450 和部件库存成本为 3 340 情况下各阶段各产品产量和各部件库存情况，该策略是折中考虑两目标的一种情况。不难看出，该策略情况下产成品生产及时性和部件的库存情况均介于策略 1 和策略 2，是兼顾两目标的一种策略。在实际生产过程中，管理者可

以根据其实际偏重情况，从非劣解中选择相应的策略。

表 13.10　　　　　　　　　　　策略 3 的生产计划

阶段	产品 1	产品 2	产品 3	产品 4	产品 5	产品 6
1	0 (0)	0 (0)	2 (3)	0 (0)	0 (0)	2 (2)
2	3 (2)	0 (0)	3 (2)	2 (0)	2 (1)	5 (5)
3	7 (5)	1 (1)	0 (0)	4 (6)	3 (3)	2 (1)
4	4 (7)	4 (4)	7 (6)	4 (4)	3 (4)	4 (3)
5	5 (5)	4 (4)	4 (5)	2 (2)	4 (2)	2 (4)
6	1 (1)	3 (3)	3 (3)	5 (5)	5 (7)	0 (0)

表 13.11　　　　　　　　　策略 3 各阶段末各部件库存情况

阶段	BJ1 – 1	BJ1 – 2	BJ1 – 3	BJ2 – 1	BJ2 – 2	BJ2 – 3	BJ3 – 1	BJ3 – 2	BJ3 – 3
1	3	3	0	4	2	0	4	0	2
2	2	6	0	5	0	0	3	1	1
3	7	8	3	6	5	0	5	2	3
4	6	5	0	5	2	1	3	0	0
5	5	5	3	6	2	0	1	0	3
6	3	5	2	6	2	2	4	2	4

13.5　本章小结

　　针对各阶段对各种产品需求不稳定情况下，研究了总装分装系统生产计划协同优化方法，解决了保证产品按期交付和部件库存积压最低要求下各阶段产品和各部件生产类型和数量合理确定问题。以最小化在制品库存成本和最小化产品提前拖期惩罚为目标，建立了批次批量优化模型，设计了双目标蚁群优化算法，针对该模型设计了初始解生成策略和可行解构造策略，设计了双目标蚁群优化状态转移策略，针对批次批量优化问题设计了信息素更新机制，并将该算法与 NSGA2 算法进行对比分析验证了该算法的有效性，最后，以具体算例进行了应用验证，对非劣解进行了决策分析，为管理者根据对各目标的偏好制定合理的决策提供技术支持。

研究价格与资源选配协同优化方法，在考虑需求不确定和多资源随机供给情况下，将价格、顾客满意与资源配置进行综合优化，指出了企业定价决策的研究方向，弥补了现有定价理论存在的不足，丰富了管理实践理论，为企业作精确报价提供理论依据。

第 14 章

考虑总装分装系统生产
调度协同报价策略

为解决混流产品在无等待多条流水线生产条件下，由于产品生产节拍不一致导致总装分装系统中生产连续性较差的问题，研究总装分装生产调度协同优化方法，实现在保证批量生产、部件齐套供应前提下，使订单能够按期交货。以最小化总加工时间、最小化总提前/拖期和产品转换惩罚为优化目标，建立了优化数学模型，并设计了改进多种群蚁群算法求解该优化模型。以某机床厂某月生产任务为例进行仿真实验，与多种群蚁群算法、传统蚁群算法对比，验证了该算法性能较好。并与现行的调度方法进行对比，验证该任务排序方法在混流节拍不一致的多条装配线生产上，能够有效地缩短产品生产周期，降低生产成本，提高订单的准时交付率。

14.1 问题描述

当某一阶段生产计划确定以后，需要针对所要生产的产品的具体交货期，对该阶段所生产的产品进行排序，即制定车间的作业计划。本章以最小化总完工时间，最小化转换惩罚和最小化订单提前拖期惩罚为目标建立订单排序协同优化模型，该模型旨在满足各生产线生产约束和物料约束情况下，实现订单按期交货和提高生产线利用率；设计了改进多种群蚁群算法对该模型进行求解，并与多种群蚁群算法和传统蚁群算法进行比较，验证了该算法的有效性，最后，通过对某机床集团某月上线计划借助该模型进行优化，表明该模型能够有效地提高订单的按期交货水平。

本章研究的分装总装系统可描述为：由一条混流产品总装配线和多条（$n \geqslant 2$）混流部件分装线组成的拉式生产系统，部件在分装线组装后提供给总装线进行产品装配。每个产品/部件在装配线上顺序地从第一个工位到最后一个工位上进行装配，任何一个产品/部件最多只能在一个工位上进行加工，任何一个工位最多只能加工一个产品/部件，产品的所有分装部件均完工时才能进行总装生产，分装线往总装线运输时间忽略不计。不同系列产品在同一装配线上的加工节拍不同。

假设有 n 项任务和 μ 条装配线，其解的规模为 $(n!)^{\mu}$，解的规模呈现指数爆炸式增长，规模庞大，属于 NP—hard 问题。

14.2　订单排序协同优化模型构建

为了保证总装分装系统生产连续性以及订单按期交货，以最小化总加工时间、产品（部件）转换惩罚以及提前/拖期惩罚为优化目标建立了数学模型。

14.2.1　参数和变量定义

X^{μ}：装配线 jl_p 上任务序列，$\mu = 1$，$\cdots$，$U(U \geqslant 3)$，当 $\mu = 1$ 时，代表总装线；当 $\mu = 2$，$\cdots$，U 时，代表部件分装线，$|X^{\mu}|$ 代表任务的长度；

$F^{\mu}_{i_{jl}k}$：装配线 μ 第 j 项任务中的第 l 件 i 产品在第 k 道工序的完工时间。$j = 1$，2，$\cdots$，$|X^{\mu}|$ 代表任务，一个任务可以包含多项相同的产品；$i = 1$，2，$\cdots$，m，为任务对应的产品；i_j 为任务 j 生产的是第 i 种产品，i_{jl} 为任务 j 生产的第 i 种产品的第 l 个，e_j 为任务 j 所需生产产品 i 个数；$i^m = 1$，$\cdots$，M_i 代表第 i 种产

品所需的第 m 部件，M_i 为 i 所需部件种类数；$k^\mu = 1$，2，$\cdots$，K^μ 代表装配线 μ 上工序；

$F_{jK^1}^1$：第 j 项任务的完工时间；

M_j^μ：产品 j 在装配线 μ 所生产的部件种类；

$S_{i_jlk}^\mu$：第 j 项任务中的第 l 件 i_j 产品在装配线 μ 的第 k 工序开工时间；

$t_{i_jlk}^\mu$：第 j 项任务生产的第 l 个产品 i_j 在装配线 μ 的 k 工序上加工时间，由于是无等待流水线，对任意工序，加工时间都一样；

d_j：第 j 项任务的交货期；

q_j：第 j 项任务所需分装部件的齐套时间；

c_h^μ：装配线 μ 的任务序列中，第 h 位置产品和第 $h+1$ 位置产品不同的惩罚系数；

$z_{h_{x}u}$：在装配线 μ 上任务序列 X^μ 的第 h 位置上的产品为 z。

14.2.2　数学模型设计

（1）总加工时间

总装线最后一个产品的完成时间与各分装线最早产品的开始时间差值应最小。

$$\min(F_{i\,|\,X1\,|e\,|\,X1\,|K}^1 - \min_{\mu \neq 1} S_{i_{1}11}^\mu) \tag{14.1}$$

（2）产品/部件转换惩罚

在混流生产线上，将相同的产品进行组批生产可以减少等待时间，缩短加工周期。对不组批情况进行惩罚，建立产品/部件转换惩罚。

$$\min_{\mu=1}^{U} \sum_{h=1}^{|X^\mu|-1} c_h^\mu x_h^\mu \tag{14.2}$$

其中，转换变量 x_h^μ 为 $x_h^\mu = \begin{cases} 1 & z_{h_{x}u} = i,\ z_{h+1_{x}u} \neq i \\ 0 & else \end{cases}$

（3）提前/拖期惩罚

在组批生产时，虽可缩短总加工时间，但也会使得订单出现提前或拖期的现象，故建立提前/拖期最小目标。

$$\min\left(\sum_{j=1}^{|X^\mu|} \max\{0,\ (F^1_{i_{je_j}K^1} - d_j)\} + \sum_{j=1}^{J} \max\{0,\ (d_j - F^1_{i_{je_j}K^1})\}\right) \quad (14.3)$$

约束条件如下：

完工时间约束为

$$F^\mu_{i_{jl}k} = S^\mu_{i_{jl}k} + t^\mu_{i_{jl}k} \quad (14.4)$$

$F^\mu_{i_{jl}k}$ 表示任务 j 的第 1 个产品 i_{jl} 在装配线 μ 的 k 工序的完工时间。

其中：

①开工时间 $S^\mu_{i_{jl}k}$：

为任务加工序列中第 j 的第 l 个产品前的产品在 $k-1$ 的完工时间。当 l 为 1 时，$S^\mu_{i_{jl}k}$ 为上一任务的最后一个产品在第一道工序的完工时间。

当 $\mu=1$ 时，还要考虑分装线的齐套供给时间，取上一加工工件的完工时间和部件齐套时间最晚的时间为开工时间。

$$S^1_{i_{jl}k} = \begin{cases} \max(q_j,\ d_1 - \sum_{k=1}^{K^1} t_{i_{11}k}) & j=1\ and\ l=1 \\ \max(q_j,\ F^1_{i_{j-1e_{j-1}}k}) & j \neq 1\ and\ l=1 \\ \max(q_j,\ F^1_{i_{jl-1}k}) & else \end{cases} \quad (14.5)$$

其中，$q_j = \max\limits_{u=2}^{U}\{F^\mu_{i_{je_j}K}\}$ 为任务 j 的部件的齐套时间。

当 $\mu \neq 1$ 时，第一个任务的第一件产品的开始时间为

$$S^\mu_{i_{jl}k} = \begin{cases} F^\mu_{i_{j-1}lk^1} & l=1 \\ F^\mu_{i_{jl-1}k} & else \end{cases} \quad (14.6)$$

②加工时间 $t^\mu_{i_{jl}k}$：

当 $\mu \neq 1$ 时，为线上所有产品加工时间的最大值。

$$t^\mu_{i_{jl}k} = \max_{h=jl_p-(K^\mu-k)}^{jl_p+(k-1)} t^u_{z_{h_x}u_k} \quad (14.7)$$

其中 jl_p 是 j 的第 l 个产品在整个任务加工序列中所处的位置，$jl_p = \sum\limits_{s=1}^{j-1}(s \times e_s + l)$，$e_s$ 为第 s 项任务中的产品个数。

当 $\mu = 1$ 时，总装线上 j 任务的各产品的生产时间除了要考虑线上的其他产品加工时间的影响，需要加上其紧前任务 $j-1$ 由于不齐套导致的开工延期带来的加工时间的延长（参见式（14.8）第二项），还要加上 j 未下线前后面上线的产品由于不齐套导致的加工时间的延长，参见式（14.8）的第三项。

$$t_{i_{jl}k}^1 = \max_{h = jl_p - (K\mu - k)}^{jl_p + (k-1)} t_{z_{h_x}u_k}^1 + \sum_{r=1}^{j-1} \max(0, q_r - F_{i_{re_r}K}^1) + \sum_{\substack{r=j+1; \\ r=r+e_j}}^{K^1-e_j} \max(0, q_r - F_{i_{re_r}K}^1)$$

$$(14.8)$$

将式（14.8）代入式（14.4），转换为：

$$F_{i_{jl}K\mu}^\mu = F_{i_{j-1}lk1}^\mu + \sum_{k=1}^{K\mu} t_{i_{jl}k}^\mu \qquad (14.9)$$

故任务 j 的完工时间为：

$$F_{je_jK}^\mu = \max_{i \in j} F_{i_{jl}K}^\mu \qquad (14.10)$$

14.3　改进多种群蚁群算法设计

在求解无等待流水线调度问题的智能算法研究方面，李永林提出了基于萤火虫算法的混合优化方法，解决了以最小化制造周期为目标的无等待流水线调度问题。潘玉霞提出了基于 Pareto 边界和档案集的改进蛙跳算法，解决了以最大完工时间、最大拖期时间和总流经时间为目标的无等待流水线调度问题。王（Wang）设计了一种多目标禁忌搜索算法，解决了两阶段混合流水车间调度问题。杨开兵设计了一种多目标混合遗传算法，解决了流水车间调度问题。然而蛙跳算法和萤火虫算法收敛速度慢，禁忌搜索算法对初始解要求高，遗传算法局部搜索不强、可行解质量不高。

蚁群算法具有收敛速度快和求解精度高的优点，但是其信息素指导蚂蚁收敛最优解的机制不利于对多个目标进行同时优化，为了解决传统蚁群算法对多目标求解方面存在的不足，提出了改进多种群蚁群算法，其基本思路为：

首先根据优化目标函数的个数 n，将蚂蚁分解为 n 个蚂蚁种群，每个种群针对对应的目标函数建立各自的搜索策略；其次为了提高算法的搜索效率和求解精度，建立了优质解确定方法；最后为了增强各种群信息素的交流，实现种群的多样性，建立了两层信息素更新方法：子信息素更新机制和主信息素更新机制。

14.3.1　多种群搜索策略

在多种群蚁群算法中，用 (l,k) 表示第 l 个种群的第 k 只蚂蚁，则蚂蚁 (l,k) 在选择任务 j 后选择任务 j_o 满足：

$$j_o^{lk} = \begin{cases} \max\limits_{j_o \in N_j^{lk}} \left\{ [\tau_{jj_o}^{lk}]^\alpha [\eta_{jj_o}]^\beta \right\}, & r \leqslant r_0 \\ P_{jj_o}^{lk} = \dfrac{[\tau_{jj_o}^{lk}]^\alpha [\eta_{jj_o}]^\beta}{\sum\limits_{t \in N_j^{lk}} [\tau_{jt}^{lk}]^\alpha [\eta_{jt}]^\beta}, & r > r_0 \text{ 依概率 } P_{jj_o}^{lk} \text{ 用轮盘赌选择点 } j_o \end{cases}$$

$$(14.11)$$

其中，τ_{ij}^{lk} 表示第 l 种群中第 k 只蚂蚁对应的信息素；η_{jj_o} 为 j 任务与 j_o 任务之间的启发式信息；N_j^{lk} 为第 l 种群蚂蚁 k 中可供任务 j 选择的任务集合。

启发式信息 η_{jj_o}：用来引导蚂蚁向产品组批方向搜索，然而，组批会影响产品的提前/拖期，因此与 j 交货期接近的产品相同的任务应给予较大启发式信息，对于生产不同产品的任务给予较小的定值 α。

$$\eta_{jj_o} = \begin{cases} \dfrac{Q_1}{|d_j - d_i|} & i_j = i_{j_o} \\ \alpha & \text{其他} \end{cases}$$

r 表示是否采用轮盘赌进行 j 选择的随机变量，在 $[0,1]$ 上服从均匀分布。r_0 是阈值（$0 \leqslant r_0 \leqslant 1$），设定该值为随迭代次数增加逐渐变小的 $[0,1]$ 变量，当迭代次数较小时，取较大值，增大搜索空间；当迭代次数增大到某个值时，将其定为一较小固定的数值，提高蚂蚁对信息素的依赖性。

14.3.2 优质解确定方法

从 l 个蚂蚁种群的解集中获取多目标下非劣解（只要其中一个目标函数值较好即可作非劣解）集 BP，选取其中每个目标较好的解 m^l 进行变异。由于各目标的影响因素不同，因此建立不同的变异方法。

（1）对加工时间目标的解的变异方法

对于无等待流水线，在各线加工产品的加工时间不长的情况，如果在每条线上的任务的序列差别不大的情况下，会缩短由于部件不齐套导致的生产周期的延长，因此在 m^l 中选取在各条线上排序差异较大的任务 j，移动其在各条线上的生产顺序，使其排序差异变小。如图 14.1 所示，任务 7 的排序差异最大为 4，将其他分装线上任务 7 的位置调整到与总装线相同的位置，调整节点后的所有任务位置后移一位。

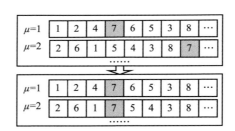

图 14.1　总加工时间目标寻优

（2）对提前/拖期目标的解的变异方法

在无等待流水线中，当改变加工时间较小的产品的位置时，对整个任务序列上其他任务的完工时间影响不大（参见式 14.7），而当改变加工时间较长产品的位置时，其他任务的完成时间影响较大。因此，可以通过调整加工时间较大（或较小）产品在任务序列上的位置，使目标值变化幅度变大（或变小），从而调整目标函数值。

（3）转换惩罚目标的解的变异方法

增加组批产品的个数，即可减小转换惩罚，选取生产加工时间较小的任

务 j 和与之最近加工相同产品的任务 k 进行组批，从而既可减少转换惩罚，也不会影响提前/拖期惩罚目标。

将上述变异解加入 BO 中求非劣解添加到集合 $\mathrm{BP}\{X_1, X_2, X_3, \cdots, X_M\}$ 中，进行信息素的更新。

14.3.3　信息素更新方法

为了使蚂蚁找到较好的可行解，需要综合考虑子信息素和主信息素，并用其综合评价值指导各种群蚂蚁生成路径，路径 (i, j) 的信息素构成如下：

$$\tau_{ij}(g) = (1-w)\tau_{l,ij}(g) + w\tau_{m,ij}(g) \tag{14.12}$$

式中，w 是重要度，调整主信息素和子信息素所起的作用；在路径 (i, j) 上，$\tau_{l,ij}(g)$ 是非劣解对其释放的子信息素量；$\tau_{m,ij}(g)$ 代表非劣解释放的主信息素量。

（1）子信息素的更新

以 BP 中非劣解所对应的各单目标函数值，对该解的蚂蚁所经路径进行全局更新：

$$\tau_{l,ij}(g) = (1-\rho)\tau_{l,ij}(g-1) + \sum_k \Delta\tau_{ij}^{lk}(g) \tag{14.13}$$

式（14.13）中 $\Delta\tau_{ij}^{lk}(g)$ 表示蚂蚁 (l, k) 在路径 (i, j) 上释放的信息素，其强度取决于蚂蚁 (l, k) 所对应的目标函数值的质量，释放信息素强度 $\Delta\tau_{ij}^{lk}(g)$ 为：

$$\Delta\tau_{ij}^{lk}(g) = \frac{Q_l}{f^{lk}} \tag{14.14}$$

式（14.14）中 Q_l 为正常数，f^{lk} 表示蚂蚁 (l, k) 所对应的 l 目标的函数值。

（2）主信息素的更新

$\tau_{m,ij}(g)$ 计算与式（14.14）相同，只是信息素强度 $\Delta\tau_{ij}^m(g)$ 计算时采用小生境技术对非劣解在 (i, j) 释放的主信息素进行计算。

$$\Delta \tau_{ij}^{m}(g) = \frac{Q}{N(m)} \tag{14.15}$$

式（14.15）中 Q 为正常数，$N(m)$ 表示非劣解 m 所对应的小生境数。

计算解 m 到其他解的距离：

$$d_{mn} = \sqrt{\sum_{t=1}^{L} [f_t(X_m) - f_t(X_n)]^2} m , \quad n = 1, \cdots, M, \ m \neq n \tag{14.16}$$

计算共享函数值：

$$S(d_{mn}) = \begin{cases} 1 - \dfrac{d_{mn}}{\sigma_{share}}, & d_{mn} < \sigma_{share} \\ 0, & d_{mn} \geq \sigma_{share} \end{cases} \tag{14.17}$$

其中，σ_{share} 为小生境半径。

故非劣解 m 的小生境数为：

$$N(m) = \sum_{n=1}^{M} S(d_{mn}), \quad m, \ n = 1, \cdots, M, \ m \neq n \tag{14.18}$$

14.3.4 算法步骤

改进多种蚁群算法计算步骤如下：

步骤 1：初始化各参数、初始矩阵以及所需的生产数据，并令迭代次数 $NC = 0$；

步骤 2：$NC \leqslant NC\_\max$，转至 3，否则 12；

步骤 3：每个蚂蚁种群按照式（14.11）生成解，并分别计算各解对应的第 l 目标函数值；

步骤 4：将各种群蚂蚁汇总求其非劣解集 BO，并记录非劣解及其对应的路径；

步骤 5：如果 $NC = 0$，转到步骤 6；否则，转到步骤 7；

步骤 6：对 BO 中非劣解加入解集 BP 中，并记录路径，转到步骤 8；

步骤 7：将步骤 4 非劣解集加入解集 BP 中再次求非劣解，进行变异，保留非劣解到 BP 中并记录其路径；

步骤 8：按照式（14.18）计算 BP 中每个非劣解的小生境数；

步骤 9：对 BP 中的所有路径按照式（14.13）和式（14.15）分别进行子信息素和主信息素的更新；

步骤 10：按照式（14.12）计算非劣解对应的各种群蚂蚁的路径的信息素；

步骤 11：$NC = NC + 1$，转到步骤 2；

步骤 12：输出非劣解。

14.4　实例应用

以某机床集团普车分厂总装线和床头箱、溜板箱、进刀箱 3 条分装线的生产数据为样本进行仿真实验，验证算法的有效性。

14.4.1　原始数据采集

采集了某机床集团某年 5 月份上旬普车分厂 120 个上线任务作为研究样本，具体包括上线任务车床型号、数量以及交货期；各型号车床对部件的配置要求；总装线、分装线对各型号产品各个工位的加工时间等。具体数据如表 14.1 至表 14.3 所示。

表 14.1　　　　　　　　　　普车分厂五月上线计划

任务序号	系列	型号规格	数量（台）	订货期	交货期
1	CDL	CDL6251/1500	5	2013.03.20	2013.05.02
2	CDE	CDE6140A/750	5	2013.04.09	2013.05.03
3	40E	CDE6140A/750	4	2013.04.09	2013.05.03
4	40E	CDE6250A/1500	5	2013.04.09	2013.05.03
5	CDL	CDL6251/1000	6	2013.03.28	2013.05.05

任务序号	系列	型号规格	数量（台）	订货期	交货期
…	…	…	…	…	…
118	40E	CDE6250A/1500	3	2013.04.02	2013.05.15
119	40E	CDE6250A/1500	2	2013.04.02	2013.05.15
120	DCDS	CDS6240B/1000	6	2013.03.20	2013.05.14

表 14.2　　　　　　　　各种系列产品及部件类型工艺信息（分钟）

产品系列	节拍	工位数	进刀箱类型	节拍	工位数	溜板箱类型	节拍	工位数
40E	5		J40E – 1	7		L40E	7	
63E	2		J40E – 2	9		L63E – 1	5	
CDL	4	27	J63E – 1	5		L63E – 2	4	
DCDS	3		J63E – 2	6	6	LCDL – 1	6	8
床头箱类型	节拍	工位数	JCDL – 1	5		LCDL – 2	4	
C40E	4		JCDL – 2	7		LDCD – 1	7	
C63E	8		JDCD – 1	4		LDCD – 2	9	
CCDL	10	14	JDCD – 2	9				
CDCD	6							

表 14.3　　　　　　　　各型号车床 BOM

机床型号	床头箱	溜板箱	进刀箱	机床型号	床头箱	溜板箱	进刀箱
CDE6140A/750	C40E	L40E	J40E – 1	CDS6250B/2000	CDCD	LDCD – 1	JDCD – 2
CDE6250A/1500	C40E	L40E	J40E – 2	CDS6251/1500	CDCD	LDCD – 2	JDCD – 1
CDL6241/1000	CCDL	LCDL – 1	JCDL – 1	CW61100E/3000	C63E	L63E – 1	J63E – 1
CDL6246/1000	CCDL	LCDL – 1	JCDL – 2	CW6180E/3000	C63E	L63E – 1	J63E – 2
CDL6251/1000	CCDL	LCDL – 2	JCDL – 1	CW62100E/3000	C63E	L63E – 2	J63E – 1
CDL6251/1500	CCDL	LCDL – 2	JCDL – 2	CW6263E/1500	C63E	L63E – 2	J63E – 2
CDS6240B/1000	CDCD	LDCD – 1	JDCD – 1				

14.4.2　算法有效性验证

为了证明改进的多种群蚁群算法在解决多目标优化问题上的优越性，设计了小数据实验，由于解的复杂度为 $(n!)^\mu$，呈指数爆炸性增长，解数量极为庞大。为了验证本算法的有效性，选取表 14.1 中 3 项上线计划任务，在 1 条总装线及 3 条分装线进行调度，共计有 1 296 个解，将本算法与枚举算法进行比较分析。参数取 $Q_{ants} = 20$，$Nc\_max = 100$。

由表 14.4 可知，由于枚举法涵盖了所有的非劣解，代表着实际 Pareto 前沿面，而改进多种群蚁群算法所求解与枚举法的解完全一致，因此改进多种群蚁群算法能够较好地接近 pareto 前沿面，求解精度较好。

表 14.4　　　　　　　　改进多种群蚁群算法与枚举法结果对比

算法	非劣解			算法	非劣解		
枚举法	3 078	94	15	改进多种群蚁群	3 078	94	15
	3 086	89	15		3 086	89	15
	3 116	87	15		3 116	87	15
	3 154	85	15		3 154	85	15
	3 173	83	15		3 173	83	15
	3 198	82	18		3 198	82	18
	3 236	81	21		3 236	81	21
	3 410	79	15		3 410	79	15
	3 425	78	18		3 425	78	18

14.4.3　算法对比

分别利用传统蚁群算法、多种群蚁群算法以及改进多种群蚁群算法对实例进行求解，其中多种群除不包含主信息权重 w 和主信息素更新增量常数 Q 外，各参数与改进多种群蚁群算法均相同，为保证控制变量原则，传统蚁群

算法蚂蚁数 $Q_{ants} = 60$，其余参数与多种群蚁群算法相同。

设计各个参数为：蚂蚁种群 $l = 3$，各种群蚂蚁数 $Q_{ants} = 20$，最大迭代次数 $Nc\_max = 100$，信息素权重 $\alpha = 1$，启发式信息权重 $\beta = 0.5$，挥发系数 $\rho = 0.5$，主信息素权重 $\omega = 0.3$，各种群信息素增量常数 $Q_1 = 4\,800$，$Q_2 = 900$，$Q_3 = 150$，主信息素更新增量常数 $Q = 18$。

为了算法的可靠性，采用连续运行十次的平均值，具体结果如表 14.5 所示。

表 14.5 各算法结果比较

算法	非劣解个数	间距近似性 S	覆盖情况 D	C(X，1)	C(X，2)	C(X，3)
传统蚁群（1）	50	0.104	0.693	—	0.13	0.03
多种蚁群（2）	12	0.03	0.822	0.69	—	0.04
改进多种群（3）	90	0.014	0.943	0.59	0.68	—

由表 14.5 可知，从平均非劣解个数来看，改进多种群蚁群算法解的个数最多；从接近和覆盖前沿面程度的两个指标 S 和 D 看，改进算法优于其他两种算法；从 C 指标比较，在制约传统蚁群上，多种群算法优于改进算法，而从 C(X，2) 看出改进算法可以较好地制约多种群算法，从 C(X，3) 看其他两种算法对改进算法的制约程度都较小，因此改进算法能够制约绝大多数的其他两种算法解。

14.4.4 应用效果

选取提前/拖期为对比目标，将按照实际排序方法的调度结果与本排序方法的调度结果作对比，如表 14.6 所示。

由于任务排序是以小时为单位，拖期/提前都是小时，而交付时间一般为天，因此表中的数据是转换为天以后的实际调度结果。由表 14.6 可以看出，实际算法的准时交付（除了拖期以外）的产品个数为 84，准时交付率为

70%，改进算法的准时交付个数为111，准时交付率为92.5%，由此可见提高了产品准时交付能力；实际算法的拖期总时长为 95 天，而改进算法的为 10 天，由此可见改进算法在缩短总加工时间上也具有较好的效果。

表 14.6　　　　　　　　　原生产计划与优化后计划任务提前拖期对比

订单号	原计划	优化后	订单号	原计划	优化后	订单号	原计划	优化后	订单号	原计划	优化后	订单号	原计划	优化后
1	−7	−3	25	−11	−6	49	−4	−2	73	3	0	97	2	0
2	−2	0	26	−1	0	50	−9	−5	74	3	0	98	1	0
3	−2	−1	27	−6	−3	51	0	0	75	−4	−4	99	−6	−5
4	−2	−1	28	1	1	52	3	1	76	2	0	100	−1	−2
5	0	0	29	−7	−4	53	−2	−2	77	−6	−5	101	4	0
6	−10	−5	30	−10	−5	54	2	0	78	5	1	102	3	0
7	0	0	31	−7	−4	55	−3	−2	79	2	0	103	0	−2
8	−4	−2	32	−7	−4	56	2	0	80	−1	−2	104	4	0
9	−9	−5	33	0	0	57	1	0	81	−2	−2	105	2	0
10	−9	−5	34	1	0	58	−1	−1	82	−1	−2	106	4	0
11	−4	−2	35	−3	−2	59	−1	−1	83	−5	−4	107	6	1
12	1	0	36	1	0	60	−5	−4	84	−7	−5	108	−4	−4
13	−4	−2	37	−4	−2	61	2	0	85	−5	−4	109	0	−2
14	2	1	38	−9	−5	62	−7	−5	86	4	0	110	7	2
15	−5	−2	39	1	0	63	−6	−4	87	−6	−4	111	−6	−6
16	−1	0	40	−1	0	64	−3	0	88	−8	−6	112	2	0
17	0	0	41	0	0	65	2	0	89	2	0	113	−3	−4
18	−9	−5	42	−8	−5	66	−7	−5	90	−2	0	114	−2	−3
19	−3	−1	43	−7	−4	67	0	0	91	−3	−4	115	0	−1
20	−4	−2	44	−1	0	68	−6	0	92	3	0	116	3	0
21	2	1	45	−6	−4	69	4	1	93	2	0	117	−1	−3
22	−9	−5	46	3	1	70	−5	−4	94	0	−1	118	0	−2
23	−8	−5	47	0	0	71	−8	−5	95	−6	−5	119	−4	−4
24	0	0	48	−9	−5	72	0	−1	96	4	0	120	−2	−3

14.5 管理启示

总装分装系统生产计划与调度协同优化方法满足目前装备制造业生产作业车间的实际要求，对企业实现精准报价管控具有重要的理论和实际意义，具体如下：

（1）以产品订单为驱动，以产品 BOM 为基础对产品需求计划进行拆解，获得对应的部件需求计划，保证所产与所需部件的一致性，并在物料约束中加入物料齐套约束，有效地解决了总装线由于部件供应不匹配或不齐套而引起的停工现象，保证了作业的流畅性，提高了生产资源的利用率。

（2）由于分装线严格按照部件需求计划所需型号和数量组织生产，不存在所需产品的过量生产，或者所需部件未被生产的现象，并且通过总装线与分装线的协同调度，保证了所产部件能够尽快地被总装线消耗，因此有效地降低了在制品的积压，降低了库存成本。

（3）生产计划与调度协同优化方法通过对总装线和分装线进行协同优化，解决了分装线与总装线之间的部件供应衔接问题，在有效地减少总装线由于部件不齐套停工现象同时，实现对单条流水线进行混流生产的最优调度，因此产品的制造周期缩短，由于在建模过程中，产品的提前拖期惩罚作为一个重要目标进行了优化，因此有效地提高了产品的按期交付能力。

（4）实现了多条存在供应关系的独立流水线集成优化管理，为企业实现订单的优化分配提供了理论支撑。

14.6 本 章 小 结

为解决混流产品在无等待多条流水线生产条件下，由于产品生产节拍不一致导致总装分装系统中生产连续性较差的问题，研究了总装分装生产调度协同优化方法，实现了在保证批量生产、部件齐套供应前提下，使订单能够按期交货。以最小化总加工时间、最小化总提前/拖期和产品转换惩罚为优化目标，建立了混合整数规划模型，并设计了改进多种群蚁群算法求解该模型。以某机床集团某月生产任务为例进行仿真实验，与多种群蚁群算法、传统蚁群算法对比，验证了该算法性能较好。并与现行的调度方法进行对比，验证该任务排序方法在混流节拍不一致的多条装配线生产上，能够有效地缩短产品生产周期，降低生产成本，提高订单的准时交付率。

第 15 章

考虑订单接受与生产调度的报价模型

当前世界处于经济全球化的环境下，制造企业开始由传统的集中式制造转向分布式制造，后者可以充分利用位于不同地区的不同工厂的生产能力，实现合理的资源配置，但这也加大了企业进行订单接受和生产调度决策的难度。对于企业来说，通常销售部和生产部是分开的，经常发生订单接受数量过多无法及时生产或订单接受数量过少浪费生产资源的情况，使得企业难以达到利润最大化目标。迄今为止，大多数研究没有将订单接受和生产调度决策作协同研究，仅考虑订单是否接受或者如何调度接受订单。此外，产品报价的制定与订单接受和生产调度决策息息相关。若企业可以顺利生产，则产品的利润空间足够大，企业在考虑撇脂策略、渗透策略等制定产品价格时，才可获得预期利润。若企业生产组织安排不合理，产品无法及时交付或者是实际生产活动的成本高出制定报价时的预期成本，将会造成损失。因此，报价需要与订单接受和生产调度决策进行统一研究，具有重要的理论价值和现实意义。

本章主要研究的是分布式制造企业在订单接受和调度决策两个阶段的平衡问题，从企业实际生产过程中存在的问题出发，建立以利润最大化为目标的整数规划模型，通过 Benders 算法进行求解，得到订单的接受方案及调度方案，从而为企业制定报价决策提供理论支持。具体包括，提取订单的基本要素，将订单接受和调度决策统一建模；以利润最大化为目标函数，研究第一阶段订单是否接受以及如何分配订单，第二阶段按照拖期惩罚最小化确定生产顺序；将二者结合，可以建立一个以利润最大为目标函数的统一模型，即将订单接受和调度决策结合统一进行建模求解。模型可以为制造企业的订单接受和生产调度决策提供综合平衡的方法，为业务决策提供理论支持。最后在整个问题上实现 Benders 算法，当求解主问题或者子问题时，调用分枝定界算法进行求解，以提高求解效率和解决方案的质量。通过运用这些创新的方法和算法，制造企业可以更好地平衡及时生产能力和利润目标，制定报价决策，提高生产效率，满足客户需求，并为整个制造行业的发展提供理论方法。

15.1　问　题　描　述

本章研究的分布式两阶段订单接受与调度的报价问题可描述为：在某个时刻，I 个拥有相同流水线的分布式工厂均为空闲状态，每个工厂完成相同订单的加工时间一致，有 J 个订单到达，每个订单产生的收益为 U_j，需要在 D_j 时间交货。如果没有完成，会产生拖期惩罚，每个订单的单位拖期惩罚成本为 B_j。决策包括决定接受哪些订单（Y_j），订单分配给哪个工厂（Z_{ij}），在工厂中处理订单的顺序是什么（X_{jk}），在什么时间开始什么时间结束（C_j），$T_i = \max\{C_i - D_i,\ 0\}$。此外，模型要求 $J \gg I$。调度问题流程如图 15.1 所示，具体参数及表示含义参见表 15.1。

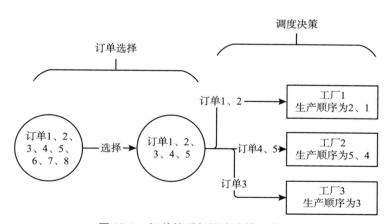

图 15.1　订单接受与调度决策示意图

表 15.1 参数及表示的含义

索引与集合	描述
J	所有订单集合
$j, \ k \mid j > k$	订单索引
I	工厂集合
i	工厂索引
P_j	j 订单的加工时间
U_j	j 订单的报价
B_j	j 订单产生拖期时的单位惩罚成本
D_j	j 订单的交货日期
D_j'	j 订单的截止日期，$D_j' = D_j + U_j / B_j$
M	无穷大正整数
决策变量	**描述**
$Y_j \in \{0, 1\}$	1 表示接受订单，0 表示拒绝订单
$Z_{ji} \in \{0, 1\}$	1 表示订单 j 分配给工厂 i，否则为 0
$X_{jk} \in \{0, 1\}$	1 表示 j 订单在 k 订单后面处理，否则为 0
$C_j \geqslant 0$	订单 j 完成时的时间，为连续变量
$T_j \geqslant 0$	订单 j 产生的拖期时间
其他变量	**描述**
V_i	主问题对于子问题 i 的期望拖期惩罚（在第 h 次循环中 $V_i = \hat{V}_i^h$）
$\overline{V}_i^h$	在第 h 次循环中子问题 i 产生的实际拖期惩罚
$\hat{V}_i^h$	在第 h 次循环中主问题产生对子问题 i 期望拖期惩罚（期望目标值）
$\hat{J}_i^h$	在第 h 次循环中子问题 i 接受的订单集合

15.2　订单接受与生产调度协同决策模型

根据上述问题描述建立混合整数线性规划模型如下：

$$\max \ = \ \sum_{j \in J} \left(U_j Y_j - B_j T_j \right) \quad (MIP) \tag{15.1}$$

s. t.

$$\sum_{i \in I} Z_{ji} = Y_j \quad \forall j \in J \tag{15.2}$$

$$C_j \geqslant P_j Y_j \quad \forall j \in J \tag{15.3}$$

$$C_j \geqslant C_k + P_j - M(3 - X_{jk} - Z_{ji} - Z_{ki}) \quad \forall (j, k) \in J \,|\, j > k, \ i \in I \tag{15.4}$$

$$C_k \geqslant C_j + P_k - M(2 + X_{jk} - Z_{ji} - Z_{ki}) \quad \forall (j, k) \in J \,|\, j > k, \ i \in I \tag{15.5}$$

$$T_j \geqslant C_j - D_j \quad \forall j \in J \tag{15.6}$$

$$C_j \geqslant 0 \quad \forall j \in J \tag{15.7}$$

$$T_j \geqslant 0 \quad \forall j \in J \tag{15.8}$$

$$Y_j, \ Z_{ji}, \ X_{jk} \in \{0, \ 1\} \tag{15.9}$$

模型目标函数（15.1）表示的是第一阶段选定订单后产生收入，但是每个订单完成可能会产生拖期惩罚成本，因此要减去该部分成本。约束（15.2）要求选择是否接受该订单，并且将该订单分配给一个工厂。约束（15.3）确保每个被接受的订单的实际完成时间应该要比该订单的加工时间长。约束（15.4）和（15.5）对每个工厂的订单进行可行性排序，并且计算出分配的订单完成时间。约束（15.6）计算每个被接受的订单最终的拖期时间。约束（15.7）~（15.9）定义决策变量的取值范围。

通过分析订单要素，增加一些约束条件来让模型的优化求解可以快速收敛。

首先，本节给出一些即将用到的属性。

属性1　$D_j' = D_j + U_j/B_j$，此时的 D_j' 为订单 j 的真正截止时间（无利润时间），意味着如果在这个时间后面才完成该订单，那么该订单就是亏损的。

属性2　对于订单 j 和订单 k，如果订单 k 控制订单 j，意味着订单 j 只有在订单 k 被接受的情况下才有可能被接受。

属性3　如果订单 j 和订单 k 是互斥的，那么它们不允许分配给同一个工厂。

其次，本节给出一些定理及相关证明。

已知如果接受一个订单，一定是因为接受该订单并且在某个时间完成该订单会带来利润，即使利润被压缩，也一定要是正的利润才有可能被接受。

公式 $U_j - B_j T_j = U_j - B_j \max\{C_j - D_j, 0\}$，给出了订单 j 最终获得的收益，如果 $C_j \leqslant D_j$，真实收益是接受该订单带来的 U_j，如果 $C_j > D_j$，真实收益就不

是 U_j，而是 $U_j - B(C_j - D_j)$，想要接受该订单，就一定要 $U_j - B_j(C_j - D_j) > 0$。

定理 15.1 如果一个订单 j，满足 $P_j > D'_j$，那么该订单就必须被拒绝。

证明：$P_j > D'_j$，一定存在 $C_j > D'_j$，可得 $C_j > D_j + U_j/B_j$，真正的收益 $U_j - B_j(C_j - D_j) < U_j - B_j(U_j/B_j) = 0$，即接受该订单后，该订单带来的真正收益是负的，那么该订单就必须拒绝。

定理 15.2 如果给出一个解，解中有一个订单的实际完成时间是在无利润时间之后的，那么这个解是一个次优解，一定会存在一个解比该解更优。

证明：假设订单集合 J 为所有已经接受的订单，订单 j' 的实际完成时间是在无利润时间之后的，也就是说订单 j' 的利润 $U_{j'} - B_{j'}(C_{j'} - D_{j'}) < 0$。总的利润为：

$$\sum_{j \in J} U_j - B_j T_j = \overbrace{(U_{j'} - B_{j'} T_{j'})}^{<0} + \sum_{j \in J \setminus j'} U_j - B_j T_j$$

如果移除订单 j'，其他工厂的订单产生的惩罚总成本不变。假设 j' 订单被分配到了工厂 i 生产顺序的第 k 个位置进行生产。移除订单 j' 也同样不会对工厂 i 的前 $k-1$ 个订单的总罚时成本有影响，但是后面的订单的生产开始和完成时间会向前移动 $P_{j'}$，那么后面的订单的惩罚成本要么不变，要么会减少，总的利润目标就会增加。

定理 15.3 如果订单 j 和 k 满足 $P_k < P_j$，$D_k \geqslant D_j$，$U_k \geqslant U_j$，$B_k \leqslant B_j$，则优先接受订单 k。

证明：假设给出了一个解 a，该解接受了订单 j，拒绝了订单 k。此时，有另外一个解 a'，该解唯一的变化是拒绝了订单 j，接受了订单 k。正是由于订单 k 相比于订单 j 会有更多的利润，因此会有更少的拖期惩罚成本（因为有更少的生产时间），并且还有更多的交货截止时间。对于其他没有变化的订单，他们的 C_j 要么保持不变，要么缩短，最终会导致他们的拖期惩罚成本保持不变或者缩短。

定理 15.4 如果订单 j 与 k 已被接受，且满足 $P_j + P_k > \max\{D'_j, D'_k\}$，那么订单 j 与订单 k 不能同时分配给同一个工厂进行生产。

证明：假设 $P_j + P_k > D'_k$，那么订单 k 应该安排在订单 j 之前进行生产，同样的 $P_j + P_k > D'_j$，那么订单 j 应该安排在订单 k 之前进行生产。这里将订单 j

与订单 k 分配给同一个工厂生产是不可行的，所以订单 j 与订单 k 互斥，他们要分别分配给某个工厂。

定理 15.5　如果某一个工厂满足 $\sum_{j \in J_i} P_j > \max_{j \in J_i} D_j'$，一定存在一种分配方案比该种方案更优。

证明：如果某个工厂满足 $\sum_{j \in J_i} P_j > \max_{j \in J_i} D_j'$，说明有某一个订单的生产完成时间超出了其无利润时间，产生负的利润，所以该订单不应该被接受或者这样排序不是最优的，所以应调整订单接受和调度方案，寻找更优的方案。

根据上面给出的有关定理，可以构建几个更为有效的约束，来缩小模型求解可行域，帮助快速地收敛，更快地找到最优解或者在有限时间内找到可行解。

根据定理 15.1、定理 15.3、定理 15.4，得出以下约束：

$$Y_j = 0 \quad \forall i: P_j \geq D_j' \tag{15.10}$$

$$Y_k \leq Y_j \quad \forall j, k: P_j \leq P_k, D_j \geq D_k, U_j \geq U_k, B_j \leq B_k \tag{15.11}$$

$$Z_{ji} + Z_{ki} \leq 1 \quad \forall j, i, k: P_j + P_k > D_j', P_j + P_k > D_k' \tag{15.12}$$

约束（15.10）是为了满足当某个订单的生产时间超出其无利润时间时不会被接受。约束（15.11）确保当订单 j 优于订单 k 时，拒绝订单 j 时，订单 k 一定会被拒绝，接受订单 k 时，订单 j 一定会被接受。约束（15.12）确保当两个订单满足定理 15.4 时不会被分配给同一个工厂进行生产。

根据定理 15.2 和定理 15.5，要避免产生非优质解，此时，定义一个二进制的变量 $r_{ji} \in \{0, 1\}$，这是为了找到每个工厂分配的订单中无利润时间最大的订单，得出以下约束：

$$\sum_{j \in J} r_{ji} = 1 \quad \forall i \tag{15.13}$$

$$r_{ji} \leq Z_{ji} \quad \forall j, i \tag{15.14}$$

$$\sum_{j \in J} P_j Z_{ji} \leq \sum_{j \in J} D_j' r_{ji} \quad \forall i \tag{15.15}$$

$$r_{ji} \in \{0, 1\} \quad \forall j, i \tag{15.16}$$

约束（15.13）是为了确保选择的订单是已经分配给该工厂进行生产的，约束（15.14）令每个工厂选择一个具有最大无利润时间的订单（在分配给自

己的订单中选择）。约束（15.15）确保分配给该工厂的所有订单的生产时间
和不应该大于条件（15.13）选择的订单的最大无利润时间。约束（15.16）
定义了布尔型变量。

15.3　基于 Benders 模型分解算法

通过 Benders 分解算法对模型作分解。不采用对偶模型进行求解主要是通
过子问题直接验证主问题给出的解的可行性，当解不可行时将添加一个 cut 返
回给主问题；主问题再次求解，子问题再次得到验证，如此循环往复直到找
到主问题的解在子问题也可行时停止循环。

通过分析发现，决策变量 Y_j 和 Z_{ji} 共同决定着订单是否会被接受、接受的订
单会被分配给哪个工厂，并且这两个变量为整型变量；只有当订单被接受并且
分配给一个工厂时，该订单才会有可能产生拖期。根据 Benders 分解原理，整型
变量一般放到主问题，连续型变量放到子问题。但是变量 X_{jk} 自身和 C_j 与 T_j 有
联系，这三者决定了订单的生产顺序，所以考虑将这三者放入子问题当中。

对模型的原问题目标函数公式（15.1）进行分解，将决策变量（订单接
受 Y_j、订单分配 Z_{ji}）分配给主问题，决策变量（订单排序 X_{jk}、订单调度 C_j
和 T_j）分配给子问题。

分解思路如图 15.2 所示，通过解主问题，会产生接受订单集合及订单分
配方案，还能得到工厂产生的最小期望拖期惩罚成本 V_i。

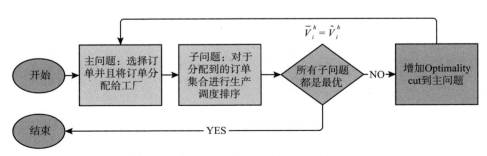

图 15.2　订单接受与调度决策模型分解思路

主问题形式如下：

目标函数：

$$\max\left(\sum_{j\in J}U_jY_j - \sum_{i\in I}V_i\right) \quad (MP) \tag{15.17}$$

s. t.

$$\sum_{i\in I}Z_{ji} = Y_j \quad j\in J \tag{15.18}$$

$$Y_i,\ Z_{ji}\in\{0,\ 1\} \quad \forall j,\ i \tag{15.19}$$

$$V_i \geqslant \overline{V}_i^h\left(1 - \sum_{j\in\hat{J}_i^h}(1 - Z_{ji})\right) \quad \forall i:\overline{V}_i^h > \hat{V}_i^h \tag{15.20}$$

$$V_i \geqslant 0 \quad \forall i \tag{15.21}$$

$$(15.10) \sim (15.16)_\circ$$

其中，V_i 表示的是在主问题约束下第 i 个工厂所分配到的订单会产生的期望拖期惩罚成本。$\hat{V}_i^h$ 表示第 h 次循环第 i 工厂产生的期望拖期惩罚成本。约束条件（15.18）限制了订单被接受时一定要分配给工厂进行生产，约束条件（15.19）定义了两个决策变量。约束条件（15.20）是每次迭代循环过程中子问题返回给主问题的 cut 表示形式，它的具体表达式要根据子问题的求解情况进行表示。约束条件（15.21）是主问题给出的对于子问题期望的拖期惩罚初始时一定不会为负数。在第 h 次循环中主问题产生对 i 子问题期望拖期惩罚为 $\hat{V}_i^h$，如果后续的迭代中，子问题给出的拖期惩罚与主问题给出的期望拖期惩罚不相等，那么子问题就会加入相应的（15.20）约束到主问题中。

在上述的分解中，主问题的约束条件太松，很有可能会遍历所有的订单选择和分配方案。当第一次迭代时，主问题中还没有约束条件（15.22），主问题会直接接受所有的订单，然后进行后续的迭代结算。由于约束条件太松，导致可行域的范围太大，引入下面的约束向主问题添加更严格的约束条件。

$$\sum_{j\in J}P_jZ_{ji} \leqslant \max\{D_j'Z_{ji}\} \quad \forall i \tag{15.22}$$

约束条件（15.22）确保每个工厂的订单集合中都会有一个订单被选中，被选中的订单是拥有最大截止日期的订单；确保 i 工厂所分配到的订单总的加工时间不会超过其中一个订单的截止日期，这个约束条件仅仅使得订单向下分配时确保每一工厂都会有一个订单会赚取利润，但是剩余的订单并不保证其是否还有利润。向主问题引入限制条件（15.22）是为了确保订单分配时有一个可行的搜索方向，如果不加入这些限制条件，原问题的条件虽然会保证期望的利润可以尽量大，但是订单的分配方案不够好，例如：接受订单1、2、3、4、5，但是分配给工厂甲的是订单2、3，工厂乙的订单是1、4、5，由于工厂甲的两个订单利润全部为负，这种分配方案就不好，可以考虑每个工厂至少应该有一个订单的利润是正数。引入限制条件（15.22）可以保证那些接受的订单作工厂分配时，每个工厂至少会有一个订单会有正的利润，同时也减小了可行域的范围。

将主问题分解完成后，接着给出分解后的子问题形式。子问题是 i 个，对于每个工厂，各自订单怎么排序调度生产都是一个子问题。

目标函数：

$$\min \overline{V}_i^h = \sum_{j \in \hat{J}_i^h} B_j T_j \quad (SP) \tag{15.23}$$

s. t.

$$C_j \geq P_j \quad \forall j \in \hat{J}_i^h \tag{15.24}$$

$$C_j \geq C_k + P_j - M(1 - X_{jk}) \quad \forall (j, k) \in \hat{J}_i^h \mid j > k \tag{15.25}$$

$$C_k \geq C_j + P_k - MX_{jk} \quad \forall (j, k) \in \hat{J}_i^h \mid j > k \tag{15.26}$$

$$T_j \geq C_j - D_j \quad \forall j \in \hat{J}_i^h \tag{15.27}$$

$$C_j, T_j \geq 0 \quad \forall j \in \hat{J}_i^h \tag{15.28}$$

$$X_{jk} \in \{0, 1\} \quad \forall (j, k) \in \hat{J}_i^h \mid j > k \tag{15.29}$$

这里的子问题所有的订单都是主问题在 h 次循环所分配给 i 工厂的订单，$\hat{J}_i^h$ 指的是在第 h 次循环，i 工厂所分配到的订单集合。约束条件（15.24）保证每个订单的完工时间应该大于等于加工处理时间。约束条件（15.25～15.26）保证了如果 j 订单在 k 订单后面生产，那么 j 订单的完工时间应该大于等于 k 订单完工时间加上 j 订单处理加工时间；如果 k 订单在 j 订单后面生产，那么 k 订单的完工时间应该大于等于 j 订单完工时间加上 k 订单处理加工时间。约束条件（15.27～15.28）是为了计算订单的拖期时间，$T_j = \max\{0,$

$C_j - D_j\}$。约束（15.29）定义决策变量 X_{jk} 的取值。

以上就是对于模型的分解过程，下面对式（15.20）作具体描述。式（15.20）中 V_i 是变量，$\overline{V}_i^h$ 是常量，是 i 工厂子问题在 h 次迭代时计算出来的真实拖期惩罚。$j \in \hat{J}_i^h$ 表示在第 h 次迭代时的 i 工厂子问题的订单集合，每个子工厂都会加入 h 次该约束条件。约束条件要求在 $\overline{V}_i^h > \hat{V}_i^h$ 才需要加入该约束，意义就是第 h 循环，i 工厂子问题接受到订单集合 $\hat{J}_i^h$ 后进行排序调度后发现最少的拖期惩罚成本为 $\overline{V}_i^h$，无法完成主问题给出的期望拖期惩罚成本 $\hat{V}_i^h$（期望目标值）；那么就需要告知主问题，这个订单集合分配给该工厂时最少需要的拖期惩罚成本为 $\overline{V}_i^h$。主问题得到这个约束时，会产生 3 种结果：

（1）主问题接受了当前的拖期惩罚成本作为其期望的拖期惩罚成本。

（2）主问题会从当前的该工厂订单分配方案中移除某一个（或者几个）订单。

（3）主问题会重新分配订单方案给该工厂。

由于本章研究的是分布式流水车间，并且模型假设中给出工厂是一样的，加工同一个订单用时是一致的。现在给出一种情况，如果甲工厂接受到订单 1、2、3，得到的期望拖期惩罚成本是 10，但是经过甲工厂子问题排序后发现拖期惩罚成本为 20，那加工厂就会加入（15.20）的约束条件给主问题，告知主问题不要分配同样的订单集合和期望拖期惩罚成本给该工厂。但是同样的订单集合和期望拖期惩罚给到工厂乙，工厂乙和工厂甲本身并没有什么不同，一样会产生同样的结果。那么原来甲工厂加入的约束（15.20），工厂乙也可以加入。因此，同样的约束条件也可以直接加入以免进行二次同样的没有效果的订单分配。具体为式（15.30）所示。

$$V_i \geqslant \overline{V}_i^h \Big[1 - \sum_{j \in \hat{J}_i^h} (1 - Z_{ji'}) \Big] \ \forall i, \ i' \mid i \neq i' : \ \overline{V}_i^h > \hat{V}_i^h \qquad (15.30)$$

变量 V_i 给出的是 i 子问题的期望拖期惩罚成本。但是如果可以找到在第 h 次循环时 i 子问题本身所分配的订单会产生的实际拖期惩罚的最小值 LB，那么就可以在主问题里面加入 $V_i \geqslant LB$。

可以先设法找到每一个子问题所产生的拖期时间下界。通过研究发现，给出 LB 的表达式如下：

$$LB = \sum_{j \in \hat{J}_i^h} P_j - \max_{j \in \hat{J}_i^h} \{D_j\} \qquad (15.31)$$

等式（15.31）表示某个工厂所分配得到的订单集，将订单集中的所有订单处理时间加和之后减去订单集中交货期最大值。当然，这个等式有可能是负值，但这并不影响添加的结果。由于考虑的是最小的惩罚成本，所以仅仅得到了最小的拖期时间还不够，再将该时间乘以所有订单中的惩罚成本最小值即可。为了表示每一个子问题都会得出这样的等式，添加进入主问题等式如下：

$$V_i = \min_{j \in J} B_j \left(\sum_{j \in J} P_j Z_{ji} - \max\{D_j Z_{ji}\} \right) \forall i \qquad (15.32)$$

式（15.32）表示对于每一个工厂，主问题的 V_i 一定要大于对 i 工厂自身拖期惩罚的下界值。

为了验证加入的这些限制条件的效果，接下来选择一些小型数据作验证，每个数据运行 3 次取平均值做比较。

从表 15.2 的数据中可以看到，由于这些约束的添加，求解时间和求解的迭代次数都下降得十分明显。这表明添加的约束是有效的，并且对于可行域空间的缩小十分显著。

表 15.2　　　　　　　　　　添加改进约束后结果对比

订单数量	迭代次数		求解时间	
	添加前	添加后	添加前	添加后
5	7	3	4.56s	1.86s
8	11	3	6.5s	1.81s
12	28	1	21.9s	0.16s

15.4　算例分析

为了验证模型的求解方法，给出实验所用的部分订单数据，如表 15.3 ~

表 15.4 所示。整个模型运用 Benders 分解方法，但是在求解主问题和子问题的过程中使用分枝定界方法进行求解。设置的有效时间是 1 800s，如果找到全局最优解就立刻输出，如果没有找到，就在终止时输出找到的最优可行解。模型代码运行在 MATLAB R2022b 上，解主问题和子问题时调用 IBM ILOG CPLEX 12.10 编写好的 MATLAB 接口运用分枝定界进行求解。运行机器为 Intel core i5-10210U CPU 及 12GB 内存。

表 15.3　　　　　　　　　　　5 订单信息

序号	P_j	U_j	D_j	B_j
1	13	10	15	1
2	5	10	8	1
3	7	20	11	1
4	7	5	10	1
5	10	3	10	1

表 15.4　　　　　　　　　　　28 订单信息

序号	P_j	U_j	D_j	B_j
1	19	23	96	2
2	30	25	118	2
3	39	28	120	2
4	21	30	92	2
5	24	18	119	2
6	43	22	120	2
7	20	28	84	2
8	34	36	116	2
9	19	26	96	2
10	30	23	118	2

序号	P_j	U_j	D_j	B_j
11	39	25	120	2
12	21	28	92	2
13	24	30	119	2
14	43	18	120	2
15	20	22	84	2
16	34	28	116	1
17	19	36	96	1
18	30	26	118	1
19	39	23	120	1
20	21	25	92	1
21	24	28	119	1
22	43	30	120	1
23	20	18	84	1
24	34	22	116	1
25	19	28	96	1
26	30	36	118	1
27	39	26	120	1
28	21	29	92	1

15.4.1 精确解结果

选取 6 组小规模数据进行求解，保证每组数据可以在时间算法上限制范围内找到精确的最优解。每组数据都在 CPLEX、添加约束后的 Benders 分解进行求解，每组数据要求连续运行 3 次，并对时间求平均值。

由表 5.5 ~ 表 5.6 可知，在小规模下，Benders 算法效率较低，但随着问题规模的增大，Benders 的计算效率好于 CPLEX。

表5.5　　　　　　　　　　**工厂数为 2 时求解时间**　　　　　　单位：秒

订单量	CPLEX	Benders
5	0.17	1.88
8	0.29	0.61
10	0.32	0.6
12	1.03	0.7
14	0.68	8.2
16	1.17	15.88

表5.6　　　　　　　　　　**工厂数为 3 时求解时间**　　　　　　单位：秒

订单量	CPLEX	Benders
5	0.22	0.7
8	0.25	0.7
10	0.95	0.8
12	1.74	0.96
14	2.17	11.28
16	103	31

15.4.2　可行解结果

对于在 1 800s 内无法求出精确解的订单，通过上下界进行比较。工厂数分别为 2、3，订单数据量选取 7 组进行运算。当上下界一致时表明该解为全局最优解，并且给出求解全局最优解，用 * 表示；如果上下界不一致，则表明其求解超时，上界是该次求解得出的最优可行解。求解出的结果如表5.7~表5.8所示。

15.4.3　结果分析

对于解的质量判定，采用算法的衡量标准 GAP =（上界 – 下界）/下界 × 100%。所提模型中 GAP 值越小，表明给出的解的质量越好。

表 5.7 工厂数为 2 时优化结果

序号	订单量	CPLEX		Benders		GAP	
		下界	上界	下界	上界	CPLEX	Benders
1	20	296	337.5	296 *	296	14	0
2	22	305	346	305 *	305	13.4	0
3	24	305	345	305 *	305	13.1	0
4	26	320	380	317	322	18.8	1.5
5	28	326	387	320	329	18.7	2.8
6	30	383	517	306	393	35	28.4
7	32	459	603	385	473	31.4	22.9
平均值						20.6	7.9

表 5.8 工厂数为 3 时优化结果

序号	订单量	CPLEX		Benders		GAP	
		下界	上界	下界	上界	CPLEX	Benders
1	20	393	439	392	394	11.7	0.5
2	22	405	462	405 *	405	14.1	0
3	24	408	467	409 *	409	14.5	0
4	26	429	503	430 *	430	17.2	0
5	28	439	514	443 *	443	17.1	0
6	30	510	645	514 *	514	26.5	0
7	32	600	754	589	600	25.7	1.9
平均值						18.1	0.3

（1）通过对表 5.5、表 5.6 的分析可知，在小订单量求解方面，CPLEX 的求解性能比本文的 Benders 分解模型性能更优，但是二者的求解效率差距并不大，都是处在几分钟以内甚至几秒钟内。

（2）在大订单量求解的过程中发现，CPLEX 的下界收敛是很迅速的，并且最终得到的值与 Benders 相比相差很小，但是上界的收敛异常缓慢，这就导致了 CPLEX 往往可以求出可行解但是无法及时验证其为全局最优解；对于提出的 Benders 分解模型来说，其下界和上界的收敛都是十分迅速的，有些订单 CPLEX 在有限的时间范围内并没有找到全局最优解，但是 Benders 分解模型可以快速找到并且验证其为全局最优解。

（3）工厂数为 2、3 时，Benders 分解算法的 GAP 值远小于 CPLEX 的 GAP 值，这表明在设置的 1 800s 内，Benders 分解算法对于问题模型的求解质量要比 CPLEX 性能好很多。虽然有部分 Benders 自身求出的下界没有 CPLEX 高，但是差距并不大。Benders 分解的 GAP 值优于 CPLEX 的 GAP 值，尤其是在大规模数据的求解上，Benders 分解是可以快速求解并验证是否为全局最优解。

（4）工厂数由 2 变为 3 时，问题的求解规模和复杂度上升。工厂数为 2 时，有几个订单 CPLEX 给出的下界比 Benders 分解要好，但是上界和 GAP 值是明显劣于 Benders 分解算法的；工厂数变为 3 后，CPLEX 在求解下界和上界、GAP 值时，大部分值都劣于 Benders 分解算法。这表明 Benders 分解对于大规模混合整数规划问题的求解具有良好的性能。

以上的分析证明，本章提出的约束条件改进和优化 cut 是有效的。但是最大的不足就在于有些订单算例没有找到全局最优解，理论上是时间足够长，那么就一定可以找到全局最优解。鉴于其求出了可行解，但是无法验证其为全局最优解的情况，企业可以考虑设置一个时间范围，如用 1 小时作为期限，或者用一定的迭代次数作为期限，得出的次优解作为这个模型解。当然，企业还是应该尽力寻找全局最优解，可以考虑加入其他算法，这一点在结论中有所提及。

15.5　本章小结

本章是在制造型企业将销售部和生产部分开的情况下，给出了一个可以解决二者协同问题的模型方案。将订单接受和调度决策进行统一考虑，建立两阶段订单接受决策模型，通过对该模型的求解确定订单是否接受，以及接受订单后该如何进行订单的生产调度。以利润最大化为目标，建立了同时考虑了订单接受和调度决策混合整数规划模型，分析了订单特殊性质，建立了增强的约束条件。提出了模型的 Benders 分解算法，与以往分解策略不同，将两类 $0 \sim 1$ 决策变量放到主问题，将一类 $0 \sim 1$ 变量和一类连续变量放到子问题，提高了求解精度和效率，并且设计了优化的 cut 表达形式。通过实例仿真实验，验证了模型的可行性。

通过模型的建立和求解，表明提出模型和求解方法具有一定的可行性，对于企业的生产调度具有一定的启示意义。企业可以将订单接受和调度决策统一进行考虑，通过建立协同优化模型，实现利润的最大化。不需要销售部门和生产部门分开作决策，可以将二者合二为一进行协同管理，实现信息的共享，及时作出优化决策，为报价提供理论支持。

附录 A 满意度调查

附表 A　　　　　　　　　**某企业 2023 年与 2022 顾客满意度对比**

客户满意度		2023 年	2022 年	趋势
质量	制品质量	90.77%	89.33%	上升
	质量部门对应态度	96.92%	89.33%	上升
	质量部门对应速度	90.77%	89.33%	上升
	质量处理结果	96.92%	89.33%	上升
交货	交货及时程度	75.38%	81.33%	下降
	数量是否足够	83.08%	81.33%	上升
	物流人员素质	93.85%	81.33%	上升
	包装物是否完好	90.77%	81.33%	上升
对应	业务员对应的态度	96.92%	93.33%	上升
	业务员对应的速度	89.23%	93.33%	下降
	业务员的综合素质	93.85%	93.33%	上升
	业务员对应的结果	90.77%	93.33%	下降
其他	相关部门服务	90.77%	93.33%	下降
	本公司的生产环境/条件	90.77%	93.33%	下降
平均		90.77%	88.76%	上升
改善策略	1. 营业部与客户及时沟通，将客户信息第一时间反馈公司各个部门并跟踪确认。 2. 2021 年技术部加强与客户需求的对应，并对技术人员专业知识进行培训。 3. 制造车间、质量部门对于包装提出严格的要求并确认，保证交货数量和交货速度。			

附录 B 某公司制氧机报价单

序号	名称	机床吨位	浇口	浇口式样	流道形式	寿命	模架	型腔	标准件	取数	模具形式	价格（未税）	价格（含税）	纳期
1	前壳	750T	0	针阀式	热流道	20万模	龙记	P20	盘起	1＊1	热流道	¥381 000	¥445 770	50天
2	后壳	750T	0	针阀式	热流道	20万模	龙记	P20	盘起	1＊1	热流道	¥396 000	¥463 320	50天
3.1	面罩	160T	3	侧浇口	冷流道	20万模	龙记	P20	盘起	1＊1	两板模	¥35 000	¥40 950	35天
3.2	透明窗	100T	6.2	侧浇口	冷流道	20万模	龙记	P20	盘起	1＊2	两板模	¥30 000	¥35 100	35天
4	过滤盖	160T	4.2	侧浇口	冷流道	20万模	龙记	P20	盘起	1＊2	两板模	¥43 000	¥50 310	35天
5	TJJ-01LCD 面板	160T	12.6	潜伏浇口	冷流道	20万模	龙记	P20	盘起	1＊2	三板模	¥53 000	¥62 010	35天
6	LCD 支架	50T	4	侧浇口	冷流道	20万模	龙记	P20	盘起	1＊2		¥41 000	¥47 970	35天
7	分子筛上端盖	160T	7.5	点浇口	冷流道	20万模	龙记	NAK80	盘起	1＊1	三板模	¥52 000	¥60 840	35天
8	分子筛下端盖	160T	8.5	点浇口	冷流道	20万模	龙记	NAK80	盘起	1＊1	三板模	¥68 000	¥79 560	35天
9	压缩机壳底	230T	6.8	点浇口	冷流道	20万模	龙记	P20	盘起	1＊1	三板模	¥75 000	¥87 750	35天
10	压缩机壳盖	160T	6.3	点浇口	冷流道	20万模	龙记	P20	盘起	1＊1	三板模	¥40 000	¥46 800	35天

续表

序号	名称	机床吨位	浇口	浇口式样	流道形式	寿命	模架	型腔	标准件	取数	模具形式	价格（未税）	价格（含税）	纳期
11	储氧罐	100T	4.6	点浇口	冷流道	20万模	龙记	P20	盘起	1*2	三板模	¥30 000	¥35 100	35 天
12	消音盒支架	80T	3.6	侧浇口	冷流道	20万模	龙记	P20	盘起	1*2	两板模	¥30 000	¥35 100	35 天
13	氧浓度传感器壳体	100T	4.8	侧浇口	冷流道	2万/lot	龙记	NAK80	盘起	1*2	两板模	¥53 000	¥62 010	35 天
14	压缩机弹簧固定件	50T	3.6	潜伏浇口	冷流道	20万模	龙记	P20	盘起	1*2	两板模	¥21 000	¥24 570	35 天
15	分子筛过滤板	50T	2.8	侧浇口	冷流道	20万模	龙记	P20	盘起	1*2	两板模	¥17 000	¥19 890	35 天
16	流量计旋钮	50T	4.6	潜伏浇口	冷流道	20万模	龙记	P20	盘起	1*4	两板模	¥22 000	¥25 740	35 天
17	罩子	160T	7.6	点浇口	冷流道	20万模	龙记	P20	盘起	1*1	三板模	¥48 000	¥56 160	35 天
18	消声筒隔板	80T	3.6	点浇口	冷流道	20万模	龙记	P20	盘起	1*2	三板模	¥25 000	¥29 250	35 天
19	消音器橡胶塞	50T	2.8	侧浇口	冷流道	20万模	龙记	P20	盘起	1*1	两板模	¥17 000	¥19 890	35 天
20	湿化杯盖	50T	3.4	点浇口	冷流道	20万模	龙记	P20	盘起	1*1	三板模	¥29 000	¥33 930	35 天
21	湿化杯	50T	3.5	点浇口	冷流道	20万模	龙记	P20	盘起	1*1	三板模	¥26 000	¥30 420	35 天
22	湿化杯_软管	30T	2.7	侧浇口	冷流道	20万模	龙记	P20	盘起	1*2	两板模	¥18 000	¥21 060	35 天
23	安全阀盖	30T	2.4	侧浇口	冷流道	20万模	龙记	P20	盘起	1*2	两板模	¥19 000	¥22 230	35 天
合计												¥684 000	¥800 280	

附录 C　某企业交货情况

序号	欠单品名	欠单品番	纳期	数量	1次		2次		3次		1次达成率	2次达成率	3次达成率	未达成原因
					达成数量	交货时间	达成数量	交货时间	达成数量	交货时间				
1	盒 HT－B60CA－COEBK	2321432－0	5月16日	4 140	360	6月6日	2 610	6月7日	1 170	6月8日	8.70%	63.04%	28.26%	新品生产紧张
2			5月17日	2 160	540	6月8日	900	6月12日	720	6月13日	25.00%	41.67%	33.33%	
3	前铭板 HEM－7321T－CA	9301556－2	5月30日	84	84	6月8日					100.00%	0.00%	0.00%	
4	前铭板 HEM－8732T－SH	9301242－3	5月30日	533	533	6月3日					100.00%	0.00%	0.00%	生产未排开，人员不足
5	上壳 HV－F1200－SH	1672465－8	5月14日	100	100	5月17日					100.00%	0.00%	0.00%	
6			5月16日	100	100	5月17日					100.00%	0.00%	0.00%	
7	壳体组件（HV－F158绿色）	4996789－0	5月12日	800	500	5月14日	300	5月16日			62.50%	37.50%	0.00%	生地品不足，生产未排开

续表

序号	欠单品名	欠单品番	纳期	数量	1 次 达成 数量	1 次 交货 时间	2 次 达成 数量	2 次 交货 时间	3 次 达成 数量	3 次 交货 时间	1 次 达成率	2 次 达成率	3 次 达成率	未达成原因
8	壳体组件（HV - F011 橙色）	4996677 - 0	5 月 13 日	228	228	5 月 16 日					100.00%	0.00%	0.00%	生产未排开，人员不足
9		1675693 - 2	5 月 17 日	128	128	5 月 20 日					100.00%	0.00%	0.00%	模具故障
10	7200 - AP3 上壳	1675693 - 2	5 月 30 日	960	960	6 月 2 日					100.00%	0.00%	0.00%	
11	9020 - C1 上壳	1670624 - 2	5 月 25 日	40	40	5 月 27 日					100.00%	0.00%	0.00%	
12		1670624 - 2	5 月 27 日	66	66	5 月 28 日					100.00%	0.00%	0.00%	生地品不良
13	9020 上壳	1669434 - 1	5 月 25 日	29	29	5 月 27 日					100.00%	0.00%	0.00%	
14	9020 腕带基座	0186229 - 9	5 月 20 日	79	79	5 月 23 日					100.00%	0.00%	0.00%	
15	9020 肘按键	1670702 - 8	5 月 25 日	114	114	5 月 27 日					100.00%	0.00%	0.00%	设备未排开
16	内旋钮（HV - F1200）	1663835 - 2	5 月 27 日	122	122	6 月 2 日					100.00%	0.00%	0.00%	
17	辅助盒 HT - B60CA - COEBK	2321431 - 2	5 月 16 日	4 140	480	6 月 2 日	2 000	6 月 3 日	1 660	6 月 6 日	11.59%	48.31%	40.10%	
18		2321431 - 2	5 月 17 日	2 160	400	5 月 7 日	1 360	6 月 8 日	400	6 月 12 日	18.52%	62.96%	18.52%	新品生产紧张
19	盒盖 HT - B60CA - COEBK	2321436 - 3	5 月 19 日	4 140	2 070	6 月 7 日	2 070	6 月 8 日			50.00%	50.00%	0.00%	
20		2321436 - 3	5 月 20 日	2 250	450	6 月 8 日	1 620	6 月 12 日	180	6 月 13 日	20.00%	72.00%	8.00%	

附录 D 某模具公司的报价数据

附表 D 为中国某模具公司的报价数据。信息包括设计周期时间（DCT）、设计成本（DO）、产品复杂程度（LP）、供应商质量（SQ）、每日生产能力（PD）、转换成本（CC）、生产工艺条件，即平均螺杆温度（AT）、平均保压压力（AP）、保压时间（DT）、准时交货率（OR）和报价。

附表 D					实际报价数据						
Product ID	DCT/ day	DO/ 104 ¥	LP	SQ/%	PD/ unit	CC/ ¥	AT/ oC	AP/ kpa	DT/ s	OR/ %	Price/ ¥
1	2	0.224	1	97	4 196	805	224	575	3.65	100	0.30
2	2	0.252	1	95	8 901	70 163	237.5	783	5.09	100	0.34
3	2	0.294	1	97	9 180	19 540	222.5	766	4.52	100	0.43
4	2	0.28	1	97	14 688	7 912	220	475	3.5	100	0.08
5	2	0.28	1	96	11 750	5 644	220	475	3.5	85.29	0.58
6	2	0.336	1	91	4 080	8 815	231.25	500	3.5	100	1.06
7	2	0.336	1	92	4 080	1 263	231.25	400	3	97.22	1.19
8	2	0.434	1	91	1 468.8	1 051	231.25	750	9.54	100	3.23
9	2	0.434	1	98	1 498	8 948	232.5	775	7	100	3.28
10	2	0.434	1	92	1 632	4 586	231.25	773	7.09	100	3.26
11	2	0.434	1	92	1 468	208	232.5	786	7.41	100	3.26
12	2	0.175	1	91	5 875	220	240	850	8	100	1.30
13	2	0.182	1	100	7 344	249	222.5	450	4	100	0.29
14	2	0.14	1	97	3 672	213	210	600	3.2	100	0.51
15	2	0.231	1	92	12 240	209	196	650	2.5	100	0.37

续表

Product ID	DCT/ day	DO/ 104 ¥	LP	SQ/%	PD/ unit	CC/ ¥	AT/ oC	AP/ kpa	DT/ s	OR/ %	Price/ ¥
16	2	0.14	1	90	3 415	331	230	550	2.5	93.71	0.68
17	2	0.182	1	90	9 180	499	207.5	400	3	100	0.32
18	2	0.245	1	98	5 875	300	211.25	375	2.7	89.90	0.65
19	2	0.308	1	92	4 896	302	222.5	600	4	100	0.33
20	2	0.175	1	99	5 064	363	224	450	3.2	100	0.53
21	2	0.224	1	98	3 672	449	222.5	650	3.5	88.82	1.10
22	2	0.21	1	100	2 824	589	222	400	5.2	100	0.62
23	2	0.238	1	92	3 497	401	213	420	4.8	100	0.56
24	2	0.14	1	96	2 448	10	216.25	650	3.7	100	0.64
25	2	0.14	1	94	2 448	613	222.5	800	3.4	100	0.74
26	2	0.266	1	91	2 937	694	221.25	433	7.5	100	1.51
27	2	0.28	1	93	3 125	551	221.25	600	4.5	100	1.32
28	2	0.21	1	92	1 498	548	192	375	4.51	100	1.29
29	2	0.21	1	92	1 498	548	192	375	4.51	100	1.19
30	2	0.336	1	98	1 468	595	221.25	750	9	100	1.59
31	2	0.336	1	94	1 468	626	221.25	750	9	95	1.68
32	2	0.441	1	92	2 824	799	227.5	650	3.6	99	2.74
33	2	0.21	2	94	1 632	554	228.25	800	4.8	95	2.67
34	2	0.35	1	99	4 196	382	231.25	625	6	100	0.43
35	2	0.448	1	97	2 720	413	222.5	550	4	85	0.91
36	2	0.217	1	100	11 298	5 981	262.5	650	3.7	100	0.13
37	2	0.245	1	98	3 766	5 069	238.75	750	10	100	0.3
38	2	0.581	1	99	4 080	3 340	222.5	550	6	94	0.7
39	2	0.42	1	94	2 369	5 658	185	633	8.42	100	0.46
40	7	0.49	2	91	9 792	95	223.75	750	2.7	100	0.21
41	7	0.448	2	91	6 120	39	187.5	650	2.5	100	0.15
42	7	0.546	2	91	1 101	455	245	533	4.5	100	14.08

Product ID	DCT/ day	DO/ 104 ¥	LP	SQ/%	PD/ unit	CC/ ¥	AT/ oC	AP/ kpa	DT/ s	OR/ %	Price/ ¥
43	7	0. 385	2	93	1 311	210	196	683	6. 7	100	1. 20
44	7	0. 42	2	99	1 311	210	196	683	6. 7	100	1. 16
45	7	0. 455	2	92	1 224	722	211. 25	633	6. 25	79	0. 29
46	7	0. 336	2	94	918	562	220	825	6	85	2. 73
47	7	0. 154	2	99	8 185	408	235	900	5	100	0. 18
48	14	2. 772	3	99	473	4 085	211	400	10	100	44. 67
49	2	0. 371	1	90	1 758	401	208	400	5	85	2. 34
50	2	0. 371	1	96	1 758	684	198	516	7	100	2. 34

附录 E　调查问卷

一、基础信息

1.1　性别：

A. 男　　　　　　　　　　　B. 女

1.2　您所在的部门：

A. 技术研发部　B. 采购部　　　C. 生产部　　　　D. 市场部

E. 财务部　　　F. 其他

1.3　您从事所属职业的时间：

A. 1~2 年　　　B. 2~4 年　　　C. 4~6 年　　　　D. 6 年以上

二、具体的调研内容

下面列出了预设的一级、二级指标，并给出了二级指标相应的指标解释说明，请各位专家依据您对相应指标的判断，将各指标重要程度评定结果填入下表。如果您觉得给出的指标不够全面、清晰或者有问题，可以将您的观点补充到备注中。

附表 E　　　　　　　　　　　　　　调查问卷

一级指标	二级指标	指标解释	重要程度	备注
设计阶段指标	设计成本	设计产品整个过程所需要投入的成本		
	设计周期	根据产品设计的基本要求完成设计文件所需的时间		
	产品设计复杂程度	设计产品的复杂程度		
	市场分析成本	收集、分析客户需求信息的投入成本		

续表

一级指标	二级指标	指标解释	重要程度	备注
设计阶段指标	模块化程度	模块间功能互换的难易程度		
	通用性程度	零部件、工艺等之间的通用性		
	设计质量	外观以及功能设计的好坏程度		
制造阶段指标	材料成本	直接用于产品生产的原材料、辅助材料等费用		
	技术变更次数	一定时间内生产技术变更的次数		
	生产准备时间	一台机床从完成上一种产品最后一个零件开始至完成另一种产品的备件加工所花费的时间		
	加工时间	用于产品生产的时间		
	在制品库存	未完成产品的库存数量		
	批量生产能力	一定时间内生产完全相同产品的能力		
	制造费用	企业的各个生产单位为组织和管理生产而发生的费用		
	人工成本	产品制造的生产工人的工资及福利费用等		
	产品质量成本	为提高或保证产品质量所发生的费用支出		
	产品批次	一个生产周期内，企业生产的产品批次		
	装配精度	产品装配后几何参数实际达到的精度		
	废品率	废品数量占总产品数量的百分比		
服务阶段指标	服务便利性	购买/获得服务的难易程度		
	返修率	产品售后维修的百分率		
	服务专业性	售后人员的服务水平		
	订单响应速度	接受、处理订单的反应时间		
	交货准时率	一定时间内准时交货的百分率		
	交货准确率	一定时间内完成订单内容交货的百分率		
	报价	产品售出的价值		
	服务成本	提供服务所发生的费用		
	服务质量	服务满足顾客需求的程度		

参考文献

[1] 蔡凯.新常态下钢材产品价格的影响因素及报价策略 [J].企业改革与管理,2021 (6):217-218.

[2] 陈波,韩明坤,吴华清.考虑价格上限管制与参考价格的价控策略 [J].系统工程学报,2016,31 (3):287-296,363.

[3] 陈化立.国际 EPC 总包项目投标报价影响因素及控制分析 [J].住宅与房地产,2020 (26):86,92.

[4] 陈小月,杨慧,金惠,等.考虑静态参考价格的动态报价优化策略 [J].南京工业大学学报 (社会科学版),2017,16 (2):122-128.

[5] 陈垚,毛保华,柏赟,等.基于支持向量回归的地铁牵引能耗预测 [J].系统工程理论与实践,2016,36 (8):2101-2107.

[6] 陈永义.支持向量机方法应用教程 [M].北京:气象出版社,2011.

[7] 崔风平.大型机械制造业目标成本及产品报价系统的研究与开发 [J].中国机电工业,2008 (2):82-83.

[8] 戴道明,杨善林.动态报价与允许需求延迟订货批量模型的联合决策 [J].管理工程学报,2009,23 (4):116-120.

[9] 邓俊威.线性约束下 0~1 二次规划问题的研究 [D].北京:清华大学,2010.

[10] 翟建,包生艺.宁夏制造业在新冠疫情防控常态化中转型升级的新机遇 [J].中阿科技论坛 (中英阿文),2020 (3):15-18.

[11] 丁军飞,陈伟达,王文宾.制造商竞争环境下考虑研发策略的产品报价和供应链协调 [J].软科学,2021,35 (10):114-121.

[12] 董玉德,米登斌,陈明龙,等.基于三维几何特征的产品报价方法

[J].中国机械工程，2017，28（22）：2738 – 2746.

[13] 窦凯.报价方法在我国钢铁企业的应用研究［D］.鞍山：辽宁科技大学.2012.

[14] 段青玲，张磊，魏芳芳，等.基于时间序列 GA – SVR 的水产品价格预测模型及验证［J］.农业工程学报，2017，33（1）：308 – 314.

[15] 范筠.制造业企业产品报价策略的研究［D］.天津：天津大学，2011.

[16] 高尚.蚁群算法理论、应用及其与其他算法的混合［D］.南京：南京理工大学，2005.

[17] 高尚.支持向量机及其个人信用评估［M］.西安：西安电子科技大学出版社，2013.

[18] 葛欢，仲梁维，顾国玉.基于 BOM 和 CBR 的报价系统研究与实现［J］.信息技术，2015（2）：142 – 146.

[19] 顾强，徐鑫.国外政府推进制造业服务化的主要做法及对我国工业转型升级的启示［J］.电器工业，2012（11）：34 – 37.

[20] 洪国芳.生产管理学［M］.哈尔滨：哈尔滨工业大学出版社，1986.

[21] 胡浩，鲁玉军，蔡江涛，等.基于服务决策表的产品配置规则研究［J］.中国机械工程，2012，23（21）：2616 – 2619.

[22] 贾俊秀，沈萍，杜黎.基于网络顾客行为意向的物流服务供应链报价策略［J］.运筹与管理，2014，23（4）：41 – 50.

[23] 蒋丽.后疫情时期提升广州汽车制造业供应链稳定性对策研究［J］.汽车工业研究，2021（3）：43 – 46.

[24] 蒋婷，周晓剑.基于梯度信息的最小二乘支持向量回归机制［J］.系统工程，2016，34（1）：127 – 133.

[25] 蒋紫艳，赵军.新产品报价决策的影响因素分析［J］.运筹与管理，2015，24（4）：240 – 245.

[26] 雷宇，杨明，韩学山.基于场景分析的含风电系统机组组合的两阶段随机优化［J］.电力系统保护与控制，2012，40（23）：58 – 67.

[27] 李凡，吴斌，邓家褆.需求产品报价系统的研究［J］.中国机械工

程，2003（6）：53 –56，5.

[28] 李飞，肖刚，高飞，包志炎 . 基于实例库的产品快速报价方法研究 [J]. 机械设计与制造，2010（10）：246 –248.

[29] 李浩，郭钢，周婧，等 . 基于灰相似关系和多维关联约束的新产品初始配置方法 [J]. 中国机械工程，2013，24（22）：3045 –3051.

[30] 李荣喜 . 基于价格参考效应的消费者需求与产品报价模型 [J]. 管理评论，2006（11）：39 –42，64.

[31] 李添翼 . 智能化模具制造与设计在汽车生产中的应用研究 [J]. 内燃机与配件，2021（20）：173 –174.

[32] 李怡娜，陈冲 . 基于顾客选择行为的提前期和价格响应模式 [J]. 系统工程学报，2016，31（4）：460 –470.

[33] 李永林，叶春明 . 基于萤火虫算法的零等待流水线调度优化 [J]. 机械设计与研究，2013，7（5）：3670 –3672.

[34] 林思梦 . Y 公司新能源汽车产品报价问题研究 [D]. 北京：北京化工大学，2018.

[35] 林勇，乐晓娟，于建红 . 基于生产能力的价格与交货期协调决策模型 [J]. 工业工程与管理，2006（5）：18 –22.

[36] 刘闯，于忠清，Yu Jianqi，等 . 求解分布式混合流水线调度问题的改进双层嵌套式遗传算法 [J]. 现代制造工程，2020（4）：27 –35.

[37] 刘煜 . 影响企业报价的因素分析 [J]. 中国经贸导刊，2012（2）：40 –41.

[38] 刘志勇，吕文阁，谢庆华，等 . 应用改进蚁群算法求解柔性作业车间调度问题 [J]. 工业工程与管理，2010（3）：115 –119.

[39] 罗序斌 . 传统制造业智能化转型升级的实践模式及其理论构建 [J]. 现代经济探讨，2021（11）：86 –90.

[40] 罗志清，王润孝，雷建，等 . 基于 CBR 的产品成本估计及其报价研究 [J]. 机床与液压，2005（9）：142 –144.

[41] 马欢 . 人类活动影响下海河流域典型区水循环变化分析 [D]. 北

京：北京大学，2011.

[42] 米登斌. 基于加工特征的产品报价系统开发及其关键问题研究 [D]. 合肥：合肥工业大学，2017.

[43] 倪叠玖. 企业报价 [M]. 武汉：武汉大学出版社：2005.

[44] 潘玉霞，潘全科，李俊青. 蛙跳优化算法求解多目标无等待流水线调度 [J]. 控制理论与应用，2011，28（10）：1363 – 1370.

[45] 秦中伏，雷小龙，翟东，等. 基于 SVM 和 LS – SVM 的住宅工程造价预测研究 [J]. 浙江大学学报（理学版），2016，43（3）：357 – 363.

[46] 邵方叶. 输送分拣设备快速设计与报价系统设计 [D]. 杭州：浙江工业大学，2014.

[47] 邵建军，柯大钢，王军平. 价格、时间敏感需求下的价格与交付期竞争策略 [J]. 系统工程，2007（6）：12 – 18.

[48] 邵仁玉. 面向机械制造企业的快速报价系统设计研究 [J]. 科技资讯，2014（28）：14 – 15.

[49] 邵伟明，田学民. 基于快速留—交叉验证法的在线递推最小二乘支持向量机建模方法 [J]. 青岛科技大学学报（自然科学版），2012，33（5）：510 – 514.

[50] 沈铁松，熊中楷，吴丙山. 寡头制造厂商的产品延伸服务报价 [J]. 系统工程理论与实践，2009，29（5）：37 – 43.

[51] 盛敏，秦玲聪. 基于顾客满意的服务产品报价思考 [J]. 价格理论与实践，2005（8）：27 – 28.

[52] 石小法. 市场信息对企业利润和产品价格影响研究 [J]. 数量经济技术经济研究，2004（6）：156 – 161.

[53] 苏少平，梁得亮. Y 系列异步电机产品计算机报价系统的设计与实现 [J]. 计算机工程与应用，2000，36（2）：170 – 172.

[54] 孙海燕. 如何进行产品报价 [M]. 北京：北京大学出版社，2004.

[55] 孙涵，杨普容，成金华. 基于 Matlab 支持向量回归机的能源需求预测模型 [J]. 系统工程理论与实践，2011，31（10）：2001 – 2007.

［56］孙茂竹，文光伟，杨万贵. 管理会计学［M］. 北京：中国人民大学出版社，2012.

［57］唐敏，刘红平. 大规模定制环境下基于 GBOM 的精确报价实现［J］. 重庆大学学报（自然科学版），2006（6）：158 - 162.

［58］王勃琳，许垒，洪宪培. 考虑价格参照效应的报价订购和动态库存的联合决策［J］. 系统工程，2011，29（12）：56 - 62.

［59］王常青，操云甫，戴国忠. 用双向收敛蚁群算法解作业车间调度问题［J］. 计算机集成制造系统，2004，10（7）：820 - 824.

［60］王春军，龚新龙. 通风机的报价选型及软件编制［J］. 风机技术，2000（1）：39 - 41.

［61］王国胤. Rough 集理论与知识获取［M］. 西安：西安交通大学出版社，2001.

［62］王继祥. 疫情冲击下制造业供应链新思维［J］. 中国工业和信息化，2020（7）：40 - 44.

［63］王娇. 企业报价方法与策略［J］. 国际商务财会，2010（3）：86 - 88.

［64］王丽君. 企业产品报价的影响因素及其策略［J］. 内蒙古煤炭经济，2014（2）：69，71.

［65］王平，王垣苏，黄运成. 支持向量回归方法的跳跃扩散汇率期权报价［J］. 管理工程学报，2011，25（1）：134 - 139.

［66］王珊珊. 基于 WEB 的快速报价系统的研究与开发［J］. 中国城市经济，2010（4）：88 - 91.

［67］王晓欢，王宁宁，樊治平. 基于强化学习的订单生产型企业的订单接受策略［J］. 系统工程理论与实践，2014，34（12）：3121 - 3129.

［68］王晓明，李仕明，倪得兵. 网络外部性下的电信业务服务质量和报价的博弈分析［J］. 系统工程理论与实践，2013，33（4）：910 - 917.

［69］王新，谭建荣，张树有. 大批量定制下产品报价快速响应技术研究［J］. 计算机辅助设计与图形学学报，2005（8）：1717 - 1724.

［70］魏坤，钟小强，王玉山，等. 单件小批量生产模式下的快速报价系

统研究 [J]. 中国科学技术大学学报, 2009, 39 (4): 409 - 413, 418.

[71] 魏泽娥, 陈刚. 大规模定制产品报价的主要影响因素分析 [J]. 科技情报开发与经济, 2007 (3): 134 - 136.

[72] 魏泽娥. 大规模定制产品报价方法研究 [D]. 长沙: 长沙理工大学: 2006.

[73] 温晓琼. 基于消费者视角下绿色消费产品报价机制的影响因素研究 [J]. 学术论坛, 2012, 35 (12): 148 - 151.

[74] 吴登生, 宋浩, 李建平, 等. 带优化参数的 SVR 模型及在软件成本估算中的应用 [J]. 运筹与管理, 2011, 20 (1): 143 - 149.

[75] 吴瑞林, 王建中, 袁克海. 多分格相关与皮尔逊相关的蒙特卡罗仿真 [J]. 北京航空航天大学学报, 2009, 35 (12): 1507.

[76] 吴延增. 多核 SVM 在传感器动态建模和补偿中的研究 [D]. 兰州: 兰州交通大学, 2013.

[77] 肖刚, 张立彬, 高飞. 基于实例库自主聚类的自适应产品快速报价策略研究 [J]. 中国机械工程, 2010, 21 (1): 80 - 84.

[78] 肖俊涛. 新冠肺炎疫情对湖北汽车产业的影响及对策 [J]. 湖北汽车工业学院学报, 2020, 34 (3): 69 - 74.

[79] 辛一彬. 新冠疫情对制造业冲击的干预影响分析 [J]. 现代工业经济和信息化, 2021, 11 (9): 187 - 188, 209.

[80] 邢振宇. 基于吴特征列算法的整数规划问题 [D]. 成都: 电子科技大学, 2012.

[81] 熊伟丽, 徐保国. 基于 PSO 的 SVR 参数优化选择方法研究 [J]. 系统仿真学报, 2006, 18 (9): 2442 - 2445.

[82] 熊鹰, 匡亚萍. 基于蚁群算法的施工项目工期 - 成本优化 [J]. 系统工程理论与实践, 2007, 27 (3): 105 - 111.

[83] 徐磊. 按订单生产模式下收益管理与生产调度协调决策研究 [D]. 北京: 清华大学, 2011.

[84] 薛天阳, 王俊峰. 市场经济下影响产品报价的因素与对策 [J]. 当

代经济，2009（24）：42 - 43.

［85］严洪森，施文武，汪峥，等．基于关联价格网的产品价格预测方法［J］．东南大学学报（自然科学版），2008（38）：1 - 8.

［86］杨建辉，李龙．基于SVR的期权价格预测模型［J］．系统工程理论与实践，2011，31（5）：848 - 854.

［87］杨开兵，刘晓冰．带调整时间的多目标流水车间调度的优化算法［J］．工业工程与管理，2008（5）：1 - 5.

［88］杨留星，王珏．我国铁矿石进口价格预测的ECM - SVR混合模型［J］．系统工程理论与实践，2016，36（7）：1769 - 1777.

［89］杨晓林，胡蓉，钱斌，等．增强分布估计算法求解低碳分布式流水线调度［J］．控制理论与应用，2019，36（5）：803 - 815.

［90］张暴暴，刘晓冰，陈晓川．制造产品智能集成报价系统研究［J］．组合机床与自动化加工技术，1999（12）：24 - 27，31.

［91］张湘雄．基于效用理论的产品价值综合评价方法研究［D］．重庆：重庆大学，2010.

［92］张雪芹．基于客户细分的服务产品报价与收益优化［D］．四川：西南财经大学，2010.

［93］赵宁．贫信息条件下服务报价影响因素指标体系的构建及筛选研究［D］．兰州：兰州大学，2014.

［94］赵瑞清．不确定规划：现状与将来［C］//中国运筹学会．中国运筹学会第六届学术交流会论文集．香港：Global - Link出版社，2000：255 - 263.

［95］赵振宁，徐用懋．模糊理论和神经网络的基础与应用［M］．北京：清华大学出版社，1996.

［96］仲智刚．敏捷供应链中若干关键技术问题研究［D］．杭州：浙江大学，2001.

［97］周安漪，仇润鹤，王嘉伟．树形XML结构在销售报价系统中的应用［J］．计算机与现代化，2013（6）：189 - 191.

［98］周木生，张玉林．基于非线性边际支付意愿的信息产品报价策略研

究 [J]. 系统工程理论与实践, 2014, 34 (3): 710-716.

[99] 周三多, 蒋俊. 生产管理 [M]. 南京: 南京大学出版社, 2001.

[100] 周晓剑, 马义中, 朱嘉钢. 基于梯度信息的支持向量回归机制 [J]. 系统工程, 2010, 28 (3): 87-92.

[101] 朱帮助, 魏一鸣. 基于 GMDH-PSO-LSSVM 的国际碳市场价格预测 [J]. 系统工程理论与实践, 2011, 31 (12): 2264-2271.

[102] 朱波. 基于支持向量机的自动加工过程质量控制方法研究 [D]. 重庆: 重庆大学, 2013.

[103] 左晓露, 刘志学, 施文. 随机产出与需求条件下的响应性报价策略 [J]. 计算机集成制造系统, 2014, 20 (10): 2563-2571.

[104] 曾承晓. 石油企业油气副产品报价问题探讨 [J]. 中外企业家, 2010 (6): 130-132.

[105] 曾庆良, 万丽荣, 熊光楞, 等. 基于并行工程的产品成本评估系统研究 [J]. 清华大学学报 (自然科学版), 2003 (3): 406-409.

[106] Agard B, Bassetto S. Modular design of product families for quality and cost [J]. International Journal of Production Research, 2012, 51 (6): 1648-1667.

[107] Al-Roomi M, Al-Ebrahim S, Buqrais S, et al. Cloud computing pricing models: a survey [J]. International Journal of Grid and Distributed Computing, 2013, 6 (5): 93-106.

[108] Amiri A. The Design of Service Systems with Queuing Time Cost, Workload Capacities and Backup Service [J]. European Journal of Operational Research, 1998, 104 (1): 201-217.

[109] Andreou P C, Charalambous C, Martzoukos S H. European option pricing by using the support vector regression approach [J]. Lecture Notes in Computer Science, 2009, 5768: 874-883.

[110] Aouam T, Geryl K, Kumar K, et al. Production planning with order acceptance and demand uncertainty [J]. Computers and Operations Research, 2018,

91: 145 – 159.

[111] Arora N, Dreze X, Ghose A, et al. Putting one-to-one marketing to work: Personalization, customization, and choice [J/OL]. Marketing Letters, 2008, 19 (3 – 4): 305 – 321.

[112] Askarpoor H R, Davoudpour H. An effective approximation algorithm for joint lot-sizing and pricing problem [J]. The International Journal of Advanced Manufacturing Technology, 2013, 65 (9): 1429 – 1437.

[113] Avnimelech R, Intrator N. Boosting regression estimators [J]. Neural Computation, 1999, 11 (2): 499 – 520.

[114] Bajwa N, Sox C R, Ishfaq R. Coordinating pricing and production decisions for multiple products [J]. Omega-International Journal of Management Science, 2016, 64: 86 – 101.

[115] Balcıõglu B, Varol Y. Fair and profitable: How pricing and lead-time quotation policies can help [J]. European Journal of Operational Research, 2022, 299 (3): 977 – 986.

[116] Baxter M, Landry A. IKEA: Product, pricing, and pass-through [J]. Research in Economics, 2017, 71 (3): 507 – 520.

[117] Benioudakis M, Burnetas A, Ioannou G. Lead-time quotations in unobservable make-to-order systems with strategic customers: Risk aversion, load control and profit maximization [J]. European Journal of Operational Research, 2021, 289 (1): 165 – 176.

[118] Bernaards C A, Sijtsma K. Influence of Imputation and EM Methods on Factor Analysis when Item Nonresponse in Questionnaire Data is Nonignorable [J]. Multivariate Behavioral Research, 2000, 35 (3): 321 – 364.

[119] Bing Jing. Seller honesty and product line pricing [J]. Quantitative Marketing and Economics, 2011, 9 (4): 403 – 427.

[120] Bodendorf F, Xie Q, Merkl P, et al. A multi-perspective approach to support collaborative cost management in supplier-buyer dyads [J]. International

Journal of Production Economics, 2022, 245: 108380.

[121] Boffa F, Pingali V, Sala F. Strategic investment in merchant transmission: the impact of capacity utilization rules [J]. Energy Policy, 2015, 85: 455 – 463.

[122] Bouaziz Z, Younes J B, Zghal A. Methodology of machining costs evaluation for die and mould manufacturing [J]. Journal of Materials Processing Technology, 2004, 152 (2): 237 – 245.

[123] Burges C J C. A tutorial on support vector machines for pattern recognition [J]. Data Mining and Knowledge Discovery, 1998, 2: 121 – 167.

[124] Cachon G P, Daniels K M, Lobel R. The role of surge pricing on a service platform with self-scheduling capacity [J]. Manufacturing and Service Operations Management, 2017, 19 (3): 368 – 384.

[125] Cao J, Jiang Z B, Wang K Z. Customer demand prediction of service-oriented manufacturing incorporating customer satisfaction [J]. International Journal of Production Research, 2016, 54 (5): 1303 – 1321.

[126] Carricano M. Pricing myopia: do leading companies capture the full value of their pricing strategies? [J]. Management Decision, 2014, 52 (1): 159 – 178.

[127] Cavalieri S, Maccarrone P, Pinto R. Parametric vs. neural network models for the estimation of production costs: A case study in the automotive industry [J]. International Journal of Production Economics, 2004, 91 (2): 165 – 177.

[128] Ceperic E, Ceperic V, Baric A. A Strategy for Short – Term Load Forecasting by Support Vector Regression Machines [J/OL]. IEEE Transactions on Power Systems, 2013, 28 (4): 4356 – 4364.

[129] Chaharsooghi S K, Honarvar M, Modarres M, et al. Developing a two stage stochastic programming model of the price and lead-time decision problem in the multi-class make-to-order firm [J]. Computers and Industrial Engineering, 2011, 61 (4): 1086 – 1097.

[130] Chandrasekaran D, Arts J W C, Tellis G J, et al. Pricing in the international takeoff of new products [J]. International Journal of Research in Marketing, 2013, 30 (3): 249 –264.

[131] Chang P C, Lin J J, Dzan W Y. Forecasting of manufacturing cost in mobile phone products by case-based reasoning and artificial neural network models [J]. Journal of Intelligent Manufacturing, 2012, 23 (3): 517 –531.

[132] Charnes A, Cooper W W. Chance-constraint programming [J]. Management science, 1959, 6 (1): 73 –79.

[133] Chen J G, Hu Q Y. Optimal payment scheme when the supplier's quality level and cost are unknown [J]. European Journal of Operational Research, 2015, 245 (3): 731 –742.

[134] Chen Y C, Chen Y L, Lu J Y. MK – Means: Detecting evolutionary communities in dynamic networks [J]. Expert Systems with Applications, 2021, 176: 114807.

[135] Chen Z, Yan Z. Scenario tree reduction methods through clustering nodes [J]. Computers and Chemical Engineering, 2018, 109: 96 –111.

[136] Chenavaz R. Dynamic pricing, product and process innovation [J]. European Journal of Operational Research, 2012, 222 (3): 553 –557.

[137] Chien C F, Kuo H A, Lin Y S. Smart semiconductor manufacturing for pricing, demand planning, capacity portfolio and cost for sustainable supply chain management [J]. International Journal of Logistics Research and Applications, 2022: 1 –24.

[138] Chienwichai W, Wannasin J, Sinthavalai R, et al. Model-based cost estimates for selecting a die casting process [J]. The Engineering Economist, 2016, 61 (1): 57 –69.

[139] Chmielewski M R, Grzymala – Busse J W, Peterson N W, et al. The rule induction system LERS – a version for personal computer [J]. Foundations of Computing and Decision Science, 1993, 18: 181 –212.

[140] Chun S H, Choi B S. Service models and pricing schemes for cloud computing [J]. Cluster Computing, 2014, 17 (2): 529 –535.

[141] Corani G, Gatto M. VC – dimension and structural risk minimization for the analysis of nonlinear ecological models [J]. Applied Mathematics and Computation, 2006, 176 (1): 166 –176.

[142] Cortes C, Vapnik V. Support – Vector Networks [J]. Machine Learning, 1995, 20 (3): 273 –297.

[143] Dai J H, Wang W T, Xu Q. An uncertainty measure for incomplete decision tables and its applications [J]. IEEE Trans. Cybern, 2013, 43 (4): 1277 –1289.

[144] Das S P, Padhy S. A novel hybrid model using teaching-learning-based optimization and a support vector machine for commodity futures index forecasting [J/OL]. International Journal of Machine Learning and Cybernetics, 2018, 9 (1): 97 –111.

[145] Debabrata D, Pankaj D. Design and analysis of a closed-loop supply chain in presence of promotional offer [J]. International Journal of Production Research, 2014, 31: 1 –25.

[146] Delasay M, Kolfal B, Ingolfsson A. Maximizing throughput in finite-source parallel queue systems [J]. European Journal of Operational Research, 2012, 217 (3): 554 –559.

[147] Deng S, Yano C A. Joint Production and Pricing Decisions with Setup Costs and Capacity Constraints [J]. Management Science, 2006, 52 (5): 741 –756.

[148] Dong L, Xiao G, Yang N. Supply diversification under random yield: The impact of price postponement [J]. Production and Operations Management, 2023, 32 (4): 1112 –1132.

[149] Dougherty J, Kohavi R, Sahami M. Supervised and unsupervised discretization of continuous features [C]. Proc of the 12th Int Conf on Machine Learn-

ing. San Francisco: Morgan Kaufmann, 1995: 194 – 202.

[150] Elgh F. Decision support in the quotation process of engineered-to-order products [J]. Advanced Engineering Informatics, 2011, 26 (1): 66 – 79.

[151] Elhafsi M. An operational decision model for lead-time and price quotation in congested manufacturing systems [J]. European Journal of Operational Research, 2000, 126 (2): 355 – 370.

[152] Elik S, Maglaras C. Dynamic Pricing and Lead-Time Quotation for a Multiclass Make – to – Order Queue [J]. Management Science, 2008, 54 (6): 1132 – 1146.

[153] Fakih S J, Das T K. LEAD: a methodology for learning efficient approaches to medical diagnosis [J]. IEEE Transactions on Information Technology in Biomedicine, 2006, 10 (2): 220 – 228.

[154] Fan L, Jiati W B D. Study on Quotation System of Requirement Product [J]. China Mechanical Engineering, 2003 (6): 15.

[155] Fei L I, Xiao G, Gao F, et al. Research on fast quotation based on case base of product [J]. Machinery Design and Manufacture, 2010.

[156] Feng J, Zhang M. Dynamic quotation of leadtime and price for a make-to-order system with multiple customer classes and perfect information on customer preferences [J]. European Journal of Operational Research, 2017, 258 (1): 334 – 342.

[157] Feng P F, Zhang J F, Wu Z J, et al. An improved production planning method for process industries [J]. International Journal of Production Research, 2011, 49 (14): 4223 – 4243.

[158] Ficko M, Drstvenšek I, Brezocnik M, et al. Prediction of total manufacturing costs for stamping tool on the basis of CAD – model of finished product [J]. Journal of materials processing technology, 2005, 164: 1327 – 1335.

[159] García – Martínez C, Cordón O, Herrera F. A taxonomy and an empirical analysis of multiple objective ant colony optimization algorithms for the bi-criteria

TSP [J]. European journal of operational research, 2007, 180 (1): 116 – 148.

[160] Gilbert S M. Coordination of Pricing and Multiple – Period Production Across Multiple Constant Priced Goods [J]. Management Science, 2000, 46 (46): 1602 – 1616.

[161] Giri B C, Chakraborty A, Maiti T. Quality and pricing decisions in a two-echelon supply chain under multi-manufacturer competition [J]. The International Journal of Advanced Manufacturing Technology, 2015, 78: 1927 – 1941.

[162] Gómez W, Salgado H, Vásquez F, et al. Using stated preference methods to design cost-effective subsidy programs to induce technology adoption: An application to a stove program in southern Chile [J]. Journal of environmental management, 2014, 132: 346 – 357.

[163] González – Ramírez R G, Smith N R, Askin R G. A heuristic approach for a multi-product capacitated lot-sizing problem with pricing [J]. International Journal of Production Research, 2011, 49 (4): 1173 – 1196.

[164] Govil M K, Magrab E B. Incorporating production concerns in conceptual product design [J]. International Journal of Production Research, 2000, 38 (16): 3823 – 3843.

[165] Granot D, Yin S. Price and order postponement in a decentralized newsvendor model with multiplicative and price-dependent demand [M]. Linthicum: Informs, 2008.

[166] Grzymala – Busse J W. Rough set strategies to data with missing attribute values, in: Proceedings of the Workshop on Foundations and New Directions in Data Mining [J]. IEEE International Conference on Data Mining, 2003: 56 – 63.

[167] Guan L, Wang H. A heuristic approximation algorithm of minimum dominating set based on rough set theory [J]. Journal of Combinatorial Optimization, 2022, 44 (1): 752 – 769.

[168] Guzzo D, Marzolla R, Costa R, et al. A pricing system for machine tools offered as result-oriented Product – Service System [J]. Procedia CIRP,

2022, 105.

[169] Han K H, Lee G, Choi S H. Manufacturing cycle time reduction for batch production in a shared worker environment [J]. International Journal of Production Research, 2013, 51 (1): 1 – 8.

[170] Handel B R, Misra K. Robust New Product Pricing [J]. Marketing Science, 2015, 34 (6): 864 – 881.

[171] Hariharan S, Liu T, Shen Z J M. Role of resource flexibility and responsive pricing in mitigating the uncertainties in production systems [J]. European Journal of Operational Research, 2020, 284 (2): 498 – 513.

[172] Hayya J C, Harrison T P, He X J. The impact of stochastic lead time reduction on inventory cost under order crossover [J]. European Journal of Operational Research, 2011, 211 (2): 274 – 281.

[173] Heitsch H, Römisch W. Scenario Reduction Algorithms in Stochastic Programming [J]. Computational Optimization and Applications, 2003, 24: 187 – 206.

[174] Hinterhuber A, Kienzler M, Liozu S. New product pricing in business markets: The role of psychological traits [J]. Journal of Business Research, 2021, 133: 231 – 241.

[175] Hong Zhaofu, Wang Hao, Yu Yugang. Green product pricing with non-green product reference [J]. Transportation Research Part E, 2018, 115: 1 – 15.

[176] Hsu P F, Ray S, Li – Hsieh Y Y. Examining cloud computing adoption intention, pricing mechanism, and deployment model [J]. International Journal of Information Management, 2014, 34 (4): 474 – 488.

[177] Hu Q X, Song C X, Yao Y, et al. Research on the Service – Oriented Price Quotation Method and System for Rapid Prototyping [J]. Key Engineering Materials, 2009, 392 – 394: 898 – 902.

[178] Hu X, Cercone N. Learning in Relational Databases: A Rough Set Ap-

proach [J]. Computational Intelligence, 2010, 11 (2): 323 – 338.

[179] Hu Z, Hu G. A two-stage stochastic programming model for lot-sizing and scheduling under uncertainty [J]. International Journal of Production Economics, 2016, 180: 198 – 207.

[180] Hua X Y. The right of first offer [J]. International Journal of Industrial Organization, 2012, 30 (4): 389 – 397.

[181] Huang X, Zhan J, Xu Z, et al. A prospect-regret theory-based three-way decision model with intuitionistic fuzzy numbers under incomplete multi-scale decision information systems [J]. Expert Systems with Applications, 2023, 214: 119 – 144.

[182] Huh W T, Kim M J, Lin M. Bayesian dithering for learning: Asymptotically optimal policies in dynamic pricing [J]. Production and Operations Management, 2022, 31 (9): 3576 – 3593.

[183] Hui Z T L I. Research and Design of Product Quotation System Oriented to E – commerce [J]. Microcomputer Information, 2008, 30.

[184] Ingenbleek P T M, Frambach R T, Verhallen T M M. The role of value-informed pricing in market-oriented product innovation management [J]. Journal of Production Innovation Management, 2010, 27 (7): 1032 – 1046.

[185] Ingenbleek P T M, Van Der Lans I A. Relating price strategies and price-setting practices [J]. European Journal of Marketing, 2013, 47 (1/2): 27 – 48.

[186] Inman R R, Blumenfeld D E. Product complexity and supply chain design [J]. International Journal of Production Research, 2014, 52 (7): 1956 – 1969.

[187] Jadidi O, Jaber M Y, Zolfaghari S. Joint pricing and inventory problem with price dependent stochastic demand and price discounts [J]. Computers and Industrial Engineering, 2017, 114: 45 – 53.

[188] Järvinen J, Kovács L, Radeleczki S. Defining rough sets using toler-

ances compatible with an equivalence [J]. Information Sciences, 2019, 496: 264 – 283.

[189] Jeyakumar K, Paul Robert T. Joint Determination of Price, Warranty Length and Production Quantity for New Products under Free Renewal Warranty Policy [J]. International Journal for Quality Research, 2010, 4 (1): 51 – 58.

[190] Jiang D, Tan J, Li B. Order acceptance and scheduling with batch delivery [J]. Computers and Industrial Engineering, 2017, 107.

[191] Jiang Yabing and Guo Hong. Design of Consumer Review Systems and Product Pricing [J]. Information Systems Research, 2015, 26 (4): 714 – 730.

[192] Karam A. The effects of intraday news flow on dealers' quotations, market liquidity, and volatility [J]. International Journal of Finance and Economics, 2018, 23 (4): 492 – 503.

[193] Kaytez F, Taplamacioglu M C, Cam E, et al. Forecasting electricity consumption: A comparison of regression analysis, neural networks and least squares support vector machines [J/OL]. International Journal of Electrical Power and Energy Systems, 2015, 67: 431 – 438.

[194] Keser C. Cooperation in symmetric duopolies with demand inertia. International Journal of Industrial Organization, 2000, 18 (1): 23 – 38.

[195] Kim J, Randhawa R S. The value of dynamic pricing in large queueing systems [J]. Operations Research, 2018, 66 (2): 409 – 425.

[196] Kim K K, Liu J, Lee C G. A stochastic inventory model with price quotation [J]. IIE Transactions, 2015, 47 (8): 851 – 864.

[197] Kouvelis P, Mukhopadhyay S K. Modeling the design quality competition for durable products [J]. IIE Transactions, 1999, 31 (9): 865 – 880.

[198] Kryszkiewicz M. Rough set approach to incomplete information systems [J]. Information Sciences, 1998, 112 (1 – 4): 39 – 49.

[199] Lamas A, Chevalier P. Joint dynamic pricing and lot-sizing under competition [J]. European Journal of Operational Research, 2018, 266 (3): 864 – 876.

[200] Lan Hongbo, Ding Yucheng. Price quotation methodology for stereo-lithography parts based on STL model [J]. Computers and Industrial Engineering, 2007, 52 (2): 241 - 256.

[201] Lartigau J, Xu X F, Nie L S, et al. Cloud manufacturing service composition based on QoS with geo-perspective transportation using an improved Artificial Bee Colony optimization algorithm [J]. International Journal of Production Research, 2015, 53 (14): 4380 - 4404.

[202] Latkowski R, Mikolajczyk M. Data decomposition and decision rule joining for classification of data with missing values [M]. Berlin: Springer, 2004: 299 - 320.

[203] Lee C H. A Hellinger-based discretization method for numeric attributes in classification learning [J]. Knowledge - Based Systems, 2007, 20 (4): 419 - 425.

[204] Leung K H, Luk C C, Choy K L, et al. A B2B flexible pricing decision support system for managing the request for quotation process under e-commerce business environment [J]. International Journal of Production Research, 2019, 57 (20): 6528 - 6551.

[205] Leung Y, Wu W Z, Zhang W X. Knowledge acquisition in incomplete information systems: A rough set approach [J]. Expert Systems, 2006, 168 (1): 164 - 180.

[206] Lewis R. Activity-based models for cost management systems [M]. Greenwood Publishing Group, 1995.

[207] Li H, Meissner J. Capacity optimization and competition with cyclical and lead-time-dependent demands [J]. Annals of Operations Research, 2018, 271 (2): 737 - 763.

[208] Li Hongyan, Thorstenson A. A multi-phase algorithm for a joint lot-sizing and pricing problem with stochastic demands [J]. International Journal of Production Research, 2014, 52 (8): 2345 - 2362.

［209］ Li Z, Li Z. Linear programming-based scenario reduction using transportation distance ［J］. Computers and Chemical Engineering, 2016, 88 (4): 50 – 58.

［210］ Liang Jiye, Xu Zongben. Uncertainty measures of roughness of knowledge and rough sets in incomplete information systems ［C］//World Congress on Intelligent Control and Automation. IEEE, 2000, 4: 2526 – 2529.

［211］ Liang X, Zhang H S, Xiao J G, et al. Improving option price forecasts with neural networks and support vector regressions ［J］. Neurocomputing, 2009, 72 (13 – 15): 3055 – 3065.

［212］ Lin G C, Wu A, Gong D C, et al. On a multi-product lot scheduling problem subject to an imperfect process with standby modules ［J］. International Journal of Production Research, 2013, 52 (8): 2243 – 2257.

［213］ Lin Peichun, Shue Liyen. Application of optimal control theory to product pricing and warranty with free replacement under the influence of basic lifetime distributions ［J］. Computers and Industrial Engineering, 2004, 48 (1): 69 – 82.

［214］ Liozu S M, Hinterhuber A. Pricing orientation, pricing capabilities, and firm performance ［J］. Management Decision, 2013, 51 (3): 594 – 614.

［215］ Liu Lu, Zhao Qiuhong, Goh M. Perishable material sourcing and final product pricing decisions for two-echelon supply chain under price-sensitive demand ［J］. Computers and Industrial Engineering, 2021, 156: 107 – 260.

［216］ Liu W, Yang C, Zhou X. A network quotation framework for customised parts through rough requests ［J］. International Journal of Computer Integrated Manufacturing, 2018, 31 (12): 1220 – 1234.

［217］ Liu Z, Lu L, Qi X. Price quotation for orders with different due dates ［J］. International Journal of Production Economics, 2020, 220: 107448.

［218］ Liu Zhenfeng and Xiao Ya and Feng Jian. Manufacturer's Sharing Servitization Transformation and Product Pricing Strategy ［J］. Sustainability, 2021, 13 (3): 1503 – 1503.

［219］ Löhndorf N. An empirical analysis of scenario generation methods for stochastic optimization [J]. European Journal of Operational Research, 2016, 255 (1): 121 – 132.

[220] Loutas T H, Roulias D, Georgoulas G. Remaining useful life estimation in rolling bearings utilizing data-driven probabilistic.

[221] Luo C, Li T, Yao Y. Dynamic probabilistic rough sets with incomplete data [J]. Information Sciences, 2017, 417: 39 – 54.

[222] Luo H, Sun J B, Hu X X, et al. Resource allocation model for multi-sources information service in cloud business [J]. Computer Integrated Manufacturing System, 2013, 19 (10): 2644 – 2651.

[223] Luo J, Fujita H, Yao Y, et al. On modeling similarity and three-way decision under incomplete information in rough set theory [J]. Knowledge – Based Systems, 2020, 191: 105251.

[224] Ma Peng, Gong Yeming, Mirchandani P. Trade-in for remanufactured products: Pricing with double reference effects [J]. International Journal of Production Economics, 2020, 230: 107800.

[225] Ma S G, Yang J H. Cloud manufacturing service resource combination optimization model and algorithm under group buying mode [J]. Journal of Computer Applications, 2015, 35 (8): 2147 – 2152, 2183.

[226] Mahmoudi A, Govindan K, Shishebori D, et al. Product pricing problem in green and non-green multi-channel supply chains under government intervention and in the presence of third-party logistics companies [J]. Computers and Industrial Engineering, 2021, 159: 207490.

[227] Mao H, Wang S, Liu C, et al. Hypergraph-based attribute reduction of formal contexts in rough sets [J]. Expert Systems with Applications, 2023, 234: 121062.

[228] Mardaneh E, Caccetta L. Optimal Pricing and Production Planning for Multi-product Multi-period Systems with Backorders [J]. Journal of Optimization Theory and Applications, 2013, 158 (3): 896 – 917.

［229］ Meng Z, Shi Z. A fast approach to attribute reduction in incomplete decision systems with tolerance relation-based rough sets ［J］. Information Sciences, 2009, 179（16）: 2774 – 2793.

［230］ Mersereau A J, Zhang Dan. Markdown Pricing with Unknown Fraction of Strategic Customers ［J］. Manufacturing and Service Operations Management, 2012, 14（3）: 355 – 370.

［231］ Nakade K, Niwa H. Optimization and customer utilities under dynamic lead time quotation in an type base stock system ［J］. Mathematical Problems in Engineering, 2017, 2017: 1 – 10.

［232］ Nakandala D, Samaranayake P, Lau H C W. A fuzzy-based decision support model for monitoring on-time delivery performance: A textile industry case study ［J］. European Journal of Operational Research, 2013, 225（3）: 507 – 517.

［233］ Nguyen T H, Wright M. Capacity and lead-time management when demand for service is seasonal and lead-time sensitive ［J］. European Journal of Operational Research, 2015, 247（2）: 588 – 595.

［234］ Niazi A, Dai J S, Balabani S, et al. Product Cost Estimation: Technique Classification and Methodology Review ［J］. Journal of Manufacturing Science and Engineering, 2006, 128（2）: 563 – 575.

［235］ Niknejad A, Petrovic D. A fuzzy dynamic Inoperability Input-output Model for strategic risk management in Global Production Networks ［J］. International Journal of Production Economics, 2016, 179: 44 – 58.

［236］ Noyan N. Risk-averse two-stage stochastic programming with an application to disaster management ［J］. Computers and Operations Research, 2012, 39（3）: 541 – 559.

［237］ Og˘uz C, Sibel Salman F, Bilgintürk Yalçın Z. Order acceptance and scheduling decisions in make-to-order systems ［J］. International Journal of Production Economics, 2010, 125（1）: 200 – 211.

［238］Oh S, Rhodes J, Strong R. Impact of cost uncertainty on pricing decisions under risk aversion ［J］. European Journal of Operational Research, 2016, 253 (1): 144 – 153.

［239］Öner – Közen M, Minner S. Dynamic pricing, leadtime quotation and due date based priority dispatching ［J］. International Journal of Production Research, 2018, 56 (15): 5118 – 5130.

［240］Ong N S. Manufacturing cost estimation for PCB assembly: An activity-based approach ［J］. International Journal of Production Economics, 1995, 38 (2 – 3): 159 – 172.

［241］Ou J, Zhong X. Bicriteria order acceptance and scheduling with consideration of fill rate ［J］. European Journal of Operational Research, 2017, 262 (3): 904 – 907.

［242］Pai P F, Lin C S. A hybrid ARIMA and support vector machines model in stock price forecasting ［J］. Omega-International Journal of Management Science, 2005, 33 (6): 497 – 505.

［243］Pawlak Z, Skowron A. Rudiments of rough sets ［J］. Information Sciences, 2007, 177 (1): 3 – 27.

［244］Peng W, Guo W, Shao H Y. Price formation mechanism in cloud manufacturing system for small and medium enterprises ［J］. Computer Integrated Manufacturing System, 2017, 23 (3): 650 – 660.

［245］Pikala V L, Goswami V, Demie S. Discrete-time renewal input bulk service queue with changeover time. International Journal of Management Science and Engineering Management, 2013, 8 (1): 47 – 55.

［246］Pran K B. Investigating the relationship between the elements of the IFRS conversion cost in the context of small island economies ［J］. International Journal of Managerial and Financial Accounting, 2010, 2 (3): 228 – 239.

［247］Provornaya I V, Filimonova I V, Nemov V Yu, et al. Features of the petroleum products pricing in Russia, in the USA, and Saudi Arabia ［J］. Energy

Reports, 2020, 6: 514 – 522.

[248] Qian L, Ben – Arieh D. Parametric cost estimation based on activity-based costing: A case study for design and development of rotational parts [J]. International Journal of Production Economics, 2008, 113 (2): 805 – 818.

[249] Qian Y, Liang J, Pedrycz W, et al. An efficient accelerator for attribute reduction from incomplete data in rough set framework [J]. Pattern Recognition, 2011, 44 (8): 1658 – 1670.

[250] Qiao W, Lu H, Zhou G, et al. A hybrid algorithm for carbon dioxide emissions forecasting based on improved lion swarm optimizer [J/OL]. Journal of Cleaner Production, 2020, 244: 118612.

[251] Qin W, Zhang J, Song D. An improved ant colony algorithm for dynamic hybrid flow shop scheduling with uncertain processing time [J]. Journal of Intelligent Manufacturing, 2018, 29 (4): 891 – 904.

[252] Quigley J, Walls L, Demirel G, et al. Supplier quality improvement: The value of information under uncertainty [J]. European Journal of Operational Research, 2018, 264 (3): 932 – 947.

[253] Quinlan J R. Induction on decision trees [J]. Machine Learning, 1986, 1: 81 – 106.

[254] Ray S, Jewkes E M. Customer lead time management when both demand and price are lead time sensitive [J]. European Journal of Operational Research, 2004, 153 (3): 769 – 781.

[255] Reddy A V J, Rao B M. Business Model Based Pricing Strategy for Pharma Products in Southeast Asian Region [J]. Journal of Pharmaceutical Research, 2016, 15 (4): 115 – 129.

[256] Rehman S, Guenov M D. A methodology for modelling manufacturing costs at conceptual design [J]. Computers & Industrial Engineering, 1998, 35 (3 – 4): 623 – 626.

[257] Reich Y, Levy E. Managing product design quality under resource con-

straints. International Journal of Production Research, 2004, 42 (13): 2555 – 2572.

[258] Ren R, Wu D D, Liu T. Forecasting Stock Market Movement Direction Using Sentiment Analysis and Support Vector Machine [J/OL]. IEEE Systems Journal, 2019, 13 (1): 760 – 770.

[259] Ren S L, Mihaela V D S. Dynamic scheduling and pricing in wireless cloud computing [J]. IEEE Transactions on Mobile Computing, 2014, 13 (10): 2283 – 2292.

[260] Restrepo M I, Gendron B, Rousseau L M. A two-stage stochastic programming approach for multi-activity tour scheduling [J]. European Journal of Operational Research, 2017, 262 (2): 620 – 635.

[261] Ryan Y F S M. Scenario construction and reduction applied to stochastic power generation expansion planning [J]. Computers and Operations Research, 2013, 40 (1): 9 – 23.

[262] Sánchez S N, Triantaphyllou E, Webster D B, et al. A study of the total inventory cost as a function of the reorder interval of some lot-sizing techniques used in material requirements planning systems [J]. Computers and Industrial Engineering, 2001, 40 (1): 101 – 116.

[263] Shi X T, Shen H C, Wu T, et al. Production planning and pricing policy in a make-to-stock system with uncertain demand subject to machine breakdowns [J]. European Journal of Operational Research, 2014, 238 (1): 122 – 129.

[264] Shrestha D L, Solomatine D P. Experiments with AdaBoost. RT, an improved boosting Scheme for Regression [J]. Neural Computation, 2006, 17: 1678 – 1710.

[265] Sinha A K, Anand A. Towards fuzzy preference relationship based on decision making approach to access the performance of suppliers in environmental conscious manufacturing domain [J]. Computers and Industrial Engineering, 2017, 105: 39 – 54.

［266］ Skowron A, Rauszer C. The discernibility matrices and functions in information systems ［M］. Dordrecht: Springer Netherlands, 1992: 331 – 362.

［267］ Smeets V, Warzynski F. Estimating productivity with multi-product firms, pricing heterogeneity and the role of international trade ［J］. Journal of International Economics, 2013, 90 (2): 237 – 244.

［268］ Sremcev N, Stevanov B, Lazarevic M, et al. Improving process of quotation creation through value stream mapping and simulation ［J］. International journal of simulation modelling, 2019, 18 (4): 563 – 573.

［269］ Sun Z, Hupman A C, Abbas A E. The value of information for price dependent demand ［J］. European Journal of Operational Research, 2021, 288 (2): 511 – 522.

［270］ Thangavel K, Pethalakshmi A, Jaganathan P. A novel reduct algorithm for dimensionality reduction with missing values based on rough set theory ［J］. International Journal on Soft Computing, 2006, 1 (2): 111 – 117.

［271］ Thiruvady D, Singh G, Ernst A T, et al. Constraint-based ACO for a shared resource constrained scheduling problem ［J］. International Journal of Production Economics, 2013, 141 (1): 230 – 242.

［272］ Till J, Sand G, Urselmann M, et al. A hybrid evolutionary algorithm for solving two-stage stochastic integer programs in chemical batch scheduling ［J］. Computers and Chemical Engineering, 2007, 31 (5 – 6): 630 – 647.

［273］ Torkul O, Yılmaz R, Selvi İ H, et al. A real-time inventory model to manage variance of demand for decreasing inventory holding cost ［J］. Computers and Industrial Engineering, 2016, 102: 435 – 439.

［274］ Touhidul A S M, Islam. End of the day, who is benefited by Lean Manufacturing? A dilemma of communication and pricing in buyer-supplier relationship – ScienceDirect ［J］. Manufacturing Letters, 2019, 21: 17 – 19.

［275］ Toytari P, Rajala R, Alejandro T B. Organizational and institutional barriers to value-based pricing in industrial relationships ［J］. Industrial Marketing

Management, 2015, 47 (3): 53 −64.

[276] Tsay A A, Agrawal N. Channel Conflict and Coordination in the E − Commerce Age [J]. Production and Operations Management, 2010, 13 (1): 93 −110.

[277] Tsay A A, Agrawal N. Channel Dynamics Under Price and Service Competition [J]. Manufacturing and Service Operations Management, 2000, 2 (4): 372 −391.

[278] Tuzkaya U R. A two-stage stochastic mixed-integer programming approach to physical distribution network design [J]. International Journal of Production Research, 2015, 53 (4): 1291 −1306.

[279] Van den Heuvel W, Wagelmans A P M. A polynomial time algorithm for a deterministic joint pricing and inventory model [J]. European Journal of Operational Research, 2006, 170 (2): 463 −480.

[280] Vapnik V N. The Nature of Statistical Learning [M]. New York: Springer − Verlag, 1995.

[281] Veeramani D, Joshi P. Methodologies for rapid and effective response to requests for quotation (RFQs) [J]. AIIE Transactions, 1997, 29 (10): 825 −838.

[282] Veeramani D. Intelligent cost estimation of die-castings through application of group technology [J]. Manufacturing Research and Technology, 1995, 24 (6): 283 −298.

[283] Wallace S W. Generating Scenario Trees for Multistage Decision Problems [M]. Linthicum: INFORMS, 2001.

[284] Wang D. Optimal quotation and institutional cost model in market maker quotation transaction [J]. Journal of Interdisciplinary Mathematics, 2018, 21 (4): 963 −973.

[285] Wang H S, Wang Y N, Wang Y C. Cost estimation of plastic injection molding parts through integration of PSO and BP neural network [J]. Expert Systems with Applications, 2013, 40 (2): 418 −428.

［286］ Wang J Z, Wang J J, Zhang Z G, et al. Forecasting stock indices with back propagation Neural Network ［J］. Expert Systems with Applications, 2011, 38 (11), 14346 – 14355.

［287］ Wang P. Pricing currency options with support vector regression and stochastic volatility model with jumps ［J］. Expert Systems with Applications, 2011, 38 (1): 1 – 7.

［288］ Wang X B, Zhao D Z. Linear programming model of manufacturing resource allocation based on cloud manufacturing ［J］. Journal of Chongqing University of Technology (Natural Science), 2016, 30 (9): 118 – 123, 155.

［289］ Wang X, Tan J, Zhang S. Research on technology of rapid responding for product quotation in mass customization ［J］. Journal of Computer Aided Design and Computer Graphics, 2005, 17 (8): 1717 – 1724.

［290］ Wang X, Xie X, Cheng T C E. Order acceptance and scheduling in a two-machine flowshop ［J］. International Journal of Production Economics, 2013, 141 (1): 366 – 376.

［291］ Wang Zhiguo, Ng T S, Pang C K. Due-date quotation model for manufacturing system scheduling under uncertainty ［J］. Discrete Event Dynamic Systems, 2021, 31 (2): 271 – 293.

［292］ Wei L, Zhao Q Y, Shu H P. Cloud service selection based on trust evaluation for cloud manufacturing environment ［J］. Journal of Computer Applications, 2013, 33 (1): 23 – 27.

［293］ Wilk S, Słowiński R, Michałowski W, et al. Supporting triage of children with abdominal pain in the emergency room ［J］. European Journal of Operational Research, 2005, 160 (3): 696 – 709.

［294］ Wu ChinChun, Lin PeiChun, Chou ChaoYu. Determination of price and warranty length for a normal lifetime distributed product ［J］. International Journal of Production Economics, 2006, 102 (1): 95 – 107.

［295］ Wu Q. Product demand forecasts using wavelet kernel Support Vector

Machine and Particle Swarm Optimization in manufacture system [J]. Journal of Computational and Applied Mathematics, 2010, 233 (10): 2481 – 2491.

[296] Wu Z Y, Ming X G, Wang Y L, et al. Technology solutions for product lifecycle knowledge management: framework and a case study [J]. International Journal of Production Research, 2014, 52 (21): 6314 – 6334.

[297] Xiao P, Hu Z G. Hybrid game based virtual resource pricing model in cloud environment [J]. Computer Integrated Manufacturing System, 2014, 20 (1): 198 – 206.

[298] Xiao Tiaojun, Qi Xiangtong. Strategic wholesale pricing in a supply chain with a potential entrant [J]. European Journal of Operational Research, 2009, 202 (2): 444 – 455.

[299] Xiao Y Y, Zhang R Q, Zhao Q H, et al. Permutation flow shop scheduling with order acceptance and weighted tardiness [J]. Applied Mathematics and Computation, 2012, 218 (15): 7911 – 7926.

[300] Xing X, Drake P R, Song D, et al. Tank Container Operators' profit maximization through dynamic operations planning integrated with the quotation-booking process under multiple uncertainties [J]. European Journal of Operational Research, 2019, 274 (3): 924 – 946.

[301] Xing Y, Wang W, Jing S, et al. Research on Manufacturing Product Quotation System Based-on Mass Customization [C]// World Congress on Intelligent Control and Automation. IEEE, 2006.

[302] Xu T, Wang G, Yang J. Finding strongly connected components of simple digraphs based on granulation strategy [J]. International Journal of Approximate Reasoning, 2020, 118: 64 – 78.

[303] Yang J. Harnessing value in knowledge management for performance in buyer-supplier collaboration [J]. International Journal of Production Research, 2013, 51 (7): 1984 – 1991.

[304] Yao N, Miao D, Pedrycz W, et al. Causality measures and analysis: A

rough set framework [J]. Expert Systems with Applications, 2019, 136: 187 –200.

[305] Ye T, Sun H, Li Z. Coordination of pricing and leadtime quotation under leadtime uncertainty [J]. Computers and Industrial Engineering, 2016, 102: 147 –159.

[306] Yuan X C, Hwarng H B. Stability and chaos in demand-based pricing under social interactions [J]. European Journal of Operational Research, 2016, 253 (2): 472 –488.

[307] Zhang J J. Study on Pricing Method for New Technology Products of Infrastructure Engineering Field [J]. Advanced Materials Research, 2013, 694 – 697: 3476 –3479.

[308] Zhang J, Nault B R, Tu Y. A dynamic pricing strategy for a 3PL provider with heterogeneous customers [J]. International Journal of Production Economics, 2015, 169: 31 –43.

[309] Zhang J, Teng Y F, Chen W. Support vector regression with modified firefly algorithm for stock price forecasting [J/OL]. Applied Intelligence, 2019, 49 (5): 1658 –1674.

[310] Zhang L L, Lee C K M, Akhtar P. Towards customization: Evaluation of integrated sales, product, and production configuration [J]. International Journal of Production Economics, 2020, 229: 107775.

[311] Zhang X L, Chen X F, He Z J. An ACO – based algorithm for parameter optimization of support vector machines [J]. Expert Systems with Applications, 2010, 37: 6618 –6628.

[312] Zhang X M, Han X P, Liu X Y, et al. The pricing of product and value-added service under information asymmetry: a product life cycle perspective [J]. International Journal of Production Research, 2015, 53 (1): 25 –40.

[313] Zhang Xiong, Yue W T. Transformative value of the Internet of Things and pricing decisions [J]. Electronic Commerce Research and Applications, 2019, 34.

[314] Zhang Y, Xia G P. Short-run cost-based pricing model for a supply chain network [J]. International Journal of Production Economics, 2010, 128 (1): 167 – 174.

[315] Zhang Yao, Zhao Cui, Liang Zhe. Frills and product pricing with on-line reviews [J]. Computers and Industrial Engineering, 2021, 159: 107461.

[316] Zhang YueJun, Sun YaFang, Huo BaoFeng. The optimal product pricing and carbon emissions reduction profit allocation of CET – covered enterprises in the co-operative supply chain [J]. Annals of Operations Research, 2021, 329: 871 – 899.

[317] Zhang Z, Hong W C. Electric load forecasting by complete ensemble empirical mode decomposition adaptive noise and support vector regression with quantum-based dragonfly algorithm [J/OL]. Nonlinear Dynamics, 2019, 98 (2): 1107 – 1136.

[318] Zhao J, Tang W S, Zhao R Q, et al. Pricing decisions for substitutable products with a common retailer in fuzzy environments [J]. European Journal of Operational Research, 2012, 216 (2): 409 – 419.

[319] Zhong X, Ou J, Wang G. Order acceptance and scheduling with machine availability constraints [J]. European Journal of Operational Research, 2014, 232 (3): 435 – 441.

[320] Zhou W H, Zhang R Q, Zhou Y W. A queuing model on supply chain with the form postponement strategy [J]. Computers and Industrial Engineering, 2013, 66 (4): 643 – 652.

[321] Zhu B Z, Wei Y M. Carbon price forecasting with a novel hybrid ARIMA and least squares support vector machines methodology [J]. Omega-International Journal of Management Science, 2013, 41 (3): 517 – 524.